高等职业教育交通土建类专业新形态教材

桥梁上部结构施工技术

主　编　马国峰　刘玉娟
参　编　张　勇
主　审　郭　锐

北京理工大学出版社
BEIJING INSTITUTE OF TECHNOLOGY PRESS

内 容 提 要

本书以桥梁上部施工过程为核心，依据桥梁设计、施工及质量检验新规范、新标准，全面阐述了桥梁上部施工工艺及要点。全书以桥梁上部结构施工"工作项目"为主线，共设置了八个项目，主要内容包括桥梁基本知识、简支梁的设计与计算、桥梁施工准备及基本施工操作、钢筋混凝土简支板梁桥施工、预应力混凝土简支肋梁桥施工、预应力混凝土连续箱梁桥施工、钢筋混凝土板拱现浇施工、桥面系施工等。

本书可作为高等院校道路桥梁与渡河工程等相关专业的教材，也可供交通土建类相关专业及路桥工程技术人员工作时参考使用。

版权专有　侵权必究

图书在版编目(CIP)数据

桥梁上部结构施工技术 / 马国峰，刘玉娟主编. —北京：北京理工大学出版社，2020.7 (2020.9重印)
ISBN 978-7-5682-8657-2

Ⅰ.①桥… Ⅱ.①马… ②刘… Ⅲ.①桥梁结构—上部结构—桥梁施工—高等学校—教材 Ⅳ.①U443.3

中国版本图书馆CIP数据核字（2020）第116256号

出版发行 / 北京理工大学出版社有限责任公司
社　　址 / 北京市海淀区中关村南大街5号
邮　　编 / 100081
电　　话 /（010）68914775（总编室）
　　　　　（010）82562903（教材售后服务热线）
　　　　　（010）68948351（其他图书服务热线）
网　　址 / http://www.bitpress.com.cn
经　　销 / 全国各地新华书店
印　　刷 / 河北鸿祥信彩印刷有限公司
开　　本 / 787毫米×1092毫米　1/16
印　　张 / 19.5　　　　　　　　　　　　　　　　责任编辑 / 时京京
字　　数 / 522千字　　　　　　　　　　　　　　文案编辑 / 时京京
版　　次 / 2020年7月第1版　2020年9月第2次印刷　责任校对 / 刘亚男
定　　价 / 49.80元　　　　　　　　　　　　　　责任印制 / 边心超

图书出现印装质量问题，请拨打售后服务热线，本社负责调换

前言 PREFACE

本书按照高等院校道路桥梁工程技术专业应用型人才的培养目标及教育特点，结合桥梁建设工作岗位对人才的知识和技能要求编写而成。本书编写过程中力求突出知识的实用性和可操作性，可作为高等院校道路桥梁工程技术等相关专业的教材。

本书以《公路桥涵施工技术标准》（JTG/T F50—2011）、《公路桥涵设计通用规范》（JTG D60—2015）、《公路工程水文勘测设计规范》（JTG C30—2015）、《公路工程质量检验评定标准》（JTG F80/1—2017）、《公路钢筋混凝土及预应力混凝土桥涵设计规范》（JTG 3362—2018）等相关标准规范为依据，围绕桥梁上部施工工作过程进行编写。本书在编写过程中按照项目导向、任务引领的设计思想，将知识项目化，以任务驱动教学，实现教学项目与施工项目一致，教学过程与施工过程统一，以提高学生未来作为桥梁施工员的岗位工作能力。

为推进线上线下混合教学，本书在"学银在线"（www.xueyinonline.com）平台配套开设了"工程的奥妙——解析《桥梁施工技术》"精品在线开放课程，读者可通过扫描右侧的二维码或登陆以下网址进行学习：http://www.xueyinonline.com/detail/214209655。

本书由山西交通职业技术学院马国峰、山西交通职业技术学院刘玉娟担任主编，山西交通职业技术学院张勇参与了本书的编写工作，具体编写分工为：项目一至项目三、项目八由刘玉娟编写，项目四、项目五由马国峰编写，项目六、项目七由张勇编写。全书由山西省交通规划勘察设计院有限公司郭锐主审。

本书在编写过程中，参考和引用了大量文献资料，在此向相关作者致以诚挚的谢意。由于编者水平有限，书中疏漏之处在所难免，恳请读者批评指正。

编 者

目 录

项目一 桥梁基本知识 …………………… 1
 任务一 桥梁发展概况 …………………… 1
 任务二 桥梁组成和分类 ………………… 6
 任务三 桥梁总体规划与设计 …………… 11
 任务四 公路桥梁上的作用 ……………… 21

项目二 简支梁的设计与计算 …………… 37
 任务一 简支梁构造认知 ………………… 37
 任务二 桥面板内力计算 ………………… 64
 任务三 主梁内力计算 …………………… 71
 任务四 简支板梁桥课程设计 …………… 81

项目三 桥梁施工准备及基本施工
    操作 ……………………………… 92
 任务一 施工准备 ………………………… 92
 任务二 支架与模板工程 ………………… 96
 任务三 钢筋工程 ………………………… 102
 任务四 混凝土工程 ……………………… 110
 任务五 预应力工程 ……………………… 118

项目四 钢筋混凝土简支板梁桥施工 … 146
 任务一 复核支架上现浇实心板施工
     设计图 …………………………… 146

 任务二 制订支架上现浇实心板施工
     技术方案 ………………………… 151
 任务三 支架上现浇实心板施工 ………… 156
 任务四 现浇板工程质量检验评定 ……… 160

项目五 预应力混凝土简支肋梁桥
    施工 ……………………………… 163
 任务一 复核装配式T形梁施工设计图 … 163
 任务二 制订装配式T形梁施工技术
     方案 ……………………………… 173
 任务三 装配式T形梁预制施工 ………… 176
 任务四 装配式T形梁安装施工 ………… 179
 任务五 装配式T形梁工程质量检验
     评定 ……………………………… 189

项目六 预应力混凝土连续箱梁桥
    施工 ……………………………… 194
 任务一 连续梁构造认知 ………………… 194
 任务二 复核预应力混凝土连续箱梁
     施工设计图 ……………………… 205
 任务三 制订预应力混凝土连续箱梁
     施工技术方案 …………………… 217
 任务四 箱梁简支转连续施工 …………… 219

任务五　预应力混凝土连续箱梁工程质量检验评定……224

项目七　钢筋混凝土板拱现浇施工……225
任务一　拱桥构造认知……225
任务二　拱桥设计要点……248
任务三　复核钢筋混凝土板拱桥施工设计图……257
任务四　制订钢筋混凝土板拱桥施工技术方案……262
任务五　拱架与拱圈模板安装……263
任务六　主拱圈与拱上建筑施工……268

任务七　钢筋混凝土板拱桥工程质量检验评定……272

项目八　桥面系施工……274
任务一　桥面系构造认知……274
任务二　复核桥面系施工设计图……287
任务三　制订桥面系施工技术方案……293
任务四　桥面系主要构件施工工艺……295
任务五　桥面系工程质量检验评定……299

参考文献……306

项目一 桥梁基本知识

项目描述

在公路建设中,尤其是高等级公路的建设,桥梁建设已经成为其重要组成部分。在多数路段,桥梁工程往往是公路施工质量与进度的关键。桥梁不仅是一个国家文化的象征,更是生产发展和科学进步的写照。了解桥梁工程基本知识是培养学生桥梁施工职业能力的基础。

项目任务

本项目包括桥梁发展概况、桥梁组成和分类、桥梁总体规划与设计、公路桥梁上的作用,4个任务。

项目目标

通过对本项目的学习,了解当今国内外桥梁的发展概况,能区分桥梁结构的基本组成及各类型的受力特点,能绘制常用桥梁结构体系与受力简图,能描述桥梁设计流程,能进行桥梁、平纵、横断面总体布置,能识读常用桥梁总体布置图,能了解公路桥梁上作用的定义及分类,可进行作用效应组合。

任务一 桥梁发展概况

※任务描述

桥梁在公路交通事业中具有重要的地位,了解国内外桥梁的发展情况有助于对桥梁建设历史全面认识。本任务主要包括我国桥梁建设概况与国外桥梁建设概况,通过本任务的学习,学生能够描述桥梁发展概况与发展趋势。

一、我国桥梁建设概况

桥梁不仅是一个国家文化的象征,更是生产发展和科学进步的写照。改革开放以来,随着我国国民经济迅速发展的需要,公路建设更是以前所未有的速度向前发展,这不仅有利于经济的进一步发展,同时对促进文化交流、加强民族团结、缩小地区差别、巩固国防等都有非常重要的作用。

在公路建筑中,桥涵是路线的重要组成部分。桥梁工程在工程规模上占公路总造价的10%~20%。就其数量来说,即使地形不复杂的地段,每公里路线上一般也有2~3座桥涵。截至2017年年底,全国公路桥梁的数量已超过80万座。同时,桥涵也是确保公路畅通的咽喉。因此,正确地、合理地进行桥涵设计和施工,对于加快施工进度、降低工程费用、保证工程质量和促进科学技术的发展，都有着极其重要的意义。

我国的桥梁建筑在历史上是辉煌的，古代的桥梁不但数量惊人，其类型也丰富多彩，几乎包括了所有近代桥梁中的最主要形式。我国桥梁所用材料多是一些天然材料，如土、石、木、砖等。

根据史料记载，在三千年前的周文王时期，我国就在渭河上架设过大型浮桥。隋唐时期，是我国古代桥梁的兴盛年代，在桥梁形式、结构构造方面有着很多创新。宋代之后，随着建桥数量大增，桥梁的跨越能力、造型和功能又有所提高，充分体现了我国古代工匠的智慧和艺术水平。举世闻名的河北省赵县的赵州桥（又称安济桥），就是我国古代石拱桥的杰出代表。该桥在隋大业初年（公元605年左右）为李春所建，是一座空腹式的圆弧形石拱桥，全桥长为50.82 m，净跨为37.02 m，宽度为9 m，拱矢高度为7.23 m。在拱圈两肩各设有两个跨度不等的腹拱，这样既能减轻桥身自重、节省材料，又便于排洪、增加美观。赵州桥采用纵向并列砌筑，可将主拱圈分为28圈，每圈由43块拱石组成，每块拱石重1 t左右，用石灰浆砌筑。赵州桥至今仍保存完好。

在秦汉时期，我国已广泛修建石梁桥。世界上现在尚存最长、工程最艰巨的石梁桥，是我国于1053—1059年在福建泉州建造的万安桥，也称洛阳桥。此桥长达800 m，共47孔，位于"波涛汹涌，水深不可址"的海口江面上。此桥以磐石遍铺桥位江底，是近代筏形基础的开端，并且独具匠心地用养殖海生牡蛎的方法胶固桥基使其形成整体。万安桥的石梁共300余根，每根重20～30 t，采用"激浪以涨舟，悬机以弦牵"的方法架设。据分析知，该法是利用潮汐的涨落控制船只的高低位置，这也是现代浮运架桥的原始雏形。

我国是最早有吊桥的国家，迄今至少有三千年的历史。据记载，到唐朝中期，我国就从藤索、竹索发展到用铁链建造吊桥。至今保留下来的吊桥有四处，即泸定县的大渡河铁索桥（1706年）以及灌县的安澜竹索桥（1803年）等。泸定铁索桥跨长约为100 m，宽约为2.8 m，由13条锚固于两岸的铁链组成。1935年，中国工农红军长征途中曾途经此桥，由此被世人熟知。

中华人民共和国成立后，我国的公路建设事业突飞猛进，桥梁建设取得了很大的成就。

1957年，第一座长江大桥——武汉长江大桥的胜利建成，结束了我国万里长江无桥的现状，标志我国建造大跨度钢桥的现代化桥梁技术水平达到新的起点。长江大桥的正桥为三联3×128 m的连续钢桁梁，下层为双线铁路，上层公路桥面宽为18 m，两侧各设2.25 m人行道，包括引桥在内全桥总长为1 670.4 m。1969年，我国又成功建成了举世瞩目的南京长江大桥，这是我国自行设计、制造、施工，并使用国产高强度钢材的现代化大型桥梁。该桥上层为公路桥，下层为双线铁路，包括引桥在内，铁路桥梁全长为6 772 m，公路桥梁全长为4 589 m。桥址处水深流急，河床地质极为复杂，大桥桥墩基础的施工非常困难。南京长江大桥的建成展示出我国的建桥技术已达到了世界先进水平，是我国桥梁史上又一个重要标志。

从拱桥的发展进程来看，我国因地制宜，就地取材，修建了大量经济美观的石拱桥。目前，世界上跨度最大的石拱桥是我国于1999年年底建成的跨度为146 m的山西丹河新桥。世界上跨度最大的混凝土拱桥是我国于1997年建成的重庆万县长江大桥，总跨度为420 m，其主拱圈采用钢管混凝土劲性骨架法施工。世界上跨度最大的钢箱拱桥是上海的卢浦大桥，其主跨为550 m。世界上跨度最大的钢管混凝土拱桥是波司登长江大桥，其主跨为530 m。

钢筋混凝土与预应力混凝土的梁式桥，在我国也获得了很大的发展。对于中小跨径的梁桥（跨径为5～25 m），已广泛采用配置低合金钢筋的装配式钢筋混凝土板式或肋板式梁式的标准化设计，它不但经济适用，而且施工方便，更能加快建桥速度。我国装配式预应力混凝土简支梁桥的标准化设计，跨径达40 m。1976年建成了洛阳黄河公路大桥，跨径为50 m，全长共3.4 km。1997年建成的主跨为270 m的虎门大桥辅航道桥是中国跨度最大的预应力混凝土梁桥，跨度排名位于世界第三位。

斜拉桥由于结构合理、跨度能力大、用材指标低和外形美观等优点，发展迅速，截至目前我国主跨超过 600 m 的斜拉桥已有 20 座。已建成的南京长江二桥，为主跨 628 m 的钢箱梁。苏通长江大桥主桥采用主跨 1 088 m 双塔双索面钢箱梁，排名位于世界第二位。

悬索桥的跨越能力在各类桥型中是最大的。我国于 1999 年 9 月建成通车的江阴长江大桥，主跨为 1 385 m，是我国第一座跨度超过千米的钢箱梁悬索桥。该桥在沉井、地下连结墙、锚碇、挂索等工程施工中的经验，将会推动我国悬索桥施工技术的进一步发展。2005 年建成通车的润阳长江大桥，主跨为 1 490 m。我国香港的青马大桥，全长共 2 160 m，主跨为 1 377 m，为公铁两用双层悬索桥，是香港 21 世纪标志性建筑。南沙大桥坭洲水道桥，主跨为 1 688 m，排名位于世界第二位。

"十二五"期间，我国的交通事业和桥梁建设出现了一个全新的时期，突出体现在高速公路建设和国道系统的畅通，以及桥梁技术、桥型、跨越能力和施工管理水平的升华。截至 2017 年年底，全国公路通车总里程达 477.35 万千米，是 1978 年的 5.4 倍，高速公路覆盖 97% 的 20 万以上人口城市及地级行政中心，国省干线公路连接了全国县级及以上行政区，农村公路通达 99.99% 的乡镇和 99.98% 的建制村。一个干支衔接、布局合理、四通八达的公路网已初步形成，对国民经济发展的"瓶颈"制约状况得到有效缓解。

回顾过去，展望未来，可以预见，在今后相当长的一个时期内，我国广大的桥梁建设者将不断面临建设新颖和复杂桥梁结构的挑战，肩负着光荣而艰巨的任务。

二、国外桥梁建设概况

纵观世界桥梁建筑发展的历史，其与社会生产力的发展，工业水平的提高，施工技术的进步，数学、力学理论的进展，计算技术的改革等方面都有关系。其中，其与建筑材料的改革最为密切。

17 世纪中期以前，建筑材料基本上只限于土、石、砖、木等材料，采用的结构也相对简单。

17 世纪 70 年代开始使用生铁，19 世纪初开始使用熟铁建造桥梁与房屋，由于这些材料的本身缺陷，使土木工程的发展仍然受到限制。

19 世纪中期，钢材的出现使得钢结构得到了蓬勃发展，开始了土木工程的第一次飞跃。

20 世纪初，钢筋混凝土的广泛应用，以及随后预应力混凝土的诞生，实现了土木工程的第二次飞跃。

从以上可以看出资本主义时期，工业革命促使生产力大幅度增长，从而促进了桥梁建筑技术方面的快速发展。

以下是世界各国的典型桥例，从中可以看出其现状和发展概况：

(1) 日本明石海峡大桥，是位于日本神户和濑户内海中大岛淡路岛之间的明石海峡上的一座大跨径悬索桥。于 1998 年 4 月竣工，主跨径为 1 991 m，为当前世界悬索桥之首。其桥塔高度也为世界之冠，两桥塔矗立于海面以上约 300 m，桥塔下基岩为花岗岩，埋置深度均距离海平面 150 m 以下。

(2) 日本多多罗大桥，是位于日本濑户内海的斜拉桥，连接广岛县的生口岛及爱媛县的大三岛。大桥于 1999 年竣工，同年 5 月 1 日正式启用，最高桥塔为 224 m 钢塔，主跨长为 890 m，是当时世界上最长的斜拉桥，连引道全长共 1 480 m，四线行车，并设行人及自行车专用通道，属于日本国道 317 号的一部分。

(3) 俄罗斯海参崴跨海大桥，连接符拉迪沃斯托克大陆和岛屿部分，于 2012 年 7 月 2 日通车。该桥主跨跨度为 1 104 m，成为全世界第三座跨度超过千米的斜拉桥，也超越中国主跨

1 088 m 的苏通大桥(Sutong Bridge)和香港主跨为 1 018 m 的昂船洲大桥(Stonecutters Bridge),成为全球主跨最长的斜拉桥。

(4)奥地利的阿尔姆桥,主跨为 76 m,于 1977 年建成,是世界上最大的预应力混凝土简支梁桥。

(5)加拿大魁北克大桥,是一座宽为 29 m、高为 104 m 的悬臂梁桥,因其 177 m 的悬臂支承着 195 m 长的中间段构成主跨。迄今为止,该桥仍保持着世界第一的悬臂梁桥跨径记录。

(6)美国的弗莱蒙特桥,世界上最长的拱、梁组合钢桥,这是三跨连续加劲拱桥,主跨为 382.6 m,双层桥面。该桥主跨中央 275.2 m 的结构部分重约 6 000 t,采用一次提升架设。

(7)法国米约大桥,是法国一条连接巴黎、朗格多克及西班牙巴塞罗那的高速公路的重要组成部分,2004 年 12 月正式投入使用。法国人希望这座像是用一连串惊叹号建成的恢宏建筑,能够成为另一座"埃菲尔铁塔",让全世界叹为观止。这座有史以来最高的桥梁(米约大桥)的设计者是英国著名的建筑师诺曼·福斯特爵士,其最高点比埃菲尔铁塔还高 18 m。米约大桥就像三座斜拉桥,由七根巨型塔柱紧紧连接起来,在两个高原上绵延曲折 2.4 km。

各类桥梁的世界排名如表 1-1-1 至表 1-1-4 所示,截止到 2019 年。

表 1-1-1 梁桥世界排名

序号	名称	主跨/m	结构形式	建成时间/年	所属国家
1	石板坡长江大桥复线	330	连续刚构	2006	中国
2	Stolma 大桥	301	连续刚构	1998	挪威
3	Raftsundet 大桥	298	连续刚构	1998	挪威
4	北盘江特大桥	290	连续刚构	2013	中国
5	虎门大桥辅航道	270	连续刚构	1931	中国
6	Asuncion 桥	270	三跨 T 构	1979	巴拉圭
7	Gateway 桥	260	连续刚构	1985	澳大利亚
8	Varodd—2 桥	260	连续梁	1994	挪威
9	泸州长江二桥	250	连续刚构	2001	中国
10	Schottwion 桥	250	连续刚构	1989	奥地利

表 1-1-2 拱桥世界排名

序号	名称	主跨/m	结构形式	建成时间/年	所属国家
1	朝天门大桥	552	钢桁架	2009	中国
2	卢浦大桥	550	钢箱拱	2003	中国
3	波司登长江大桥	530	钢管混凝土拱	2012	中国
4	新河峡谷大桥	518	钢桁架	1977	美国
5	合江长江大桥	507	钢管混凝土拱	在建	中国
6	贝永大桥	504	钢桁架	1931	美国
7	悉尼港大桥	503	钢拱	1932	澳大利亚
8	巫山长江大桥	492	钢管混凝土拱	2005	中国
9	沪昆高铁北盘江大桥	445	混凝土拱	2016	中国
10	万县长江大桥	420	混凝土拱	1997	中国

表 1-1-3　悬索桥世界排名

序号	名称	主跨/m	结构形式	建成时间/年	所属国家
1	明石海峡大桥	1 991	钢桁梁	1998	日本
2	南沙大桥坭洲水道桥	1 688	钢箱梁	2019	中国
3	西堠门大桥	1 650	分离双箱	2009	中国
4	大贝尔特桥	1 624	钢箱梁	1998	丹麦
5	伊兹米特海湾桥	1 550	钢箱梁	2017	土耳其
6	润扬长江大桥	1 490	钢箱梁	2005	中国
7	洞庭湖大桥	1 480	钢桁梁	2018	中国
8	亨伯桥	1 410	钢箱梁	1981	英国
9	江阴长江大桥	1 385	钢箱梁	1999	法国
10	青马大桥	1 377	翼形钢桁梁	1997	中国

表 1-1-4　斜拉桥世界排名

序号	名称	主跨/m	结构形式	建成时间/年	所属国家
1	海参崴大桥	1 104	钢箱梁	2012	俄罗斯
2	苏通大桥	1 088	钢箱梁	2008	中国
3	昂船洲大桥	1 018	混合梁	2009	中国
4	鄂东长江大桥	926	混合梁	2010	中国
5	多多罗大桥	890	混合梁	1999	日本
6	诺曼底大桥	856	混合梁	1995	法国
7	仁川大桥	800	钢箱梁	2009	韩国
8	九江二桥	818	钢箱梁	2013	中国
9	南京长江三桥	648	钢箱梁	2005	中国
10	南京长江二桥	628	钢箱梁	2001	中国

纵观大跨度桥梁的发展趋势，可以看到世界桥梁建设必将迎来更大规模的建设高潮。同时，也对桥梁技术的发展方向提出了更新的要求。

(1)大跨度桥梁向更长、更大、更柔的方向发展。研究大跨度桥梁在气动、地震和行车动力作用下，结构的安全和稳定性，将截面做成适应气动要求的各种流线形加劲梁，增加特大跨度桥梁的刚度，以斜缆为主的空间网状承重体系，悬索加斜拉的混合体系，轻型而刚度大的复合材料做加劲梁，质量轻、强度高的碳纤维材料做主缆。

(2)新材料的开发和应用。新材料应具有高强、高弹模、轻质的特点，研究超高强度硅粉、聚合物混凝土、高强双相钢丝钢纤维增强混凝土、纤维塑料等一系列材料取代目前桥梁使用的钢和混凝土。

(3)计算机辅助手段。采用高度发展的计算机进行有效的快速优化和仿真分析，运用智能化制造系统在工厂生产部件，利用 GPS 技术和遥控技术控制桥梁施工。

(4)大型深水基础工程。目前，世界桥梁基础尚未有超过 100 m 的深海基础工程，下一步需要进行 100~300 m 深海基础的实践。

(5)健康监测系统。桥梁建成交付使用后，将通过自动监测和管理系统保证桥梁的安全和正常运行，一旦发生故障或损伤，将自动报告损伤部位和养护对策。

(6)重视桥梁美学及环境保护。桥梁是人类最杰出的建筑之一,闻名遐迩的美国旧金山金门大桥、澳大利亚悉尼港桥、英国伦敦桥、日本明石海峡大桥和中国上海杨浦大桥、南京长江二桥和香港青马大桥,都是一件件宝贵的空间艺术品,成为陆地、江河、海洋和天空的景观,是城市的标志性建筑。因此,未来的桥梁结构必将更加重视建筑艺术造型,重视桥梁美学和景观设计,重视环境保护,达到人文景观同环境景观的完美结合。

学习任务

查阅有关国内外著名桥梁的建造资料,撰写一篇桥梁介绍小论文,要求不少于三座桥梁。

任务二 桥梁组成和分类

※任务描述

了解国内外桥梁的发展情况有助于从整体上认识桥梁结构类型的多样性。对桥梁正确的分类是系统认识桥梁的基础。本任务主要包括桥梁组成、桥梁尺寸及基本术语、桥梁分类,通过本任务的学习,学生能描述桥梁组成、分类、结构体系和受力特点,能绘制常用桥梁结构体系与受力简图。

一、桥梁组成

桥梁一般由上部结构、下部结构、支座和附属设施四个基本部分组成,如图1-2-1和图1-2-2所示。

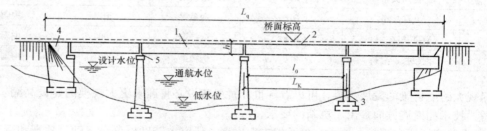

图1-2-1 梁式桥的基本组成
1—主梁;2—桥面系;3—桥墩;4—桥台;5—支座

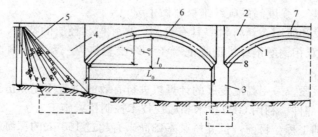

图1-2-2 拱式桥的基本组成
1—拱圈;2—拱上建筑;3—桥墩;4—桥台;5—锥形护坡;6—拱轴线;7—拱顶;8—拱脚

(1)上部结构,又称为桥跨结构,是路线遇到障碍(如河流、山谷等)而中断时跨越障碍的建筑物,其作用是承受车辆荷载,并通过支座传递给墩台。

(2)桥墩和桥台为下部结构,是支承桥跨结构并将结构重力和车辆等荷载作用传至地基土层的建筑物。通常设置在桥两端的称为桥台,它除上述作用外,还与路堤相衔接,以抵御路堤土侧压力,防止路堤填土的滑坡和坍落。桥墩和桥台中使全部作用效应传至地基的底部奠基部分,通常称为基础。基础是确保桥梁能安全使用的关键。由于基础往往深埋于土层之中,且需要在水下进行施工,故也是桥梁结构中施工比较困难的部分。

(3)支座是梁桥中在桥跨结构与桥墩或桥台的支承处所设置的传力装置,它不仅要传递很大的作用效应,还要保证桥跨结构能产生一定的变位。

(4)附属设施包括桥面系、桥头搭板、导流堤等。在路堤与桥台衔接处,一般还在桥台两侧设置砌筑的锥形护坡,以保证路堤迎水部分路堤边坡的稳定。

在桥梁结构中,应根据需要修筑护岸、导流结构物等附属工程。

二、桥梁的主要尺寸和术语名称

河流中的水位是变动的,在枯水季节的最低水位称为低水位;洪峰季节河流中的最高水位称为高水位。桥梁设计中按规定的设计洪水频率计算所得的高水位,称为设计洪水位。对于通航河道,还需确定通航水位(设计通航水位)。通航水位包括设计最高通航水位和设计最低通航水位,是各级航道代表性船舶对正常运行的航道维护管理和有关工程建筑物的水位设计依据。

净跨径对于梁式桥是设计洪水位上相邻两个桥墩(或桥台)之间的净距,用 l_0 表示(如图1-2-1所示),对于拱式桥是每孔拱跨两个拱脚截面最低点之间的水平距离(如图1-2-2所示)。

计算跨径,对于有支座的梁式桥,是指桥跨结构相邻两个支座中心之间的距离,用 L_K 表示(如图1-2-1所示)。对于拱式桥(如图1-2-2所示),是两相邻拱脚截面形心点之间的水平距离。因为拱圈(或拱肋)各截面形心点的连线称为拱轴线,故也就是拱轴线两端点之间的水平距离。桥跨结构的力学计算是以 L_0 为基准的。

标准跨径 L_K 为梁式桥、板式桥以两桥墩中线之间桥中心线长度或桥墩中线与桥台台背前缘之间的距离;拱式桥和涵洞为净跨径。根据《公路桥涵设计通用规范》(JTG D60—2015)的规定,桥涵跨径在50 m及以下时,宜采用标准化跨径。桥涵标准化跨径为0.75 m、1.0 m、1.25 m、1.5 m、2.0 m、2.5 m、3.0 m、4.0 m、5.0 m、6.0 m、8.0 m、10 m、13 m、16 m、20 m、25 m、30 m、35 m、40 m、45 m、50 m。

总跨径是多孔桥梁中各孔净跨径的总和,也称桥梁孔径($\sum l_0$),它反映了桥下排泄洪水的能力。

桥梁全长(简称桥长),是指桥梁两岸桥台侧墙或八字墙尾端之间的距离,用 L 表示。对于无桥台的桥梁为桥面系行车道的全长。

桥梁高度(简称桥高),是指桥面与低水位之间的高差,或为桥面与桥下线路路面之间的距离,用 H 表示。桥高在某种程度上反映了桥梁施工的难易性。

桥下净空高度是指设计洪水位或设计通航水位至桥跨结构最下缘之间的垂直距离,用 H_0 表示。其应保证能安全排泄洪水,并不得小于对该河流通航所规定的净空高度。

建筑高度是指桥上行车路面(或轨顶)标高至桥跨结构最下缘之间的距离,用 h 表示。容许建筑高度是指公路(或铁路)定线中所确定的桥面(或轨顶)标高与通航净空顶部标高之差。

拱桥矢高和矢跨比:从拱顶截面下缘至过起拱线的水平线之间的垂直距离,称为净矢高 f_0;从拱顶截面重心至过拱脚截面重心的水平线之间的垂直距离,称为计算矢高 f,计算矢高与计算跨径之比(f/L_0),称为拱圈的矢跨比。

三、桥梁分类

(一)按照结构体系分类

桥梁按照结构体系可分为梁式桥、拱式桥、刚架桥、悬索桥与组合体系桥。

1. 梁式桥

梁式桥是一种在竖向荷载作用下无水平反力的结构,梁作为承重结构是以它的抗弯能力来承受荷载。根据静力体系的不同,可分为简支梁、连续梁和悬臂梁,如图1-2-3所示。

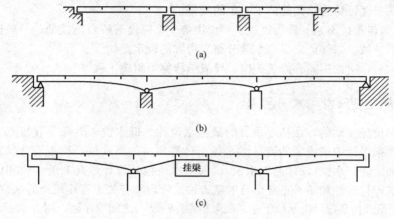

图 1-2-3　梁式桥
(a)简支梁；(b)连续梁；(c)悬臂梁

2. 拱式桥

拱式桥的主要承重结构是拱肋(或拱圈),在竖向荷载作用下,拱圈既承受压力,也承受弯矩,可采用抗压能力较强的圬土材料修建。墩台除受竖向压力和弯矩外,还承受水平推力,如图1-2-4所示。

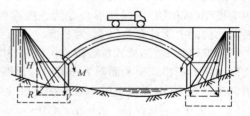

图 1-2-4　拱式桥

3. 刚架桥

刚架桥是介于梁与拱之间的一种结构体系。其是由受弯的上部梁(或板)结构与承压的下部墩(或桩柱)体结合在一起的结构。由于梁与柱的刚性连续,梁因柱的抗弯刚度而得到卸载作用,整个体系是压弯结构,也是推力结构。刚架可分为直腿刚架与斜腿刚架,如图1-2-5所示。

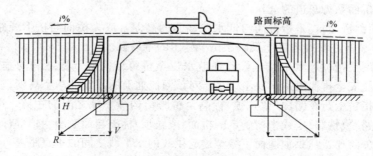

图 1-2-5　刚架桥

4. 悬索桥

传统的悬索桥均用悬挂在两边塔架上的强大缆索作为主要承重结构。在竖向荷载作用下，通过吊杆使缆索承受很大的拉力，通常都需要在两岸桥台的后方修筑非常巨大的锚碇结构，如图 1-2-6 所示。悬索桥也是具有水平反力（拉力）的结构。悬索桥是一种效率最高的结构体系，跨越能力在各类桥型中是最大的。

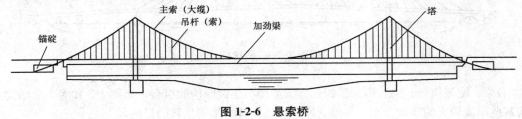

图 1-2-6 悬索桥

5. 组合体系桥

利用多个构件不同受力特点共同承担荷载的桥梁类型，称为组合体系桥梁。梁、拱、刚架、悬索作为四种基本体系，各有不同的受力特点，合理地进行组合就可以得到多种组合体系桥梁。四种基本体系的受力简图如图 1-2-7 所示。

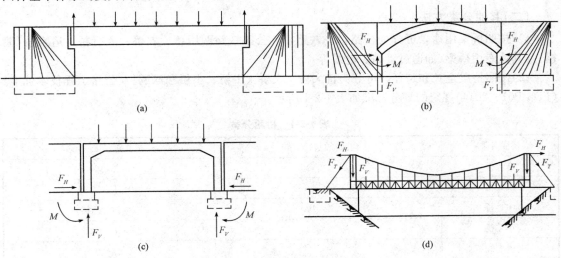

图 1-2-7 四种基本体系受力简图
(a)梁式桥；(b)拱式桥；(c)刚架桥；(d)悬索桥

(1) 梁、拱组合。梁、拱组合体系有系杆拱、桁架拱、多跨拱梁结构等，如图 1-2-8 所示。其是利用梁的受弯与拱的承压特点组成联合结构。其中，梁和拱都是主要承重构件，两者相互配合共同受力。

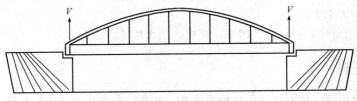

图 1-2-8 系杆拱桥

(2)梁、悬索组合。斜拉桥是一种主梁与斜缆相结合的组合体系,如图1-2-9所示。悬挂在塔柱上的被张紧的斜缆将主梁吊住,使主梁像多点弹性支承的连续梁一样工作,这样既发挥了高强度材料的作用,又显著减小了主梁截面,使结构减轻而能跨越很大的跨径。

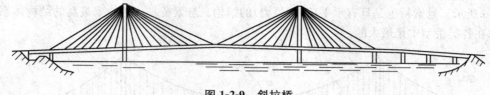

图1-2-9 斜拉桥

(3)梁、刚架组合。梁、刚架组织是连续梁桥与连续刚构的组合,如图1-2-10所示。在连续刚构某些刚度较大的矮墩上布置活动支座,以达到释放结构位移的目的。

图1-2-10 刚构-连续梁桥

(二)其他分类方法

(1)按照桥梁用途,可分为公路桥、铁路桥、公路铁路两用桥、农桥、人行桥、运水桥(渡槽)及其他专用桥梁(如通过管路、电缆等)。

(2)按照桥梁全长和跨径,可分为特大桥、大桥、中桥、小桥和涵洞。《公路工程技术标准》(JTG B01—2014)规定的划分标准如表1-2-1所示。

表1-2-1 桥涵分类

桥涵分类	多孔跨径总长 L/m	单孔跨径 L_K/m
特大桥	$L > 1\,000$	$L_K > 150$
大 桥	$100 \leqslant L \leqslant 1\,000$	$40 \leqslant L_K \leqslant 150$
中 桥	$30 < L < 100$	$20 \leqslant L_K \leqslant 40$
小 桥	$8 \leqslant L \leqslant 30$	$5 \leqslant L_K \leqslant 20$
涵 洞	—	$L_K < 5$

(3)按照上部结构的材料,可分为木桥、钢筋混凝土桥、预应力混凝土桥、圬工桥(包括砖、石、混凝土桥)和钢桥。

(4)按跨越障碍的性质,可分为跨河桥、跨线桥(立体交叉)、高架桥和栈桥。

(5)按上部结构的行车道位置,可分为上承式桥、下承式桥和中承式桥,桥面布置在主要承重结构之上的称为上承式桥;桥面布置在主要承重结构之下的称为下承式桥;桥面布置在主要承重结构中间的称为中承式桥。

(6)按特殊使用条件,可分为开启桥、浮桥、漫水桥等。

学习任务

绘制思维导图,核心词汇应该包括桥梁组成、分类、主要尺寸及专业术语。

任务三 桥梁总体规划与设计

※任务描述

桥梁设计资料及总体结构布置是桥梁施工的重要基础，了解桥梁设计思路有助于准确指导桥梁施工工作。本任务主要包括桥梁设计的基本原则、基本要求和设计程序，野外勘察工作的内容，桥梁平、纵、横设计的主要内容和要求。通过本任务的学习，学生能描述桥梁纵横断面总体布置情况，能识读常用桥梁构造总体布置图表。

一、桥梁总体规划原则及要求

我国的桥梁设计必须遵照安全、适用、经济、美观和有利环保的原则，并考虑因地制宜、便于施工、就地取材和养护等因素。

桥梁设计必须在因地制宜的前提下，积极采用新结构、新设备、新材料、新工艺，认真学习国内外的先进技术，充分利用国际最新科学技术成就，将学习外国和自主创新结合起来。只有这样才能提高我国的桥梁建设水平，赶超世界先进水平。

1. 安全性上的要求

这里所谓的安全，有两方面的含义，即保证桥梁自身在施工过程中、使用年限内的安全与保证桥上、桥下的行人和车辆在施工和运营过程中的安全。前者是桥梁规划设计的重中之重，是后者的必要条件和保障。

桥梁自身的安全是指整个结构及其各组成构件，在制造、运输、安装和运营过程中应能满足强度、刚度、稳定性和耐久性的要求。桥梁结构的强度应使其所有组成构件及连接构造的材料抗力或承载能力具有足够的安全储备。对于刚度的要求，应使桥梁在荷载作用下的变形不超过规定的容许限值，因为过度的变形会导致结构连接的松弛，而且挠度过大会导致高速行车困难，并带来超过桥梁设计的动力响应，给乘客、行人带来不舒适和不安全的感觉，严重的会危及桥梁结构的安全。结构的稳定性要求，就是要使桥梁结构在各种外因影响下，具有保持原有形状和位置的能力。震区内的桥梁，在计算和构造上还要满足抗震要求。总而言之，要保证桥梁结构自身的安全，就是要在设计时满足结构尺寸和构造上的要求。当然，需要说明的是，安全不是绝对的，是指在一定保证率下的安全。安全性是结构可靠性的一个重要组成部分，是结构在设计和施工时必须应该考虑的最主要的功能要求。

2. 适用性上的要求

对于公路桥而言，其适用性是指在正常使用过程中，具有良好的工作性能，这是结构的又一重要功能要求。

桥面系的行车道和人行道宽度应保证桥上车辆和人群的安全畅通，即能通行相同于路线上的运输量和承载质量，同时应考虑未来交通量增长的可能和需要。否则，就有可能成为影响交通的狭窄咽喉。

行车道的位置，即桥梁是采用上承式、中承式或下承式，以及桥梁的平面布置(曲线半径)，是影响行车视野和行车速度的影响因素。

对于跨线桥或跨越江河湖海的桥梁，桥型、跨径、桥面标高和桥梁的建筑高度(与桥下净空有关)的选取应满足桥下泄洪、安全通航或通车等要求。

桥梁建成后，要保证其在使用年限(设计基准期)内，构造上应具有可维修性(即便于检查、加固和维修），以保证桥梁在功能衰减或满足未来发展需要时能够顺利加固、扩建。

3. 经济上的要求

在安全、适用的前提下，经济因素是衡量技术水平及做出方案选择的主要因素。在设计中，应提出几套初步设计方案，并根据因地制宜、就地取材、方便施工的原则，考虑包括造价、工料供应来源、结构使用年限、运营费用、估计未来发展的合理储备，以及发生特殊情况时桥梁具有的适应能力，进行全面的方案比较，选择适当的桥型。要全面而精确地计算、照顾到所有的经济因素往往是很困难的，在方案比较中，应充分考虑桥梁在使用期间的运营条件及养护、加固和维修等的费用。

4. 先进性上的要求

桥梁设计应能体现现代桥梁建设的新技术。应尽量采用先进的施工工艺技术和施工机械、设备，以便于制造和架设，并利于减小劳动强度，加快施工进度，同时保证工程质量和施工安全。

5. 施工上的要求

桥梁结构在施工阶段应便于制造和架设，在运营阶段应便于检查、维修和加固。在采用先进的工艺技术和施工机械的同时，应考虑到施工的可行性，保证施工速度、工程质量和施工安全。

6. 美观上的要求

近代桥梁规划设计的趋势，多将美观列为桥梁使用要求的一项内容。桥梁除具有雄伟的轮廓外，其布局、风格、色彩还应与周围的景致和谐。城市桥梁和游览地区的桥梁，可较多地考虑建筑艺术方面的要求。

世界著名的桥梁专家、德国学者莱昂哈特（F. Leonhardt）教授在他的专著《桥梁——美学和造型》中提出下列美学思想：

（1）在满足其他功能要求的前提下，要选用最佳的结构形式——纯正、清爽、稳定。美从属于质量，质量统一于美。

（2）美主要表现在结构选型和谐与良好的比例，并具有秩序感和韵律感，过多的重复将会导致单调。

（3）应重视与环境的协调，包括材料的选择，表面的质感，特别是色彩的运用起着重要的作用。而运用模型则有助于实感判断，审视阴影效果。

7. 环保上的要求

随着全球经济的快速发展，经济膨胀带来越来越严重的环境问题也逐渐显露出来。世界各国越来越重视环境保护，而我国也不例外，将环境保护作为我国桥梁设计的一项基本原则。在桥梁设计时必须考虑对生态、水、空气、噪声等方面的影响，应从桥位选择、桥跨布置、基础方案、结构外形、施工方法等多方面考虑环保的要求，采取必要的工程控制措施，建立环境监测系统。施工完成后，对遭受施工破坏的植被进行恢复或对桥梁周边景观进一步美化，应尽可能地将整个桥梁设计及施工中对环境的不利影响减至最小。

除以上几个方面的要求外，还需要注意的是，在战争发生时，桥梁作为交通咽喉，往往是敌人攻击的主要对象。最好的办法是桥梁在部分破坏时不致整体破坏，即保证只是局部损伤，以便于快速修复；或者尽量进行标准化设计，以增强结构在遭到破坏后的互换性。另外，在不太影响经济因素的前提下，尽量减小破坏的损失和修复的难度。

二、桥梁设计程序

桥梁设计是一个分阶段、循序渐进的工作过程。根据国家基本建设程序要求，我国大型桥梁的设计程序可分为前期工作和设计阶段，如图 1-3-1 所示。前期工作包括编制预可行性研究报告和可行性研究报告；设计阶段按"三阶段设计"进行，即初步设计（Preliminary Design）、技术设计（Technical Design）与施工图设计（Constructional Drawing Design/Execution Design）。国内一般的（常规的）桥梁采用二阶段设计，即初步设计和施工图设计；对于技术上复杂的特大桥、互通式立交或新型桥梁结构，需增加技术设计，即三阶段设计；对于技术简单、方案明确的小桥，也可采用一阶段设计，即施工图设计。

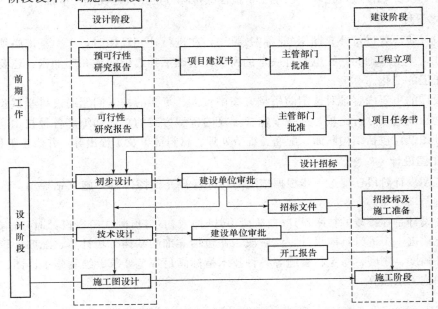

图 1-3-1　设计阶段与建设阶段关系图

1. 预可行性研究报告的编制

预可行性研究报告的编制阶段简称为"预可"阶段。预可行性研究报告是在工程可行的基础上，着重研究建设上的必要性和经济上的合理性，解决是否修建桥梁的问题。对于区域性桥梁，应通过对准备建桥地点附近的渡口车辆流量调查，并从发展的观点及桥梁修建后可能引入的车流，科学分析和确定通过桥梁的可能车流量，论证工程的必要性。

在预可行性研究报告中，应编制几个可能的桥型方案，对工程造价、投资回报、社会效益、政治意义和国防意义等进行分析，论述经济上的合理性，并对资金来源有所设想。设计方将预可行性研究报告交业主后，由业主据此编制"项目建议书"报上级主管部门审批。

2. 可行性研究报告的编制

可行性研究报告的编制阶段简称为"工可"阶段。"工可"阶段与"预可"阶段的内容和目的基本一致，只是研究的深度不同，可行性研究报告是在预可行性研究报告审批后，着重研究工程上和投资上的可行性。

在本阶段，要研究和制定桥梁的技术标准，包括设计荷载、允许车速、桥梁坡度和曲线半径等，同时，还应与河道、航运、城市规划等部门共同研究和协商来确定相关技术标准。

在"工可"阶段，应提出多个桥型方案，并按《公路工程建设项目投资估算编制办法》（JTG 3820—2018）估算造价，对资金来源和投资回报等问题应基本落实。

3. 初步设计

可行性研究报告批复后，即可进行初步设计。在本阶段要进一步开展水文、勘测工作，以获取更详细的水文资料、地形图和工程地质资料。在初步设计阶段，应拟定桥梁结构的主要尺寸，估算工程数量和主要材料的用量，提出施工方案的意见和编制设计概算。初步设计的概算成为控制建设项目投资的依据。

初步设计的目的是确定设计方案，应拟定多种桥型方案，综合分析每个方案的优缺点，通过对每个方案的主要材料用量、总造价、劳动力数量、工期、施工难易程度、养护费用等各种技术经济指标及美观性进行比较，选定一个最佳的推荐方案，报建设单位审批。

4. 技术设计

技术设计阶段要进行补充勘探(简称"技勘")。在进行补充勘探时，水中基础必须每墩布置必要的钻孔，岸上基础的钻孔也要有一定的密度，基础下到岩层的钻孔应加密，还要通过勘探充分判断土层的变化。

技术设计的主要内容是对选定的桥型方案中重大、复杂的技术问题通过科学试验、专题研究、加深勘探调查及分析比较，进一步完善批复的桥型方案的总体和细部各种技术问题，提出详尽的设计图纸，包括结构断面、配筋、细节处理、材料清单及工程量等，并修正工程概算。

5. 施工图设计

在施工图设计阶段还要进一步根据施工需要进行补充钻探(简称"施工钻探")，特别是对于重要的基础。

施工图设计是在批复的技术设计(三阶段设计时)或初步设计(二阶段设计时)所有技术文件的基础之上，进一步进行具体设计。此阶段工作包括详细的结构分析计算、配筋计算、验算并确保各构件强度、刚度、稳定和裂缝等各种技术指标满足规范要求、绘制施工详图、编制施工组织设计和施工图预算。

三、野外勘测与调查研究工作

桥梁总体方案结构布置涉及的因素有很多，必须进行充分的调查、研究，从实际出发，分析该桥的具体情况，才能得出合理的设计建议，提出正确的计划任务书。因此，桥梁的规划设计必须进行一系列的野外勘测和资料收集工作，即汇集桥梁结构解析条件。

对于跨越河流的桥梁，进行桥梁勘察设计一般包括以下几个方面的内容。

1. 调查研究桥梁的具体任务

调查研究桥上的交通种类、性质和要求，如车辆的荷载等级、实际交通量和增长率、需要的车道数目、宽度及人行道的要求等。在设计过程中，正是根据这些资料确定桥面宽度(包括行车道和人行道等)、设计及验算荷载等级等。这些资料提供给主管部门以权衡"需要"和"经济"之间的矛盾。

2. 选择桥位

一般来说，大、中桥桥位的选择原则上应服从路线的总方向，路桥综合考虑。一方面，从整个路线或路网的观点上来看，既要力求降低桥梁的建筑和养护费用，也要避免或减少因车辆绕道而增加的运输费用；另一方面，从桥梁本身的经济性和稳定性出发，应尽量选择在河道顺直稳定、河床地质良好、河槽能通过大部分设计流量的河段，不宜选择在河汊、沙洲、古河道、急弯、汇合口、港口作业区及易形成流冰、流木阻塞的河段。另外，应尽量避免桥梁与河流斜交，以免增加桥梁长度而提高工程造价。

对于桥涵的位置则应服从路线走向，当遇到不利的地形、地质和水文条件时，应采取适当技术措施，不应因此而改变路线。

3. 测绘地形图

观测桥位附近的地形，并绘制地形图，供设计和施工使用。如下部结构位置的确定、施工场地的选择和布置等，均参照桥位处的地形图进行。

4. 调查地质资料

通过钻探调查桥位的地质情况，并将钻探资料制成地质剖面图，作为基础设计的重要依据。为使地质资料更接近实际，可以根据初步拟定的桥梁分孔方案将钻孔布置在墩台附近，以准确指导桥梁设计。

5. 调查水文资料

调查和测量河流的水文情况，为确定桥面标高、跨径和基础埋置深度提供依据。其内容包括以下几项：

(1)河道性质。了解河道的水流性质、季节性，有无潮水，河床与两岸的冲刷和淤积，以及河道的自然变迁历史和人工规划情况，以便选择合适的方案，减小桥梁修成后受河道变迁影响的程度。

(2)测量桥位处河床断面。

(3)调查了解洪水位的多年历史资料，通过分析推算设计洪水位。

(4)测量河床地形。调查河槽各部分的形态、标高和粗糙率等，计算流速、流量等有关资料，通过计算确定设计水位下的平均流速和流量，结合河道性质可以确定桥梁所需要的最小总跨径，选择通航孔的位置和墩台基础形式及埋置深度。

(5)向航运部门了解和协商确定设计通航水位和通航净空，根据通航要求与设计洪水位，确定桥梁的分孔跨径与桥跨底缘设计标高。

6. 调查其他与建桥有关的资料

(1)调查当地建筑材料(砂、石料等)的来源，水泥、钢材的供应情况，以便因地制宜、就地取材，降低工程造价。

(2)调查附近桥的使用情况，有关部门和当地群众对新桥有无特殊要求，如桥上是否需要铺设电缆、输水、输气管道等。

(3)调查施工场地的情况，是否需要占用农田，桥头是否有需要拆除或迁移的建筑物。这些情况都要尽可能注意，将损失避免或减少至最低限度。

(4)调查当地及附近的运输条件，这些情况都对施工起重要的作用。

(5)对桥梁施工机械、动力设备与电力供应的了解，会影响设计与施工方案的确定。

四、桥梁平、纵、横断面设计

(一)平面设计

桥梁设计首先要确定桥位，小桥和涵洞的位置与线形一般应符合路线的总走向，为满足水文、路线弯道等要求，可设计斜桥或弯桥，对于公路上的特大、大、中桥桥位，原则上应服从路线走向，路桥综合考虑，尽量选择在河道顺直、水流稳定、地质良好的河段上。

桥梁的平曲线半径、平曲线超高和加宽、缓和曲线、变速车道设置等，均应满足相应等级路线的规定。

桥梁的平面设计取决于桥梁所处的路线与其跨越的河流、其他路线等的相交关系，并受到桥位处的地形地物制约。

桥梁的平面设计主要有正交平面布置、斜交平面布置、曲线平面布置三种形态，如图1-3-2所示。

1. 正交平面布置

当桥梁自身的路线轴线为直线，且轴线与桥梁的支撑线垂直时，桥梁的平面布置反映出正交布置的形态。正交平面布置是桥梁平面布置中最基本、最简单的布置形态。

2. 斜交平面布置

当桥梁自身的路线轴线为直线，但轴线与桥梁的支撑线不垂直时，桥梁的平面布置反映出斜交布置的形态。

桥梁的平面轴线与支撑线呈现斜交的情况，支撑线法向与桥轴线的夹角称为斜度(φ)。斜度一般不宜大于 $45°$。在通航河道上的斜度不宜大于 $5°$。

当斜度为 $0°$ 时，桥轴线与支撑线垂直，平面布置变成为正交布置形态。

在梁式桥中，当使用斜交布置时，称此时的梁为"斜梁"。

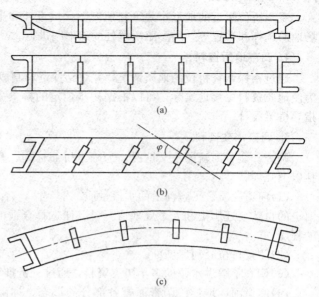

图 1-3-2　桥梁平面设计形态
(a)正交平面布置；(b)斜交平面布置；(c)曲线平面布置

3. 曲线平面布置

当桥梁自身的路线平面轴线为曲线时，桥梁的平面布置也反映出曲线布置形态。桥梁平面布置时采用的曲线一般为圆曲线或缓和曲线。反映曲线布置的重要指标是轴线的弯曲半径 R。曲线半径必需按照道路设计的指标限制要求制定，并且要注意在弯曲半径较小时进行相应的桥梁横断面上的加宽和超高布置考虑。

曲线平面布置的实现有以下两种方法：

(1)在多跨简支结构中，采用以直代曲的方法，每跨的梁体自身按直梁设置，但各跨梁体布置成折线状来形成路线轴线的曲线布置。

(2)对于弯曲半径较小的曲线桥，采用的方法则是直接将梁体制造为曲线结构。对于按连续梁布置的情况，也采取直接将结构制造为曲线梁的方法来实现平面弯曲。

(二)纵断面设计

桥梁纵断面设计包括桥梁总跨径的确定、桥梁的分孔、桥面标高的确定、桥上和桥头引道的纵坡及基础埋置深度。

1. 桥梁总跨径的确定

桥梁的总跨径一般根据水文计算确定。由于桥梁墩台和桥头路堤压缩了河床，使桥下过水断面减少，流速加大，引起河床冲刷。因此，桥梁总跨径必须保证桥下有足够的排洪面积，使河床不致产生过大的冲刷。但为了使总跨径不致过大而增加桥梁的总长度，同时又要允许有一定的冲刷，因此，桥梁的总跨径不能机械地根据计算和规定冲刷系数来确定，而必须按具体情况分别对待。当桥梁墩台基础埋置较浅时，桥梁的总跨径应大一些，可接近于洪水泛滥宽度，以避免河床过多的冲刷而引起桥梁破坏；对于深基础，允许较大冲刷，可适当压缩桥下排洪面积，以减少桥梁总跨径。山区河流一般河床流速本来已经很大，则应尽可能少压缩或不压缩河床，因为当桥头路堤和锥体护坡伸入河床时，就难以承受高速流速的冲刷。平面宽滩河流虽然可允许较大的压缩，但必须注意壅水对河滩路堤及附近农田和建筑物可能发生的危害。

2. 桥梁的分孔

桥梁的分孔一般根据通航要求、地形和地质情况、水文情况及技术经济和美观的条件来加以确定。桥梁的分孔关系到桥梁的造价。跨径和孔数不同时，上部结构和墩台的总造价是不同的。跨径越大，孔数越少，上部结构的造价就越大，而墩台的造价就越小。最经济的跨径就是要使上部结构和墩台的总造价最低，因此，当桥墩较高或地质不良，基础工程较复杂而造价较高时，桥梁跨径就选得大一些；反之，当桥墩较矮或地基较好时，跨径就可选得小一些。

在通航的河流上，首先应以考虑桥下通航的要求来确定孔径，当通航跨径大于经济跨径时，通航孔按通航要求确定孔径，其余的桥孔应根据上下部结构总造价最低的经济原则来决定跨径，但对于变迁性河流，考虑航道可能发生变化，则需要多设几个通航孔。当通航的跨径小于经济跨径时，按经济跨径布置桥孔。

在布置桥孔时，遇到不利的地质段，如岩石破碎带、裂隙、溶洞等，应将桥基位置移开，或适当加大跨径。在山区河谷或水深流急的江河上，宜减少中间桥墩，应加大跨径或采用特大跨径单孔跨越。

在有些体系中，为了结构受力合理和用材经济，分跨布置时要考虑合理的跨径比例。例如，三跨连续梁中跨与边跨的比例为 1.00 : (0.70～0.80)。

跨径选择还与施工能力有关，有时选用较大的跨径虽然在技术上和经济上是合理的，但由于缺乏足够的施工技术能力和机械设备，也不得不放弃而改用较小跨径。

总之，对于大、中型桥梁来说，分孔问题是设计中最基本、最复杂的问题，必须进行深入全面的分析，才能定出比较完美的方案。

3. 桥面标高的确定

桥面的标高或根据路线的纵断面设计，或根据设计洪水位、桥下通航需要的净空来确定，如图 1-3-3、表 1-3-1 所示。

根据我国现行的《公路工程水文勘测设计规范》(JTG C30—2015)中对于桥面设计高程的相关规定可知：

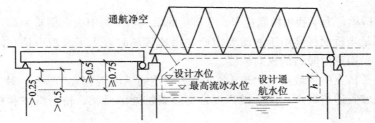

图 1-3-3　桥梁纵断面(尺寸单位：m)

(1)不通航河流的桥面设计高程。

①按设计水位计算桥面最低高程时，应按下式计算：

$$H_{\min} = H_S + \sum \Delta h + \Delta h_j + \Delta h_0 \tag{1-3-1}$$

式中　$H_{\min}$——桥面最低高程(m)；

　　　H_S——设计水位(m)；

　　　$\sum \Delta h$——考虑壅水、浪高、波浪壅高、河湾超高、水拱、局部股流壅高(水拱与局部股流壅高只取其大者)、床面淤高、漂流物高度等诸因素的总和(m)；

　　　Δh_j——桥下净空安全值(m)，应符合表 1-3-1 的规定；

　　　Δh_0——桥梁上部构造建筑高度(m)，应包括桥面铺装高度。

表 1-3-1　不通航河流桥下净空安全值 Δh_j

桥梁部位	按设计水位计算的桥下净空安全值/m	按最高流冰水位计算的桥下净空安全值/m
梁底	0.50	0.75
支座垫石顶面	0.25	0.5
拱脚	0.25	0.25

注：1. 无铰拱的拱脚，可被洪水淹没，淹没高度不宜超过拱圈矢高的三分之二；拱顶底面至设计水位的净高不应小于 1 m。
　　2. 山区河流水位变化大，桥下净空安全值可适当加大。

②按设计最高流冰水位计算桥面最低高程时，应按下式计算：

$$H_{\min} = H_{SB} + \Delta h_j + \Delta h_0 \tag{1-3-2}$$

式中　H_{SB}——设计最高流冰水位(m)，应考虑床面淤高。

③桥面设计高程不应低于式(1-3-1)和式(1-3-2)的计算值。

(2) 通航河流的桥面设计高程。通航河流的桥面设计高程除应满足不通航河流的要求外，还应符合下式要求：

$$H_{\min} = H_{tn} + H_M + \Delta h_0 \tag{1-3-3}$$

式中　H_{tn}——设计最高通航水位(m)；
　　　H_M——通航净空高度(m)。

通航河流的设计最高通航水位、桥下净空等按现行《内河通航标准》(GB 50139—2014)的规定执行。通航海轮的设计最高通航水位、通航净空、航道宽度等按现行《海轮航道通航标准》(JTS 180-3—2018)、《港口工程技术规范》等执行。

4. 纵坡

对于大、中桥梁，为了利用桥面排水，常将桥面做成从桥的中央向桥头两端纵坡为 1%～2% 的双面坡。特别是当桥面标高由于通航要求而建得比较高时，为了缩短引桥和降低桥头引道路堤的高度，需要采用双向倾斜的纵向坡度。

对于大、中桥桥上的纵坡不宜大于 4%，桥头引道的纵坡不宜大于 5%；对于易结冰、积雪的桥梁，桥上纵坡宜适当减小；位于城镇混合交通繁忙处的桥梁，桥上纵坡和桥头引道纵坡均不得大于 3%。

5. 基础埋置深度

为了保证桥梁墩台基础的坚固、稳定，基础必须埋置在天然地面或冲刷线以下一定深度。基础埋置深度是指地面或最大冲刷线与基础底面的垂直距离，该指标的确定是地基基础设计中的重要内容，必须充分考虑地基的地质条件、地形条件、河流的冲刷程度、当地的冰冻深度、上部结构形式、持力层及软弱下卧层的承载力、施工技术条件和工程造价等因素，加以综合分析确定。

基础埋置深度的具体确定方法可查阅陈方晔编写的《基础工程》中的相关内容。

(三) 横断面设计

桥梁的横断面设计，主要是确定桥面净空和与此相适应的桥跨结构横断面的布置。

桥面净空包括净宽度和净高度，与所在公路的建筑限界相同。一条公路应采用同一净高，行车道宽度取决于桥梁所在公路的设计速度。各级公路行车道净宽如图 1-3-4 所示。

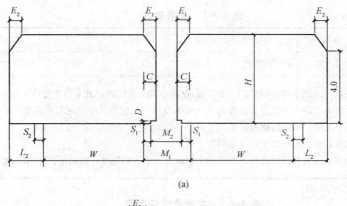

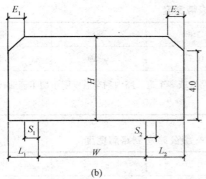
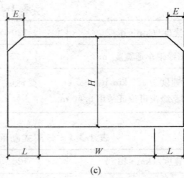

图 1-3-4　公路建筑限界(尺寸单位：m)

(a)高速公路、一级公路(整体式)；(b)高速公路、一级公路(分离式)；(c)二、三、四级公路

图中　W——行车道宽度(m)，为车道数乘以车道宽度，并计入所设置的加(减)速车道、紧急停车道、爬坡车道、慢车道或错车道的宽度，车道宽度规定如表 1-3-2 所示；

S_1——行车道左侧路缘带宽度(m)，如表 1-3-3 所示；

S_2——行车道右侧路缘带宽度(m)；

L_1——左侧硬路肩宽度(m)，八车道及以上高速公路宜设置左侧硬路肩，其宽度应不小于 2.50 m，左侧硬路肩宽度包含左侧路缘带宽度；高速公路和一级公路采用分离式断面时，应设置左侧硬路肩，其宽度不应小于表 1-3-4 中的规定值；

L_2——右侧硬路肩宽度(m)，如表 1-3-5 所示；

L——侧向宽度，二级公路上桥梁的侧向宽度为路肩宽度(L_1、L_2)；三、四级公路上桥梁的侧向宽度为其相应的路肩宽度减去 0.25 m；设置护栏时，应根据护栏需要的宽度加宽路基；

C——当设计速度大于 100 km/h 时为 0.5 m，小于或等于 100 km/h 时为 0.25 m；

D——路缘石高度，小于或等于 0.25 m。一般情况下高速公路可不设路缘石；

M_1——中间带宽度(m)，由两条左侧路缘带和中央分隔带组成；

M_2——中央分隔带宽度(m)，高速公路和作为干线的一级公路，中央分隔带宽度应根据公路项目中央分隔带功能确定，若作为集散的一级公路，中央分隔带宽度应根据中间隔离设施的宽度确定；

E——建筑界限顶角宽度(m)，当 $L≤1$ m 时，$E=L$；当 $L>1$ m 时，$E=1$ m；

E_1——建筑限界顶角宽度，当 $L_1<1$ m，$E_1=L_1$，或 $S_1+C<1$ m，$E_1=S_1+C$；当 $L_1≥1$ m 或 $S_1+C≥1$ m 时，$E_1=1$ m；

E_2——建筑限界顶角宽度，$E_2=1$ m；

H——净空高度(m)，高速公路、一级公路、二级公路的桥面净高应为 5.00 m，三级公路、四级公路的桥面净高应为 4.50 m，人行道、自行车道、检修道与行车道分开设置时，其净高应为 2.50 m。

表 1-3-2　车道宽度

设计速度/(km·h^{-1})	120	100	80	60	40	30	20
车道宽度/m	3.75	3.75	3.75	3.50	3.50	3.25	3.00

注：1. 八车道及以上公路在内侧车道(内侧第1、2车道)仅限小客车通行时，其车道宽度可采用3.5 m。
　　2. 以通行中、小型客运车辆为主且设计速度为80 km/h及以上的公路，经论证车道宽度可采用3.5 m。
　　3. 四级公路采用单车道时，车道宽度应采用3.5 m。
　　4. 设置慢车道的二级公路，慢车道宽度应采用3.5 m。
　　5. 需要设置非机动车道和人行道的公路，非机动车道和人行道等的宽度，宜根据实际情况确定。

表 1-3-3　左侧路缘带宽度

设计速度/(km·h^{-1})	120	100	80	60
左侧路缘带车道宽度/m	0.75	0.75	0.50	0.50

注：设计速度为120 km/h、100 km/h，受地形、地物限制的路段或多车道公路内侧车道仅限小型车辆通行的路段，左侧路缘带可论证采用0.50 m。

表 1-3-4　分离式断面高速公路和一级公路左侧路肩宽度

设计速度/(km·h^{-1})	120	100	80	60
左侧硬路肩宽度/m	1.25	1.00	0.75	0.75
左侧土路肩宽度/m	0.75	0.75	0.75	0.50

表 1-3-5　右侧路肩宽度

公路等级(功能)		高速公路			一级公路(干线功能)	
设计速度/(km·h^{-1})		120	100	80	100	80
右侧路肩宽度/m	一般值	3.00 (2.50)	3.00 (2.50)	3.00 (2.50)	3.00 (2.50)	3.00 (2.50)
	最小值	1.50	1.50	1.50	1.50	1.50
土路肩宽度/m	一般值	0.75	0.75	0.75	0.75	0.75
	最小值	0.75	0.75	0.75	0.75	0.75

公路等级(功能)		一级公路(集散功能)和二级公路		三级公路、四级公路		
设计速度/(km·h^{-1})		80	60	40	30	20
右侧路肩宽度/m	一般值	1.50	0.75	—	—	—
	最小值	0.75	0.25	—	—	—
土路肩宽度/m	一般值	0.75	0.75	0.75	0.50	0.25(双车道) 0.50(单车道)
	最小值	0.50	0.50			

注：1. 正常情况下，应采用"一般值"；在设爬坡车道、变速车道及超车道路段，受地形、地物等条件限制路段及多车道公路特大桥，可论证采用"最小值"。
　　2. 高速公路和作为干线的一级公路以通行小客车为主时，右侧硬路肩宽度可用括号内数值。

高速公路上的桥梁应设检修道，不宜设人行道。一、二、三、四级公路上桥梁的桥上人行道和自行车道的设置，应根据需要而定，并与前后路线布置配合。人行道、自行车道与行车道之间，应设置适当的分隔设施。自行车道的宽度为 1.0 m，自行车道数应根据自行车的交通量而定。当单独设置自行车道时，一般不应小于两个自行车道的宽度。人行道的宽度宜为 1.0 m，大于 1.0 m 时按 0.5 m 的级差增加。不设置自行车道和人行道时，可根据具体情况，设置护栏或栏杆和安全带。安全带的宽度通常每侧设 0.25 m。人行道和安全带应高出行车道面至少 0.25～0.35 m，以保证行人和行车本身的安全。小桥和涵洞仅设置缘石或栏杆。漫水桥不得设人行道，但应设标杆或护栏。

 学习任务

绘制思维导图，以桥梁总体设计为中心词汇归纳设计的基本原则、基本要求、野外勘测资料、设计程序、初步设计工作内容。

任务四　公路桥梁上的作用

※任务描述

桥梁的作用种类、形式和大小的取值是否得当，关系到桥梁结构在设计基准期内是否安全可靠，也关系到桥梁建设费用是否经济、合理。了解公路桥梁上的作用有助于桥梁设计思路的理解。本任务主要包括公路桥梁上作用的含义、类型及各种作用效应的计算方法、作用效应组合的方式。通过本任务的学习，学生能够描述公路桥梁上的作用状况与特点。

一、基本概念

作用是指施加在结构上的一组集中力（或分布力），或引起结构外加变形或约束变形的原因。前者称直接作用（也称荷载），是直接施加于结构上的外力，如车辆、人群、结构自重等；后者称间接作用，不是以外力形式施加于结构，其产生的效应与结构本身的特性、结构所处的环境有关，如地震、结构不均匀沉降、混凝土收缩徐变、温度变化等。作用种类、形式和大小的选择是否恰当，不但关系到桥梁结构在使用年限内是否安全可靠，而且还关系到桥梁建设费用是否经济合理。

《公路桥涵设计通用规范》(JTG D60—2015)中规定，公路桥涵设计采用的作用可分为永久作用、可变作用、偶然作用、地震作用四类，如表 1-4-1 所示。

关于作用的基本概念如下：

(1)作用的标准值：作用主要代表值，可根据对观测数据的统计、作用的自然界限或工程经验确定。

(2)可变作用伴随值：在作用组合中，伴随主导作用的可变作用值，可以是组合值、频遇值或准永久值。

(3)作用的代表值：极限状态设计所采用的作用值，可以是作用的标准值或可变作用的伴随值。

(4)作用的设计值：作用的代表值乘以相应的作用分项系数。

(5)作用准永久值：结构或构件按正常使用极限状态长期效应组合设计时，采用的另一种可变作用代表值,其值可根据在足够长观测期内作用任意时点概率分布的 0.5(或略高于 0.5)分位值确定。

(6)作用频遇值:结构或构件按正常使用极限状态短期效应组合设计时,采用的一种可变作用代表值,其值可根据在足够长观测期内作用任意时点概率分布的 0.95 分位值确定。

(7)作用效应:由作用引起的结构或结构构件的反应。

(8)作用组合(荷载组合):在不同作用的同时影响下,为验证某一极限状态的结构可靠度而采用的一组作用设计值。

表 1-4-1 作用分类

序号	分类	名称
1	永久作用	结构重力(包括结构附加重力)
2		预加力
3		土的重力
4		土侧压力
5		混凝土收缩、徐变作用
6		水浮力
7		基础变位作用
8	可变作用	汽车荷载
9		汽车冲击力
10		汽车离心力
11		汽车引起的土侧压力
12		汽车制动力
13		人群荷载
14		疲劳荷载
15		风荷载
16		流水压力
17		冰压力
18		波浪力
19		温度(均匀温度和梯度温度)作用
20		支座摩阻力
21	偶然作用	船舶的撞击作用
22		漂流物的撞击作用
23		汽车撞击作用
24	地震作用	地震作用

二、永久作用

永久作用是指在结构使用期间,其量值不随时间而变化,或其变化值与平均值比较可忽略不计的作用。

永久作用包括结构重力、预加力、土的重力、土侧压力、混凝土收缩及徐变作用、水的浮力、基础变位作用。

永久作用的代表值为其标准值。永久作用的标准值可根据统计、计算及结构工程经验综合分析确定。

(一)结构重力

结构自重及桥面铺装、附属设备等附加重力均属结构重力,结构重力标准值可按结构构件的设计尺寸与表1-4-2所列常用材料的重力密度计算确定。

表1-4-2 常用材料的重力密度

材料种类	重力密度/(kN·m⁻³)	材料种类	重力密度/(kN·m⁻³)
钢、铸钢	78.5	浆砌片石	23.0
锌	72.5	干砌块石或片石	21.0
铸铁	70.5	沥青混凝土	23.0~24.0
铅	114.0	沥青碎石	22.0
黄铜	81.1	碎(砾)石	21.0
青铜	87.4	填土	17.0~18.0
钢筋混凝土或预应力混凝土	25.0~26.0	填石	19.0~20.0
混凝土或片石混凝土	24.0	石灰三合土、石灰土	17.5
浆砌块石或料石	24.0~25.0	—	—

(二)预加力

在结构进行正常使用极限状态设计和使用阶段构件应力计算时,预加力应作为永久作用计算其主效应和次效应,并计入相应阶段的预应力损失,但不计由于预加力偏心距增大引起的附加效应。在结构进行承载能力极限状态设计时,预加力不作为作用,而将预应力钢筋作为结构抗力的一部分,但在连续梁等超静定结构中,仍需考虑预加力引起的次效应。

预加力标准值可采用下式进行计算:

$$F_{pe} = \sigma_{pe} A_p \tag{1-4-1}$$

$$\sigma_{pe} = \sigma_{con} - \sigma_l \tag{1-4-2}$$

式中 F_{pe}——预加力标准值(kN);

A_p——预加力钢筋的截面面积(m^2);

σ_{pe}——预应力钢筋的有效预应力(kPa);

σ_{con}——预应力钢筋张拉控制应力(kPa);

σ_l——预应力钢筋相应阶段的预应力损失(kPa)。

(三)土的重力和土侧压力

作用于墩台的土重力、土侧压力可按《公路桥涵设计通用规范》(JTG D60—2015)中第4.2.3条有关规定采用。

(四)混凝土收缩及徐变作用

混凝土收缩及徐变作用可按下列几种情况采用:

(1)外部超静定的混凝土结构、钢和混凝土的组合结构等应考虑混凝土收缩及徐变作用。

(2)混凝土的收缩应变终极值可按现行《公路钢筋混凝土及预应力混凝土桥涵设计规范》(JTG 3362—2018)的规定计算。

(3)混凝土徐变的计算,可假定徐变与混凝土应力呈线性关系。

(4)计算混凝土圬工拱圈的收缩作用效应时,如考虑徐变的影响,作用效应可乘以折减系数0.45。

(五)水的浮力

水的浮力可按下列几种情况采用:

(1)基础底面位于透水性地基上的桥梁墩台,当验算稳定时,应考虑设计水位的浮力;当验算地基应力时,可仅考虑低水位的浮力,或不考虑水的浮力。

(2)基础嵌入不透水性地基的桥梁墩台不考虑水的浮力。

(3)作用在桩基承台底面的浮力,应考虑全部底面积。对桩嵌入不透水地基并灌注混凝土封闭者,不应考虑桩的浮力,在计算承台底面浮力时应扣除桩的截面面积。

(4)当不能确定地基是否透水时,应以透水或不透水两种情况与其他作用组合,取其最不利者。

水的浮力标准值可按下式计算:

$$F = \gamma V_w \tag{1-4-3}$$

式中 F——水的浮力标准值(kN);
  γ——水的重度(kN/m³);
  V_w——结构排开水的体积(m³)。

(六)基础变位作用

超静定结构当考虑由于地基压密等隐私的长期变形影响时,应根据最终位移量计算构件的效应。

三、可变作用

可变作用是指在结构使用期间,其量值随时间变化,且其变化值与平均值比较不可忽略的作用。

可变作用包括汽车荷载、汽车冲击力、汽车离心力、汽车引起的土侧压力、汽车制动力、人群荷载、疲劳荷载、风荷载、流水压力、冰压力、波浪力、温度(均匀温度和梯度温度)作用。

可变作用的代表值包括标准值、组合值、频遇值和准永久值。组合值、频遇值和准永久值可通过可变作用的标准值分别乘以组合值系数 ψ_c、频遇值系数 ψ_f 和准永久值系数 ψ_q 来确定。

(一)汽车荷载

公路桥涵设计时,汽车荷载可分为公路—Ⅰ级和公路—Ⅱ级两个等级。汽车荷载由车道荷载和车辆荷载组成。桥梁结构的整体计算采用车道荷载;桥梁结构的局部加载、涵洞、桥台和挡土墙土压力等的计算采用车辆荷载。车辆荷载与车道荷载的作用不得叠加。各级公路桥涵设计的汽车荷载等级如表1-4-3所示。

表1-4-3 各级公路桥涵设计的汽车荷载等级

公路等级	高速公路	一级公路	二级公路	三级公路	四级公路
汽车荷载等级	公路—Ⅰ级	公路—Ⅰ级	公路—Ⅰ级	公路—Ⅱ级	公路—Ⅱ级

注:1. 二级公路作为集散公路且交通量小、重型车辆少时,其桥涵的设计可采用公路—Ⅱ级汽车荷载。
  2. 对交通组成中重载交通比重较大的公路桥涵,宜采用与该公路交通组成相适应的汽车荷载模式进行结构整体和局部验算。

1. 车道荷载

车道荷载由均布荷载和集中荷载组成。计算图式如图1-4-1所示。

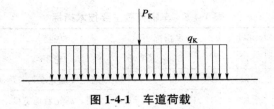

图 1-4-1　车道荷载

(1)公路—Ⅰ级车道荷载的均布荷载标准值 $q_K=10.5$ kN/m；集中荷载标准值 P_K 按表 1-4-4 进行选取。计算剪力效应时，上述集中荷载标准值 P_K 应乘以系数 1.2。

表 1-4-4　集中荷载 P_K 取值

计算跨径 L_0/m	$L_0 \leqslant 5$	$5 < L_0 < 50$	$L_0 \geqslant 50$
P_K/kN	270	$2(L_0+130)$	360

注：计算跨径 L_0，设支座的为相邻两支座中心间的水平距离；不设支座的为上、下部结构相交面中心线的水平距离。

(2)公路—Ⅱ级车道荷载的均布荷载标准值 q_K 和集中荷载标准值 P_K 公路—Ⅰ级车道荷载的 0.75 倍采用。

(3)车道荷载的均布荷载标准值应满布于使结构产生最不利效应的同号影响线上；集中荷载标准值只作用于相应影响线中一个最大影响线峰值处。

2. 车辆荷载

公路—Ⅰ级和公路—Ⅱ级汽车荷载采用相同的车辆荷载标准值。车辆荷载的立面布置、平面尺寸、横向布置如图 1-4-2 所示，主要技术指标如表 1-4-5 所示。

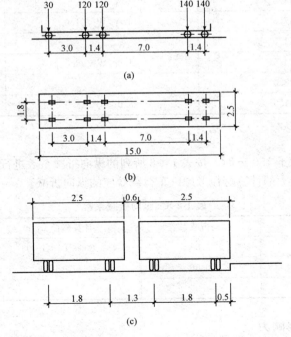

图 1-4-2　车辆荷载(尺寸单位：m；荷载单位：kN)
(a)立面布置；(b)平面尺寸；(c)横向布置

表 1-4-5　车辆荷载主要技术指标

项目	单位	技术指标	项目	单位	技术指标
车辆重力标准值	kN	550	轮距	m	1.8
前轴重力标准值	kN	30	前轮着地宽度与长度	m	0.3×0.2
中轴重力标准值	kN	2×120	中、后轮着地宽度	m	0.6×0.2
后轴重力标准值	kN	2×140	车辆外形尺寸(长×宽)	m	15×2.5
轴距	m	3+1.4+7+1.4	—	—	—

3. 横向车道布载系数

横桥向布置多车道汽车荷载时，应考虑汽车荷载的折减；布置一条车道汽车荷载时，应考虑汽车荷载的提高。横向车道布载系数应符合表 1-4-6 的规定。多车道布载的荷载应不得小于两条车道布载的荷载效应。桥涵设计车道数如表 1-4-7 所示。

表 1-4-6　横向车道布载系数

横向布载车道数/条	1	2	3	4	5	6	7	8
横向车道布载系数	1.20	1.00	0.78	0.67	0.60	0.55	0.52	0.50

表 1-4-7　桥涵设计车道数

桥面宽度 W/m		桥涵设计车道数
车辆单向行驶时	车辆双向行驶时	
W<7.0	—	1
7.0≤W<10.5	6.0≤W<14.0	2
10.5≤W<14.0	—	3
14.0≤W<17.5	14.0≤W<21.0	4
17.5≤W<21.0	—	5
21.0≤W<24.5	21.0≤W<28.0	6
24.5≤W<28.0	—	7
28.0≤W<31.5	28.0≤W<35.0	8

4. 纵向折减系数

当桥梁计算跨径大于 150 m 时，按表 1-4-8 所列的纵向折减系数进行折减。当为多跨连续结构时，整个结构应按最大的计算跨径考虑汽车荷载效应的纵向折减。

表 1-4-8　纵向折减系数

计算跨径 L_0/m	纵向折减系数	计算跨径 L_0/m	纵向折减系数
150<L_0<400	0.97	800≤L_0<1 000	0.94
400≤L_0<600	0.96	L_0≥1 000	0.93
600≤L_0<800	0.95	—	—

(二)汽车荷载的影响力

1. 汽车荷载冲击力

(1)钢桥、钢筋混凝土及预应力混凝土桥、圬工拱桥等上部构造和钢支座、板式橡胶支座、盆式橡胶支座及钢筋混凝土柱式墩台，应计算汽车的冲击作用。

(2)填料厚度(包括路面厚度)等于或大于 0.5 m 的拱桥、涵洞及重力式墩台不计冲击力。

(3)支座的冲击力，按相应的桥梁取用。

(4)汽车荷载的冲击力标准值为汽车荷载标准值乘以冲击系数 μ。

(5)冲击系数 μ 可按下式计算：

$$\begin{cases} 当 f<1.5 \text{ Hz } 时， & \mu=0.05 \\ 当 1.5 \text{ Hz} \leqslant f \leqslant 14 \text{ Hz } 时， & \mu=0.1767\ln f-0.0157 \\ 当 f>14 \text{ Hz } 时， & \mu=0.45 \end{cases} \quad (1\text{-}4\text{-}4)$$

式中　f——结构基频(Hz)，也称自振频率，宜用有限元方法计算，对于简支梁桥，可按式(1-4-5)进行估算，其他常规结构的基频估算方法可查《公路桥涵设计通用规范》(JTG D60—2015)第 4.3.2 条的条文说明。

$$f_1 = \frac{\pi}{2l}\sqrt{\frac{EI_c}{m_c}} \quad (1\text{-}4\text{-}5)$$

式中　l——结构的计算跨径(m)；
　　　E——结构材料的弹性模量；
　　　I_c——结构跨中截面的截面惯矩(m^4)；
　　　m_c——结构跨中处的单位长度质量(kg/m)，$m_c=G/g$，当换算为重力计算时，其单位应为(Ns^2/m^2)；
　　　G——结构跨中处延米结构重力(N/m)；
　　　g——重力加速度，$g=9.81(m/s^2)$。

2. 汽车荷载离心力

曲线桥应计算汽车荷载引起的离心力。汽车荷载离心力标准值按车辆荷载(不计冲击力)标准值乘以离心力系数 C 计算。离心力系数 C 按下式计算：

$$C = \frac{v^2}{127R} \quad (1\text{-}4\text{-}6)$$

式中　v——设计速度(km/h)，按桥梁所在路线设计速度采用；
　　　R——曲线半径(m)。

计算多车道桥梁的汽车荷载离心力时，车辆荷载标准值应乘以表 1-4-6 中规定的横向车道布载系数；离心力的着力点在桥面 1.2 m 处(为计算简便也可移至桥面上，不计由此引起的作用效应)。

3. 汽车荷载引起的土侧压力

汽车荷载引起的土侧压力采用车辆荷载加载，在桥台或挡土墙后填土的破坏棱体上引起的土侧压力，可换算成等代均布土层厚度 h(m)计算。

$$h = \frac{\sum G}{Bl_0 \gamma} \quad (1\text{-}4\text{-}7)$$

式中　γ——土的重度(kN/m^3)；
　　　$\sum G$——布置在 $B \times l_0$ 面积内的车轮的总重力(kN)；
　　　l_0——桥台或挡土墙后填土的破坏棱体长度(m)；
　　　B——桥台横向全宽或挡土墙的计算长度(m)。

4. 汽车荷载制动力

制动力是汽车在桥上制动时为克服其惯性力而在车轮和路面之间发生的滑动摩擦力(摩擦系数可达 0.5 以上)。鉴于在桥上行驶的汽车不可能同时刹车，制动力并不等于摩擦系数乘以桥上全部汽车的重力。汽车荷载制动力按同向行驶的汽车荷载(不计冲击力)计算,并按以使桥梁墩台产生最不利纵向力的加载长度进行纵向折减。

(1)一个设计车道上由汽车荷载产生的制动力标准值按车道荷载标准值在加载长度上计算的总重力的10%计算,但公路—Ⅰ级汽车荷载的制动力标准值不得小于165 kN,公路—Ⅱ级汽车荷载的制动力标准值不得小于90 kN。

(2)同向行驶双车道的汽车荷载制动力标准值为一个设计车道制动力标准值的2倍,同向行驶三车道为一个设计车道的2.34倍,同向行驶四车道为一个设计车道的2.68倍。

制动力的着力点在桥面以上1.2 m处,计算墩台时,可移至支座铰中心或支座底座面上。计算刚构桥、拱桥时,制动力的着力点可移至桥面上,但不计因此而产生的竖向力和力矩。

设有板式橡胶支座的简支梁、连续桥面简支梁或连续梁排架式柔性桥墩,应根据支座与墩台的抗推刚度的刚度集成情况分配和传递制动力。设有板式橡胶支座的简支梁刚性墩台,应按单跨两端的板式橡胶支座的抗推刚度分配制动力。

设有固定支座、活动支座(滚动或摆动支座、聚四氟乙烯板支座)的刚性墩台传递的制动力,按表1-4-9的规定采用。每个活动支座传递的制动力,其值不应大于其摩阻力,当大于摩阻力时,按摩阻力计算。

表 1-4-9   刚性墩台各种支座传递的制动力

桥梁墩台及支座类型		应计的制动力	符号说明
简支梁桥台	固定支座	T_1	
	聚四氟乙烯板支座	$0.30T_1$	
	滚动(或摆动)支座	$0.25T_1$	T_1——加载长度为计算跨径时的制动力;
简支梁桥墩	两个固定支座	T_2	T_2——加载长度为相邻两跨计算跨径之和时的制动力;
	一个固定支座,一个活动支座	注	
	两个聚四氟乙烯板支座	$0.30T_2$	
	两个滚动(或摆动)支座	$0.25T_2$	T_3——加载长度为一联长度的制动力
连续梁桥墩	固定支座	T_3	
	聚四氟乙烯板支座	$0.30T_3$	
	滚动(或摆动)支座	$0.25T_3$	

注:固定支座按T_4计算,活动支座按$0.30T_5$(聚四氟乙烯板支座)计算或$0.25T_5$(滚动或摆动支座)计算,T_4和T_5分别为与固定支座或活动支座相应的单跨跨径的制动力,桥墩承受的制动力为上述固定支座与活动支座传递的制动力之和。

(三)人群荷载

人群荷载标准值应根据表1-4-10采用,对跨径不等的连续结构,以最大计算跨径为准。

表 1-4-10   人群荷载标准值

计算跨径L_0/m	$L_0 \leq 50$	$50 < L_0 < 150$	$L_0 \geq 150$
人群荷载/(kN·m^{-2})	3.0	$3.25 \sim 0.005L_0$	2.5

注:1. 非机动车、行人密集的公路桥梁,人群荷载标准值取上述标准值的1.15倍。
　　2. 专用人行桥梁,人群荷载标准值为3.5 kN/m^2。

人群荷载在横向应布置在人行道的净宽度内,在纵向施加于使结构产生最不利荷载效应的区段内。人行道板(局部构件)可以一块板为单元,按标准值 4.0 kN/m² 的均布荷载计算。计算人行道栏杆时,作用在栏杆立柱顶上的水平推力标准值取 0.75 kN/m,作用在栏杆扶手上的竖向力标准值取 1.0 kN/m。

(四)疲劳荷载

为了避免桥梁结构在远低于材料强度极限的交变应力作用下发生结构破坏,在我国现行的规范中新增加疲劳荷载计算内容,该荷载主要针对钢桥或钢混结合的桥梁,详细内容可查阅《公路桥涵设计通用规范》(JTG D60—2015)第 4.3.7 条。

(五)风荷载

风荷载标准值应按现行《公路桥梁抗风设计规范》(JTG/T 3360-01—2018)的规定计算。

(六)流水压力和冰压力

位于河流中的桥墩会受到流水和流冰的压力,相关规范中给出的流水压力以水流速度作为基准,考虑桥墩迎水面形状的影响而得到。流冰压力计算公式适用于通常的河流流冰情况,它以冰体破碎极限强度作基准建立起来的,具体计算公式可查阅《公路桥涵设计通用规范》(JTG D60—2015)第 4.3.11 条。

流水压力和流冰压力的大小均与桥墩的形状相关,桥墩的迎水(冰)面宜做成圆弧形或尖端形,以减小流水压力和流冰压力。

作用在桥墩上的流水压力标准值按下式计算:

$$F_w = KA\frac{\gamma v^2}{2g} \tag{1-4-8}$$

式中　γ——水的重力密度(kN/m³);
　　　v——设计流速(m/s);
　　　A——桥墩阻水面积(m²),计算至一般冲刷线处;
　　　g——重力加速度,$g=9.81$(m/s²);
　　　K——桥墩形状系数,按如表 1-4-11 所示取用。

流水压力合力的着力点,假定在设计水位线以下 0.3 倍水深处。

表 1-4-11　桥墩形状系数

桥墩形状	K	桥墩形状	K
方形桥墩	1.5	尖端形桥墩	0.7
矩形桥墩(长边与水流平行)	1.3	圆端形桥墩	0.6
圆形桥墩	0.8	—	—

(七)波浪力

位于外海、海湾、海峡的桥梁结构,下部结构设计必要时应考虑波浪力的作用影响,宜开展专题研究确定波浪力的大小。

(八)温度作用

当桥梁结构要考虑温度作用时,应根据当地具体情况、结构物使用的材料和施工条件等因素计算由温度作用引起的结构效应。

温度作用包括均匀温度作用和梯度温度作用。当计算桥梁结构因均匀温度作用引起的外加变形或约束时,应从收到约束时的结构温度开始,考虑最高和最低有效温度的作用效应。当计算桥梁结构由于竖向温度梯度引起的效应时,应根据竖向温度梯度曲线进行计算。

(九)支座摩阻力

上部结构因温度变化引起的伸长或缩短及受其他纵向力的作用,活动支座将产生一个方向相反的力,即支座摩阻力。摩阻力的大小取决于上部结构自重的大小、支座类型及材料等。支座摩阻力标准值按下式计算:

$$F=\mu W \tag{1-4-9}$$

式中　W——作用于活动支座上由上部结构重力产生的效应;
　　　μ——支座摩擦系数,无实测数据时按表1-4-12取用。

表 1-4-12　支座摩擦系数

支座种类		支座摩擦系数 μ
滚动支座或摆动支座		0.05
板式橡胶支座	支座与混凝土面接触	0.30
	支座与钢板接触	0.20
	聚四氟乙烯板与不锈钢钢板接触	0.06(加5201硅脂润滑后;温度低于−25℃时为0.078) 0.12(不加5201硅脂润滑时;温度低于−25℃时为0.156)
盆式支座		加5201硅脂润滑后,常温型活动支座摩擦系数不大于0.03(支座适用温度为−25℃~+60℃)
		加5201硅脂润滑后,耐寒型活动支座摩擦系数不大于0.06(支座适用温度为−40℃~+60℃)
球形支座		加5201硅脂润滑后,活动支座摩擦系数不大于0.03(支座适用温度为−25℃~+60℃)
		加5201硅脂润滑后,活动支座摩擦系数不大于0.05(支座适用温度为−40℃~+60℃)

四、偶然作用

偶然作用是指在结构使用期间出现的概率很小,一旦出现,其值很大且持续时间很短的作用。

偶然作用包括船舶撞击作用、漂流物撞击作用和汽车撞击作用。

偶然作用取其设计值作为代表值,可根据历史记载、现场观测和试验,并结合工程经验分析确定,也可根据有关标准的专门规定确定。

(一)船舶撞击作用

位于通航水域中的桥梁墩台,设计时应考虑船舶撞击作用。其撞击作用标准值可按下列规定采用:

(1)船舶撞击作用设计值宜按专题研究确定。

(2)四至七级内河航道,当缺乏实际调查资料时,船舶撞击作用的设计值可按表1-4-13取值,航道内的钢筋混凝土桩墩,顺桥向撞击作用可按表1-4-13所列数值的50%取值。

表 1-4-13 内河船舶撞击作用设计值

内河航道等级	船舶吨位 DWT/t	横桥向撞击作用/kN	顺桥向撞击作用/kN
四	500	550	450
五	300	400	350
六	100	250	200
七	50	150	125

(3)当缺乏实际调查资料时，海轮撞击作用的标准值可按表 1-4-14 取值。

表 1-4-14 海轮撞击作用的标准值

船舶吨位 DWT/t	3 000	5 000	7 500	10 000	20 000	30 000	40 000	50 000
横桥向撞击作用/kN	19 600	25 400	31 000	35 800	50 700	62 100	71 700	80 200
顺桥向撞击作用/kN	9 800	12 700	15 500	17 900	25 350	31 050	35 850	40 100

(4)规划航道内可能遭受大型船舶撞击作用的桥墩，应根据桥墩的自身抗撞击能力、桥墩的位置和外形、水流流速、水位变化、通航船舶类型和碰撞速度等因素作桥墩防撞设施的设计。当设有与墩台分开的防撞击的防护结构时，桥墩可不计船舶的撞击作用。

(5)内河船舶的撞击作用点，假定为计算通航水位线以上 2 m 的桥墩宽度或长度的中点，海轮船舶撞击作用点需视实际情况而定。

(二)漂流物撞击作用

有漂流物的水域中的桥梁墩台，设计时应考虑漂流物的撞击作用，其横桥向撞击力设计值可按下式计算，漂流物的撞击作用点假定在计算通航水位线上桥墩宽度的中点：

$$F=\frac{Wv}{gT} \tag{1-4-10}$$

式中 W——漂流物重力(kN)，应根据河流中漂流物情况，按实际调查确定；
v——水流速度(m/s)；
T——撞击时间(s)，应根据实际资料估计，在无实际资料时，可用 1 s；
g——重力加速度，$g=9.81$ m/s²。

(三)汽车撞击作用

桥梁结构必要时可考虑汽车的撞击作用。汽车撞击力设计值在车辆行驶方向取 1 000 kN，在车辆行驶垂直方向取 500 kN，两个方向的撞击力不同时考虑。撞击力作用于行车道以上 1.2 m 处，直接分布于撞击涉及的构件上。

对设有防撞设施的结构构件，可视防撞设施的防撞能力，对汽车撞击力标准值予以折减，但折减后的汽车撞击力设计值不应低于上述规定值的 1/6。

五、地震作用

地震作用的代表值为其标准值。桥梁地震作用的标准值应根据我国《公路工程抗震规范》(JTG B02—2013)和《公路桥梁抗震设计细则》(JTG/T B02-01—2008)的规定确定。

各抗震设防类别桥梁的抗震设防目标应符合表 1-4-15 的规定。

表 1-4-15　各抗震设防类别桥梁的抗震设防目标

桥梁抗震设防类别	设防目标	
	E1 地震作用	E2 地震作用
A 类	一般不受损坏或不需修复可继续使用	可发生局部轻微损伤，不需修复或经简单修复可继续使用
B 类	一般不受损坏或不需修复可继续使用	应保证不致倒塌或产生严重结构损伤，经临时加固后可供维持应急交通使用
C 类	一般不受损坏或不需修复可继续使用	应保证不致倒塌或产生严重结构损伤，经临时加固后可供维持应急交通使用
D 类	一般不受损坏或不需修复可继续使用	—

一般情况下，桥梁抗震设防分类应根据各桥梁抗震设防类别的适用范围按表 1-4-16 的规定确定。但对抗震救灾及在经济上、国防上具有重要意义的桥梁或破坏后修复(抢修)困难的桥梁，可按国家批准权限，报请批准后，提高设防类别。

表 1-4-16　各桥梁抗震设防类别适用范围

桥梁抗震设防类别	适用范围
A 类	单跨跨径超过 150 m 的特大桥
B 类	单跨跨径不超过 150 m 的高速公路、一级公路上的桥梁，单跨跨径不超过 150 m 的二级公路上的特大桥、大桥
C 类	二级公路上的中桥、小桥，单跨跨径不超过 150 m 的三、四级公路上的特大桥、大桥
D 类	三、四级公路上的中桥、小桥

A 类、B 类和 C 类桥梁必须进行 E1 地震作用和 E2 地震作用下的抗震设计。D 类桥梁只需进行 E1 地震作用下的抗震设计。抗震设防烈度为 6 度地区的 B 类、C 类、D 类桥梁，可只进行抗震措施设计。

各类公路桥梁抗震设计要考虑的地震作用，应采用所在地区抗震设防烈度相应的设计基本地震动加速度和反应谱特征周期，以及表 1-4-17 中规定的抗震重要性系数来表征。

公路桥梁抗震设防烈度和设计基本地震动加速度取值的对应关系，应符合表 1-4-18 中的规定，具体数值的含义可查看规范中的详细说明。

表 1-4-17　各类公路桥梁的抗震重要性系数 C_i

桥梁分类	E1 地震作用	E2 地震作用
A 类	1.0	1.7
B 类	0.43(0.5)	1.3(1.7)
C 类	0.34	1.0
D 类	0.23	—

表 1-4-18　抗震设防烈度和水平向设计基本地震动加速度峰值 A

抗震设防烈度	6	7	8	9
加速度峰值 A	0.05g	0.10(0.15)g	0.20(0.30)g	0.40g

六、作用效应组合

公路桥涵结构采用以可靠度理论为基础的概率极限状态设计法设计。该设计体系规定了桥涵结构的两种极限状态，即承载能力极限状态和正常使用极限状态。

极限状态是指整体结构或构件的某一特定状态，超过这一状态界限结构或构件就不再能满足设计规定的某一功能要求。承载能力极限状态设计着重体现桥涵结构的安全性，正常使用极限状态设计则体现适用性和耐久性，它们共同反映出设计的基本原则。只有每项设计都符合相关规范的两类极限状态的要求，才能使所设计的桥涵达到其全部预定功能。

根据桥涵在施工和使用过程中面临的不同情况，桥涵结构设计可分为持久状况、短暂状况和偶然状况三种设计状况。持久状况是指桥涵建成后承受自重、汽车荷载等持续时间很长的状况；短暂状况是指桥涵在施工过程中承受临时性作用的状况；偶然状况是指桥涵在使用过程中可能偶然出现的状况。其中，持久状况必须进行承载能力和正常使用两种极限状态设计；短暂状况一般只作承重能力极限状态设计，必要时才作正常使用极限状态设计；偶然状况要求作承载能力极限状态设计，不考虑正常使用极限状态设计。

《公路桥涵设计通用规范》(JTG D60—2015)中将公路桥涵结构设计分为三个安全等级，不同的桥涵应根据所具有的功能、作用及其重要性将具有不同的重要性系数，以匹配它们规定的目标可靠度指标。各类桥涵结构设计安全等级如表1-4-19所示。

表1-4-19 公路桥涵结构设计安全等级

设计安全等级	破坏后果	适用对象
一级	很严重	(1)各等级公路上的特大桥、大桥、中桥； (2)高速公路、一级公路、二级公路、国防公路及城市附近交通繁忙公路上的小桥
二级	严重	(1)三、四级公路上的小桥； (2)高速公路、一级公路、二级公路、国防公路及城市附近交通繁忙公路上的涵洞
三级	不严重	三、四级公路上的涵洞

注：本表所列特大、大、中桥等按《公路桥涵设计通用规范》(JTG D60—2015)中的单孔跨径确定，对多跨不等跨桥梁，以其中最大跨径为准。

在作用效应组合时还需要注意，各种作用并非同时作用于桥涵上，应根据作用重要性的不同和同时作用的可能性进行适当组合，以确定安全合理的作用效应的组合值。组合原则有以下几点：

(1)只有在结构上可能同时出现的作用，才进行组合。当结构或结构构件需做不同受力方向的验算时，则应以不同方向的最不利的作用组合效应进行计算。

(2)当可变作用的出现对结构或结构构件产生有利影响时，该作用不应参与组合。实际不可能同时出现的作用或同时参与组合概率很小的作用，按表1-4-20的规定不考虑其参与组合。

表1-4-20 可变作用不同时组合表

作用名称	不与该作用同时参与组合的作用	作用名称	不与该作用同时参与组合的作用
汽车制动力	流水压力、冰压力、波浪力、支座摩阻力	冰压力	汽车制动力、流水压力、波浪力
流水压力	汽车制动力、冰压力、波浪力	支座摩阻力	汽车制动力

续表

作用名称	不与该作用同时参与组合的作用	作用名称	不与该作用同时参与组合的作用
波浪力	汽车制动力、流水压力、冰压力	—	—

(3)施工阶段的作用组合,应按计算需要及结构所处条件而定,结构上的施工人员和施工机具设备均应作为可变作用加以考虑。组合式桥梁,当将梁底作为施工支撑时,作用组合效应宜分两个阶段计算,底梁受荷为第一阶段,组合梁受荷为第二阶段。

(4)多个偶然作用不同时参与组合。

(5)地震作用不与偶然作用同时参与组合。

(一)按承载能力极限状态设计时作用效应组合

承载能力极限状态设计是以塑性理论为基础,有三种作用效应组合,即基本组合、偶然组合和地震组合。持久设计状况和短暂设计状况应采用作用的基本组合,对偶然设计状况应采用作用的偶然组合,对地震设计状况应采用作用的地震组合。

1. 基本组合

永久作用设计值与可变作用设计值相结合,其组合表达式为

$$S_{ud} = \gamma_0 S \left(\sum_{i=1}^{m} \gamma_{G_i} G_{ik}, \gamma_{Q_1} \gamma_L Q_{1k}, \psi_c \sum_{j=2}^{n} \gamma_{Lj} \gamma_{Q_j} Q_{jk} \right) \tag{1-4-11}$$

式中 S_{ud} ——承载能力极限状态下作用基本组合的效应组合设计值。

$S(\ )$ ——作用组合的效应函数。

γ_0 ——结构重要性系数,按表1-4-19规定的结构设计安全等级采用。对应于设计安全等级一级、二级和三级分别取1.1、1.0和0.9。

γ_{G_i} ——第 i 个永久作用效应的分项系数,按表1-4-21的规定采用。

G_{ik} ——第 i 个永久作用效应的标准值。

γ_{Q_1} ——汽车荷载效应(含汽车冲击力、离心力)的分项系数。采用车道荷载计算时,其分项系数取 $\gamma_{Q_1}=1.4$,采用车辆荷载计算时,其分项系数取 $\gamma_{Q_1}=1.8$;当某个可变作用在效应组合中超过汽车荷载效应时,则该作用取代汽车荷载,其分项系数取 $\gamma_{Q_1}=1.4$;对专为承受某作用而设置的结构或装置,设计时该作用的分项系数取 $\gamma_{Q_1}=1.4$;计算人行道板和人行道栏杆的局部荷载,其分项系数也取 $\gamma_{Q_1}=1.4$。

Q_{1k} ——汽车荷载(含汽车冲击力、离心力)的标准值。

γ_{Q_j} ——在作用组合中除汽车荷载(含汽车冲击力、离心力)、风荷载外的其他第 j 个可变作用效应的分项系数,取 $\gamma_{Q_j}=1.4$,但风荷载的分项系数取 $\gamma_{Q_j}=1.1$。

Q_{jk} ——在作用效应组合中除汽车荷载(含汽车冲击力、离心力)外的其他第 j 个可变作用效应的标准值。

ψ_c ——在作用效应组合中除汽车荷载(含汽车冲击力、离心力)外的其他可变作用效应的组合系数,取 $\psi_c=0.75$。

$\psi_c Q_{jk}$ ——在作用组合中除汽车荷载(含汽车冲击力、离心力)外的第 j 个可变作用的组合值。

γ_{Lj} ——第 j 个可变作用的结构设计使用年限荷载调整系数。公路桥涵结构的设计使用年限按现行《公路工程技术标准》(JTG B01—2014)取值时,可变作用的设计使用年限荷载调整系数取 $\gamma_{Lj}=1.0$;否则,γ_{Lj} 取值应按专题研究确定。

当作用与作用效应可按线性关系考虑时,作用基本组合的效应设计值 S_{ud} 可通过作用效应代数相加计算。

设计弯桥时，当离心力与制动力同时参与组合时，制动力标准值或设计值按70%取用。

表 1-4-21　永久作用效应分项系数

编号	作用类别		永久作用效应分项系数	
			对结构的承载能力不利时	对结构的承载能力有利时
1	混凝土和圬工结构重力（包括结构附加重力）		1.2	1.0
	钢结构重力（包括结构附加重力）		1.1 或 1.2	
2	预加力		1.2	1.0
3	土的重力		1.2	0.9
4	土侧压力		1.4	1.0
5	混凝土收缩及徐变作用		1.0	1.0
6	水的浮力		1.0	1.0
7	基础变位作用	混凝土和圬工结构	0.5	0.5
		钢结构	1.0	1.0

注：本表序号 1 中，当钢桥采用钢桥面板时，永久作用分项系数取 1.1；当采用混凝土桥面板时，取 1.2。

基本组合用于结构的常规设计，所有桥涵结构都需要考虑。基本组合中各类作用效应可以归结为三个部分，第一部分为永久作用效应；第二部分为主导的可变作用效应，在通常情况下其为汽车荷载效应（含汽车冲击力、离心力），在某些特殊情况下某种其他可变荷载可能取代汽车效应成为控制设计的主导因素，则其归入第二部分；第三部分为可变效应的补充部分，故以组合系数 ψ_c 予以折减，并且组合的作用效应种类越多折减越大。

2. 偶然组合

永久作用标准值与可变作用某种代表值、一种偶然作用标准值相组合；与偶然作用同时出现的可变作用，可根据观测资料和工程经验取用频遇值或准永久值。

作用偶然组合的效应设计值可按下式计算：

$$S_{ad} = S\left(\sum_{i=1}^{m} G_{ik}, A_d, (\psi_{f1} \text{ 或 } \psi_{q1})Q_{1k}, \sum_{j=2}^{n} \psi_{qj}Q_{jk}\right) \tag{1-4-12}$$

式中　S_{ad} ——承载能力极限状态下作用偶然组合的效应设计值；

A_d ——偶然作用的设计值；

ψ_{f1} ——汽车荷载（含汽车冲击力、离心力）的频遇值系数，取 $\psi_{f1}=0.7$；当某个可变作用在效应组合中超过汽车荷载效应时，则该作用取代汽车荷载，人群荷载 $\psi_f=1.0$，风荷载 $\psi_f=0.75$，温度梯度作用 $\psi_f=0.8$，其他作用 $\psi_f=1.0$；

$\psi_{f1}Q_{1k}$ ——汽车荷载的频遇值；

ψ_{q1}，ψ_{qj} ——第 1 个和第 j 个可变作用的准永久值系数，汽车荷载（含汽车冲击力、离心力）$\psi_q=0.4$，人群荷载 $\psi_q=0.4$，风荷载 $\psi_q=0.75$，温度梯度作用 $\psi_q=0.8$，其他作用 $\psi_q=1.0$；

$\psi_{q1}Q_{1k}$，$\psi_{qj}Q_{jk}$ ——第 1 个和第 j 个可变作用的准永久值。

当作用与作用效应可按线性关系考虑时，作用偶然组合的效应设计值 S_{ad} 可通过作用效应代数相加计算。

3. 地震组合

地震组合的效应设计值应按《公路桥梁抗震设计细则》（JTG/T B02-01—2008）的有关规定计算。

作用偶然组合和地震组合时用于结构在特殊情况下的设计,所以这两类组合不是针对所有的公路桥涵结构,部分结构也可采取构造措施或其他预防措施来进行解决。

(二)按正常使用极限状态设计时作用效应组合

正常使用极限状态设计是以弹性理论或弹塑性理论为基础,涉及构件的抗裂、裂缝宽度和挠度三个方面的验算。其作用效应组合有两种,即频遇组合和准永久组合。

1. 频遇组合

频遇组合为永久作用标准值与汽车荷载频遇值、其他可变作用准永久值相组合。作用频遇组合的效应设计值可按下式计算:

$$S_{fd} = S(\sum_{i=1}^{m} G_{ik}, \psi_{f1} Q_{1k}, \sum_{j=2}^{n} \psi_{qj} Q_{jk}) \quad (1\text{-}4\text{-}13)$$

式中 S_{fd}——作用频遇组合的效应设计值;

ψ_{f1}——汽车荷载(不计汽车冲击力)频遇值系数,取 0.7。

当作用与作用效应可按线性关系考虑时,作用频遇组合的效应设计值 S_{fd} 可通过作用效应代数相加计算。

2. 准永久组合

准永久组合为永久作用标准值与可变作用准永久值相组合。作用准永久组合的效应设计值可按下式计算:

$$S_{qd} = S(\sum_{i=1}^{m} G_{ik}, \sum_{j=1}^{n} \psi_{qj} Q_{jk}) \quad (1\text{-}4\text{-}14)$$

式中 S_{qd}——作用准永久组合的效应设计值;

ψ_{qj}——汽车荷载(不计汽车冲击力)准永久值系数,取 0.4。

当作用与作用效应可按线性关系考虑时,作用准永久组合的效应设计值 S_{qd} 可通过作用效应代数相加计算。

以上五类组合涵盖了桥涵结构可能的极限状态,通过运用概率论和数理统计的数学工具取得各类组合下的分项系数和组合系数,使所设计的结构具有明确的可靠度。需要指出的是,在原桥梁设计规范体系中,不同材料结构的设计理论和方法并不统一,不同材料结构的作用效应分项系数和组合系数不统一,材料性能代表值的取值原则也不统一。

钢结构构件抗疲劳设计时,除特别指明外,各作用应采用标准值,作用分项系数应取 1.0。结构构件当需进行弹性阶段截面应力计算时,除特别指明外,各作用的分项系数及组合系数均可取 1.0,各项应力限值则根据各类设计规范采用。验算结构的抗倾覆、滑动稳定时,稳定系数、摩擦系数及各作用分项系数根据不同结构按相关规范确定。

 学习任务

绘制思维导图,以桥梁上的四种作用为中心词汇归纳各个作用的基本概念及作用效应组合。

课程介绍	桥梁的常用术语	桥梁的分类与组成	桥梁施工技术的发展(一)	桥梁施工技术的发展(二)	涵洞的作用与分类

项目二 简支梁的设计与计算

项目描述

简支梁是最简单最基本的桥型,常用于修建中小跨径桥梁。主梁以受弯提供结构的承载力,是主要的承重结构,桥面板(行车道板)直接承担车辆的集中荷载,其工作状态直接影响到桥梁的整体受力状况。因此,在进行梁式桥的计算时,桥面板和主梁的计算是必不可少的。

项目任务

本项目包括简支梁构造认知、桥面板内力计算、主梁内力计算、简支板梁桥课程设计4个任务。

项目目标

通过对本项目的学习,了解板梁桥、肋梁桥、箱梁桥的构造,可识读梁式桥的一般构造图,能进行桥面板的内力计算,掌握简支梁桥的荷载分布及有效工作宽度的计算方法,能根据杠杆原理法、偏性压力法、刚性横梁法计算荷载横向分布系数,能完成一座中小跨径桥梁的主梁的课程设计。

任务一 简支梁构造认知

※任务描述

简支梁是最常见的桥型,其构造认知是进行简支梁设计与施工的基础,了解简支梁构造的相关知识有助于拟定结构的尺寸、识读设计图、拟定施工方案、科学合理地组织施工等工作的开展。本任务主要包括梁式桥的主要类型及其适用条件、简支梁的主要构造类型及其适用条件、桥梁支座构造等内容。通过本任务的学习,学生能掌握简支梁的构造、配筋的内容和特点,为后续简支梁的设计及施工任务的学习打下基础。

一、梁式桥的主要类型及其适用条件

(一)按有无预应力划分

1. 钢筋混凝土梁桥

钢筋混凝土是一种具有很多优点的建筑材料。用此种材料建造的桥梁具有能就地取材、工业化施工、耐久性好、可模性好、适应性强、整体性好及美观等优点。

第一座钢筋混凝土梁桥问世迄今已有近百年历史,特别是经过半个多世纪以来的实践,使钢筋混凝土结构不但在设计理论方面,而且在施工技术上都发展得比较成熟。目前,使用钢筋

混凝土建造的桥梁种类多、数量大，在桥梁工程中占有重要的地位。

钢筋混凝土梁桥的不足之处是结构本身的自重大，占全部设计荷载的30%～60%。跨度越大，则自重所占的比重也显著增加。鉴于材料强度大部分为结构本身的质量所消耗，大大限制了钢筋混凝土梁式桥的跨越能力。另外，就地浇筑的钢筋混凝土桥施工工期长，支架和模板要耗损木料多，其抗裂性能较差，修补也较为困难。在寒冷地区及在雨季建造整体式钢筋混凝土桥梁时，施工比较困难，如采用蒸汽养护及防雨措施等，则会显著增加工程造价。

显然，上述特点都是与钢桥、石拱桥等其他种类桥梁比较而言的。随着国内钢结构桥梁建设技术逐渐进步，我国已经具备推广钢结构桥梁的物质基础和技术条件，有能力推进公路钢结构桥梁建设，未来钢结构桥梁建设将逐渐成为趋势，而建造圬工拱桥费工费时，还会受到桥位处地形、地质条件的限制。因此，在公路建设中，特别是对于公路上最常遇到的跨越中、小河流等情况，需要建造大量中、小跨径的钢筋混凝土梁桥。对于装配式钢筋混凝土简支梁桥而言，在技术经济上合理的最大跨径约为20 m。钢筋混凝土悬臂梁桥与连续梁桥合理的最大跨径为60～70 m。

2. 预应力混凝土梁桥

预应力混凝土可看作一种预先储存了足够压应力的新型混凝土材料。对混凝土施加预压应力的高强度钢筋(或称力筋)，既是加力工具，又是抵抗荷载所引起构件内力的受力钢筋。考虑到混凝土受收缩和徐变作用会导致较大的预应力损失，故必须使用高强度材料才能使预应力混凝土获得良好的使用效果。

预应力混凝土梁桥除同样具有前述钢筋混凝土梁桥的所有优点外，还具有下述重要特点：

(1)能有效地利用高强度材料(高强度等级混凝土、高强度钢材)，减小构件截面尺寸，显著降低自重所占全部作用效应设计值的比重，增大跨越能力，并扩大混凝土结构的适用范围。

(2)与钢筋混凝土梁相比，一般可以节省钢材30%～40%，跨径越大，节省越多。

(3)全预应力混凝土梁在使用荷载下不出现裂缝，即使是部分预应力混凝土梁在常遇荷载下也无裂缝，鉴于截面能全面参与工作，梁的刚度就比通常开裂的钢筋混凝土梁要大。因此，预应力混凝土梁可显著减小建筑高度，将大跨径桥梁做得轻柔美观。由于能消除裂缝，这就扩大了对多种桥型的适应性，并更加提高了结构的耐久性。

(4)预应力技术的采用，为现代装配式结构提供了最有效的接头和拼装技术手段。根据需要，可在纵向和横向等施加预应力，使装配式构件结合成整体，这就扩大了装配式桥梁的使用范围，提高了运营质量。

显然，预应力混凝土桥梁，首先要有作为预应力筋的优质高强度钢材和要可靠保证高强度混凝土的制备质量，同时需要有一整套专门的预应力张拉设备和材质好、制作精度要求高的锚具，并且要掌握较复杂的施工工艺。目前，预应力混凝土简支梁的跨径已达50～60 m，悬臂梁、连续梁可以做成更大的跨径，目前国内连续梁最大跨径已达到180 m。

(二)按承重结构的静力体系划分

1. 简支梁桥

简支梁桥是梁式桥中应用最早、使用最广泛、构造最简单的一种桥型，如图2-1-1(a)所示。简支梁属静定结构，荷载作用下各截面均产生正弯矩，最易设计为各种标准跨径的装配式结构；施工工序少，架设方便；由于在多孔简支梁桥各跨的构造和尺寸均一致，从而使施工管理工作简化，降低施工费用；因相邻桥孔各自单独受力，桥墩上需在每跨支撑部位设置支座；在目前的简支梁桥设计中为减少桥面伸缩缝的数量常采用桥面(铺装层)连续结构。

2. 连续梁桥

连续梁桥的主要特点是：承重结构(板、T形梁或箱梁)不间断地连续跨越几个桥孔而形成超静定结构,如图 2-1-1(b)所示。连续孔数一般不宜过多。当桥梁孔数较多时,需要沿桥长分建成几组(或称几联)连续梁。连续梁由于荷载作用下支点截面产生负弯矩,从而显著减小了跨中的正弯矩,梁内受力较同跨径的简支梁、悬臂梁桥均匀,这样不但可以减小跨中的建筑高度,而且能节省钢筋混凝土数量,桥梁跨径增大时,这种节省就越益显著。连续梁桥通常适用于地基十分良好的场合;否则,任意墩台基础发生不均匀沉陷时,桥跨结构内会发生附加内力。

3. 悬臂梁桥

悬臂梁桥的主体是桥跨结构固结在桥墩上的悬臂结构。仅一端悬出者称为单悬臂梁,如图 2-1-1(c)所示,两端均悬出者称为双悬臂梁。对于较长的桥,还可以借助简支在悬臂端部的挂梁与悬臂梁一起组合成多孔桥。在力学性能上,设置挂梁的悬臂梁桥悬臂根部产生的负弯矩减小了跨中正弯矩,所以,悬臂梁也与连续梁桥相仿,可以节省材料用量,跨中设置剪力铰的悬臂梁桥只产生负弯矩,且悬臂根部弯矩值很大。悬臂梁属于静定结构,墩台的不均匀沉陷不会在梁内引起附加内力。

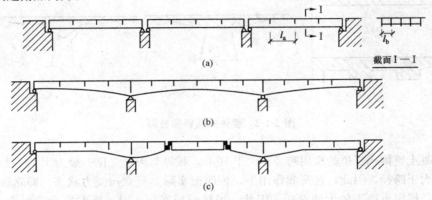

图 2-1-1 梁式桥的基本体系
(a)简支梁;(b)连续梁;(c)悬臂梁

(三)按施工方法划分

1. 整体浇筑式梁桥

建桥的全部工作都在施工现场进行,由于全桥在纵向和横向都是现场整体浇筑,所以整体性较好,可以按需要做成各种形状。但施工速度慢,工业化程度低,又要耗费较多的支架和模板等材料,因此除弯桥、斜桥外,一般情况下较少修建。

2. 装配式梁桥

上部构造在预制工厂或工地预制场分块预制,再运到现场吊装就位,然后在接头处将构件连接成整体。装配式梁桥的预制构件采用工厂化施工,受季节影响小,质量易于保证,还能与下部工程同时施工,加快了施工进度,节约支架和模板的材料。

3. 组合式梁桥

组合式梁桥也是一种装配式的桥跨结构,但是它是用纵向水平缝将桥梁分割成 I 形的梁肋或开口槽形梁和桥面板,桥面板再借纵横向的竖缝划分成在平面内呈矩形的预制构件。这样可以显著减轻预制构件的重力,并便于集中制造和运输吊装。组合梁的特点是整个截面分两个(或几个)阶段组合而成,在 I 形梁或开口槽形梁上搁置轻巧的预制空心板或微弯板构件,通过现浇混凝土接头而与 I 形梁或槽形梁结合成整体。或以弧形薄板或平板作为现浇桥面,预制板同时作为现浇混凝土的模板,通过现浇混凝土使各主梁结合成整体。

二、简支梁的主要构造类型及其适用条件

简支梁按照截面形式梁桥可划分为板桥、肋梁桥和小箱梁桥。

(一)板桥

板桥因其在建成后外形上像一块薄板,故习惯称之为板桥。板桥的优点是建筑高度小,适用于桥下净空受限制的桥梁。其外形简单,制作方便,既便于现场整体浇筑,又便于工厂成批生产,并且装配式板桥构件的质量小,架设方便。板桥的主要缺点是跨径不宜过大。

1. 整体式简支板桥

整体式板桥一般做成实体式等厚度的矩形截面,为了减轻自重也可做成肋板式截面,如图 2-1-2(a)、(b)所示。图 2-1-2(c)、(d)所示为常见的城市高架桥的板桥截面形式。

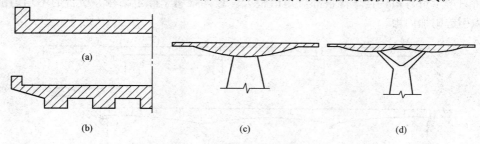

图 2-1-2 整体式板桥横截面

钢筋混凝土整体式板桥的常用跨径不大于 10 m,板厚与跨径之比一般为 1/16~1/12,其桥面宽度往往大于跨径。因此,在荷载作用下,桥面板实际上呈双向受力状态,即除板的纵向产生正弯矩外,横向也产生较大的弯矩。因此,当桥面板宽较大时,除配置纵向的受力钢筋外,还应计算配置板的横向受力钢筋。

整体式板桥行车道的主钢筋直径应不小于 10 mm,间距应不大于 20 cm,也不宜小于 7 cm;分布钢筋直径不小于 8 mm,间距不应大于 20 cm,并且在单位板长中的截面面积一般不宜小于板截面面积的 0.1%。在一般环境条件下,板的主钢筋与板缘之间的净距(即保护层厚度)不小于 3 cm,对于有侵蚀环境的情况,保护层厚度应进一步增加。

2. 装配式简支板桥

装配式简支板桥的横截面形式主要有矩形实心板和空心板两种。

(1)矩形实心板桥。矩形实心板桥具有形状简单、施工方便、建筑高度小等优点,一般使用跨径为 1.5~8 m,板高为 0.16~0.36 m,常用的桥面净宽有净—7.0 m 和净—9.0 m 两种。

图 2-1-3 所示为一标准跨径 6 m、荷载等级为公路—Ⅰ级的装配式钢筋混凝土矩形实心板桥构造。该桥预制板混凝土强度等级为 C30,纵向主筋使用直径为 18 mm 的 HRB335 级钢筋,箍筋和架立筋均使用直径为 10 mm 的 HPB300 级钢筋。预制板安装就位后,在企口缝内填筑强度等级比预制板高的小石子混凝土,并浇筑 10 cm 厚的 C40 防水混凝土铺装层,使之连成整体。

(2)空心板桥。当跨径增大时,应采用空心板截面,它不仅能减轻自重,而且能充分利用材料。空心板的开孔形式如图 2-1-4 所示。图 2-1-4(a)、(b)所示为单孔,挖空率大,质量小,但顶板需配置横向受力钢筋来承担荷载的作用;其中图 2-1-4(a)所示为顶部略呈拱形,可以节省一部分钢筋,但模板较复杂。图 2-1-4(c)、(d)所示为双圆孔形,其中图 2-1-4(c)所示为双圆孔,施工时可用无缝钢管(或充气囊)作芯模,但挖空率小,质量较大;图 2-1-4(d)芯模则由两个半圆和两块侧模板组成,当板的厚度发生改变时,只需改变侧板高度。

图 2-1-5 所示为标准跨径 10 m 的装配式钢筋混凝土空心板桥钢筋布置，荷载等级为公路—Ⅰ级，板全长为 9.96 m，计算跨径为 9.60 m，板厚为 50 cm，横截面采用双圆孔，半径为 13 cm，预制板钢筋混凝土强度等级采用 C30，每块板底层配 12 根 Φ20 主筋，板顶面配置 4 根 Φ20 和 2 根 Φ10 钢筋。

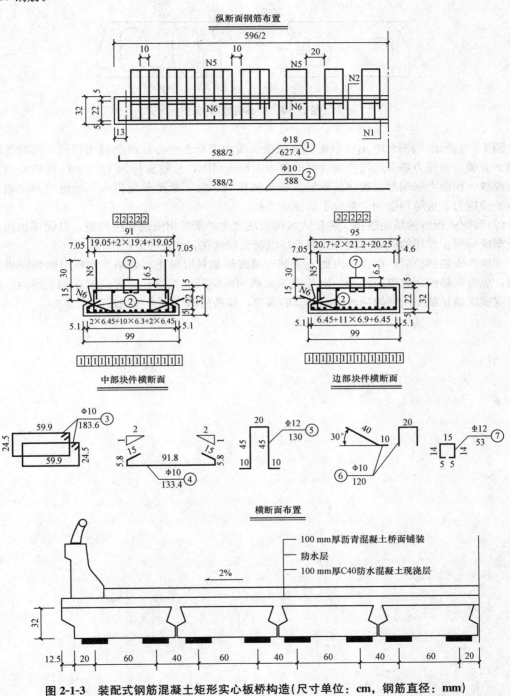

图 2-1-3　装配式钢筋混凝土矩形实心板桥构造（尺寸单位：cm，钢筋直径：mm）

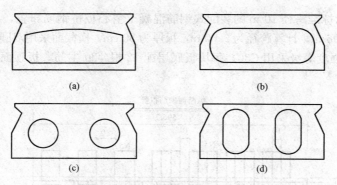

图 2-1-4 空心板截面形式

图 2-1-6 所示为跨径 20 m 的装配式先张法预应力混凝土空心板的钢筋布置图,荷载等级为公路－Ⅱ级,预应力筋采用抗拉强度标准值为 1 860 MPa,公称直径为 15.2 mm 的低松弛高强度钢绞线,预应力筋端部配置螺旋箍筋加强自锚作用,为了承受预应力钢筋的张拉而在板上缘产生的拉应力,板端顶面加倍配置了非预应力筋。

(3)装配式板桥的横向连接。装配式板桥板块之间必须采用横向连接构造,以保证板块共同承受车辆荷载。常用的横向连接方式为企口混凝土铰连接,如图 2-1-7 所示。

在块件安装就位后,在铰缝内插入钢筋,填实细集料混凝土;如果要使桥面铺装层也参与受力,也可以将预制板中的钢筋伸出与相邻板的同样钢筋互相绑扎,再浇筑在铺装层内。铰的上口宽度应满足施工时使用插入式振捣器的需要,铰槽的深度宜为预制板高的 2/3。

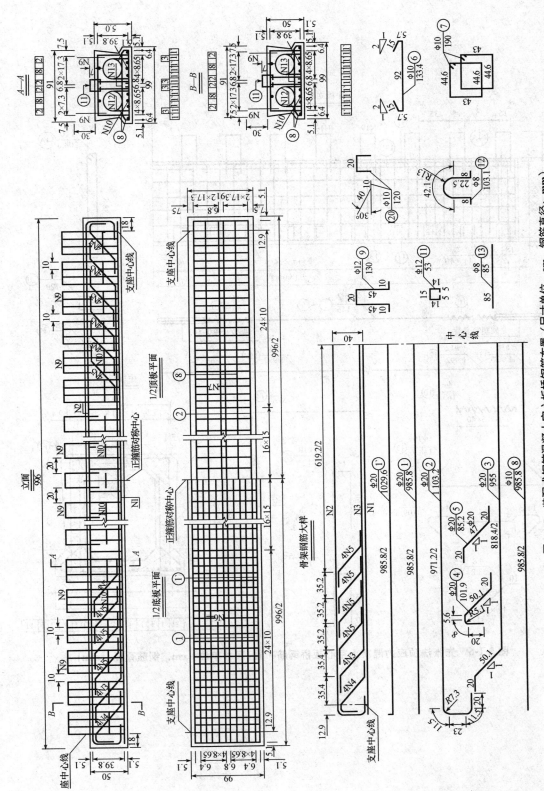

图 2-1-5 装配式钢筋混凝土空心板桥钢筋布置（尺寸单位：cm，钢筋直径：mm）

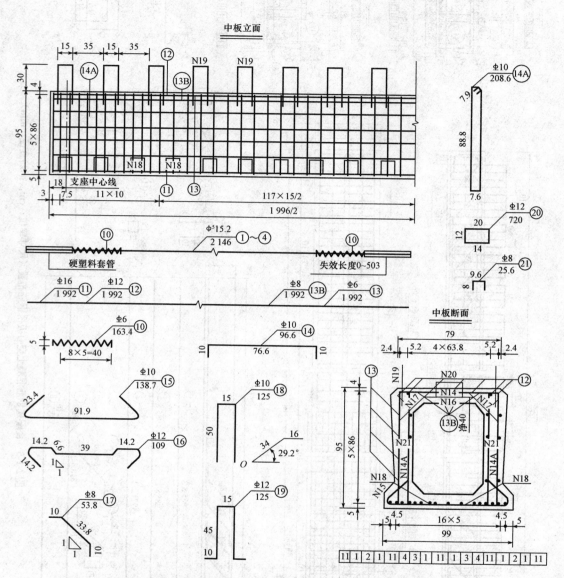

图 2-1-6 先张法预应力混凝土空心板桥钢筋布置(尺寸单位:cm,钢筋直径:mm)

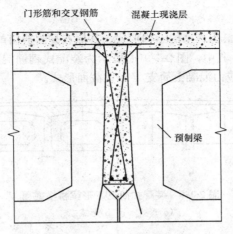

图 2-1-7　企口式混凝土铰

(二)肋梁桥

肋梁桥是横断面内具有明显肋形结构的桥梁。其肋形结构可以是 T 形、工字形、Π形等，通常以 T 形最为常见。下面主要介绍肋梁桥中 T 形梁的构造。

简支 T 形梁桥的上部构造由主梁、横隔梁、桥面板、桥面构造等部分组成。主梁是桥梁的主要承重结构；横隔梁保证各根主梁相互结成整体，以提高桥梁的整体刚度；主梁的上翼缘构成桥面板，组成行车(人)平面，承受车辆(人群)荷载的作用。这类桥梁可采用整体现浇和预制装配两种不同的方式进行施工。

1. 整体式简支 T 形梁桥

整体式梁桥在城市立交桥中应用较为广泛，具有整体性好、刚度大、易于做成复杂形状等优点，多数在桥孔支架模板上现场浇筑，也有整体预制、整孔架设的个别情况。

常用的整体式简支 T 形梁桥，如图 2-1-8 所示。在保证抗剪、稳定的条件下，主梁的肋宽为梁高的 1/6～1/7，但不宜小于 16 cm，以利于浇筑混凝土；当肋宽有变化时，其过渡段长度不小于 12 倍肋宽差。主梁高度通常为跨径的 1/8～1/16。为了减小桥面板的跨径(一般限制在 2～3 m)，还可以在两根主梁之间设置次纵梁，如图 2-1-8(b)所示。为了合理布置主钢筋，梁肋底部可做成马蹄形。

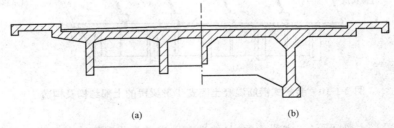

图 2-1-8　整体式简支 T 形梁桥横截面
(a)形式一；(b)形式二

整体式简支梁桥桥面板的跨中板厚不应小于 10 cm；桥面板与梁肋衔接处一般都设置承托结构，承托长高比一般不大于 3。

2. 装配式简支 T 形梁桥

装配式 T 形梁桥是使用最为普遍的结构形式。其优点是制造简单、整体性好、接头也方便。横断面形式如图 2-1-9 所示。其中，图 2-1-9(a)所示为装配式钢筋混凝土简支 T 形梁截面形式；图 2-1-9(b)所示为装配式预应力混凝土简支 T 形梁截面形式。

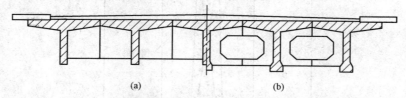

图 2-1-9　装配式简支 T 形梁桥横截面
(a)形式一；(b)形式二

装配式钢筋混凝土简支 T 形梁桥的上部结构及构造如图 2-1-10 所示。

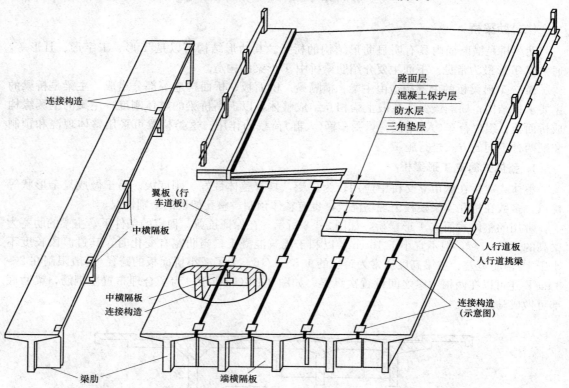

图 2-1-10　装配式钢筋混凝土简支 T 形梁桥的上部结构及构造

(1)主梁布置。主梁间距(或主梁片数)是构造布置中首先需要解决的问题，应从材料用量经济、尽可能减少预制工作量、构件的吊装质量及保证翼板的刚度等方面综合考虑确定。根据已建成使用的桥梁经验来看，装配式钢筋混凝土 T 形简支梁桥的主梁间距一般为 1.5～2.3 m。《公路桥涵设计图　装配式钢筋混凝土 T 形梁》(JT/GQS 025—1984)中所采用的主梁间距为 2.2 m，预制宽度为 1.6 m，吊装后接缝宽度为 0.6 m，这是目前采用较多的构造尺寸。

(2)主梁细部尺寸。

①主梁高度。主梁高度与主梁的跨径、活载的大小等有关。经济分析表明，主梁高度与跨

径之比(即高跨比)的经济范围在 1/18~1/11,跨径大的取用其中偏小的比值。

②主梁梁肋宽度。要求满足抗剪承载力的要求,以及不致使振捣混凝土发生困难。梁肋宽度多采用 16~24 cm,一般不应小于 14 cm,且不小于梁肋高度的 1/15。钢筋混凝土简支梁一般沿跨径方向做成等截面的形式,以便预制施工。

③主梁翼板尺寸。一般装配式主梁翼板的宽度视主梁间距而定,在实际预制时,翼板的宽度应比主梁间距小于 20 mm,以便在安装过程中易于调整 T 形梁的位置和减小制作上的误差。

在中小跨径的钢筋混凝土简支 T 形梁中,翼板的厚度主要满足桥面板承受车辆局部荷载的要求,还应当满足构造最小尺寸的要求。根据受力特点,翼板通常都做成变厚度的,即端部较薄,向根部逐渐加厚。为了保证翼板与梁肋连接的整体性,翼板与梁肋衔接处的厚度应不小于梁高度的 1/10。翼板的端部尺寸一般不应小于 100 mm;横向整体现浇连接的预制 T 形截面梁,悬臂端厚度不应小于 140 mm。

(3)钢筋构造。装配式 T 形简支梁桥的钢筋可分为纵向主钢筋、架立钢筋、斜钢筋(弯起钢筋)、箍筋和分布钢筋等几种。

①钢筋保护层厚度。为使钢筋免于锈蚀,钢筋至梁体混凝土边缘的净距,应符合《公路钢筋混凝土及预应力混凝土桥涵设计规范》(JTG 3362—2018)规定的钢筋最小混凝土保护层厚度要求。

②主梁钢筋布置。主钢筋设置在梁肋的下部,随着弯矩向支点截面的减小,主钢筋可以在适当位置弯起。主钢筋不宜截断,如必须截断时,为充分保证截断钢筋的锚固长度和斜截面受弯承载力,应从正截面抗弯承载力计算充分利用点算起,再至少延长到(最小锚固长度+梁截面有效高度)长度处截断。同时,不短于从按正截面抗弯承载力计算不需要点至少延伸 $20d$(环氧树脂涂层钢筋 $25d$),d 为钢筋直径。

为保证主筋和梁端有足够的锚固长度和加强支承部分的强度,《公路钢筋混凝土及预应力混凝土桥涵设计规范》(JTG 3362—2018)中规定,钢筋混凝土梁的支点处,应至少有 2 根且不少于总数 1/5 的下层受拉主钢筋通过。两外侧钢筋,应延伸出端支点以外,并弯成直角,顺梁高延伸至顶部,与顶层纵向架立钢筋相连。两侧的其他未弯起钢筋,伸出支点截面以外的长度不应小于 $10d$(环氧树脂涂层钢筋伸出 $12.5d$),如图 2-1-11(a)所示;HPB300 级钢筋应带半圆钩,如图 2-1-11(b)所示。

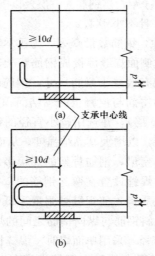

图 2-1-11 梁端主钢筋的锚固

简支梁靠近支点截面的剪力较大，需要设置斜钢筋，以增强梁体的抗剪强度。斜钢筋可以由主钢筋弯起而成（称弯起钢筋），当可供弯起的主钢筋数量不足时，需要加配专门的焊接于主筋和架立筋上的斜钢筋。斜钢筋与梁轴线的夹角一般取 45°。

箍筋的主要作用是增强主梁的抗剪承载力，其直径不小于 8 mm，且不小于 1/4 主钢筋直径。HPB300 级钢筋的配筋率不小于 0.18%；HRB335 级钢筋的配筋率不小于 0.12%。其间距应不大于梁高的 1/2 或 400 mm，从支座中心向跨径方向的长度在不小于 1 倍梁高的范围内，箍筋间距不大于 100 mm。近梁端第一根箍筋应设置在与端面的一个混凝土保护层厚度的距离处。

T 形梁腹板（梁肋）两侧还应设置纵向分布钢筋，直径宜不小于 8 mm，以防止因混凝土收缩等原因产生裂缝。每个梁肋内分布钢筋的总面积取 $(0.001\sim0.002)bh$，其中，b 为梁肋宽度，h 为梁的高度。当梁跨较大、梁肋较薄时，取用较大值。靠近下缘的受拉区钢筋应布置得密集些，其间距不应大于腹板（梁肋）宽度，且不应大于 200 mm；在上部受压区的布置则可稀疏些，但间距不应大于 300 mm。在支点附近剪力较大的区段，纵向分布钢筋间距应为 100～150 mm。T 形梁的截面钢筋布置如图 2-1-12 所示。

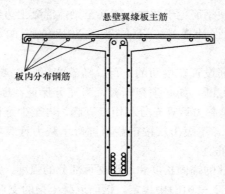

图 2-1-12　T 形梁的截面钢筋布置

架立钢筋布置在梁肋的上缘，主要起固定箍筋和斜筋并使梁内全部钢筋形成骨架的作用。

对于受弯构件的钢筋之间的净距，应考虑浇筑混凝土时，振捣器可以顺利插入。各主筋之间的横向净距和层与层之间的竖向净距，当钢筋为三层及以下时，不小于 30 mm，并且不小于 d；在三层以上时，不小于 40 mm，并且不小于 $1.25d$。

在装配式钢筋混凝土 T 形梁中，钢筋数量众多，为了尽可能地减小梁肋尺寸，通常将主筋叠置，并与斜筋、架立筋一起通过侧面焊缝焊接成钢筋骨架，如图 2-1-13 所示。试验表明，焊接钢筋骨架整体性好，刚度大，能有效减小梁肋尺寸，钢筋的重心位置较低，还可以避免大量的绑扎工作。但是，彼此焊接后的主筋与混凝土的黏结面积减小，削弱了其抗裂性，所以，应限制焊接骨架的钢筋层数（不超过 6 层），并选用较小直径的钢筋（不大于 32 mm），有条件时还可以将箍筋与主筋接触处点焊连接，以增大其黏结强度，从而改善其抗裂性能。

为了缩短接头长度，减少焊接变形，钢筋骨架的焊接多采用双面焊缝；但当骨架较长而不便翻身时，也可以采用单面焊缝。焊缝设置在弯起钢筋的弯折点处，并在钢筋骨架中间直线部分适当设置短焊缝。为了保证焊接质量，使焊缝处强度不低于钢筋本身强度，焊缝的长度必须满足以下规定：采用双面焊缝时，斜钢筋与纵向钢筋之间的焊缝长度为 $5d$，纵向钢筋之间的短焊缝长度为 $2.5d$，d 为纵向钢筋直径。采用单面焊时，焊缝长度为 $10d$。

③翼板钢筋布置。T 形梁翼缘板内的受力钢筋沿横向布置在板的上缘，以承受悬臂弯矩（图 2-1-12）。板内主筋的直径不小于 10 mm，间距不应大于 200 mm。垂直于主钢筋还应设置分

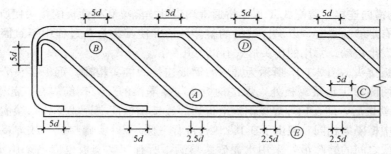

图 2-1-13 焊接钢筋骨架

布钢筋,直径不小于 6 mm,间距不应大于 200 mm,设置分布钢筋的截面面积不小于板的截面面积的 0.1%。

(4)横隔梁布置与构造。

①横隔梁布置与尺寸。横隔梁在装配式 T 形梁桥中起着保证主梁之间相互连接成整体的作用,它不但有利于制造、运输和安装阶段构件的稳定性,而且能显著加强全桥的整体性;有中横隔梁的梁桥,荷载横向分布比较均匀,且可以减少翼板接缝处的纵向开裂现象。

一般来说,当梁横向刚性连接时,横隔梁的间距(沿主梁肋纵向)不应大于 10 m。当为铰接时,其间距可取 5 m 左右。对于钢筋混凝土简支梁桥,一般在梁端、跨中和四分点处各设置一道横隔梁即可满足要求。

跨中横隔梁的高度应保证具有足够的抗弯刚度,通常可取主梁高度的 3/4 左右。从运输和安装阶段的稳定性考虑,端横隔梁应做成与主梁同高,但如果端横隔梁底部与主梁底缘之间留有一定的空隙,或者做成与中横隔梁同高,则对安装和检查支座有利。具体尺寸可视工地施工的情况而定。

横隔梁的宽度可取 12~20 cm,最常用的为 15~18 cm,且应当做成上宽下窄和内宽外窄的楔形,以便脱模。

②横隔梁配筋。图 2-1-14 所示为常用的中主梁中横隔梁的构造形式。对于装配式钢筋混凝土 T 形梁桥而言,其横隔梁近似于弹性支撑于各根主梁上的连续梁,承受正、负两种弯矩。因此,靠近下缘布置有 4 根承受正弯矩的钢筋(N1),上缘配有 2 根承受负弯矩的钢筋(N1)。当采用焊接钢板连接时,受力钢筋焊接钢板及锚固钢筋(N2、N3)焊在一起做成钢筋骨架。横隔梁中一般不需要配置斜钢筋,剪力由箍筋承受。

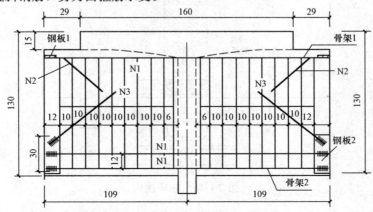

图 2-1-14 中主梁的横隔梁配筋图(尺寸单位:cm)

(5)主梁的横向连接。装配式 T 形梁桥通常均借助横隔梁和桥面板的接头使所有主梁连接成整体。接头要有足够的强度，以保证结构的整体性，并使其在运营过程中不致因荷载反复作用和冲击作用而发生松动。常用的接头形式有以下几种：

①焊接钢板接头。图 2-1-15 所示为常用的钢板连接的接头构造。钢板接头分别设置在横隔梁靠近下缘的两侧和 T 形梁翼板处，焊接钢板先与横隔梁的受力钢筋焊在一起做成安装骨架。当 T 形梁安装就位后，即在预埋焊接钢板上再加焊连接钢板使之连成整体。端横隔梁的焊接钢板接头构造与中横隔梁相同，但由于在其外侧（台背一侧）不好实施焊接，故焊接接头只设于内侧。相邻横隔梁之间的缝隙最好采用水泥砂浆填满，所有外露钢板也应当采用水泥灰浆封盖。这种接头强度可靠，焊接后能立即承受荷载，但现场要有焊接设备，而且有时需要在桥下进行仰焊，施工比较困难。

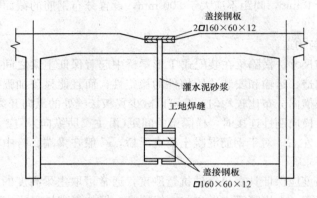

图 2-1-15 焊接钢板接头

②扣环接头。横隔梁扣环接头的构造如图 2-1-16 所示。预制时，横隔梁在接缝处伸出钢筋扣环 A，安装时在相邻的扣环两侧安上接头扣环 B，再在形成的圆环内插入短分布钢筋，接着支模就地浇筑混凝土连成整体。扣环接头往往也用于主梁间距较大而需要缩减预制构件尺寸或减轻预制梁体自重的情况。接缝宽度为 0.2～0.6 m。这种接头现浇混凝土数量较多，接头施工后也不能立即承受荷载，施工较复杂，但强度可靠，整体性及耐久性好。预制 T 形梁翼缘板（桥面板）之间的横向连接，也采用湿接缝（现浇混凝土）的扣环接头形式。

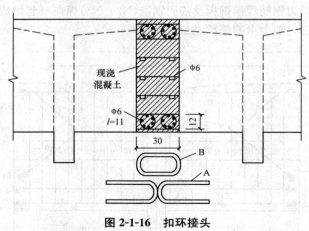

图 2-1-16 扣环接头

③桥面板的企口铰连接。对没有采用扣环接头连接的桥面板，过去是作为自由悬臂板处理的。

为了改善挑出翼板的受力状态,可以将悬臂板也连接起来,做成企口铰接的形式。图 2-1-17(a)所示为主梁翼板内底层钢筋伸出,交叉弯转后在接缝处再放入局部的钢筋网,并浇筑在铺装层内;或者将顶层钢筋伸出,弯转后套在一根长的钢筋上,形成纵向铰,如图 2-1-17(b)所示。

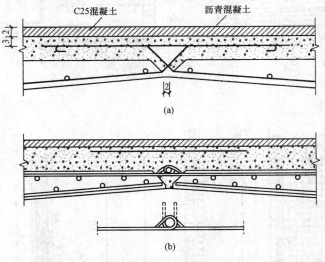

图 2-1-17 主梁翼板连接构造(尺寸单位:cm)

(6)装配式钢筋混凝土简支梁桥实例。图 2-1-18 所示为标准跨径 20 m 的装配式 T 形梁的钢筋构造,荷载等级为公路—Ⅰ级。主梁全长为 19.96 m,多跨布置时,相邻梁端之间留有 40 mm 的伸缩缝,梁高为 1.5 m,设有 5 道横隔梁,支座中心至梁端的距离为 0.23 m。

每根梁内总共配置 14 根 Φ32 HRB335 级纵向受力钢筋(编号为 N1~N6),其中位于梁底的 4 根 N1(占主筋截面面积的 20% 以上)通过梁端支承中心,其余 10 根则按梁的弯矩包络图和承载能力图的对比分析,在不同位置分别弯起。

设于梁顶部的架立钢筋 N7(Φ22 HRB335)在梁端向下弯折,并与伸出支承中心的主筋 N1 相焊接。

箍筋 N11 和 N12 采用 HPB300 级钢筋(Φ8@14 cm),跨中为双肢箍筋(如图 2-1-18 所示,Ⅱ—Ⅱ 截面)。在支座附近,为满足剪切强度需要和减少支座钢板锚筋的影响,采用四肢箍筋(如图 2-1-18 所示,Ⅲ—Ⅲ 截面)。

腹板两侧设置 Φ8 的防裂分布钢筋 N13,间距为 14 m。靠近下缘部分布置得较密,向上则布置得较稀。附加斜筋 N8、N9 和 N10,采用 Φ16 钢筋,它们是根据梁内抗剪要求布置的。每片平面钢筋骨架的质量为 0.91 t,每根中间主梁的安装质量为 32.2 t。

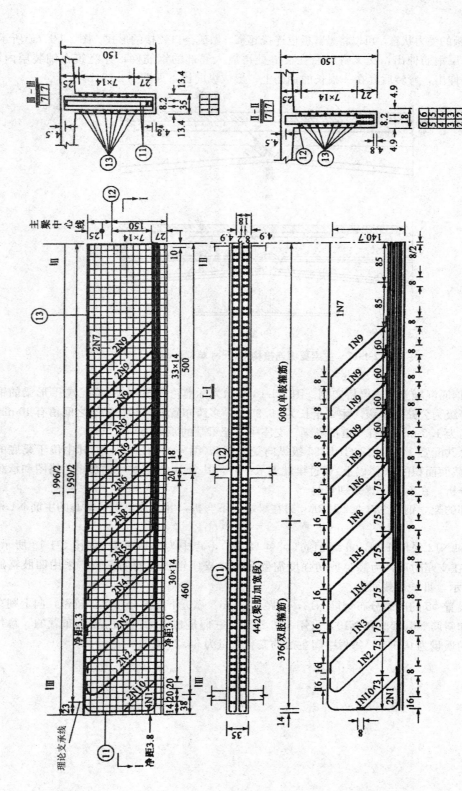

图 2-1-18 标准跨径20 m的装配式T形梁钢筋构造（尺寸单位：cm，钢筋直径：m）

3. 装配式预应力混凝土简支 T 形梁

装配式预应力混凝土简支 T 形梁桥的横截面类型基本上与钢筋混凝土简支梁桥类似，通常也做成 T 形，但为了方便布置预应力束筋和满足锚固布置的需要，下部一般都设有马蹄或加宽的下缘。

图 2-1-19 所示为一座五片式预应力混凝土 T 形梁桥的上部构造标准横断面图，该桥桥面宽度为净 11 m+2×0.5 m 防撞护栏。设计荷载等级为公路—Ⅰ级，预制梁长为 19.92 m，预制梁高为 1.5 m。现浇层 80 mm，沥青铺装 100 mm。路基宽度为 24.5 m(分离式路基)。

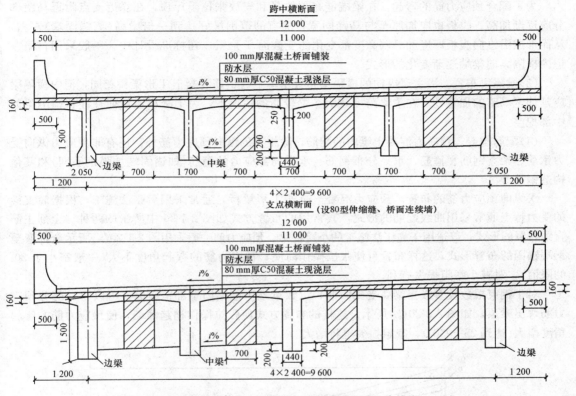

图 2-1-19 装配式简支 T 形梁桥标准横断面图(尺寸单位：mm)

(1)主梁布置。经济分析表明，较大跨径的预应力混凝土简支 T 形梁，当吊装质量不受限制时，主梁之间的横向距离采用较大间距比较合理，一般为 1.8~2.5 m。

(2)主梁细部尺寸。

①主梁高度。预应力混凝土简支梁桥的主梁高度取决于采用的公路荷载等级、主梁间距及建筑高度等因素，可以在较大范围内变化。对于常用的等截面简支梁，其高跨比的取值范围为 1/15~1/25，一般随跨径增大而取较小比值，随梁数减少而取较大比值。对预应力混凝土 T 形梁，一般可取 1/16~1/18。当建筑高度不受限制时，采用较大梁高比较经济。

②梁肋宽度。在预应力混凝土梁中，由于混凝土所受预应力和预应力束筋弯起，能抵消荷载剪力的作用，肋中的主拉应力较小，肋宽一般都由构造和施工要求决定，但不得小于 140 mm。标准设计图中肋宽为 140~160 mm。

③翼缘厚度。T 形梁上翼缘的厚度按钢筋混凝土梁桥的相应原则来确定。为了减小翼板和梁肋连接处的局部应力集中和便于脱模，在该处一般还设置折线形承托或圆角。

④马蹄尺寸。T 形梁下缘的马蹄尺寸应满足预加力阶段的强度要求，同时，从截面效率指

标 ρ 分析,马蹄应当是越宽且矮就越经济。截面效率指标 $\rho=K/h$,截面效率指标 ρ 越大,说明截面经济性越好。

马蹄的具体形状要根据预应力束筋的数量和排列方式确定,同时,还应考虑施工方便和预应力筋弯起的要求。具体尺寸建议如下:

马蹄宽度为肋宽的 2~4 倍,并注意马蹄部分(特别是斜坡区)的管道保护层厚度不应小于 60 mm。

马蹄全宽部分的高度加 1/2 斜坡区高度为梁高的 0.15~0.20,斜坡宜陡于 45°。

为了配合预应力筋的弯起,在梁端能布置锚具和安放张拉千斤顶,在靠近支点附近马蹄部分应逐渐加高,腹板也应加厚至与马蹄同宽,加宽的范围最好达到一倍梁高(离锚固端)左右,从而形成沿纵向腹板厚度和马蹄高度都变化的变截面 T 形梁。在标准设计中,一般采用自第一道内横隔梁向梁端逐渐变化的形式。

(3)横隔梁布置。沿主梁纵向的横隔梁布置基本上与钢筋混凝土 T 形梁桥相同,但中横隔梁应延伸至马蹄的加宽处。在主梁跨度较大、梁较高的情况下,为了减小质量而往往将横隔梁的中部挖空。

(4)配筋构造。预应力混凝土梁内的配筋,除主要的纵向预应力筋外,还有非预应力纵向受力钢筋、架立钢筋、箍筋、水平分布钢筋、承受局部应力的钢筋(如锚固端加强钢筋网)和其他构造钢筋等。

①纵向预应力筋的布置。预应力混凝土简支 T 形梁桥,通常采用后张法施工,根据简支梁的受力特点通常采用曲线配筋的形式,其常用的布置方式如图 2-1-20 中所示的两种。全部主筋直线布置的形式,仅适用于先张法施工的小跨径梁。预应力筋一般采用图 2-1-20(a)所示全部弯至梁端锚固的布置形式,这样布置可使张拉操作简便,预应力筋的弯起角度不大(一般都小于 20° 的限值),对减小摩阻损失有利。

对于钢束根数较多或当梁高受到限制,以致梁端不能锚固全部钢束时,可以将一部分预应力筋弯出梁顶,如图 2-1-20(b)所示。这样的布置方式使张拉操作稍趋烦琐,使预应力筋的弯起角度增大(达到 25°~30°),摩阻损失也将增大。

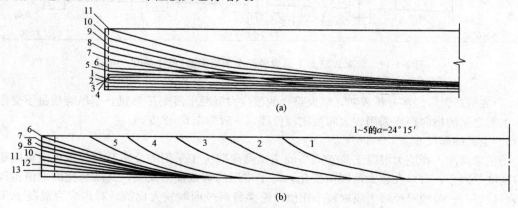

图 2-1-20 预应力混凝土简支梁纵向预应力筋的常用布置形式

预应力钢筋的布置形式与桥梁结构体系、受力情况、构造形式、施工方法都有密切关系。图 2-1-21 所示为后张法预应力混凝土简支梁预应力布置图,束筋锚固在梁端。

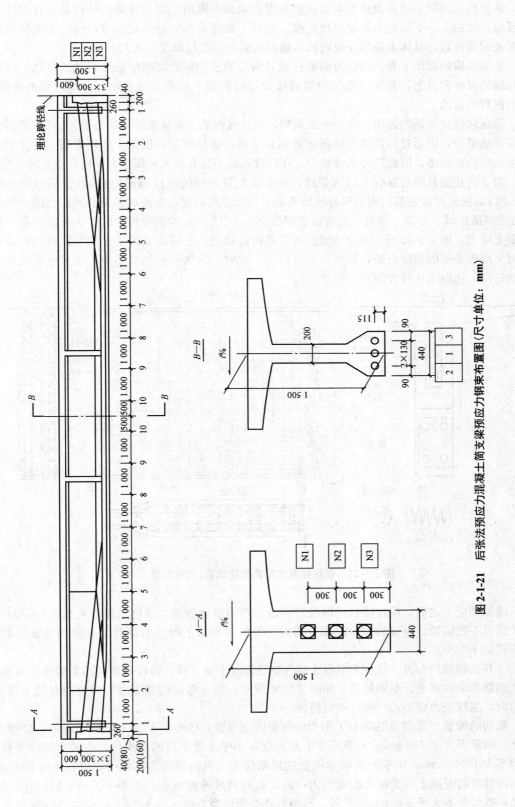

图 2-1-21 后张法预应力混凝土简支梁预应力钢束布置图(尺寸单位：mm)

从梁的立面图上看，预应力束筋应该布置在束界界限内，以保证梁的任何截面在弹性工作阶段时，梁的上、下缘应力不超过规定值。束筋一般在梁端三分点处起弯，同时考虑横截面的位置及锚固位置，具体多在第一道内横隔板附近起弯，弯起角度不宜大于20°。

从梁的横断面图上看，预应力束筋在满足构造要求的同时，应尽量互相紧密靠拢，以减小下马蹄的尺寸和自重，并保证在保护梁底保护层的前提下，重心尽量靠下，以达到提高效率，节约钢材的目的。

②纵向预应力筋的锚固。在先张法梁中，钢丝或钢筋主要靠混凝土的握裹力锚固在梁体内；在后张法梁中，则通过各类锚具锚固在梁端或梁顶。锚具底部对混凝土作用有很大的压力，而直接承压的面积小，因此应力非常集中。在锚具附近不仅有很大的压应力，还有很大的拉应力。

为了防止锚具附近混凝土出现裂缝，还必须配置足够的间接钢筋（包括加强钢筋网和螺旋筋）予以加强。间接钢筋应根据局部抗压承载力的计算来确定，配置加强钢筋网的范围一般是在1倍梁高的区域。另外，锚具下还应设置厚度不小于16 mm的钢垫板，以扩大承载面积，减小混凝土应力。图2-1-22所示为梁端锚固区配筋构造示意。也可以采用带有预埋锚具的预制钢筋混凝土端板来锚固预应力筋，如图2-1-23所示。此时，除加强钢筋骨架外，锚具下设置两层叉形钢筋网，使施工比较方便。

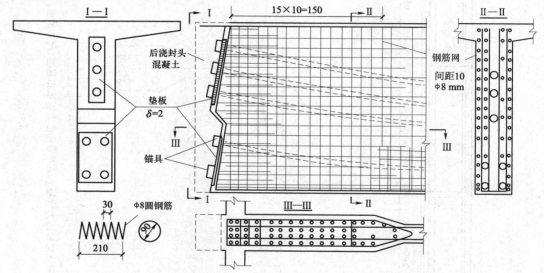

图2-1-22　梁端锚固区配筋构造示意（尺寸单位：cm）

施加预应力之后，应在锚具周围设置构造钢筋与梁体连接，并浇筑混凝土封锚（封端），以保护锚具不致锈蚀。封锚（封端）混凝土的强度等级不应低于构件本身混凝土强度等级的80%，并不得低于C30。

③其他钢筋的布置。预应力混凝土梁与钢筋混凝土梁一样，需按规定的构造要求布置箍筋、架立钢筋和纵向水平分布钢筋等，如图2-1-24所示。由于弯起的预应力筋对梁肋混凝土提供了预剪力，主拉应力较小，一般可不设斜筋。

箍筋的配置。预应力混凝土T形梁的腹板内应设置直径不小于10 mm的箍筋，且采用带肋钢筋，间距不大于250 mm；自支座中心起长度不小于1倍梁高的范围内，应采用闭合式箍筋，间距不大于100 mm，用来加强梁端承受的局部应力。纵向预应力筋集中布置在下缘的马蹄部分，该部分的混凝土承受很大的压应力，因此，必须另外设置直径不小于8 mm的闭合式加强箍筋，其间距不大于200 mm。另外，马蹄内还必须设置直径不小于12 mm的定位钢筋。

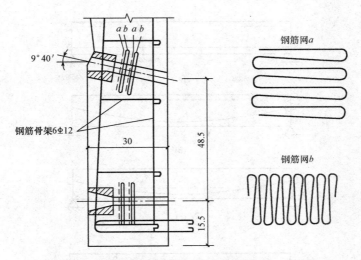

图 2-1-23 端板和叉形钢筋网(尺寸单位：cm)

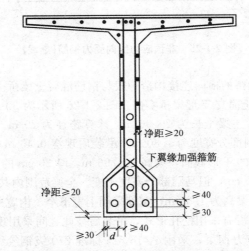

图 2-1-24 预应力 T 形梁截面钢筋构造(尺寸单位：mm)

非预应力纵向受力钢筋。在预应力混凝土简支梁中，将非预应力钢筋与预应力钢筋协同配置，有时可以达到补充局部梁段内承载力不足的目的，从而满足承载力要求；也可起到更好地分布裂缝和提高梁体韧性等效果，使简支梁的设计更加经济、合理。

先张法施工的小跨度梁，如果采用直线布筋形式，张拉阶段支点附近无法平衡的负弯矩会在梁顶引起过高的拉应力，为了防止因此可能产生的开裂，可布置适当的局部受拉钢筋，如图 2-1-25(a)所示。

对于预制部分的自重比恒载与活载小得多的梁，在预加力阶段跨中部分的上缘可能会开裂而破坏，因而，也可以在跨中部分的顶部加设无预应力的纵向受力钢筋，如图 2-1-25(b)所示，这种钢筋在运营阶段还能起到加强混凝土的抗压能力的作用，在破坏阶段则可以提高梁的安全性。如图 2-1-25(c)所示，在跨中部分下翼缘内设置的钢筋，对全预应力梁可加强混凝土承受预加压力的能力。在下翼缘内通长设置的钢筋，对部分预应力梁可补足承载力的需要，如图 2-1-25(d)所示，对于配置不黏结预应力筋的梁能起分布裂缝的作用。另外，非预应力钢筋还能增加梁在反复荷载作用下的疲劳极限强度。

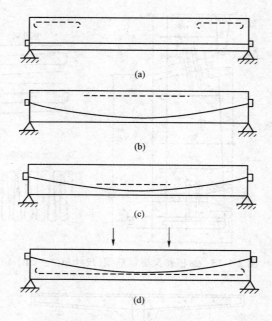

图 2-1-25 非预应力纵向受力钢筋(虚线)

装配式预应力混凝土梁桥的横向连接构造一般与钢筋混凝土梁桥一样。

(5)装配式预应力混凝土简支 T 形梁桥实例。图 2-1-26 所示为 30 m 装配式预应力混凝土简支 T 形梁桥的配筋构造图。主梁全长为 29.96 m,计算跨径为 29 m。荷载等级为公路—Ⅰ级。主梁中心距为 2.26 m,预制部分宽度为 1.80 m,吊装后现浇 0.46 m 的湿接缝。预制主梁采用 C40 混凝土,截面为带马蹄的 T 形截面,梁高为 1.96 m,厚 20 cm 的梁肋自第一道内横隔梁向梁端逐渐加宽至马蹄全宽 40 cm,但马蹄部分高度不变。全梁范围内共设置 7 道横隔梁,中心间距为 4.5 m 和 5.0 m,横隔梁高为 1.65 m,宽度采用上宽下窄、内宽外窄的形式,以利于脱模。为了减小施工难度,横隔梁没有采用挖孔形式,吊装后彼此之间采用现浇接缝连成整体。

每片 T 形梁设三束预应力钢束,采用 A416-87a 标准 270 级钢绞线,直径为 15.24 mm,其标准强度为 1 860 MPa,张拉控制应力为 1 395 MPa。其中,N1、N2 均采用 9 股钢绞线,N3 则为 7 股,全部钢绞线均以圆弧起弯并锚固在梁端厚 20 mm 的钢垫板上。钢束孔道采用预埋波纹管,9 股钢束波纹管内径为 80 mm,外径为 87 mm;7 股钢束波纹管内径为 70 mm,外径为 77 mm。每片 T 形梁预制部分的质量为 63.78 t,现浇部分的质量为 20.75 t,大大减少了吊装部分的质量。

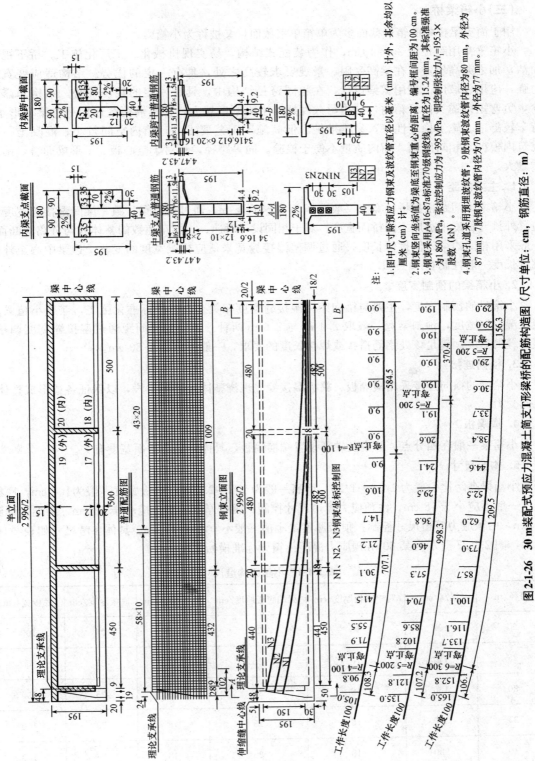

图 2-1-26 30 m 装配式预应力混凝土简支 T 形梁桥的配筋构造图（尺寸单位：cm，钢筋直径：m）

(三)小箱梁桥

用于简支梁桥中的箱形截面多为单箱单室截面,又被称为小箱梁。

小箱梁常用跨径为 20~40 m,作为装配式结构,易实现机械化、工厂化施工。桥下视觉简洁,加之梁高较矮,在梁高受限、景观要求较高之处,具有一定的优势。结构适应变宽能力强,应用领域广。采用宽梁设计,在相同跨径结构中,具有一定的经济优势。结构暴露面少,负弯矩束锚头位于箱内,结构耐久性好。主梁刚度较大,在车辆荷载作用下主梁变形小、行车较舒适。施工稳定性好,易于维护。但其施工工艺要求高,箱内空间较小,混凝土一次浇筑内模拆除相对麻烦,箱内质量不便于检验。同等跨径,相对于空心板、T形梁而言,吊装质量大。

1. 主梁间距

小箱梁梁间距根据桥面宽度一般选择 2.80~3.45 m,通过调整梁片数、梁间湿接缝宽度及边梁外挑臂长度来适应不同桥面宽度。对于相同设计时速、相同车道数的整体式与分离式断面,一般采用相同边梁外侧挑臂长度,通过调整湿接缝宽来适应桥梁宽度的变化。边梁中心至外侧挑臂长度一般控制在 1.4~1.8 m。

2. 小箱梁的预制宽度

小箱梁的预制宽度,主要与梁间距、湿接缝宽度有关。为方便标准化施工,兼顾小箱梁间距及湿接缝宽度,预制梁宽一般取 2.4 m 与 2.6 m 两种。不同的梁间距通过湿接缝宽度调整。湿接缝的宽度须满足该处钢筋搭接或焊接长度的要求,一般不宜小于 50 cm。

3. 横向连接

小箱梁的横向连接采用横隔板、翼板湿接缝、现浇整体化层等手段,以保证各梁形成整体,共同受力。

4. 横隔板

小箱梁一般在四分点、跨中及端部设置端横隔板,具体数量与桥面宽度有关。

5. 构造尺寸

小箱梁高跨比一般为 1/16~1/20,梁高一般为 1.2~2.0 m;底板宽度一般为100 cm,底板厚度一般不应小于 18 cm,由预应力管道尺寸控制;腹板厚度一般不应小于 18 cm,梁端加厚到 25 cm,由预应力管道尺寸控制;顶板厚度最小值一般不宜小于 18 cm。具体参考尺寸如表 2-1-1 所示,图 2-1-27 所示为某 30 m 预应力混凝土箱梁标准横断面图。

表 2-1-1 小箱梁构造尺寸

跨径/m	梁高/cm	跨中腹板厚度/cm	梁端腹板厚度/cm	顶板厚度/cm	底板厚度/cm	底板宽/cm
20	120	18	25	18	25	100
25	140	18	25	18	25	100
30	160	18	25	18	25	100
35	180	18	25	18	25	100
40	200	18	25	18	25	100

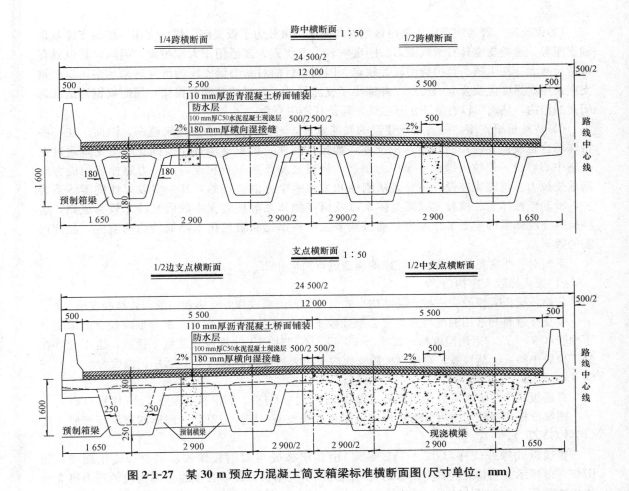

图 2-1-27 某 30 m 预应力混凝土简支箱梁标准横断面图(尺寸单位:mm)

三、桥梁支座构造

桥梁支座设置在梁式桥中主梁与墩台之间,其主要功能是将上部结构的各种荷载传递给墩台,并能适应上部结构的荷载、温度变化、混凝土收缩等各种因素所产生的自由变形(水平位移及转角),使上、下部结构的实际受力情况符合设计计算图式。

桥梁支座在其发展过程中出现了各种不同的类型,主要包括以下几类:

(1)简易支座(油毛毡或平板支座)。一般用于低等级公路中标准跨径 10 m 以内的简支梁(板)桥。主要由油毛毡、石棉等松软材料制作而成,通过这些材料剪切变形来实现所需的位移,具有成本较低、制作简便等特点。

(2)橡胶支座。随着橡胶制作工业的快速发展,橡胶支座因其造价低、构造简单、加工方便、结构高度低、节省钢材等特点,因而,在桥梁工程中得到了较为广泛的应用;但其也有些不足之处,如橡胶容易老化,需要经常进行更换。目前主要有板式橡胶支座、盆式橡胶支座、球形橡胶支座及铅芯板式橡胶支座等形式。其中,板式橡胶支座主要适用于支座反力较小的结构,如中、小跨径($L_0 < 40$ m)梁(板)桥;盆式橡胶支座则可适用于一些支座反力较大的大跨径桥梁,常用于大跨径、大吨位的箱梁桥、斜拉桥和悬索桥;球形橡胶支座是在盆式橡胶支座的基础上进一步发展起来的,主要适用于弯桥和一些跨度较大的桥,在提供较大支座反力的同时能够允许产生较大的转角。

(3)钢支座。普通钢支座主要由铸钢材料制成,可分为平板支座、弧形支座、摇轴支座及辊轴支座等。这类支座具有承载能力、刚度均较大等优点。其适用于大型桥梁,但同时其也具有构造尺寸大、易生锈、养护费用高等缺点。因而,目前对新型钢支座的研究越来越多,新型钢支座采用高强度优质合金钢铸造,并缩小了支座尺寸,并将转动部分镀铬、用耐候钢制造或封闭在油箱内,从而可以有效防止其生锈,延长其使用寿命。

(4)特殊桥梁支座。随着桥梁建设的飞速发展,对支座的要求也越来越高,因而,在一些特殊场合也就需要使用一些特殊的支座,如抗拉支座、抗震支座等。抗拉支座主要是通过在支座中心埋设一根拉力螺栓或预应力钢筋,将梁底和支座垫石相连,由拉力螺栓或预应力钢筋承受拉力。抗震支座设计主要是从刚性和柔性两个方面进行的,其中多以柔性抗震体系为主,滑动摩擦体系、橡胶类减震类体系以及钢耗能体系等抗震支座的研究技术较为成熟,这些抗震支座体系的主要工作原理是通过调节振动频率比和阻尼比来降低结构的响应,起到抗震的效果。

下面对一些常见的公路桥梁支座的构造进行简单介绍。

(1)板式橡胶支座构造。

公路桥梁板式橡胶支座按产品结构形式可分为普通板式橡胶支座和四氟板式橡胶支座。

按支座材料和适用温度可分为常温型橡胶支座和耐寒型橡胶支座。常温型橡胶支座采用氯丁橡胶(CR)生产,适用温度为$-25\ ℃\sim 60\ ℃$,不得使用天然橡胶代替氯丁橡胶,也不允许在氯丁橡胶中掺入天然橡胶;耐寒型橡胶支座应采用天然橡胶(NR)生产,适用的温度为$-40\ ℃\sim 60\ ℃$。

普通板式橡胶支座可分为矩形板式橡胶支座(代号 GJZ)、圆形板式橡胶支座(代号 GYZ)。

四氟滑板式橡胶支座可分为矩形四氟滑板橡胶支座(代号 $GJZF_4$)、圆形四氟滑板橡胶支座(代号 $GYZF_4$)。

普通板式橡胶支座(GJZ、GYZ 系列)由多层橡胶与薄钢板镶嵌、黏合、硫化而成,如图 2-1-28 所示。其特点为具有足够的竖向刚度以承受垂直荷载,且能将上部构造的压力可靠地传递给墩台;有良好的弹性以适应梁端的转动;有较大的剪切变形以满足上部构造的水平位移;具有构造简单、安全方便、节省钢材、价格低廉、养护简便、易于更换等特点;具有良好的防震作用,可减少动载对桥跨结构与墩台的冲击作用。

公路桥梁板式橡胶支座的产品代号表示方法为名称代号、型式代号、外形尺寸、橡胶代号。如公路桥梁矩形普通氯丁橡胶支座,短边尺寸为 300 mm,长边尺寸为 400 mm,厚度为 47 mm,表示为 GJZ300×400×47(CR)。公路桥梁圆形四氟滑板天然橡胶支座,直径为 300 mm,厚度为 54 mm,表示为 $GYZF_4$300×400×54(NR)。

聚四氟乙烯滑板式橡胶支座简称四氟滑板式支座(GJZF4、GYZF4 系列),是在普通板式橡胶支座上按照支座尺寸大小粘贴一层厚为 2~4 mm 的聚四氟乙烯板而成,如图 2-1-29 所示。其特点为除具有普通板式橡胶支座的竖向刚度与弹性变形,且能承受垂直荷载及适应梁端转动外,利用聚四氟乙烯板与不锈钢钢板之间的低摩擦系数($\mu_f \leqslant 0.08$)可使桥梁上部构造水平位移不受跨度限制。30 m 的大跨度桥梁、简支梁连续板桥和多跨连续梁桥可作活动支座使用;连续梁顶推、T 形梁横移和大型设备滑移可作滑块使用。

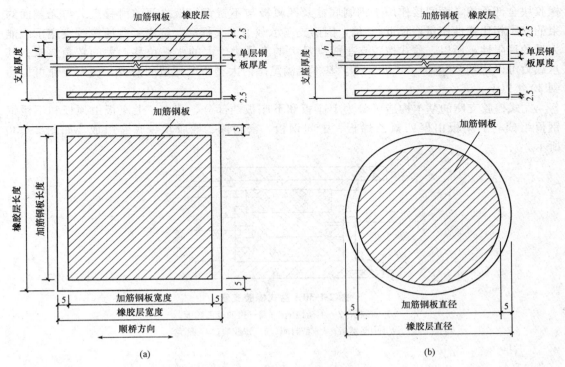

图 2-1-28　普通板式橡胶支座(尺寸单位：mm)
(a)矩形板式橡胶支座结构；(b)圆形板式橡胶支座结构
h—中间橡胶层厚度

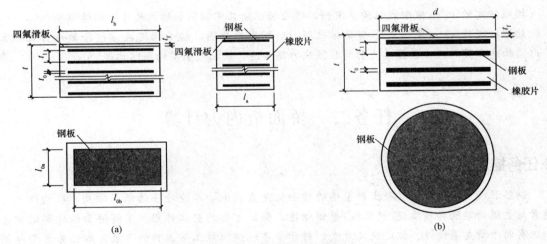

图 2-1-29　聚四氟乙烯滑板式橡胶支座
(a)矩形四氟滑板橡胶支座；(b)圆形四氟滑板橡胶支座

(2)盆式橡胶支座构造。

盆式橡胶支座的工作原理是利用被半封闭在钢制盆腔内的弹性橡胶体，在三向受力状态下具有流体性的特点，来实现上部结构的转动；同时依靠中间钢板上的聚四氟乙烯板与上座板上的不锈钢之间的低摩擦系数来实现上部结构的水平位移，使支座所受的剪切应力不再由橡胶块全部承担，而间接作用于钢制底盆及四氟板与不锈钢钢板之间的滑移上。与无侧面约束的支座相比弹性模量增长近20倍，因而支座承载力大大提高，解决了普通橡胶支座承载能力低的局限性，所以，盆式橡胶支座能满足大的支承力、大的水平位移、大的转角要求。其承载力可以达到20 000～50 000 kN，基本能满足国内大型桥梁建造的需要，使用寿命可以达到50年以上。

盆式橡胶支座的基本构造可分为上座板和下座板两部分。其中，上座板由顶板和不锈钢钢板组成；下座板由聚四氟乙烯板、中间钢板、密封圈、橡胶块、底盆组成，如图2-1-30所示。

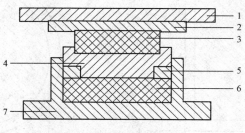

图 2-1-30　盆式橡胶支座
1—顶板；2—不锈钢钢板；3—聚四氟乙烯板；
4—中间钢板；5—密封圈；6—橡胶块；7—底盆

学习任务

绘制思维导图，核心词汇应该包括简支梁分类、构造及适用条件，支座的主要类型及其构造。

按照给定的13 m装配式板桥标准图，能准确识读其中钢筋和结构尺寸等构造信息。

按照给定的40 m装配式T形梁标准图，绘制思维导图，核心词汇应该包括预应力混凝土T形梁构造布置与尺寸、预应力筋与非预应力筋构造、装配式主梁的联结构造。

任务二　桥面板内力计算

※任务描述

钢筋混凝土和预应力混凝土肋梁桥的桥面板是直接承受车轮轮压的承载结构，在构造上它通常与主梁的梁肋和横隔梁（横隔板）整体相连，保证主梁的整体作用。了解桥面板计算的相关知识有助于简支梁设计、拟定施工方案、科学合理地组织施工等工作的开展。本任务主要包括桥面板力学模型、桥面板受力分析、桥面内力计算和内力组合等内容。通过本任务的学习，学生能掌握钢筋混凝土和预应力混凝土肋梁桥的桥面板的内力分析与计算方法，为后续简支梁的设计计算任务的学习打下基础。

一、桥面板力学模型

钢筋混凝土和预应力混凝土肋梁桥的桥面板（也称行车道板），是直接承受车轮轮压的承载结构。在构造上它通常与主梁的梁肋和横隔梁（横隔板）整体相连，这样，既能将汽车荷载传递给主梁，又能构成主梁截面的组成部分，并保证主梁的整体作用。桥面板一般用钢筋混凝土制造，对于跨度较大的桥面板，也可以施加横向预应力，做成预应力混凝土板。

对于整体现浇的 T 形梁桥，梁肋和横（隔）梁之间的桥面板，属于矩形的周边支承板，如图 2-2-1(a)所示。通常其边长比或长宽比(l_a/l_b)等于或大于 2，当有荷载作用于板上时，绝大部分力是由短跨方向(l_b)传递的，因此，可近似地按仅由短跨承受荷载的单向受力板来设计。即仅在短跨方向配置受力主筋，而长跨方向只要配置适当的构造钢筋即可。

同理，对于装配式 T 形梁桥，其桥面板也存在边长比或长宽比 $l_a/l_b \geqslant 2$ 的关系，如果在两主梁的翼板之间：当采用钢板连接时，如图 2-2-1(b)所示，则桥面板可简化为悬臂板；当采用不承担弯矩的铰接缝连接时，如图 2-2-1(c)所示，则可简化为铰接悬臂板。下面分别介绍它们的计算方法。

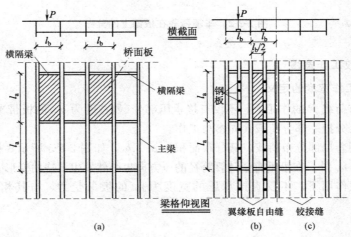

图 2-2-1　梁格构造和行车道板支承方式
(a)整体现浇梁；(b)装配式梁桥（钢板连接）；(c)装配式梁桥（铰连接）

二、桥面板受力分析

(一)车轮荷载在板上的分布

作用在桥面上的车轮压力，通过桥面铺装层扩散分布在钢筋混凝土桥面板上。

为了方便计算，通常近似地将车轮与桥面的接触面看作 $a_2 \times b_2$ 的矩形面积，此处 a_2 为车轮（或履带）沿行车方向的着地长度，b_2 为车轮（或履带）的着地宽度，如图 2-2-2 所示，作用于钢筋混凝土承重板上的矩形荷载压力面的边长为

$$\begin{cases} \text{沿行车方向} & a_1 = a_2 + 2H \\ \text{沿横向} & b_1 = b_2 + 2H \end{cases} \tag{2-2-1}$$

式中　H——桥面铺装层厚度。

车辆荷载的 a_2 与 b_2 值可从《公路桥涵设计通用规范》(JTG D60—2015)中查得。

因此，当有一个车轮作用于桥面板上时，其局部分布的荷载强度为

$$p = \frac{P}{2a_1 b_1} \tag{2-2-2}$$

式中　P——加重车后轴的轴重。

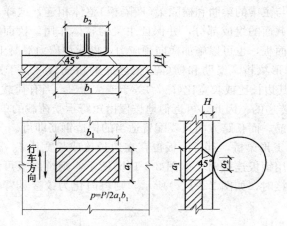

图 2-2-2 车辆荷载在板面上的分布

(二)板的有效工作宽度

1. 板的有效工作宽度的定义

板在局部分布荷载 P 的作用下,不仅直接承压部分(如宽度为 a_1)的板带参加工作,与其相邻的部分板带也会分担一部分荷载共同参与工作。

当板中央作用着局部分布荷载,其分布面积为 $a_1 \times b_1$,如图 2-2-3 所示,板除沿计算跨径 x 方向产生挠曲变形 ω_x 外,在沿垂直于计算跨径的 y 方向也必然发生了挠曲变形 ω_y,如图 2-2-3(a) 所示。这说明荷载作用下,不仅直接承压的宽度为 a_1 的板条受力,与其相邻的板条也参与受力。

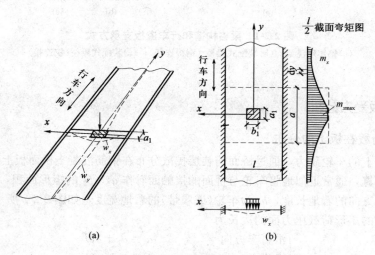

图 2-2-3 行车道板的受力状态

为了计算方便,设想以 a 宽板均匀承受车轮荷载产生的总弯矩,即

$$am_{x\max} = \int m_x \mathrm{d}y = M \tag{2-2-3}$$

则得弯矩图形的换算宽度为

$$a = \frac{M}{m_{x\max}} \tag{2-2-4}$$

式中 M——车轮荷载产生的跨中总弯矩,可直接由结构力学方法计算得到;
m_{xmax}——荷载中心处的最大单宽弯矩值,精确解需由板的空间计算才能得到;
a——板的有效工作宽度或荷载有效分布宽度。

2. 有效工作宽度的计算

(1)单向板。

a. 单个车轮在板的跨径中部。

第一种情况如图 2-2-4(a)所示,对于单独一个荷载有:

$$a=(a_1+2H)+\frac{l}{3} \geqslant \frac{2l}{3} \tag{2-2-5}$$

式中 l——板的计算跨径。

第二种情况如图 2-2-4(b)所示,多个相同车轮在板的跨径中部时,即按照单个车轮进行计算有效分布宽度有重叠时:

$$a=(a_1+2H)+d+\frac{l}{3} \geqslant \frac{2l}{3}+d \tag{2-2-6}$$

式中 d——多个车轮时外轮之间的中距。

b. 车轮在板的支承处。

$$a=a_1+2h+t \tag{2-2-7}$$

式中 t——板的跨中厚度。

c. 车轮在板的支承附近,距离支承距离 x 时。

$$a=(a_1+2h)+t+2x \tag{2-2-8}$$

注意:该式求出的荷载分布宽度不大于车轮在跨径中部的分布宽度。

式中 x——荷载离支承边缘的距离。

根据以上所述,对于不同荷载位置时,单向板的有效分布宽度图形如图 2-2-4 所示。注意:按上述公式计算所得的有效分布宽度均不得大于板的全宽度。

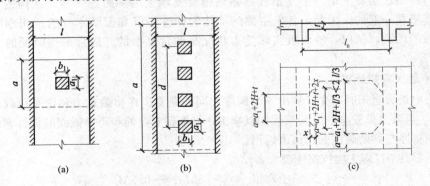

图 2-2-4 单向板的有效工作宽度

(2)悬臂板。悬臂板在荷载作用下,除直接受载的板条(宽度为 a_1)外,相邻板条也发生挠曲变形而承受部分弯矩,如图 2-2-5 所示。悬臂板的有效工作宽度为

$$a=(a_1+2H)+2l_c \tag{2-2-9}$$

式中 l_c——平行于悬臂板跨径方向的车轮着地尺寸的外缘,通过铺装层 45°分布线的外边线至腹板外边缘的距离。

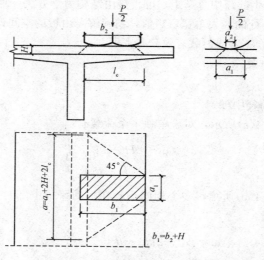

图 2-2-5 悬臂板的有效工作宽度

三、桥面板内力计算

对于实体的矩形截面桥面板,一般均由弯矩控制设计。设计时,习惯上以每米宽的板条来进行计算比较方便。对于梁式单向板或悬臂板,只要借助板的荷载分布宽度,就不难得到作用在每米宽板条上的荷载和其引起的弯矩。对于双向板,除可以按弹性理论进行分析外,在工程实践中常用简化的计算方法或现成的图表进行计算。

(一)多跨连续单向板的内力

常见的桥面板实质上是一个支承在一系列弹性支承上的多跨连续板。在构造上,板与梁肋是整体连接在一起的,因此,各根主梁的不均匀弹性下沉和梁肋本身的抗扭刚度必然会影响到桥面板的内力,所以,桥面板实际受力状况是非常复杂的。通常采用简便的近似方法进行计算。

1. 跨中最大弯矩计算

计算跨中最大弯矩时,先计算出一个跨度相同的简支板在恒载重力和汽车荷载作用下的跨中弯矩 M_0,再乘以偏安全的经验系数加以修正,以求得支点处和跨中截面的设计弯矩。弯矩修正系数可视板厚与梁肋高度的比值来选用。

当 $t/h < 1/4$ 时(即主梁抗扭刚度大者)

$$\begin{cases} 跨中弯矩 & M_{中} = +0.5 M_0 \\ 支点弯矩 & M_{支} = -0.7 M_0 \end{cases} \quad (2\text{-}2\text{-}10)$$

当 $t/h \geqslant 1/4$ 时(即主梁抗扭刚度小者)

$$\begin{cases} 跨中弯矩 & M_{中} = +0.7 M_0 \\ 支点弯矩 & M_{支} = -0.7 M_0 \end{cases} \quad (2\text{-}2\text{-}11)$$

式中 h——肋高,如图 2-2-6 所示。

M_0 为把板当作简支板时,由适用荷载引起的 1 m 宽板的跨中最大设计弯矩,它是 M_{0p} 和 M_{0g} 的内力组合,如表 2-2-1 所示。

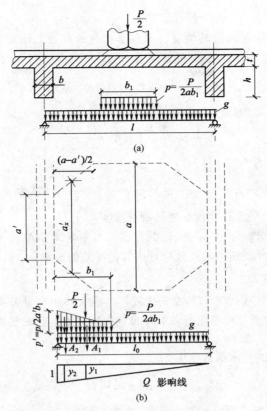

图 2-2-6 单向板内力计算图式

表 2-2-1 1 m 宽板内力组合

承载能力极限状态	基本组合	结构重力对结构的承载能力不利时	$S_{ud}=1.2G_{自重}+1.8Q_{汽}+0.75\times1.4Q_{人}$
		结构重力对结构的承载能力有利时	$S_{ud}=1.0G_{自重}+1.8Q_{汽}+0.75\times1.4Q_{人}$
	偶然组合	频遇值	$S_{ad}=1.0G_{自重}+0.7Q_{汽}+1.0Q_{人}$
		准永久值	$S_{ad}=1.0G_{自重}+0.7Q_{汽}+1.0Q_{人}$
正常使用极限状态		频遇组合	$S_{fd}=1.0G_{自重}+0.7Q_{汽(不计冲击力)}+1.0Q_{人}$
		偶然组合	$S_{fd}=1.0G_{自重}+0.4Q_{汽(不计冲击力)}+0.4Q_{人}$

M_{0p} 为 1 m 宽简支板跨中汽车荷载弯矩,如图 2-2-6(a)所示。

$$M_{0p}=(1+\mu)\cdot\frac{P}{8a}\cdot\left(l-\frac{b_1}{2}\right) \tag{2-2-12}$$

式中　μ——汽车冲击系数;
　　　P——汽车车轮轴重力(应取用加重车后轴的轴重力);
　　　a——荷载有效分布宽度;
　　　l——板的计算跨径。

M_{0g} 为宽度为 1 m 的简支板跨中结构自重弯矩,可由下式计算:

$$M_{0g}=\frac{1}{8}gl^2 \tag{2-2-13}$$

式中　g——1 m 宽板的荷载强度。

2. 支点剪力计算

对于跨径内只有一个车轮荷载的情况，考虑了相应的有效工作宽度后，每米板宽承受的分布荷载如图 2-2-6(b)所示。则汽车引起的支点剪力为

$$Q_{支} = \frac{gl_0}{2} + (1+\mu)(A_1 y_1 + A_2 y_2) \tag{2-2-14}$$

其中，矩形部分荷载的合力为

$$A_1 = pb_1 = \frac{P}{2a} \left(其中 \ p = \frac{P}{2ab_1}\right) \tag{2-2-15}$$

三角形部分荷载的合力为

$$A_2 = \frac{1}{2}(p'-p) \times \frac{1}{2}(a-a') = \frac{P}{8aa'b_1}(a-a')^2 \left(其中 \ p' = \frac{P}{2a'b_1}\right) \tag{2-2-16}$$

式中 p, p'——对应于有效工作宽度 a 处的荷载强度；

y_1, y_2——对应于荷载合力 A_1 和 A_2 的支点剪力影响线量值。

如果跨径内不止一个车轮进入时，还应计入其他车轮的影响。

(二)铰接悬臂板的内力

对于沿纵缝用铰接方式连接的 T 形梁翼缘板，其最大弯矩在悬臂根部。计算汽车荷载弯矩 $M_{\min,p}$ 时，最不利的荷载位置是将车轮荷载对称布置在铰接处，这时铰内的剪力为零，两相邻悬臂板各承受半个车轮荷载，即 $P/4$，如图 2-2-7 所示。

因此，每米宽悬臂板的汽车荷载弯矩 $M_{\min,p}$ 为

$$M_{\min,p} = -(1+\mu)\frac{P}{4a}\left(l_0 - \frac{b_1}{4}\right) \tag{2-2-17}$$

每米板宽的自重弯矩 $M_{\min,g}$ 为

$$M_{\min,g} = -\frac{1}{2}gl_0^2 \tag{2-2-18}$$

式中 l_0——铰接双悬臂板的净跨径。

悬臂根部 1 m 板宽的总弯矩是 $M_{\min,p}$ 和 $M_{\min,g}$ 两部分的内力组合，如表 2-2-1 所示。

悬臂根部的剪力可以偏安全的按一般悬臂板的图式来计算，这里从略。

(三)悬臂板的内力

对于沿纵缝不相连接的悬臂板(如设有人行道边梁的悬臂板)，在计算根部最大弯矩时，应将车轮荷载靠板的边缘布置，此时 $b_1 = b_2 + H$（无人行道一侧）或 $b_1 = b_2 + 2H$（有人行道一侧），如图 2-2-8 所示。则 1 m 宽悬臂板的自重和汽车荷载弯矩值可由一般公式求得。

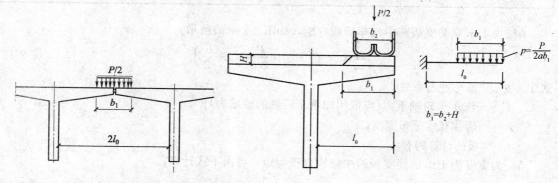

图 2-2-7　铰接悬臂板和悬臂板计算图式　　　　图 2-2-8　悬臂板计算图式

1. 汽车荷载弯矩

$$\begin{cases} M_{\min,p} = -(1+\mu) \cdot \dfrac{1}{2} p l_0^2 = -(1+\mu) \cdot \dfrac{P}{4ab_1} \cdot l_0^2 & b_1 \geqslant l_0 \text{ 时} \\ M_{\min,p} = -(1+\mu) p b_1 \left(l_0 - \dfrac{b_1}{2}\right) = -(1+\mu) \dfrac{P}{2a} \left(l_0 - \dfrac{b_1}{2}\right) & b_1 < l_0 \text{ 时} \end{cases} \quad (2\text{-}2\text{-}19)$$

式中 p——作用在每米宽板条上的每延米荷载强度，$p = \dfrac{P}{2ab_1}$；

l_0——悬臂板的长度。

2. 结构自重弯矩（近似值）

$$M_{\min,g} = -\dfrac{1}{2} g l_0^2 \quad (2\text{-}2\text{-}20)$$

应注意的是，以上所有汽车荷载内力的计算公式都是对于轮重为 $P/2$ 的车辆荷载推得的。

四、内力组合

计算出结构自重和汽车荷载内力后，根据项目一任务四中相关公式，可得到 1 m 宽板条的最大内力组合，如表 2-2-1 所示。

学习任务

绘制思维导图，核心词汇应该包括桥面板的分类、计算公式及适用条件。

按照给定的铰接悬臂板的基本数据，对其进行桥面板的内力计算。

任务三　主梁内力计算

※任务描述

对于跨径在 10 m 以内的简支梁，通常只需计算跨中截面的最大弯矩和支点截面及跨中截面的剪力；跨中与支点之间各截面的剪力可以近似假定按直线规律变化，弯矩可假设按二次抛物线规律变化。对于较大跨径的简支梁，一般还应计算四分之一跨径截面的弯矩和剪力。如果主梁沿桥轴方向截面有变化，如梁肋宽或梁高变化，则还应计算变化处截面的内力。有了截面内力，就可按钢筋混凝土和预应力混凝土结构的计算原理进行主梁各截面的配筋设计和验算。本任务主要包括结构自重效应计算、横向分布系数的计算、汽车人群荷载作用效应计算等内容。通过本任务的学习，学生能掌握简支梁主梁内力计算的基本内容，为后续简支梁课程设计打下基础。

一、结构自重效应计算

混凝土公路桥梁的结构自重，往往占全部设计荷载很大的比重（通常占 60%～90%），梁的跨径越大，结构自重所占的比重也越大。对于等截面梁桥的主梁，其计算结构自重是简单的均布荷载。

如图 2-3-1 所示，计算出结构自重值 g 之后，则梁内各截面的弯矩 M 和剪力 Q 计算公式为

$$\begin{cases} M_x = \dfrac{gl}{2} \cdot x - gx \cdot \dfrac{x}{2} = \dfrac{gx}{2}(l-x) \\ Q_x = \dfrac{gl}{2} - gx = \dfrac{g}{2}(l-2x) \end{cases} \quad (2\text{-}3\text{-}1)$$

式中　l——简支梁计算跨径；
　　　x——计算截面到支点的距离。

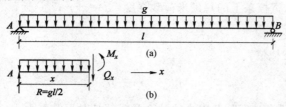

图 2-3-1　结构自重内力计算图式

二、汽车、人群荷载内力计算

(一)荷载横向分布的定义

对于一座由多片主梁和横隔梁组成的梁桥，如图 2-3-2(a)所示，当桥上有荷载 P 作用时，由于结构的横向联系必然会使所有主梁不同程度地参与工作，并且随着荷载作用位置(x,y)的变化，某根主梁所承担的荷载也随之变化。因此，必须首先了解某根主梁所分担的最不利荷载，然后再沿桥纵向确定该梁某一截面的最不利内力，并以此得出整座桥梁中最不利主梁的最大内力值。

对于某根主梁某一截面的内力值 S 的确定，在桥梁纵、横向均引入影响线的概念，将空间问题简化成为平面问题，即

$$S = P \cdot \eta(x, y) \approx P \cdot \eta_2(y) \cdot \eta_1(x) \quad (2\text{-}3\text{-}2)$$

式中　$\eta(x, y)$——空间计算中某梁的内力影响面；
　　　$\eta_1(x)$——单梁在 z 轴方向某一截面的内力影响线；
　　　$\eta_2(y)$——单位荷载沿桥面横向(y 轴方向)作用在不同位置时，某梁所分配的荷载比值变化曲线，也称作对于某梁的荷载横向分布影响线。

$P \cdot \eta_2(y)$ 就是当 P 作用于 $a(x, y)$ 点时沿横向分配给某梁的荷载，如图 2-3-2(b)所示，以 P' 表示，即 $P' = P \cdot \eta_2(y)$。按照最不利位置布载，就可求得其所受的最大荷载 $P'_{\max}$。

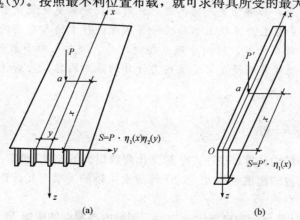

图 2-3-2　荷载作用下的内力计算
(a)在梁式桥上；(b)在单梁上

定义 $P'_{max} = mP$，P 为轮轴重，则 m 就称为荷载横向分布系数。它表示某根主梁所承担的最大荷载是各个轴重的倍数（通常小于1）。

对于汽车、人群荷载的横向分布系数 m 的计算公式如下：

$$\begin{cases} 汽车: m_q = \dfrac{\sum \eta_q}{2} \\ 人群: m_r = \eta_r \end{cases} \quad (2\text{-}3\text{-}3)$$

式中 η_q，η_r——对应于汽车和人群荷载集度的荷载横向分布影响线竖标。

(二) 荷载横向分布的计算

根据各种梁式桥不同的宽度、横向连接构造和截面位置剪力计算模型，有以下几种荷载横向分布影响线的计算方法：

(1) 杠杆原理法。将横向结构（桥面板和横隔梁）视作在主梁上断开而简支在其上的简支梁。

(2) 偏心压力法。将横隔梁视作刚性极大的梁；当计及主梁抗扭刚度影响时，此法又称为修正偏心压力法。

(3) 铰接板（梁）法。将相邻板（梁）之间视为铰接，只传递剪力。

(4) 刚接梁法。将相邻主梁之间视为刚性连接，即传递剪力和弯矩。

(5) 比拟正交异性板法。将主梁和横隔梁的刚度换算成两向刚度不同的比拟弹性平板来求解。

刚接梁法的计算方法可比照铰接板（梁）法，不再详细介绍；比拟正交异性板法需查阅计算图表以进行内插换算，比较烦琐，目前在设计中较少采用，故不作介绍。

1. 杠杆原理法

按杠杆原理法进行荷载横向分布的计算，其基本假定是忽略主梁之间横向结构的联系作用，即假设桥面板在主梁上断开，而当作沿横向支承在主梁上的简支梁或悬臂梁来考虑。

杠杆原理法适用于计算荷载位于靠近主梁支点时的荷载横向分布系数 m_0，此时主梁上的支承刚度远大于主梁间横向刚度，另外，此法也可用于双主梁桥或横向联系很弱的无中间横隔梁的桥梁。

图 2-3-3(a) 所示为杠杆原理法计算荷载横向分布系数计算图式。当桥面板上作用有车辆荷载时，荷载 P_1 按杠杆原理分布于1号和2号主梁上，荷载 P_2 按杠杆原理分布于2号和3号主梁上。1号主梁受到的荷载相当于桥面板作为伸臂板 ABC 的支点反力 R_1；2号主梁受到的荷载相当于桥面板作为伸臂板 ABC 的支点反力和桥面板作为简支板 CD 的支点反力之和 R_2；3号主梁受到的荷载相当于桥面板作为简支板 CD 和 DE 的支点反力之和 R_3。

在计算时，为了求出车辆荷载在桥的横向各种可能位置对1号、2号和3号主梁产生的最大荷载，就要给出 R_1、R_2 和 R_3 的反力影响线，如图 2-3-3(b)、(c)、(d) 所示，这些反力影响线称为各主梁的荷载横向影响线。

有了各根主梁的荷载横向影响线，就可根据各种活载，如汽车、人群的最不利荷载位置求得相应的横向分布系数 m_q、m_r。

2. 偏心压力法

偏心压力法计算荷载横向分布适用于桥上具有可靠的横向联结，且桥的宽跨比 B/l 小于或接近 0.5 的情况时（一般称为窄桥），计算跨中截面荷载横向分布系数 m_c。

偏心压力法的前提：汽车荷载作用下，中间横隔梁可近似地看作一根刚度为无穷大的刚性梁，横隔梁仅发生刚体位移；忽略主梁的抗扭刚度，即不计入主梁扭矩抵抗活载的影响。如图 2-3-4(a) 所示，图中 ω_i 表示桥跨中央各主梁的竖向挠度。基于横隔梁无限刚性假定，此法也

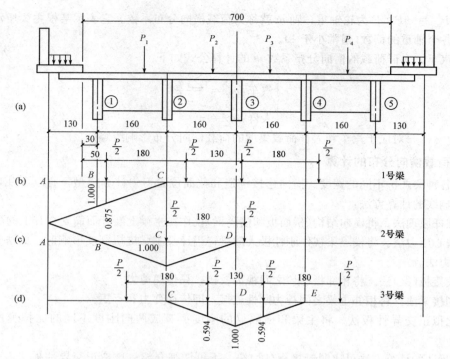

图 2-3-3 杠杆原理法计算荷载横向分布系数（尺寸单位：cm）

称刚性横梁法。

根据在弹性范围内，某根主梁所承受到的荷载 R_i 与该荷载所产生的跨中弹性挠度 ω_i 成正比的原则，可得出：在中间横隔梁刚度相当大的窄桥上，沿横向偏心布置的汽车荷载作用下，总是靠近汽车的在一侧的边主梁受载最大。

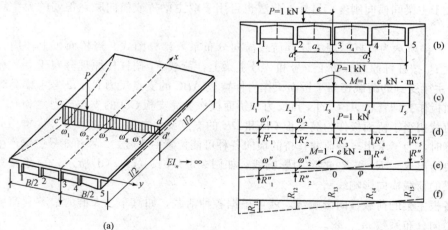

图 2-3-4 偏心压力法计算图式

当单位荷载 $P=1$，并作用在跨中任意位置（偏心距为 e）时，1 号主梁所承担的力 R_1 的求解方法如下。

取跨中 $x=l/2$ 截面，如图 2-3-4(b)所示。通常情况下，各主梁的惯性矩 I_i 相等。对于具有近似刚性中间横隔梁的结构，偏心荷载 $P=1$ 可以用作用于桥轴线的中心荷载 $M=1ge$ 和偏心力

矩 $M=1 \cdot e$ 来代替,可以分别求出这两种情况下 1 号主梁所承担的力,然后进行叠加。

(1)中心荷载 $P=1$ 的作用。如图 2-3-4(d)所示,在中心荷载作用下,刚性中横梁整体向下平移,各主梁的跨中挠度相等,即

$$\omega'_1=\omega'_2=\omega'_n=\overline{\omega} \tag{2-3-4}$$

根据材料力学,作用于简支梁跨中的荷载与挠度的关系为

$$\omega'_i=\frac{R'_i l^3}{48EI_i} \tag{2-3-5}$$

式中 I_i——桥梁横截面内各主梁的抗弯惯性矩。

当各个主梁截面相等时,即 $I_1=I_2=\cdots=I_n=I$,则由式(2-3-4)和式(2-3-5)可得

$$\frac{R'_1}{\omega'_1}=\frac{R'_2}{\omega'_2}=\cdots=\frac{R'_i}{\omega'_i}=\cdots=\frac{R'_n}{\omega'_n}=\frac{48EI}{l^3}=C(常数) \tag{2-3-6}$$

由此得

$$R'_1=C\omega'_1=C\overline{\omega} \tag{2-3-7}$$

根据静力平衡条件,有

$$(R'_1+R'_2+\cdots+R'_n)=1 \tag{2-3-8}$$

将式(2-3-7)代入式(2-3-8),可得

$$C(\omega'_1+\omega'_2+\cdots+\omega'_n)=Cn\overline{\omega}=1 \tag{2-3-9}$$

所以

$$C\overline{\omega}=\frac{1}{n} \tag{2-3-10}$$

将式(2-3-10)代入式(2-3-7),可得

$$R'_i=\frac{1}{n} \tag{2-3-11}$$

(2)偏心力矩 $M=1 \cdot e$ 的作用。如图 2-3-4(e)所示,在偏心力矩 $M=1 \cdot e$ 作用下,桥的横断面产生绕中心 O 的转角 φ,因此各主梁的跨中挠度为

$$\omega''_i=a_i\tan\varphi \tag{2-3-12}$$

式中 a_i——各片主梁梁轴线到截面形心的距离。

根据力矩平衡条件,即

$$\sum_{i=1}^{n}R''_i g a_i=1 \cdot e \tag{2-3-13}$$

再根据反力与挠度成正比的关系,可得

$$R''_i=C\omega''_i=Ca_i\tan\varphi \tag{2-3-14}$$

将式(2-3-14)代入式(2-3-13),可得

$$C\tan\varphi\sum_{i=1}^{n}a_i^2=1 \cdot e \text{ 或 } C\tan\varphi=\frac{e}{\sum_{i=1}^{n}a_i^2} \tag{2-3-15}$$

将式(2-3-15)代入式(2-3-14),可得

$$R''_i=\frac{ea_i}{\sum_{i=1}^{n}a_i^2} \tag{2-3-16}$$

(3)偏心距为 e 的单位荷载 $P=1$ 对 1 号主梁的总作用。如图 2-3-4(b)、(f)所示,1 号主梁的总作用为

$$R_{1e}=\eta_{1e}=\frac{1}{n}\pm\frac{ea_1}{\sum_{i=1}^{n}a_i^2} \tag{2-3-17}$$

这就是1号主梁的荷载横向影响线在各梁位处的竖标值。

应当注意的是，式(2-3-17)中的荷载位置e和梁位a_i位于形心轴同侧时，取正号；反之取负号。

(4)当$P=1$位于第k号梁轴上（$e=a_k$）时，对i号主梁的总作用：

$$\eta_{ik} = \frac{1}{n} \pm \frac{a_i a_k}{\sum\limits_{i=1}^{n} a_i^2} \tag{2-3-18}$$

由此即可得到关系式：

$$\eta_{ik} = R_{ik} = \eta_{k1} \tag{2-3-19}$$

(5)当各主梁惯性矩I_i不相等时，偏心荷载$P=1$位于第k号梁轴上（$e=a_k$）时，对各主梁的总作用：

$$\eta_{ik} = \frac{I_i}{\sum\limits_{i=1}^{n} I_i} \pm \frac{a_i a_k I_i}{\sum\limits_{i=1}^{n} a_i^2 I_i} \tag{2-3-20}$$

3. 铰接板梁法

对于用现浇混凝土纵向企口缝连接的装配式板桥及仅在翼板间用焊接钢板或伸出交叉钢筋连接的无中间横隔梁的装配式桥，由于块件间横向具有一定的连接构造，但其连接刚性又很薄弱，因此对于跨中荷载横向分布的计算，前面所讲述的杠杆原理法和偏心压力法均不适用。鉴于这类结构的受力状态实际接近于数根并列而相互横向铰接的狭长板，故对此专门拟定了横向铰接板理论来计算荷载的横向分布。

目前，国内使用的装配式简支板桥，横向板块宽多采用1 m，安装后板块之间多采用混凝土铰接缝，借助于铰的传力作用，将荷载依次分配给相邻的各块板。即外荷载是由所有板块（或大部分板块）共同承担，只是每块板所承担的值不同。在设计时，按最大值控制，如果能寻找出受力最大的板块，则依此进行设计便能保证每个板块的承载力。为了便于分析问题，首先作如下的基本假定：

(1)基本假定。假定板块之间的铰仅传递竖向剪力$q(x)$，而忽略横向弯矩$M(x)$、纵向剪力$\tau(x)$和法向力$N(x)$。

当某块受到一个集中荷载P和纵铰接缝传递来的沿桥跨连续分布的荷载，其分布规律是不相同的，荷载无法叠加。但是，采用半波正弦荷载作用于板桥上时，铰接力及各板所受到的力都是正弦荷载，其分布规律是相同的，荷载可以叠加，所以，作用在桥跨上的集中荷载近似地用沿桥跨连续分布的正弦等效荷载$P\sin\frac{\pi x}{l}$来代替，如图2-3-5所示。

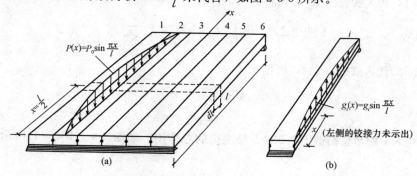

图2-3-5 铰接板梁受力图式

(2)计算理论。当单位集中力作用于板块时,同样可以用一个等效正弦荷载来代替,取跨径中央峰值处一个单位长度的横向板来分析,如图 2-3-6 所示。单位力 $P=1$ 作用于板块 1 时,每个铰接处将产生一对竖向剪力 $g_i(x)$,将单位力 $P=1$ 分布到各块板上,各板收到的力为

$$\begin{cases} P_{11}=\eta_{11}=1-g_1 \\ P_{21}=\eta_{21}=g_1-g_2 \\ P_{31}=\eta_{31}=g_2-g_3 \\ P_{41}=\eta_{41}=g_3-g_4 \\ P_{51}=\eta_{51}=g_4 \end{cases} \qquad (2\text{-}3\text{-}21)$$

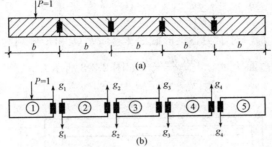

图 2-3-6 铰接板梁计算图式

将 η_{11}、η_{21}、η_{31}、η_{41}、η_{51} 值按比例描绘在 1～5 块板的下面,以光滑的曲线相连,若结构形式、支承条件、材料性质等均不发生变化时,按变位互等定理知其即板块 1 的横向分布影响线。同理,当 $P=1$ 分别作用于 2、3、4、5 块板上时,便可得到各块板的横向分布影响线。如能求 $g_1 \sim g_4$,则问题便得到解决。

为求 $g_1 \sim g_4$ 值,利用相邻板在铰缝处的竖向相对位移为零的变形协调条件,可得其位移方程为

$$\begin{cases} \delta_{11}g_1+\delta_{12}g_2+\delta_{13}g_3+\delta_{14}g_4+\delta_{1P}=0 \\ \delta_{21}g_1+\delta_{22}g_2+\delta_{23}g_3+\delta_{24}g_4+\delta_{2P}=0 \\ \delta_{31}g_1+\delta_{32}g_2+\delta_{33}g_3+\delta_{34}g_4+\delta_{3P}=0 \\ \delta_{41}g_1+\delta_{42}g_2+\delta_{43}g_3+\delta_{44}g_4+\delta_{4P}=0 \end{cases} \qquad (2\text{-}3\text{-}22)$$

式中　g_i——在单位正弦函数荷载作用下,铰缝处所尝试的正弦函数铰接力的峰值;

　　　δ_{ik}——单位正弦函数荷载作用在 k 号板上时对于 i 铰点处的竖向变位;

　　　δ_{iP}——外荷载 P 使 i 铰点处所产生的竖向变位。

(3)刚度参数 γ 的确定。为了求解式(2-3-22),引入刚度参数 $\gamma=\dfrac{\dfrac{b}{2}\varphi}{\omega}$,扭转角 φ 与挠度 ω 的含义如图 2-3-7 所示。

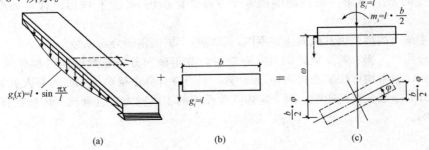

图 2-3-7 γ 值的计算图式

由材料力学可知,当 $x=l/2$ 时,简支板梁在正弦函数荷载作用下所产生的挠度 ω 和扭转角 φ 为

$$\begin{cases} \omega(x) = \dfrac{pl^4}{EI\pi^4} \\ \varphi(x) = \dfrac{pbl^2}{2\pi GI_T} \end{cases} \quad (2\text{-}3\text{-}23)$$

则刚度参数 γ 为

$$\gamma = \frac{\dfrac{b}{2}\varphi}{\omega} = \frac{\dfrac{b}{2}\left(\dfrac{pbl^2}{2\pi GI_T}\right)}{\left(\dfrac{pl^4}{EI\pi^4}\right)} = \frac{\pi^2}{4} \frac{EI}{GI_T}\left(\frac{b}{l}\right)^2 \approx 5.8 \frac{I}{I_T}\left(\frac{b}{l}\right)^2 \quad (2\text{-}3\text{-}24)$$

式中 I_T——抗扭惯性矩 I_T,对于实心矩形截面 $I_T \approx cbh^3$(b 和 h 分别为矩形的长边、短边),对于空心矩形截面 $I_T = \dfrac{4b^2h^2}{\dfrac{2h}{b_2}+\dfrac{b}{h_1}+\dfrac{b}{h_2}}$(如图 2-3-8 所示)。

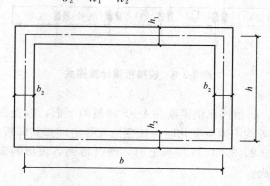

图 2-3-8 I_T 计算图式

为了设计使用上的方便,根据不同 γ 值算出对应的影响线竖标值,编成表格,以供设计使用。

三、荷载横向分布系数 m 沿桥跨变化

用杠杆原理法确定出支点处的荷载横向分布系数,以 m_0 表示,用偏心压力法或其他方法确定出位于跨中的荷载横向分布系数,以 m_c 表示,其他位置的荷载横向分布系数 m_x 便可用图 2-3-8 所示的近似处理方法来确定。

对于无中间横隔梁或仅有一根中横隔梁的情况,跨中部分采用不变的 m_c,从离支点 $l/4$ 处起至支点的区段内 m_x 呈直线形过渡,如图 2-3-9(a)所示;对于有多根内横隔梁的情况,跨中部分采用不变的 m_c,从第一根内横隔梁起至支点的区段内 m_x 呈直线形过渡,如图 2-3-9(b)所示。

这样,主梁上的活载因其纵向位置不同,就应有不同的横向分布系数。

在实际应用中,当求简支梁跨中最大弯矩时,鉴于横向分布系数沿跨内部分的变化不大,为了简化起见,通常均可按不变化的 m_c 来计算。只有在计算主梁两端截面的最大剪力时,才考虑荷载横向分布系数变化的影响。对于跨内其他截面的主梁剪力,也可视具体情况计及 m 沿桥跨变化的影响。

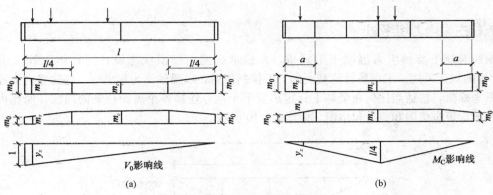

图 2-3-9 m 沿桥跨变化图

四、汽车、人群荷载作用效应计算

汽车、人群荷载作用效应一般计算公式如下：

$$S = (1+\mu)\xi \sum m_i P_i y_i \tag{2-3-25}$$

式中 S ——所求截面的弯矩或剪力；
 μ ——汽车荷载的冲击系数；
 ξ ——汽车荷载横向车道布载系数；
 m_i ——沿桥跨纵向与荷载位置对应的横向分布系数，参见图 2-3-9；
 P_i ——车道荷载的集中荷载标准值或车辆荷载的轴重力标准值；
 y_i ——沿桥跨纵向与荷载位置对应的内力影响线坐标值。

1. 汽车荷载作用效应计算

对于汽车荷载，将集中荷载直接布置在内力影响线数值最大的位置，其计算公式为

$$S_{汽} = (1+\mu)\xi(m_c q_k \Omega + m_i P_k y_i) \tag{2-3-26}$$

式中 m_c ——跨中横向分布系数；
 q_k ——汽车车道荷载，每延米均布荷载标准值；
 Ω ——弯矩、剪力影响线面积；
 P_k ——车道荷载中的集中荷载标准值。

2. 人群荷载作用效应计算

人群荷载作用效应计算：

$$S_{人} = m_c q_r \Omega \tag{2-3-27}$$

式中 q_r ——纵向每延米人群荷载标准值。

3. 支点截面剪力

当计算支点截面的剪力或靠近支点截面的剪力时，也可以利用式(2-3-25)和式(2-3-26)来计算，但还须计入由于荷载横向分布系数在梁端区段内发生变化而引起的内力增（或减）值，即

$$\Delta S = (1+\mu)\xi \frac{a}{2}(m_0 - m_c)q\bar{y} \tag{2-3-28}$$

式中 a ——荷载横向分布系数 m 过渡段长度；
 q ——每延米均布荷载标准值；
 $\bar{y}$ —— m 变化区荷载中心处对应的内力影响线坐标。

五、主梁内力包络图

钢筋混凝土及预应力混凝土梁式桥，当按承载能力极限状态设计时，作用效应组合按表 2-2-3 的规定采用，求得各计算截面内力的控制值后，以梁轴作为横坐标，将这些内力控制值作为纵坐标值，按适当比例在梁轴下标定出若干个点，连接各个点而得到的曲线，叫作内力包络图——弯矩包络图和剪力包络图，如图 2-3-10 所示。

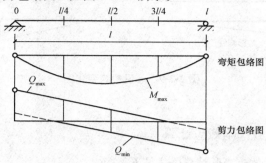

图 2-3-10　内力包络图

在内力包络图中，右半跨的弯矩值对称于左半跨，右半跨的剪力值反对称于左半跨。

对于一般小跨径的简支梁，通常只需计算跨中截面的最大弯矩、支点截面及跨中截面的剪力。跨中与支点之间各截面的剪力可以近似地按直线规律变化；弯矩可假设按二次抛物线的规律变化，即

$$M_x = \frac{4M_{max}}{l^2} x(l-x) \tag{2-3-29}$$

式中　M_x——主梁在离支点 x 处任一截面的弯矩值；

M_{max}——主梁跨中截面最大设计弯矩值；

l——主梁的计算跨径。

对于较大跨径的简支梁，一般还应计算跨径 1/4 截面的弯矩和剪力。如果主梁沿桥轴方向截面有变化，例如，梁肋宽度或梁高变化，则还应计算截面变化处的内力。其他截面的内力，剪力仍可近似按直线规律变化，弯矩应按四次抛物线的规律变化。

$$M_x = M_{max} - M_0 \tag{2-3-30}$$

式中　M_0——四次抛物线方程，$M_0 = c_2 x_0^2 + c_4 x_0^4$；

c_2，c_4——待定系数，根据跨中和 $L/4$ 点的弯矩值确定。

式中其他符号的意义同前。

内力包络图确定以后，就可以按钢筋混凝土或预应力混凝土结构设计原理和方法来设计整根梁内纵向主筋、斜筋和箍筋，并进行各种应力、裂缝和变形验算。

学习任务

绘制思维导图，核心词汇应该包括结构自重效应计算、横向分布系数计算、汽车及人群荷载内力计算、主梁内力包络图等。根据给定的设计资料，参照标准图进行某简支梁的结构设计，并对其进行主梁内力计算。

任务四 简支板梁桥课程设计

※任务描述

我国《公路桥涵通用设计规范》(JTG D60—2015)第3.3.6条规定:桥涵跨径在50 m及以下时,宜采用标准化跨径。桥涵的标准跨径规定如下:0.75 m、1.0 m、1.25 m、1.5 m、2.0 m、2.5 m、3.0 m、4.0 m、5.0 m、6.0 m、8.0 m、10 m、13 m、16 m、20 m、25 m、30 m、35 m、40 m、45 m、50 m。本任务选择16 m标准跨径的预应力混凝土空心板进行设计计算。本任务主要包括16 m标准跨径的预应力混凝土空心板的设计计算,具体内容有主梁尺寸拟定、截面几何特性计算、结构重力内力计算、活载内力计算、内力组合等。通过本任务的学习,学生能掌握简支板梁的设计与计算要点。

一、基本资料

(1)公路等级:二级公路。
(2)主梁形式:预应力混凝土空心板。
(3)标准跨径:16.00 m。
(4)计算跨径:15.50 m。
(5)实际梁长:15.96 m。
(6)车道数:双向两车道。
(7)桥面净宽:净7+2×1 m。
(8)设计荷载:公路—Ⅱ级荷载,人群3 kN/m²。

二、主梁尺寸拟定

1. 中板尺寸

中板一般构造图如图2-4-1所示。

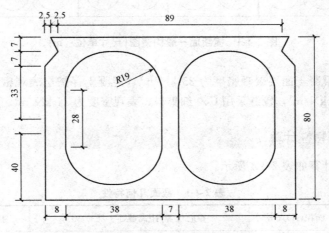

图2-4-1 中板一般构造图(尺寸单位:m)

2. 边板尺寸

边板一般构造图如图 2-4-2 所示。

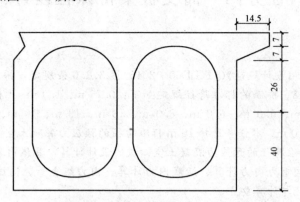

图 2-4-2　边板一般构造图(尺寸单位：m)

3. 横断面

横断面一般构造图如图 2-4-3 所示。

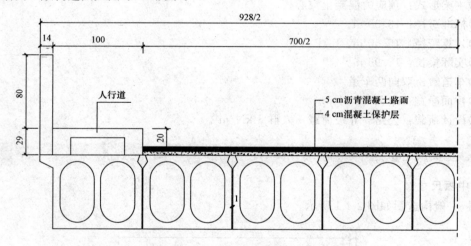

图 2-4-3　横断面一般构造图(尺寸单位：m)

桥面铺装沥青混凝土面层表观密度为 23 kN/m³，混凝土保护层表观密度为 24 kN/m³，空心板表观密度为 25 kN/m³，铰缝采用 C40 细集料，表观密度为 24 kN/m³。

三、截面几何特性计算

截面几何特性计算如表 2-4-1 所示。

表 2-4-1　截面几何特性

类型	面积(A)/cm²	重心位置(距离截面上缘)/cm	抗弯惯性矩(I_x)/cm⁴
中板	3 436.270 1	40.864 1	2 819 307.717 5
边板	3 632.270 1	38.960 3	3 052 289.318 7

四、结构重力内力计算

1. 每根梁的荷载强度

假设桥面各部分重力平均分配到各根主梁,计算结果如表 2-4-2 所示。

表 2-4-2　上部结构重力计算

中板 边板	$g_1 = 0.343\ 6 \times 25 = 8.59 (\text{kN/m})$ $g_1' = 0.363\ 2 \times 25 = 9.08 (\text{kN/m})$
桥面铺装	$g_2 = \dfrac{0.05 \times 7 \times 23 + 0.04 \times 7 \times 24}{9} = 1.64 (\text{kN/m})$
人行道+栏杆	$g_3 = \dfrac{2 \times (0.176 \times 25 + 0.14 \times 1.09 \times 25)}{9} = 1.83 (\text{kN/m})$
铰缝	$g_4 = \dfrac{8 \times 0.01015 \times 24}{9} = 0.22 (\text{kN/m})$
每根梁的荷载强度	中板 $g = g_1 + g_2 + g_3 + g_4 = 12.28 (\text{kN/m})$ 边板 $g = g_1' + g_2 + g_3 + g_4 = 12.77 (\text{kN/m})$

2. 支点反力和各截面内力计算

$$R_A = \frac{1}{2}gl \tag{2-4-1}$$

$$Q_x = R_A - gx = \frac{1}{2}gl - gx \tag{2-4-2}$$

$$M_x = R_A x - \frac{1}{2}gx^2 = \frac{1}{2}glx - \frac{1}{2}gx^2 \tag{2-4-3}$$

由式(2-4-2)和式(2-4-3)可得关键截面的内力值,表 2-4-3 所示。

表 2-4-3　关键截面的内力计算值

内力 截面位置	剪力/kN		弯矩/(kN·m)	
	中板	边板	中板	边板
$x = 0$	95.17	98.97	0	0
$x = l/4$	47.59	49.48	276.59	287.62
$x = l/2$	0	0	368.78	383.50

五、活载内力计算

1. 支点荷载横向分布系数计算

如图 2-4-4 所示,荷载位于支点时,采用杠杆原理法绘制横向影响线,并在影响线上按横向最不利位置进行荷载布置,求得主梁支点荷载横向分布系数,如表 2-4-4 所示。

表 2-4-4　支点荷载横向分布系数

板号	荷载	支点荷载横向分布系数/m
1	汽车	$m_0 = 0$
	人群	$m_0 = 1$

续表

板号	荷载	支点荷载横向分布系数/m
2	汽车	$m_0=0.5$
	人群	$m_0=0$
3	汽车	$m_0=0.5$
	人群	$m_0=0$
4	汽车	$m_0=0.5$
	人群	$m_0=0$
5	汽车	$m_0=0.5$
	人群	$m_0=0$

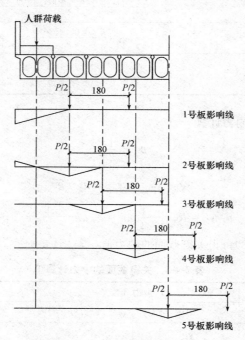

图 2-4-4 横向影响线——杠杆原理法

2. 跨中荷载横向分布系数计算

荷载位于支点时，采用铰接板梁法绘制横向影响线，并在影响线上按横向最不利位置进行荷载布置，求得主梁支点横向分布系数，如表 2-4-5 所示。

表 2-4-5 影响线坐标值

板号	γ	单位荷载作用位置(i号板中心)								
		1	2	3	4	5	6	7	8	9
1	0.01	185	162	136	115	98	86	77	72	69
	0.02	236	194	147	113	88	70	57	49	46
	0.013	200	172	139	114	95	81	71	65	62

续表

板号	γ	单位荷载作用位置(i号板中心)								
		1	2	3	4	5	6	7	8	9
2	0.01	162	158	141	119	102	90	81	75	72
	0.02	194	189	160	122	95	75	62	53	49
	0.013	172	167	147	120	100	86	75	68	65
3	0.01	136	141	142	129	111	97	87	81	77
	0.02	147	160	164	141	110	87	72	62	57
	0.013	139	147	149	133	111	94	83	75	71
4	0.01	115	119	129	133	123	108	97	90	86
	0.02	113	122	141	152	134	106	87	75	70
	0.013	114	120	133	139	126	107	94	86	81
5	0.01	98	102	111	123	131	123	111	102	98
	0.02	88	95	110	134	148	134	110	95	88
	0.013	95	100	111	126	136	126	111	100	95

由表 2-4-1 可知,中板抗弯惯性矩 $I_x = 2\,819\,307.717\,5$ cm^4。抗弯惯性矩计算简图如图 2-4-5 所示。

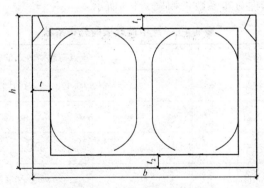

图 2-4-5　抗弯惯性矩计算简图

由图 2-4-5 可知,中板抗扭惯性矩 $I_T = 4b^2 h^2 \dfrac{1}{\dfrac{2h}{t} + \dfrac{b}{t_1} + \dfrac{b}{t_2}} = 5\,196\,269.822$ cm^4。

则刚度参数 $\gamma = 5.8 \dfrac{I_x}{I_T}\left(\dfrac{b}{l}\right)^2 = 0.013$。

查桥梁设计手册可得表 2-4-5。

将表 2-4-5 中所求数值按一定比例绘于各号板下方,并用圆滑的曲线连接,即可得到各号板的荷载横向分布影响线,如图 2-4-6 所示。

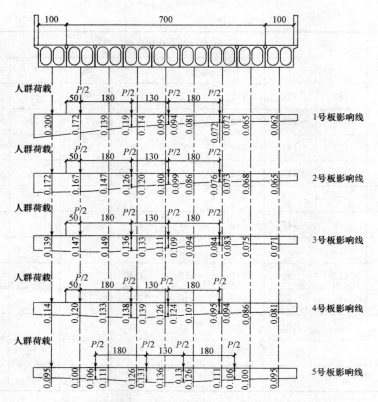

图 2-4-6　横向影响线——铰接板梁法

由此得到跨中荷载横向分布系数，如表 2-4-6 所示。

表 2-4-6　跨中荷载横向分布系数

板号	荷载	支点荷载横向分布系数（$m_{0.5}$）
1	汽车	$m_{0.5}=\dfrac{1}{2}\times(0.172+0.119+0.094+0.072)=0.229$
	人群	$m_{0.5}=0.200$
2	汽车	$m_{0.5}=\dfrac{1}{2}\times(0.167+0.126+0.099+0.076)=0.234$
	人群	$m_{0.5}=0.172$
3	汽车	$m_{0.5}=\dfrac{1}{2}\times(0.147+0.136+0.109+0.084)=0.238$
	人群	$m_{0.5}=0.139$
4	汽车	$m_{0.5}=\dfrac{1}{2}\times(0.120+0.138+0.124+0.095)=0.239$
	人群	$m_{0.5}=0.114$
5	汽车	$m_{0.5}=\dfrac{1}{2}\times(0.106+0.131+0.131+0.106)=0.237$
	人群	$m_{0.5}=0.095$

3. 汽车荷载冲击系数计算

$$m_c = \frac{G}{g} = \frac{12.28}{9.81} \times 1\,000 = 1\,251.78 (\text{Ns}^2/\text{m}^2) \tag{2-4-4}$$

查相关资料，$E = 3.25 \times 10^4 \text{MPa} = 3.25 \times 10^{10} \text{N/m}^2$

$$f = \frac{\pi}{2l^2}\sqrt{\frac{EI_c}{m_c}} = \frac{3.14}{2 \times 15.5^2}\sqrt{\frac{3.25 \times 10^{10} \times 2\,819\,307.717\,5 \times 10^{-8}}{1\,251.78}} = 5.591(\text{Hz}) \tag{2-4-5}$$

注：此处采用中板的抗弯惯性矩。

由于 $1.5 \text{ Hz} \leqslant f \leqslant 14 \text{ Hz}$，故

$$\mu = 0.176\,7\ln f - 0.015\,7 = 0.176\,7 \times \ln 5.591 - 0.015\,7 = 0.288 \tag{2-4-6}$$

所以，其冲击系数为

$$1 + \mu = 1 + 0.288 = 1.288 \tag{2-4-7}$$

4. 车道荷载中的均布荷载和内力影响线面积

均布荷载和影响线面积计算，如表 2-4-7 所示。

表 2-4-7 均布荷载和影响线面积计算

内力值	车道均布荷载 /(kN·m⁻¹)	人群荷载 /(kN·m⁻¹)	影响线	影响线面积 Ω /m²
$M_{l/2}$	7.875	2.25		$\frac{1}{2} \times \frac{l}{4} \times l = \frac{1}{8} \times 15.5^2 = 30.03$
$M_{l/4}$	7.875	2.25		$\frac{1}{2} \times \frac{3l}{16} \times l = \frac{3}{32} \times 15.5^2 = 22.52$
$Q_{l/2}$	7.875	2.25		$\frac{1}{2} \times 0.5 \times \frac{l}{2} = \frac{0.5}{4} \times 15.5 = 1.94$
Q_0	7.875	2.25		$\frac{1}{2} \times 1 \times l = \frac{1}{2} \times 15.5 = 7.75$

5. 各截面活载弯矩

由表 2-4-6 可知，4 号板的横向分布系数最大，故仅计算 4 号板的弯矩（如表 2-4-8 和表 2-4-9 所示）。

表 2-4-8 4 号板的均布荷载弯矩计算

荷载	截面	$1+\mu$	$m_{0.5}$	q_k/(kN·m⁻¹)	Ω/m²	$S = (1+\mu) \cdot \alpha \cdot \xi \cdot m_{0.5} \cdot q_k \cdot \Omega$ /(kN·m)
车道均布荷载	$M_{l/2}$	1.288	0.239	7.875	30.03	72.742
	$M_{l/4}$	1.288	0.239	7.875	22.52	54.550
人群荷载	$M_{l/2}$	—	0.114	2.25	30.03	7.703
	$M_{l/4}$	—	0.114	2.25	22.52	5.776

注：纵向折减系数 $\alpha = 1$，横向车道布载系数 $\xi = 1$。

表 2-4-9 4号板的集中荷载弯矩计算

荷载	截面	$1+\mu$	$m_{0.5}$	P_k/kN	y_i/m	$S=(1+\mu)\cdot\alpha\cdot\xi\cdot\sum m_i\cdot P_k\cdot y_i$/(kN·m)
集中荷载	$m_{l/2}$	1.287	0.239	291	$l/4=3.875$	364.850
	$m_{l/4}$	1.287	0.239	291	$3l/16=2.906$	260.115

注：P_k 的计算参见本书项目一任务四，y_i 为表 2-4-5 中影响线峰值。

6. 各截面的活载剪力

(1) 跨中截面均布活载剪力（如表 2-4-10 所示）。

表 2-4-10 跨中截面均布活载剪力计算

荷载	截面	板号	$1+\mu$	$m_{0.5}$	q_k/(kN·m)	Ω/m²	$S=(1+\mu)\cdot\alpha\cdot\xi\cdot m_{0.5}\cdot q_k\cdot\Omega$/(kN·m)
车道均布荷载	$Q_{l/2}$	1	1.288	0.229	7.875	1.94	4.503
		2	1.288	0.234	7.875	1.94	4.601
		3	1.288	0.238	7.875	1.94	4.680
		4	1.288	0.239	7.875	1.94	4.699
		5	1.288	0.237	7.875	1.94	4.660
人群荷载	$Q_{l/2}$	1	—	0.200	2.25	1.94	0.873
		2	—	0.172	2.25	1.94	0.751
		3	—	0.139	2.25	1.94	0.607
		4	—	0.114	2.25	1.94	0.498
		5	—	0.095	2.25	1.94	0.415

(2) 支点截面均布活载剪力（如表 2-4-11 至表 2-4-13 所示）。计算支点剪力时，必须考虑横向分布系数 m 沿桥跨变化的影响，计算时分为两步：一是不考虑 m 的变化计算得到 Q_0'；二是计算靠近支点时 m 变化得到的 ΔQ_0，则支点截面均布活载剪力 $\Delta Q_0 = Q_0' + \Delta Q_0$。

表 2-4-11 用 $m_{0.5}$ 计算支点截面均布活载剪力 Q_0'

荷载	截面	板号	$1+\mu$	$m_{0.5}$	q_k/(kN·m)	Ω/m²	$S=(1+\mu)\cdot\alpha\cdot\xi\cdot m_{0.5}\cdot q_k\cdot\Omega$/(kN·m)
车道均布荷载	Q_0'	1	1.287	0.229	7.875	7.75	17.987
		2	1.287	0.234	7.875	7.75	18.380
		3	1.287	0.238	7.875	7.75	18.694
		4	1.287	0.239	7.875	7.75	18.773
		5	1.287	0.237	7.875	7.75	18.616
人群荷载	Q_0'	1	—	0.200	2.25	7.75	3.488
		2	—	0.172	2.25	7.75	2.999
		3	—	0.139	2.25	7.75	2.424
		4	—	0.114	2.25	7.75	1.988
		5	—	0.095	2.25	7.75	1.657

表 2-4-12　支点截面均布活载剪力修正值 ΔQ_0 计算

荷载	板号	m_0	$m_{0.5}$	a/m	q_k/(kN·m)	y_a/m	$\Delta Q_0=\dfrac{aq_k}{6}(m_0-m_{0.5})(2+y_a)$/kN
车道均布荷载	1	0	0.229	3.76	7.875	0.757	−3.116
	2	0.5	0.234	3.76	7.875	0.757	3.619
	3	0.5	0.238	3.76	7.875	0.757	3.565
	4	0.5	0.239	3.76	7.875	0.757	3.551
	5	0.5	0.237	3.76	7.875	0.757	3.578
人群荷载	1	1	0.200	3.76	2.25	0.757	3.110
	2	0	0.172	3.76	2.25	0.757	−0.669
	3	0	0.139	3.76	2.25	0.757	−0.540
	4	0	0.114	3.76	2.25	0.757	−0.443
	5	0	0.095	3.76	2.25	0.757	−0.369

表 2-4-13　支点截面均布活载剪力 Q_0

剪力值	板号	Q_0/kN	ΔQ_0/kN	$Q_0=Q_0+\Delta Q_0$/kN
车道均布荷载	1	17.987	−3.116	14.871
	2	18.380	3.619	21.999
	3	18.694	3.565	22.259
	4	18.773	3.551	22.324
	5	18.616	3.578	22.194
人群荷载	1	3.488	3.110	6.598
	2	2.999	−0.669	2.33
	3	2.424	−0.540	1.884
	4	1.988	−0.443	1.545
	5	1.657	−0.369	1.288

(3) 集中荷载作用下各截面剪力（如表 2-4-14 所示）。

表 2-4-14　集中荷载作用下各截面剪力

截面	板号	$1+\mu$	$m_{0.5}/m_0$	P_k/kN	y_i/m	$S=(1+\mu)\cdot\alpha\cdot\xi\cdot\sum m_i\cdot P_k\cdot y_i$/(kN·m)
$Q_{l/2}$	1	1.287	0.229	291	0.5	42.882
	2	1.287	0.234	291	0.5	43.818
	3	1.287	0.238	291	0.5	44.568
	4	1.287	0.239	291	0.5	44.755
	5	1.287	0.237	291	0.5	44.380
Q_0	1	1.287	0	291	1.0	0
	2	1.287	0.5	291	1.0	187.259
	3	1.287	0.5	291	1.0	187.259
	4	1.287	0.5	291	1.0	187.259
	5	1.287	0.5	291	1.0	187.259

(4)各截面活载剪力汇总(如表 2-4-15 所示)。

表 2-4-15　活载剪力汇总　　　　　　　　　　　　　　　　　　　kN

截面	板号	车道荷载			人群荷载
		均布荷载	集中荷载	合计	
$Q_{l/2}$	1	4.503	42.882	47.385	0.873
	2	4.601	43.818	48.419	0.751
	3	4.680	44.568	49.248	0.607
	4	4.699	44.755	49.454	0.498
	5	4.660	44.380	49.040	0.415
Q_0	1	14.871	0	14.871	6.598
	2	21.999	187.259	209.258	2.33
	3	22.259	187.259	209.518	1.884
	4	22.324	187.259	209.583	1.545
	5	22.194	187.259	209.453	1.288

六、内力组合

根据表 2-4-16、表 2-4-17 所示的组合内力值，即可进行配筋计算，本部分略。

表 2-4-16　弯矩组合　　　　　　　　　　　　　　　　　　　　　　kN

截面	恒载（结构重力）	活载			基本组合：1.2恒载+1.4车道+0.75×1.4人群
		车道荷载		人群	
		均布荷载	集中荷载		
$M_{l/2}$	383.22	72.742	364.850	7.703	1 080.58
$M_{l/4}$	285.76	54.550	260.115	5.776	789.51

表 2-4-17　剪力组合　　　　　　　　　　　　　　　　　　　　　　kN

板号	截面	恒载（结构重力）	活载		基本组合：1.2恒载+1.4车道+0.75×1.4人群
			车道荷载	人群	
1	$Q_{l/2}$	0	47.385	0.873	67.26
	Q_0	98.97	14.871	6.598	146.51
2	$Q_{l/2}$	0	48.419	0.751	68.58
	Q_0	95.17	209.258	0.751	407.95
3	$Q_{l/2}$	0	49.248	0.607	69.58
	Q_0	95.17	209.518	1.884	409.51
4	$Q_{l/2}$	0	49.454	0.498	69.76
	Q_0	95.17	209.583	1.545	409.24
5	$Q_{l/2}$	0	49.040	0.415	69.09
	Q_0	95.17	209.453	1.288	408.79

学习任务

按照给定的设计资料，设计一座 30 m 预应力混凝土 T 形梁，绘制一般构造图，并对其进行主梁内力计算，并编制计算书。

梁桥分类与特点

支座的作用与类型

项目三 桥梁施工准备及基本施工操作

项目描述

施工准备是桥梁施工的重要基础，为桥梁工程的施工建立必要的技术和物资条件，统筹安排施工力量和施工现场，是施工企业搞好目标管理、推行技术经济承包的重要依据，也是施工得以顺利进行的基本保证。施工单位在承接了施工任务后，要尽快做好各项准备工作，创造有利的施工条件，使施工工作能连续、均衡、有节奏、有计划地进行，从而按质、按量、按期完成施工任务。

大部分的桥梁结构是由钢筋混凝土和预应力混凝土建造的，而其建造过程又是由一些基本施工操作组成的，如支架与模板施工、钢筋制作与安装、混凝土工程、预应力施工等，这一部分的学习将为后续学习各类桥梁上部结构施工奠定良好的基础。

项目任务

本项目包括施工准备、支架与模板工程、钢筋工程、混凝土工程、预应力工程5个任务。

项目目标

通过对本项目的学习，能描述桥梁施工准备的基本工作内容、可编制施工准备相关方案；能进行模板与支架设计，了解常用模板与支架结构制作、安装与检验的相关知识，编制模板与支架拆除方案；能计算钢筋下料用量、放样钢筋骨架中钢筋的位置；能够描述混凝土拌制、运输、浇筑和养护的注意事项；能够描述特殊性能混凝土的施工；能完成预应力钢筋进场的质量检查和验收；掌握预应力钢筋张拉的设备的种类和调试；能按照设计图纸计算预应力钢筋的伸长量；能描述先张法和后张法张拉工艺。

任务一　施工准备

※任务描述

桥梁施工准备工作的基本任务是为桥梁工程的施工建立必要的技术和物资条件，统筹安排施工力量和施工现场，是施工企业做好目标管理、推行技术经济承包的重要依据，也是施工得以顺利进行的基本保证。

施工单位在承接了施工任务后，要尽快做好各项准备工作，创造有利的施工条件，使施工工作能连续、均衡、有节奏、有计划地进行，从而按质、按量、按期完成施工任务。本任务主要包括技术准备、劳动组织准备、物资准备和施工现场准备等内容。通过本任务的学习，学生能掌握桥梁施工准备的各项工作要点，为后续制订桥梁施工技术方案任务的学习打下基础。

一、技术准备

技术准备是施工准备的核心。由于任何技术上的差错和隐患都可能危及人身安全和造成质量事故，带来人身、财产和经济的巨大损失，因此必须认真做好技术准备工作。

(一)熟悉设计文件、研究施工图纸及现场核对

施工单位在收到拟建工程的设计图纸和有关技术文件后，应尽快组织工程技术人员熟悉、研究所有技术文件和图纸，全面领会设计意图；检查图纸与其各组成部分之间有无矛盾和错误，在几何尺寸、坐标、高程、说明等方面是否一致，技术要求是否正确，并与现场情况进行核对。同时，要做好详细记录，记录应包括对设计图纸的疑问和有关建议。审查图纸时应注意以下几个方面：

(1)图纸的设计是否符合现行相关技术标准、规范要求，有无重大原则错误。

(2)针对施工单位自身能力是否满足施工技术水平要求。

(3)是否符合现场和施工的实际条件。

(4)对设计不合理的是否可以进一步优化。

(5)图纸本身有无矛盾(如图纸的结构前后是否一致，前后高程尺寸、图纸说明及检查与设计的是否一致，平、纵、横三剖断面是否一致等问题)。

(6)图纸中的工程数量、材料数量表是否错误。

(7)测量数据是否正确、存在矛盾。

(二)原始资料的进一步调查分析

对拟建工程进行实地勘察，进一步获得有关原始数据的第一手资料，这对于正确选择施工方案、制订技术措施、合理安排施工顺序和施工进度计划是非常必要的。

1. 自然条件的调查分析

(1)地质。应了解的主要内容有地质构造、墩(台)位处的基岩埋深、岩层状态、岩石性覆盖层土质、土的性质和类别、地基土的承载力、土的冻结深度、妨碍基础施工的障碍物、地震级别和烈度等。进一步对施工图所给出的地质勘探资料进行调查核对。

(2)水文。应了解的主要内容有：河流流量和水质，年水位变化情况，最高洪水水位和最低枯水水位的时期及持续时间、流速，漂浮物，地下水水位的高低变化，含水层的厚度和流向；冰冻地区的河流封冻时间、融冰时间、流冰水位、冰块大小；受潮汐影响河流或水域中潮水的涨落时间、潮汐水位的变化规律和潮流等情况。研究如何降低水位措施，选择制订施工方案，复核地面地下排水设计，确定临时防洪措施。

(3)气象。调查的内容一般包括：气温、气候、降雨、降雪、冰冻、台风(含龙卷风、雷雨大风等突发性灾害)、风向、风速等变化规律及历年记录；冬、雨季的期限及冬季地层冻结厚度等情况。有利于制订季节性施工方案，布置临时设施，制订排水及防汛方案，对工期进行合理的、有计划的安排。

(4)施工现场的地形地物。调查的内容一般包括施工现场的地形、地貌，重点调查公路沿线大桥、工程困难地段等，这些资料可有利于选择施工用地、布置施工平面图、规划临时设施等。

2. 技术经济条件的调查分析

技术经济条件的调查分析主要内容包括施工现场的动迁状况、当地可利用的地方材料状况、地方能源和交通运输状况、地方劳动力和技术水平状况、当地生活物资供应状况、可提供的施工用水用电状况、设备租赁状况、当地消防治安状况及分包单位的实力状况等，当地医疗条件、政府对建设工程颁布的相关管理规定等。

(三)施工前的设计技术交底

设计技术交底一般由建设单位(业主)主持,设计、监理和施工单位(承包人)参加。首先,由设计单位说明工程的设计依据、意图和功能要求,并对特殊结构、新材料、新工艺和新技术提出设计要求,进行技术交底。然后,施工单位根据研究图纸的记录及对设计意图的理解,提出对设计图纸的疑问、建议和变更。最后,在统一认识的基础上,对所探讨的问题逐一记录,形成"设计技术交底纪要",由建设单位正式行文,参加单位共同会签盖章,作为与设计文件同时使用的技术文件和指导施工的依据,以及建设单位与施工单位进行工程结算的依据。当工程为设计施工总承包时,应由总承包人主持进行内部设计技术交底。

(四)制订施工方案、进行施工设计

在全面掌握设计文件和设计图纸,正确理解了设计意图和技术要求,再进行以施工为目的的各项调查之后,应根据进一步掌握的情况和资料,对投标时初步拟订的施工方法及技术措施等进行重新评价和深入研究,以制订出详尽的、更符合现场实际情况的施工方案。

施工方案一经确定,即可进行各项临时性结构诸如基坑围堰、浮运沉井和钢围堰的制造场地及下水、浮运、就位、下沉等设施,钻孔桩水上工作平台,连续梁桥顶推施工的台座和预制场地,悬浇桥梁的挂篮,导梁或架桥机,模板支架及脚手架,自制起重吊装设备,施工便桥便道及装卸码头等的施工设计。施工设计应在保证安全的前提下尽量考虑使用现有材料和设备,因地制宜,使设计出的临时结构经济适用、装拆简便、功能性强。

(五)编制施工组织设计

施工组织设计是施工准备工作的重要组成部分,也是指导工程施工中全部生产活动的基本技术经济文件。编制施工组织设计的目的是全面、合理、有计划地组织施工,从而具体实现设计意图,优质、高效地完成施工任务。

(六)编制施工预算

施工预算是根据施工图纸、施工组织设计或施工方案、施工定额等文件进行编制的。施工预算是施工企业内部控制各项成本支出、考核用工、签发施工任务单、限额领料,以及基层进行经济核算的依据,也是制订分包合同时确定分包价格的依据。

二、劳动组织准备

劳动组织准备工作的内容主要包括以下几项:

(1)建立组织机构。确定组织机构应遵循的原则是:根据工程项目的规模、结构特点和管理机构中各职能部门的职责,人员的配备应力求精干,以适应任务的需要。坚持合理分工与密切协作相结合,使其便于指挥和管理,分工明确,责权具体。

(2)合理设置施工班组。施工班组的建立应认真考虑专业和工种之间的合理配置,技工和普工的比例要满足合理的劳动组织,并应符合流水作业方式的要求。同时,制订出该工程的劳动力需要量计划。

(3)集结施工力量,组织劳动力进场。进场后应对工人进行技术、安全操作规程,以及消防、文明施工等方面的培训教育。

(4)施工组织设计、施工计划和施工技术的交底。在单位工程或分部分项工程开工之前,应将工程的设计内容、施工组织设计、施工计划和施工技术等要求,详尽地向施工班组和工人进行交底,以保证工程能严格按照设计图纸、施工工艺、安全技术措施、降低成本措施和施工验收规范的要求施工;落实好新技术、新材料、新结构及新工艺的实施方案和保证措施,有关部

位的设计变更和技术核定等事项。

(5)建立健全各项管理制度。通常包括技术质量责任制度、工程技术档案管理制度、施工图纸学习与会审制度、技术交底制度、技术部门及各级人员的岗位责任制、工程材料和构件的检查验收制度、工程质量检查与验收制度、材料出入库制度、安全操作制度、机具使用保养制度等。

三、物资准备

材料、构(配)件、机具和设备是保证施工顺利进行的物资基础,这些物资的准备工作必须在工程开工之前完成。根据各种物资的需要量计划,分别落实货源,安排运输和储备,使其满足连续施工的要求。

物资准备工作的内容主要包括以下几项:

(1)工程材料。工程材料包括钢材、木材、水泥、砂石等。工程材料的准备主要是根据施工预算进行分析,按照施工进度计划要求,按照材料名称、规格、材料储备定额和消耗定额进行汇总,编制出材料需要量计划,为组织备料、确定仓库、场地堆放所需的面积和组织运输等提供依据。

(2)工程施工设备的准备。根据采用的施工方案安排施工进度,确定施工机械的类型、数量和进场时间,确定施工机具的供应办法和进场后的存放地点、方式,编制机具的需要量计划,为组织运输、确定堆场面积等提供依据。

(3)其他各种小型生产工具、小型配件等的准备。根据施工预算提供的构(配)件、制品的名称、规格、质量和消耗量,确定加工方案和供应渠道及进场后的储存地点和方式,编制出其需要量计划,为组织运输、确定堆场面积等提供依据。

按照拟建工程生产工艺流程及工艺设备的布置图提出工艺设备的名称、型号、生产能力和需要量,确定分期分批进场时间和保管方式,编制工艺设备需要量计划,为组织运输、确定堆场面积提供依据。

四、施工现场准备

施工现场的准备工作主要是为工程的施工创造有利条件和提供物资保证。其具体内容如下:

(1)施工控制网测量。按照勘测设计单位提供的桥位总平面图和测图控制网中所谓的基线桩、水准高程及重要桩志和保护桩等资料,进行三角控制网的复测,并根据桥梁结构的精度要求和施工方案补充加密施工所需要的各种标桩,建立满足施工要求的平面施工测量控制网。

(2)补充钻探。桥梁工程在初步设计时所依据的地质钻探资料往往因钻孔较少、孔距过大而不能满足施工的需要,必须对有些地质情况不甚明了的墩位进行补充钻探,以查明墩位处的地质情况和可能的隐蔽物,为基础工程的施工创造有利条件。

(3)做好"四通一平"。"四通一平"是指水通、电通、通信通、路通和平整场地。为蒸汽养护的需要及考虑寒冷冰冻地区的特殊性,还需要考虑暖气供热的要求。

(4)建造临时设施。按照施工总平面图的布置,建造所有生产、办公、生活、居住和储存等临时用房,以及临时便道、码头、混凝土拌合站、构件预制场地等。

(5)安装调试施工机具。对所有施工机具,都必须在开工之前进行检查和试运转。

(6)材料的试验和储存堆放。按照材料的需要量计划,应及时提供包括混凝土和砂浆的配合比与强度、钢材的机械性能等各种材料的试验申请计划,并组织材料进场,按规定的地点和指定的方式储存堆放。

(7)新技术项目的试制和试验。按照设计文件和施工组织设计的要求,认真组织新技术项目的试验研究。

(8)冬、雨期施工安排。按照施工组织设计要求,落实冬、雨期施工的临时设施和技术措施,做好施工安排。

(9)消防、保安措施。建立消防、保安等组织机构和有关的规章制度,布置安排好消防、保安等措施。

(10)建立健全施工现场各项管理制度。根据工程特点,制定施工现场必要的各项规章制度。

学习任务

绘制思维导图,以施工准备为中心词汇归纳技术准备、劳动组织准备、物资准备和施工现场准备。

任务二 支架与模板工程

※任务描述

模板与其支撑体系组成模板系统。模板系统是一个临时架设的结构体系,其中模板是新浇混凝土成型的模具,它与混凝土直接接触,具有混凝土构件所要求的形状、尺寸和表面质量,对钢筋混凝土结构构件养护前期起保护作用,是钢筋混凝土工程不可或缺的重要组成部分。本任务包括模板的结构和构造、模板与支架的制作、安装与拆除等内容。通过本任务的学习,学生能够描述不同的模板类型和构造,能进行模板与支架的安装与拆除,为后续制订桥梁施工技术方案任务的学习打下基础。

一、支架构造

支架宜采用钢材或常备式定型钢构件等材料制作;模板宜用钢材、木材、胶合板或其他适宜材料制作。支架和模板应具有足够的强度、刚度和稳定性,能够承受施工过程中产生的各种荷载;支架构造简单、合理,结构受力应明确,安装拆除应方便。

就地浇筑混凝土梁桥的上部结构,首先应在桥孔位置搭设支架,以支承模板、浇筑的钢筋混凝土,以及其他施工荷载的重力。支架有满布式木支架、满布式钢管脚手架[如图3-2-1(a)所示]、钢木混合的梁式支架[如图3-2-1(b)所示]、梁柱式支架[如图3-2-1(c)所示]及万能杆件拼装支架与装配式公路钢桥桁架拼装支架等形式。

1. 满布式木支架

满布式木支架常用于陆地或不通航的河道,或桥墩不高、桥位处水位不深的桥梁。其形式可根据支架所需跨径的大小等条件,采用排架式、人字撑式或八字撑式。排架式为最简单的满布式支架,主要由排架及纵梁等部件构成。其纵梁为抗弯构件,因此,跨径一般不大于4 m,人字撑式和八字撑式的支架构造较复杂,其纵梁须加设人字撑式,八字撑式为可变形结构。因此,须在浇筑混凝土时适当安排浇筑程序和保持均匀、对称地进行,以防桥梁产生较大的变形。此类支架的跨径可达8 m左右。

满布式木支架的排架,可设置在枕木上或桩基上,基础须坚实、可靠,以保证排架的沉陷值不超过规定。当排架较高时,为保证支架横向的稳定,除在排架上设置撑木外,还需要在排

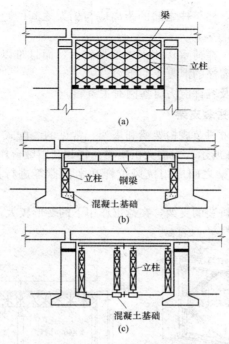

图 3-2-1 支架构造形式
(a)满布式；(b)梁式；(c)梁柱式

架两端外侧设置斜撑木或斜立桩。

满布式支架的卸落设备一般采用木楔、木马或砂筒等，可设置在纵梁支点处或桩顶帽木上面。

2. 钢木混合支架

为加大支架跨径，减少排架数量，支架的纵梁可采用工字钢，其跨径可达 10 m。但在这种情况下，支架多改用木框架结构，以加强支架的承载力及稳定性。这类钢木混合支架的构造通常为图 3-2-2 所示的形式。所需热轧普通工字钢截面形状如图 3-2-3 所示，其各项参考数值可查《五金手册》。

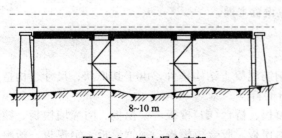

图 3-2-2 钢木混合支架

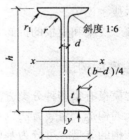

图 3-2-3 热轧普通工字钢截面形状

3. 万能杆件拼装支架

用万能杆件可拼装成各种跨度和高度的支架，其跨度与杆件本身长度成倍数关系。用万能杆件拼装的桁架的高度，可达 2 m、4 m、6 m 或 6 m 以上。当高度为 2 m 时，腹杆拼为三角形；当高度为 4 m 时，腹杆拼为菱形；当高度超过 6 m 时，则拼成多斜杆的形式。

用万能杆件拼装墩架时，柱与柱之间的距离应与桁架之间的距离相同。桩高除柱头及柱脚外，应为 2 m 的倍数。

用万能杆件拼装的支架，在荷重作用下的变形较大，而且难以预计其数值。因此，应考虑预加压重，预压重力相当于灌注的混凝土的重力。

万能杆件的类别、规格及容许应力可参阅有关资料。

4. 装配式公路钢桥桁架拼装支架

用装配式公路钢桥桁架可拼装成桁架梁和塔架。常见的装配式桁架结构有"321"和 HD200，常被称为贝雷片，如图 3-2-4 所示。为加大桁架梁孔径和利用墩台作支承，也可拼成八字斜撑以支撑桁架梁。桁架梁与桁架梁之间应用抗风拉杆和木斜撑等进行横向连接，以保证桁架梁的稳定。

用装配式公路钢桥桁架拼装的支架，在荷重作用下的变形较大，因此需进行预压处理。

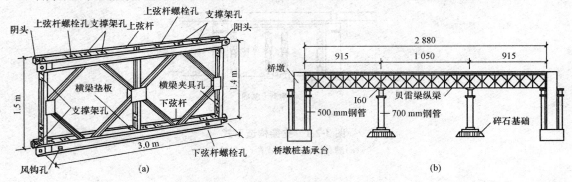

图 3-2-4 装配式公路钢桥桁架拼装支架
(a)桁架单元；(b)贝雷片

5. 轻型钢支架

桥下地面比较平坦，有一定承载力的梁桥，为节省木料，宜采用轻型钢支架。轻型钢支架的梁和柱，以工字钢、槽钢或钢管为主要材料，斜撑、连接系等可采用角钢。构件应制成统一规格和标准；排架应预先拼装成片或组，并以混凝土、钢筋混凝土枕木或木板作为支承基底。为了防止冲刷，支承基底须埋入地面以下适当的深度。为适应桥下高度，排架下应垫以一定厚度的枕木或木楔等。

为便于支架和模板的拆卸，纵梁支点处应设置木楔。

二、模板构造

桥梁模板有很多种分类方法，各种现浇钢筋混凝土结构构件，由于其形状、尺寸、构造不同，模板的构造及组装方法也不同，形成各自的特点。

按结构的类型，可分为基础模板、墩柱模板、桥台(帽)模板、梁模板、防撞墙模板、隧道模板等；按所用的材料，可分为木模板、钢木模板、胶合板模板、钢竹模板、钢模板、塑料模板、玻璃钢模板和铝合金模板等；按施工方法，可分为拆移式模板、活动式模板。

(一)拆移式模板

拆移式模板就是在施工前将预制模板按要求的形状组拼成模型，施工后分块进行拆卸，稍加清理和整修之后，即可周转使用。拆移式模板又可分为拼装式模板、整体吊装模板和组合式模板。

(1)拼装式模板。在施工现场根据混凝土结构的特点制作的木模或钢模，使用时拼接成为整体。一般为某种结构专用模板,拆除后可周转使用,也可改制成其他模板。

(2)整体吊装模板。将面板、肋在制模车间内制成,并拼成面积或质量较大的模板,工地拼装工作量小,模板质量高。采用吊机吊装就位,机械化程度高。现场应根据起吊能力来选定模板的大小及质量。

(3)组合式模板。组合式模板是工具式模板的一种,由专门厂家生产,通常为一定规格的散件。其由面板、连接件、固定件及支承件组成,可根据需要组拼成大小不同的模板。其特点是通用性强,周转使用次数多,既适用于大型混凝土工程,也适用于小型零散工程的施工。

(二)活动式模板

活动式模板由模板、支架和提升机械组成。活动式模板施工连续、快捷、质量可靠,可节省劳动力,大大减少支架工程量。活动式模板主要有滑升式模板、爬升式模板和移动式模板。

(三)模板构造组成

模板由面板、肋、拉杆、围箍、支架或拱架组成,如图 3-2-5 所示。

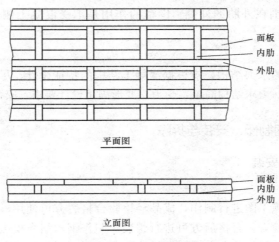

图 3-2-5 模板结构

1. 面板

面板是支挡混凝土成型的,通常施工现场采用 20~50 mm 的木板或 3~6 mm 的钢板或其他形式面板的板材制成。木面板一般比较粗糙,为了使混凝土表面光滑、平整,可在木板表面钉上一层白薄钢板或胶合板。钢面板平整,制造的混凝土表面光滑,但钢模板价格较高。总之,面板的选用主要考虑施工方便、价格低、便于倒用、饰面效果好等因素。

2. 肋

肋是面板的加强和连接构件。其可分为内肋和外肋两种。内肋的作用是将面板连为一个整体,并将面板分割为较小的受力面积,以满足承力要求;外肋与内肋方向垂直,起进一步加强模板整体性的作用,并将面板力传递给支架。内肋、外肋之间多采用螺栓固定,也可以用电焊固定,如图 3-2-5 所示。

3. 拉杆

拉杆是两相对模板之间的对拉钢杆。其作用是承受混凝土的侧压力,并保持模板之间的相对位置,一般采用直径为 10~20 mm 的钢筋制成,如图 3-2-6 所示。为了拆除方便和拉杆交替使用,可预埋钢管或硬质塑料管,拉杆穿于其中,用完后可抽出拉杆,管被埋入混凝土中。

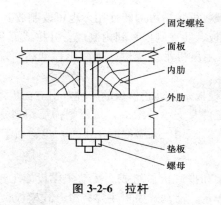

图 3-2-6 拉杆

4. 围箍

围箍是柱体或桥墩等结构模板的外围钢拉带，一般采用 6～50 mm 的扁钢或直径为 16～20 mm 的钢筋制成，包围在外肋的外侧。围箍的作用是承受混凝土侧压力和保证模板的几何形状。

5. 支架或拱架

支架或拱架是模板的承力结构，应根据混凝土结构的特征设计，尽量采用拼装式杆件、管支架或模板专用支承件，力求结构简单，受力、变形满足设计要求，安装、拆除方便。

三、模板和支架的制作、安装与拆除

(一)模板的制作与安装

1. 模板的制作

钢模板应按批准的施工图进行制作，成品经检验合格后方可使用。组装前应对零部件的几何尺寸和焊缝进行全面检查，合格后方可进行组装。制作钢木组合模板时，钢与木之间接触面应贴紧，木模板与混凝土接触的表面应刨光且保持平整，所有接缝应严密、平整。

2. 模板的安装

模板的设计要求准确就位，且不应与脚手架连接；安装侧模板时，支撑应牢固，防止模板在浇筑混凝土时产生侧移；模板在安装过程中，必须设置防倾覆的临时固定设施；固定在模板上的预埋件和预留孔洞均不得遗漏，安装牢固，位置应准确。

模板的制作、安装精度应符合《公路桥涵施工技术规范》(JTG/T F50—2011)的要求。

(二)支架的制作与安装

1. 支架的制作

支架宜采用标准化、系列化、通用化的钢构件制作拼装；制作木支架时，两相邻立柱的连接接头宜分设在不同的水平面上，并应减少长杆件接头。主要压力杆的接长连接，宜使用对接法，并宜采用木夹板或铁夹板夹紧；次要构件的连接可采用搭接法。

2. 支架的安装

支架应按施工图设计的要求进行安装。立柱应垂直，节点连接应可靠；支架在纵桥向和横桥向均应加强水平、斜向连接，增强整体稳定性。高支架应设置足够的斜向连接、扣件或缆风绳，横向稳定应有保证措施；应通过预压的方式，消除支架地基的不均匀沉降和支架的非弹性变形并获取弹性变形参数，或检验支架的安全性。预压荷载宜为支架需承受全部荷载的 1.05～

1.10倍，预压荷载的分布应模拟需承受的结构荷载及施工荷载。支架在安装完成后，应对其平面位置、顶部高程、节点连接及纵、横向稳定性进行全面检查，符合要求后，方可进行下一工序的施工。

(三)支架应结合模板的安装设置预拱度和卸落装置

设置的预拱度值，应包括结构本身需要的预拱度和施工需要的预拱度两部分；专用支架应按其产品的要求进行模板的卸落，自行设计的普通支架应在适当部位设置相应的木楔、木马、砂筒或千斤顶等卸落模板的装置，并应根据结构形式、承受的荷载大小确定卸落量。

支架制作、安装质量应符合《公路桥涵施工技术规范》(JTG/T F50—2011)的规定。

(四)支架与模板的拆除

(1)模板、支架的拆除期限和拆除程序等应严格按施工图设计的要求进行，设计未要求时，应根据结构物特点、模板部位和混凝土所应达到的强度要求决定。

(2)非承重侧模板应在混凝土抗压强度达到2.5 MPa，且能保证其表面及棱角不致因拆模而受损坏时，方可拆除。

(3)芯模和预留孔道的内模，应在混凝土强度能保证其表面不发生塌陷或裂缝现象时，方可拆除。

(4)钢筋混凝土结构的承重模板、支架，应在混凝土强度能承受其自重荷载及其他可能的叠加荷载时，方可拆除。

(5)对预应力混凝土结构，在符合《公路桥涵施工技术规范》(JTG/T F50—2011)规定的条件下，其侧模应在预应力钢束张拉前拆除；底模及支架应在结构建立预应力后方可拆除。

(6)模板、支架的拆除应遵循后支先拆、先支后拆的原则顺序进行。墩、台的模板宜在其上部结构施工前拆除。

(7)拆除梁、板等结构的承重模板时，在横向应同时、在纵向应对称均衡卸落。简支梁、连续梁结构的模板宜从跨中向支座方向依次循环卸落；悬臂梁结构的模板宜从悬臂端开始顺序卸落。

(8)在低温、干燥或大风环境下拆除模板时，应采取必要的措施，防止混凝土表面产生裂缝。

(9)拆除模板、支架时，不得损伤混凝土结构。

四、施工预拱度

1. 确定预拱度时应考虑的因素

在支架上浇筑梁式上部构造时，在施工时和卸架后，上部构造要发生一定的下沉和产生一定的挠度。因此，为使上部构造在卸架后能满意地获得设计规定的外形，须在施工时设置一定数值的预拱度。在确定预拱度时应考虑下列因素：

(1)卸架后上部构造本身及活载一半所产生的竖向挠度δ_1。

(2)支架在荷载作用下的弹性压缩δ_2。

(3)支架在荷载作用下的非弹性变形δ_3。

(4)支架基底在荷载作用下的非弹性沉陷δ_4。

(5)由混凝土收缩及温度变化而引起的挠度δ_5。

2. 预拱度的计算

上部构造和支架的各项变形值之和，即应设置的预拱度。各项变形值可按下列方法计算和确定：

(1)桥跨结构应设置预拱度,其值等于恒载和半个静活载所产生的竖向挠度 δ_1。当恒载和静载产生的挠度不超过跨径的 1/1 600 时,可不设预拱度。

(2)满布式支架,当其杆件长度为 L、压应力为 σ 时,其弹性变形为

$$\delta_2 = \frac{\sigma L}{E} \tag{3-2-1}$$

当支架为桁架等形式时,应按具体情况计算其弹性变形。

(3)支架在每一个接缝处的非弹性变形,如表 3-2-1 所示。

表 3-2-1　预留施工沉落值参考数据　　　　　　　　　　　　　　　　mm

项目		沉落值
接头承压非弹性变形	木与木	每个接头顺纹约为 2,横纹为 3
	木与钢	每个接头约为 2
卸落设备的压缩变形	砂筒	2～4
	木楔与木马	每个接缝为 1～3
支架基础沉陷	底梁置于砂土上	5～10
	底梁置于黏土上	10～20
	底梁置于砌石或混凝土上	约为 3
	打入砂土中的桩	约为 5
	打入黏土中的桩	5～10(桩承受极限荷载时用 10,低于极限荷载时用 5)

3. 预拱度的设置

根据梁的挠度和支架的变形所计算出来的预拱度之和,为预拱度的最高值,应设置在梁的跨径中点。其他各点的预拱度,应以中间点为最高值,以梁的两端为零,按直线或二次抛物线比例进行分配。

  学习任务

绘制思维导图,以支架工程为中心词汇归纳支架构造、制作、安装与拆除要点,以模板工程为中心词汇归纳模板构造、制作、安装与拆除要点。

完成模板安装、拆除及检验实训,并填写相关实训任务单;完成碗扣式支架安装及拆除实训,并填写相关实训任务单。

任务三　钢筋工程

※任务描述

在桥梁结构中,钢筋是重要的受力构件。钢筋施工质量的好坏将直接影响桥梁的承载能力和安全性能。钢筋施工不仅要控制加工过程的质量,也要重视原材料的进场检验及管理,是

一个完整的工作流程。本任务主要包括钢筋检验与管理、钢筋加工、钢筋连接、钢筋骨架制作等内容。通过本任务的学习，学生能检测入场钢筋、编制和填写钢筋施工的方案、质量考核表、计算钢筋下料用量、放样钢筋骨架中钢筋的位置，为后续制订桥梁施工技术方案任务的学习打下基础。

一、钢筋的检验

钢筋作为"双控"材料，在进场时一定要按照相关的规定进行外观检验和力学性能分析。钢筋检验可分为外部因素和内部因素两大方面。外部因素的检验包括品种、规格、标牌、数量、外观、尺寸等；内部因素检验主要是对钢筋的力学性能等进行检验。

《公路钢筋混凝土及预应力混凝土桥涵设计规范》(JTG 3362—2018)规定，钢筋混凝土及预应力混凝土构件中的普通钢筋宜选用 HPB300、HRB400、HRB500、HRBF400 和 RRB400 钢筋。

二、钢筋的管理

钢筋经过检验合格后，要进行管理和存放。合理的堆放方式可以提高钢筋施工的工作效率和保存期。

钢筋必须按不同钢种、等级、牌号、规格及生产厂家分批验收，分别堆置，不得混杂且应设立识别标志。钢筋在运输过程中，应避免锈蚀和污染。钢筋宜堆置在仓库(棚)内，露天堆置时，应高离并加遮盖。

三、钢筋的调直与除锈

钢筋表面上的油渍、漆污和锤击能剥落的浮皮、铁锈应清除干净。带有颗粒状或片状老锈的钢筋不得使用。钢筋除锈通常可在冷拉或调直过程中除锈，少量的除锈可采用电动除锈机或喷砂，局部除锈可采用人工用钢丝刷或砂轮等方法进行，也可将钢筋通过砂箱往返搓动除锈。如除锈后钢筋表面有严重的麻坑、斑点，已伤蚀截面时，应降级使用或剔除不用。

钢筋调直和清除污锈应符合下列要求：

(1)钢筋的表面应洁净，使用前应将表面油渍、漆皮、鳞锈等清除干净。

(2)钢筋应平直、无局部弯折，成盘的钢筋和弯曲的钢筋均应调直。

(3)采用冷拉方法调直钢筋时，HPB300 级钢筋的冷拉率不宜大于 2%；HRB335、HRB400 级钢筋的冷拉率不宜大于 1%。

四、钢筋的下料

钢筋下料就是根据施工设计图，分别计算构件各钢筋的直线下料长度、根数、质量，编制钢筋配料单，作为备料、加工和结算的依据。

(一)钢筋长度

结构施工图中所指钢筋长度是钢筋外缘之间的长度，即外包尺寸，这是施工中量度钢筋长度的基本依据。钢筋的下料长度是钢筋中心线长度。

(二)混凝土保护层厚度

混凝土保护层厚度是指受力钢筋外缘至混凝土构件表面的距离。其作用是保护钢筋在混凝土结构中不受锈蚀。无设计要求时应符合表 3-3-1 的规定。

表 3-3-1　纵向受力钢筋的混凝土保护层最小厚度　　　　　　　　　　　　　　　mm

环境类别		板、墙、壳			梁			柱		
		≤C20	C25~C45	≥C50	≤C20	C25~C45	≥C50	≤C20	C25~C45	≥C50
一		20	15	15	30	25	25	30	30	30
二	a	20	20	—	30	30	—	30	30	—
	b	25	20	—	35	30	—	35	30	—
三		—	30	25	—	40	35	—	40	35

（三）弯曲量度差值

钢筋长度的度量方法是指外包尺寸，因此钢筋弯曲以后，存在一个量度差值，在计算下料长度时必须加以扣除。根据理论推理和实践经验，列于表 3-3-2 中。

表 3-3-2　钢筋弯曲量度差值

钢筋弯起角度	30°	45°	60°	90°	135°
钢筋弯曲调整值	$0.35d$	$0.5d$	$0.85d$	$2d$	$2.5d$

（四）钢筋弯钩增加值

弯钩形式最常用的是半圆弯钩，即 180°弯钩。受力钢筋的弯钩和弯折应符合下列要求：HPB300 级钢筋末端应作 180°弯钩，其弯弧内直径不应小于钢筋直径的 2.5 倍；弯钩在弯后平直部分长度不应小于钢筋直径的 3 倍。弯 180°弯钩时弯钩增加值取 $6.25d$；弯 90°弯钩时弯钩增加值取 $3.5d$；弯 135°弯钩时弯钩增加值取 $4.9d$。

（五）箍筋调整值

为了箍筋计算方便，一般将箍筋弯钩增长值和量度差值两项合并成一项为箍筋调整值，如表 3-3-3 所示。计算时，箍筋外包尺寸或内包尺寸加上箍筋调整值即箍筋下料长度。

表 3-3-3　箍筋调整值　　　　　　　　　　　　　　　　　　　　　　mm

箍筋量度方法	箍筋直径			
	4~5	6	8	10~12
量外包尺寸	40	50	60	70
量内包尺寸	80	100	120	150~170

（六）钢筋下料长度计算

直钢筋下料长度＝直构件长度－保护层厚度＋弯钩增加长度
弯起钢筋下料长度＝直段长度＋斜段长度－弯折量度差值＋弯钩增加长度
箍筋下料长度＝直段长度＋弯钩增加长度－弯折量度差值

或　　　　　　　　　　＝箍筋周长＋箍筋调整值

钢筋下料长度＝外包尺寸＋弯钩增加长度－量度差值

钢筋的弯制应采用钢筋弯曲或弯箍机在工作平台上进行，钢筋的弯制和末端的弯钩应符合设计要求。如设计无规定时，应符合表 3-3-4 的规定。

表 3-3-4　受力主钢筋制作和末端弯钩形状

弯曲部位	弯曲角度	形状图	钢筋种类	公称直径 d/mm	弯曲直径 D	平直段长度
末端弯钩	180°		HPB300	6～22	≥2.5d	≥3d
	135°		HRB335	6～25	≥3d	≥5d
				28～40	≥4d	
				50	≥5d	
			HRB400	6～25	≥4d	
				28～40	≥5d	
				50	≥6d	
			RRB400	8～25	≥3d	
				28～40	≥4d	
	90°		HRB335	6～25	≥3d	≥10d
				28～40	≥4d	
				50	≥5d	
			HRB400	6～25	≥4d	
				28～40	≥5d	
				50	≥6d	
			RRB400	8～25	≥3d	
				28～40	≥4d	
中间弯曲	≤90°		各种钢筋		≥20d	—

注：采用环氧树脂涂层钢筋时，除应满足表内规定外，当钢筋直径 d≤20 mm 时，弯钩内直径 D 不应小于 4d；当 d＞20 mm 时，弯钩内直径 D 不应小于 6d；直线段长度不应小于 5d。

例题：某梁钢筋如图 3-3-1 所示，ф20，图示尺寸均为外包尺寸，单位为 mm。已知量度差值：30°时为 0.3d；45°时为 0.5d；90°时为 2d；135°时为 2.5d；180°弯钩增加值为 6.25d。求钢筋的下料长度即中心线长度 L(mm)。

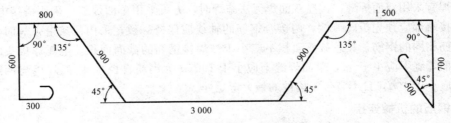

图 3-3-1　某梁钢筋示意（尺寸单位：mm）

解：L＝外包尺寸－量度差值＋弯钩长度
＝(300＋600＋800＋900＋3 000＋900＋1 500＋700＋500)－(3×2×20＋5×0.5×20)＋6.25×2×20
＝9 280(mm)

五、钢筋连接

钢筋的连接方式有绑扎连接、焊接和机械连接三种方式。其中，机械连接又有套筒挤压接头、锥螺纹接头、镦粗直螺纹接头等方法。钢筋连接一般的选用布置原则如下：

(1)钢筋的连接宜采用焊接接头或机械连接接头。绑扎接头仅当钢筋构造复杂、施工困难时方可采用，绑扎接头的钢筋直径不宜大于 28 mm，对轴心受压和偏心受压构件中的受压钢筋可不大于 32 mm；轴心受拉和小偏心受拉构件不应采用绑扎接头。

(2)受力钢筋的连接接头应设置在内力较小处，并应错开布置。对焊接接头和机械连接接头，在接头长度区段内，同一根钢筋不得有两个接头；对绑扎接头，两接头之间的距离应不小于 1.3 倍的搭接长度。配置在接头长度区段内的受力钢筋，其接头的截面面积占总截面面积的百分率，应符合表 3-3-5 的规定。

表 3-3-5　接头长度区段内受力钢筋接头面积的最大百分率

接头形式	接头面积最大百分率/%	
	受拉区	受压区
主钢筋绑扎接头	25	50
主钢筋焊接接头	50	不限制

注：1. 焊接接头长度区段内是指 $35d$（d 为钢筋直径）长度范围内，但不得小于 500 mm，绑扎接头长度区段是指 1.3 倍搭接长度。
2. 在同一根钢筋上宜少设接头。
3. 装配式构件连接处的受力钢筋焊接接头可不受此限制。
4. 绑扎接头中钢筋的横向净距不应小于钢筋直径且不应小于 25 mm。

(一)钢筋的焊接连接

钢筋的焊接连接宜采用闪光对焊，或采用电弧焊、电渣压力焊或气压焊，但电渣压力焊仅可用于竖向钢筋的连接，不得用作水平钢筋和斜筋的连接。钢筋焊接的接头形式、焊接方法和焊接材料应符合现行行业标准《钢筋焊接及验收规程》(JGJ 18—2012)的规定。

每批钢筋焊接前，应先选定焊接工艺和焊接参数，按实际条件进行试焊，并检验接头外观质量及规定的力学性能，试焊质量经检验合格后方可正式施焊。焊接时，对施焊场地应有适当的防护设施。

电弧焊宜采用双面焊缝，仅在双面焊无法施焊时，方可采用单面焊缝。采用搭接电弧焊时，两钢筋搭接端部应预先折向一侧，两接合钢筋的轴线应保持一致；采用帮条电弧焊时，帮条应采用与主筋相同的钢筋，其总截面面积不应小于被焊接钢筋的截面面积。电弧焊接头的焊缝长度，对双面焊缝不应小于 $5d$，单面焊缝不应小于 $10d$（d 为钢筋直径）。电弧焊接与钢筋弯曲处的距离不应小于 $10d$，且不宜位于构件的最大弯矩处。

(二)钢筋的机械连接

钢筋的机械连接宜采用镦粗直螺纹、滚轧直螺纹或套筒挤压连接接头。镦粗直螺纹和滚轧直螺纹连接接头适用于直径大于或等于 25 mm 的 HRB335、HRB400 级热轧带肋钢筋；套筒挤压连接接头适用于直径为 16～40 mm 的 HRB335、HRB400 级热轧带肋钢筋。各类接头的性能均应符合现行行业标准《钢筋机械连接技术规程》(JGJ 107—2016)的规定。

(三)钢筋的绑扎连接

绑扎连接的末端与钢筋弯折处的距离，不应小于钢筋直径的 10 倍，接头不宜位于构件的最大弯矩处。

受拉钢筋绑扎接头的搭接长度，应符合表 3-3-6 的规定。受压钢筋绑扎接头的搭接长度，应取受拉钢筋绑扎接头搭接长度的 0.7 倍。

表 3-3-6 受拉钢筋绑扎接头的搭接长度

钢筋种类	HPB300		HRB400、HRBF400、RRB400	HRB500
混凝土强度等级	C25	≥C30	≥C30	≥C30
搭接长度/mm	40d	35d	45d	50d

注：1. d 为钢筋的公称直径(mm)。当带肋钢筋直径 d 大于 25 mm 时，其受拉钢筋的搭接长度应按表中值增加 5d 采用；当带肋钢筋直径 d 小于 25 mm 时，其受拉钢筋的搭接长度应按表中值减少 5d 采用。
    2. 当混凝土在凝固过程中受力钢筋易受扰动时，其搭接长度应增加 5d。
    3. 在任何情况下，纵向受拉钢筋的搭接长度不应小于 300 mm；受压钢筋的搭接长度不应小于 200 mm。
    4. 环氧树脂涂层钢筋绑扎搭接长度，对受拉钢筋按表值 1.5 倍采用。
    5. 受拉区段内，HPB300 钢筋绑扎接头的末端应做成弯钩，HRB400、HRB500、HRBF400 和 RRB400 钢筋的末端可不做成弯钩。

六、钢筋骨架的制作

在桥梁结构制作过程中，通常要将单根钢筋或单个钢筋构件进行绑扎或焊接，形成整体。良好的钢筋骨架既便于混凝土的浇筑，又能使钢筋之间协同受力，提高结构的整体承载能力。

(一)钢筋骨架绑扎制作

钢筋骨架绑扎安装工作一般采用预先将钢筋在加工车间弯曲成型，再到模内组合绑扎的方法。如果现场的起重安装能力较强，也可以采用预先焊接或绑扎的方法将单根钢筋组合成钢筋网片或钢筋骨架，然后到现场吊装。在一些复杂结构的钢筋施工中，还需要采用先弯曲成型后模内组合绑扎的方法。

1. 绑扎准备工作

在混凝土工程中，模板安装、钢筋绑扎与混凝土浇筑是立体交叉作业的，为了保证质量、提高效率、缩短工期，必须在钢筋绑扎安装前认真做好准备工作。

(1)图纸、资料的准备。

①熟悉施工图。施工图是钢筋绑扎安装的依据。熟悉施工图的目的是弄清楚各个编号钢筋形状、标高、细部尺寸，安装部位，钢筋的相互关系，确定各类结构钢筋正确合理的绑扎顺序。一旦发现施工图有错漏或不明确的地方，应及时与有关部门联系解决。

②核对配料单及料牌。依据施工图，结合规范对接头位置、数量、间距的要求，核对配料单及料牌是否正确，校核已加工好的钢筋的品种、规格、形状、尺寸及数量是否合乎配料单的规定，有无错配、漏配。

③确定施工方法。根据施工组织设计中对钢筋安装时间和进度的要求，研究确定相应的施工方法。例如，哪些部位的钢筋可以预先绑扎好，在工地模内组装；哪些钢筋在工地模内绑扎

安装；钢筋成品和半成品的进场时间、进场方法、劳动力组织等。

(2)工具、材料的准备。

①工具准备。应备足扳手、钢丝、小撬棍、马架、钢筋钩、画线尺、水泥(混凝土)垫块、撑铁(骨架)等常用工具。

②了解现场施工条件。包括运输路线是否畅通，材料堆放地点是否安排得合理等；检查钢筋的锈蚀情况，确定是否除锈和采用哪种除锈方法等。

(3)现场施工的准备。

①施工图放样。正式施工图一般仅一份或两份，一个工程往往又有几个不同部位同时进行，所以，必须按钢筋安装部位绘制出若干草图。草图经校核无误后，才可以作为绑扎依据。

②钢筋位置放线。若梁、板、柱类型较多时，为避免混乱和差错，还应在模板上标示各种型号构件的钢筋规格、形状和数量。为使钢筋绑扎正确，一般先在结构模板上用粉笔按施工图标明的间距画线，作为摆料的依据。通常，平板或墙板钢筋在模板上画线；柱箍筋在两根对角线主筋上画点；梁箍筋在架立钢筋上画点；基础的钢筋则在固定架上画线或在两向各取一根钢筋上画点。钢筋接头按规范对于位置、数量的要求，在模板上画出。

③做好互检、自检及交检工作。在钢筋绑扎安装前，应会同施工员、木工、水电安装工等有关工种，共同检查模板尺寸、标高，确定管线、水电设备等的预埋和预留工作。

2. 钢筋绑扎操作

绑扎钢筋是借助钢筋钩用钢丝将各种单根钢筋绑扎成整体网片或骨架。

(1)操作方法。常采用一面顺扣操作法，具体操作如图 3-3-2 所示。绑扎时先将钢丝扣穿套钢筋交叉点，接着用钢筋钩钩住钢丝弯成圆圈的一端，旋转钢筋钩。扣要短，才能少转快扎。这种方法操作简便，绑点牢靠，适用于钢筋网、架各个部位的绑扎。

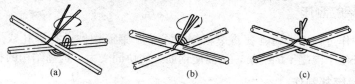

图 3-3-2　一面顺扣绑扎法
(a)第一步；(b)第二步；(c)第三步

其他操作法：钢筋绑扎除一面顺扣操作法之外，还有十字花扣、反十字花扣、兜扣、缠扣、兜扣加缠、套扣等，这些方法主要根据绑扎部位的实际需要进行选择。其形式如图 3-3-3 所示。十字花扣、兜扣适用于平板钢筋网和箍筋处绑扎；缠扣主要用于墙钢筋和柱箍的绑扎；反十字花扣，兜扣加缠适用于梁骨架的箍筋与主筋的绑扎，套扣用于梁的架立钢筋和箍筋的绑口处。

(2)操作要点。画线时应画出主筋的间距及数量，并标明箍筋的加密位置。板类钢筋应先排主筋后排副筋；梁类钢筋一般先摆纵筋。摆筋时应注意按规定将受力钢筋的接头错开。

受力钢筋接头在同一截面($35d$ 区段内，且不小于 500 mm)，有接头的受力钢筋截面面积占受力钢筋总截面面积的百分率应符合相关规定。箍筋的转角与其他钢筋的交点均应绑扎，但箍筋的平直部分与钢筋的相交点可呈梅花式交错绑扎。箍筋的弯钩叠合处应错开绑扎，交错绑扎在不同的架立钢筋上。

绑扎钢筋网片采用一面顺扣绑扎法，在相邻两个绑点应呈八字形，不要互相平行，以防骨架歪斜、变形。预制钢筋骨架绑扎时要注意保持外形尺寸正确，避免入模安装困难。在保证质量、提高工效、加快进度、减轻劳动强度的原则下，研究预制方案。方案应分清楚预制部分和模内绑扎部分，以及两者相互的衔接，避免后续工序施工困难甚至造成返工现象。

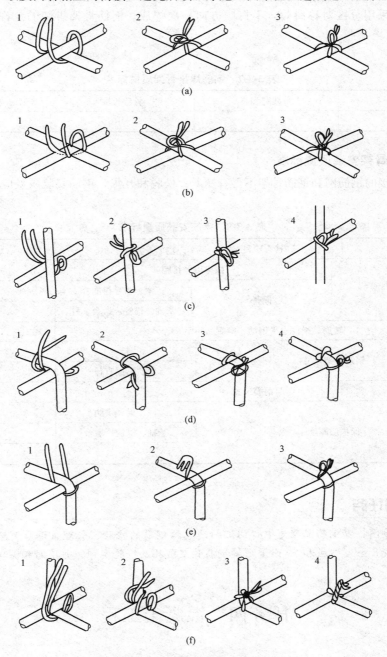

图 3-3-3　钢筋的其他绑扎方法
(a)兜扣；(b)十字花扣；(c)缠扣；(d)反十字花扣；(e)套扣；(f)兜扣加缠

(二)钢筋骨架焊接制作

钢筋骨架的焊接拼装应在坚固的工作台上进行，拼装前应按设计图纸放样，放样时应考虑焊接变形的预留拱度。拼装时，在需要焊接的位置宜采用楔形卡卡紧，防止焊接时局部变形。

骨架焊接时，不同直径钢筋的中心线应在同一平面上。较小直径的钢筋在焊接时，下面宜垫以厚度适当的钢板。施焊顺序宜由中到边对称地向两端进行，先焊骨架下部，后焊管架上部。相邻的焊缝应采用分区对称跳焊，不得顺方向一次焊成。钢筋骨架拼装的允许偏差不得超过表 3-3-7 的规定。

表 3-3-7　钢筋焊接骨架质量标准　　　　　　　　　　　　　　　　　　　　　mm

项目	骨架宽和高	骨架长度	箍筋间距
允许偏差	±5	±10	±10

(三) 钢筋骨架安装质量标准

绑扎或焊接的钢筋网和钢筋骨架不得有变形、松脱和开焊，钢筋安装质量应符合表 3-3-8 的规定。

表 3-3-8　钢筋安装质量标准　　　　　　　　　　　　　　　　　　　　　　　mm

检查项目			允许偏差
受力钢筋间距	两排以上排距		±5
	同排	梁、板、拱肋	±10
		基础、锚锭、墩台、柱	±20
箍筋、横向水平钢筋、螺旋筋间距			±10
钢筋骨架尺寸	长		±10
	宽、高或直径		±5
弯起钢筋位置			±20
保护层厚度	柱、梁、拱肋		±5
	基础、锚锭、墩台		±10
	板		±3

学习任务

绘制思维导图，以钢筋工程为中心词汇归纳总结钢筋的检验、管理、调直、除锈、下料、连接等内容。完成 8 m 空心板和 20 m T 形梁钢筋骨架绑扎及检验实训，并填写相关实训任务单。

任务四　混凝土工程

※任务描述

混凝土的出现，大大提升了桥梁的发展速度。随着混凝土工艺的发展，桥梁的跨径也得到了很大的跨越。但值得注意的是，现在很多混凝土桥梁都因为混凝土的配制或施工出现问题而遭到破坏，所以，对混凝土的施工进行控制显得尤为必要。本任务主要包括原材料的检验、混凝土配合比、混凝土拌制与运输、混凝土浇筑、混凝土养护、混凝土质量检验等内容。通过本任务的学习，学生能进行混凝土集料的检验和配合比设计，能够描述混凝土拌制、运输、浇筑和养护的注意事项，为后续制订桥梁施工技术方案任务的学习打下基础。

一、原材料的检测

(一)水泥

公路桥涵工程采用的水泥应符合现行国家标准《通用硅酸盐水泥》(GB 175—2007)的规定,水泥的品种和强度等级应通过混凝土配合比试验选定,其特性不会对混凝土的强度、耐久性和工作性能产生不利影响。当混凝土中采用碱活性集料时,宜选用含碱量不大于0.6%的低碱水泥。

水泥进场时,应附有生产厂的品质试验检验报告等合格证明文件,并应按批次对同一生产厂、同一品种、同一强度等级及同一出厂日期的水泥进行强度、细度、安定性和凝结时间等性能的检验,散装水泥应以每500 t为一批,袋装水泥应以每200 t为一批,不足500 t或200 t时,也按一批计。当对水泥质量有怀疑,或受潮及存放时间超过3个月时,应重新取样复验,并应按其复验结果使用。水泥的试验检验方法应符合现行行业标准《公路工程水泥及水泥混凝土试验规程》(JTG E30—2005)的规定。

公路桥涵混凝土工程宜用散装水泥,散装水泥在工地上应用专用水泥罐储存;采用袋装水泥时,在运输和储存过程中应防止受潮,且不得长时间露天堆放。临时露天堆放时,应设支垫并覆盖。不同品种、强度和出厂日期的水泥应分别按批存放。

(二)细集料

1. 细集料的选择

细集料宜用级配良好、质地坚硬、颗粒洁净且粒径小于5 mm的河砂;当河砂不易找到时,可采用符合规定的其他天然砂或人工砂;细集料不宜采用海砂,不得不采用时应经冲洗处理,细集料的技术指标应符合《公路桥涵施工技术规范》(JTG/T F50—2011)的要求。

2. 细集料试验

细集料宜按同产地、同规格、连续进场数量不超过400 m³或600 t为一验收批,小批量进场的宜以不超过200 m³或300 t为一验收批进行检验;当质量稳定且进料量较大时,可以1 000 t为一验收批。检验内容应包括外观、筛分、细度模数、有机物含量、含泥量、泥块含量及人工砂的石粉含量等;必要时应对坚固性、有害物质含量、氯离子含量及碱活性等指标进行检验。检验试验方法应符合现行行业标准《公路工程集料试验规程》(JTG E 42—2005)的规定。

(三)粗集料

粗集料宜采用质地坚硬、洁净、级配合理、粒形良好、吸水率小的碎石或卵石。其技术指标应符合《公路桥涵施工技术规范》(JTG/T F50—2011)的要求。

粗集料宜根据混凝土最大粒径采用连续两级配或连续多级配,不宜采用单粒级配或间断级配配制,必须使用时应通过试验验证。粗集料的级配范围应符合相关规范的要求。粗集料最大粒径宜按混凝土结构情况及施工方法选取,但最大粒径不得超过结构最小边尺寸的1/4和钢筋最小净距的3/4;在两层或多层密布钢筋结构中,最大粒径不得超过钢筋最小净距的1/2,同时不得超过75.0 mm。混凝土实心板的粗集料最大粒径不宜超过板厚的1/3且不得超过37.5 mm。泵送混凝土时的粗集料最大粒径除应符合上述规定外,对碎石不宜超过输送管径的1/3;对卵石不宜超过输送管径的1/2.5。

施工前应对所用的粗集料进行碱活性检验,在条件许可时宜避免采用有碱活性反应的粗集料,必须采用时应采取必要的抑制措施。粗集料的进场检验组批应符合相关规范的规定,检验内容应包括外观、颗粒级配、针片状颗粒含量、含泥量、泥块含量、压碎值指标等。检验试验方法应符合现行行业标准《公路工程集料试验规程》(JTG E 42—2005)的规定。

无论是粗集料还是细集料,进场前必须报请监理抽验,填写进场材料检验申请单,经监理工程师检验合格并签证后方可进场使用。

(四)其他材料

组成混凝土的材料还有水以及外加剂、混合材料。人畜可用的洁净水可用来拌制混凝土。主要的外加剂类型有普通和高效减水剂、早强减水剂、缓凝减水剂、引气减水剂、抗冻剂、膨胀剂、阻锈剂和防水剂等。混合材料包括粉煤灰、火山灰质材料、粒化高炉矿渣等。

混凝土用的外加剂、混合材料应符合《公路桥涵施工技术规范》(JTG/T F50—2011)的要求。

二、混凝土配合比

由于大部分桥梁施工远离城市,特别是中、小桥及涵洞工程混凝土数量不大,基本上都是采用现场拌制混凝土。除非城市桥梁施工,采用商品混凝土(预拌混凝土)。因此,工程技术人员要设计并控制好现场混凝土配合比,确保混凝土质量。

混凝土的配合比应以质量比表示,并应通过计算和试配选定。试配时应使用施工实际采用的材料,配制的混凝土拌合物应满足和易性、凝结时间等施工技术条件,制成的混凝土应满足强度、耐久性(抗冻、抗渗、抗侵蚀)等质量要求。

普通混凝土的配合比,可按照《普通混凝土配合比设计规程》(JGJ 55—2011)的规定进行计算,并应通过试配确定。混凝土的试配强度,应根据设计强度等级,并应考虑施工条件的差异和变化及原材料质量可能的波动,按照《公路桥涵施工技术规范》(JTG/T F50—2011)计算确定。混凝土的坍落度和工作性能宜根据结构物情况和施工工艺要求确定,在满足工艺要求的前提下,宜采用低坍落度的混凝土施工。通过设计和试配确定的配合比,应经批准后方可使用,且应在混凝土拌制前将理论配合比换算为施工配合比。

混凝土的最大水胶比、最小水泥用量及最大氯离子含量应符合表 3-4-1 的规定。在混凝土中掺入外加剂时,应符合下列规定:

(1)在钢筋混凝土和预应力混凝土中,均不得掺用氯化钙、氯化钠等氯盐。

(2)当从各种组成材料引入的氯离子含量(折合氯盐含量)大于表 3-4-1 规定的限值时,宜在混凝土中采取掺加阻锈剂、增加保护层厚度、提高密实度等防腐蚀措施。

(3)掺入引气剂的混凝土,其含气量宜为 3.5%~5.5%。

除应对由各种组成材料带入混凝土中的碱含量进行控制外,还应控制混凝土的总碱含量。每立方米混凝土的总碱含量,对一般桥涵不宜大于 3.0 kg/m³,对特大桥、大桥和重要桥梁不宜大于 1.8 kg/m³;对混凝土结构处于受严重侵蚀的环境时,不得使用有碱活性反应的集料。

表 3-4-1 混凝土的最大水胶比、最小水泥用量及最大氯离子含量

环境类型	环境条件	最大水胶比	最小水泥用量 /(kg·m^{-3})	最低混凝土强度等级	最大氯离子含量 /%
Ⅰ	温暖或寒冷地区的大气环境、与无侵蚀的水或土接触的环境	0.55	275	C25	0.30
Ⅱ	严寒地区的大气环境、使用除冰盐环境、滨海环境	0.50	300	C30	0.15
Ⅲ	海水环境	0.45	300	C35	0.10
Ⅳ	受侵蚀性物质影响的环境	0.40	325	C35	0.10

续表

注：1. 水胶比、氯离子含量是指其与胶凝材料用量的百分比。
2. 最小水泥用量包括掺合料。当掺用外加剂且能有效地改善混凝土的和易性时，水泥用量可减少 25 kg/m³。
3. 严寒地区是指最冷月份平均气温低于或等于-10 ℃，且日平均温度低于或等于 5 ℃的天数在 145 d 以上的地区。
4. 预应力混凝土结构中的最大氯离子含量为 0.06%，最小水泥用量为 350 kg/m³。
5. 封底、垫层及其他临时工程的混凝土，可不受本表的限制。

三、混凝土拌制

混凝土拌制可分为拌合站拌制和现场拌制两种方式。现场拌制适合小规模或小构件的混凝土浇筑，一次拌合量少，机动性强，质量要求相对较低。

混凝土应采用机械拌制，人工拌制仅用于小量的辅助或修补工程。

混凝土的配料宜采用自动计量装置，各种衡器的精度应符合要求，计量应准确。计量器具应定期标定，迁移后应重新进行标定。拌制混凝土所用的各项材料应按质量投料，配料数量的允许质量偏差应符合表 3-4-2 的规定。

表 3-4-2　材料数量允许质量偏差　　%

材料类别	允许偏差	
	现场拌制	预制场或集中搅拌站拌制
水泥、干燥状态的掺合料	±2	±1
粗、细集料	±3	±2
水、外加剂	±2	±1

混凝土拌制时，自全部材料加入搅拌筒开始搅拌至开始出料的最短拌制时间，应按搅拌机产品说明书的要求并经试验确定。混凝土拌合物应搅拌均匀，颜色一致，不得有离析和泌水现象。

混凝土搅拌完毕后，应检测混凝土拌合物的坍落度及损失。必要时，还应对工作性能、泌水率及含气量等混凝土拌合物的其他指标进行检测。

四、混凝土运输

运输能力应与混凝土的凝结速度和浇筑速度相适应，应使浇筑工作不间断且混凝土运到浇筑地点时仍能保持其均匀性和规定的坍落度。混凝土的运输宜采用搅拌运输车，或在条件允许时采用泵送方式输送；采用吊斗或其他方式运输时，运距不宜超过 100 m 且不得使混凝土产生离析。

采用搅拌运输车运输混凝土时，途中应以 2～4 r/min 的慢速进行搅动，卸料前应以常速再次搅拌。混凝土运至浇筑地点后发生离析、泌水或坍落度不符合要求时，应进行第二次搅拌。第二次搅拌时不宜任意加水，确有必要时，可同时加水、相应的胶凝材料和外加剂，并保持其原水胶比不变；二次搅拌仍不符合要求时，则不得使用。

混凝土采用泵送方式时，混凝土的供应宜使输送混凝土的泵能连续工作，泵送的间歇时间不宜超过 15 min。在泵送过程中，受料斗内应具有足够的混凝土，应防止吸入空气产生阻塞；输送管应顺直，转弯处应圆缓，接头应严密、不漏气；向低处泵送混凝土时，应采取必要的措施，防止混凝土离析或堵塞输送管。

五、混凝土浇筑

在混凝土的施工工艺过程中,混凝土的浇筑和振捣几乎是同时进行的,而且是相互联系的。因此,混凝土的浇筑和振捣可以认为是同一道工序。

(一)浇筑前准备工作

应根据待浇筑结构物的情况、环境条件及浇筑量等制订合理的浇筑方案,工艺方案应对施工缝设置、浇筑顺序、浇筑工具、防裂措施、保护层的控制等做出明确的规定;应对支架、模板、钢筋和预埋件进行检查,模板内的杂物、积水及钢筋上的污物应清理干净,模板如有缝隙或孔洞,应堵塞严密、不漏浆;应对混凝土的坍落度和均匀性进行检测。

自高处向模板内倾卸混凝土时,应防止混凝土离析。直接倾卸时,其自由倾落高度不宜超过 2 m;超过 2 m 时,应通过串筒、溜管等设施下落;倾落高度超过 10 m 时,应设置减速装置。

(二)混凝土的浇筑厚度

混凝土应按一定的厚度、顺序和方向分层浇筑,且应在下层混凝土初凝或能重塑前完成上层混凝土浇筑;上下层同时进行浇筑时,上层与下层的前后浇筑距离应保持 1.5 m 以上;在倾斜面上浇筑混凝土时,应从低处开始逐层扩展升高并保持水平分层。混凝土分层浇筑的厚度不宜超过表 3-4-3 的规定。

表 3-4-3　混凝土分层浇筑厚度　　　　　　　　　　　　　mm

振捣方式		浇筑层厚度
插入式振动器		300
附着式振动器		300
平板式振动器	无筋或配筋稀疏时	250
	配筋较密时	150

(三)混凝土的浇筑顺序

在考虑主梁混凝土的浇筑顺序时,不应使模板和支架产生有害的下沉;为了使混凝土振捣密实,应采用相应的分层浇筑;当在斜面或曲面上浇筑混凝土时,一般应从低处开始。

1. 水平分层浇筑

对于跨径不大的简支梁桥,可在钢筋全部绑扎好以后,将梁和板沿一跨全长内水平分层浇筑,在跨中合龙。分层的厚度视振动器的能力而定,一般为 0.1～0.3 m;当采用人工捣实时,可采用 0.15～0.2 m。为避免支架不均匀沉陷的影响,浇筑工作应尽量快速进行,以便在混凝土失去塑性以前完成。

2. 斜层浇筑

跨径较小的简支梁桥混凝土的浇筑,还可以用斜层法从主梁两端对称地向跨中进行,并在跨中合龙。T 形梁和箱梁采用斜层浇筑的顺序如图 3-4-1(a)所示。当采用梁式支架、支点不设置在跨中时,应在支架下沉量大的位置先浇筑混凝土,使应该发生的支架变形及早完成。其浇筑顺序如图 3-4-1(b)所示。采用斜层浇筑时,混凝土的倾斜角与混凝土的稠度有关,一般为 20°～25°。

对于较大跨径的简支梁桥,可用水平分层或斜层法先浇筑纵横梁。待纵横梁浇筑完毕后,再沿桥的全宽浇筑桥面板混凝土。在桥面板与纵横梁之间应按设置工作缝处理。

当桥面较宽且混凝土数量较大时,可分成若干纵向单元分别浇筑。每个单元的纵横梁可沿

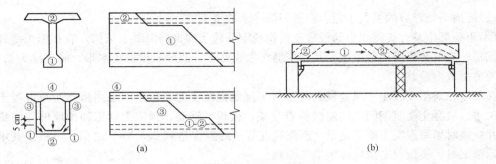

图 3-4-1 简支梁桥浇筑顺序

其长度方向水平分层浇筑或用斜层法浇筑，在纵梁之间的横梁上设置工作缝，并在纵横梁浇筑完成后填缝连接。之后，桥面板可沿桥全宽全面积一次浇筑完成，不设置工作缝。桥面板与纵横梁之间设置水平工作缝。

3. 混凝土的振捣

混凝土的振捣可分为人工振捣（用铁钎）和机械振捣两种。人工振捣一般用于坍落度大、混凝土数量少或钢筋过密部位的振捣，大规模的混凝土浇筑，必须使用机械振捣；机械振捣设备有平板式、附着式、插入式振动器和振动台等。平板式振动器用于大面积混凝土施工，如桥面；附着式振动器可设置在侧模板上，但附着式振动器是借助振动模板来振捣混凝土，故对模板要求较高，常用于薄壁混凝土部分振捣，如梁肋上和空心板两侧部分；插入式振动器常用的是软管式，只要构件断面足够而钢筋又不太密时，采用插入振动器的振捣效果比平板式和附着式都要好。

采用振动器振捣混凝土时，应符合下列规定：

(1)平板式振动器的移位间距使振动器平板能覆盖已振实部分不小于 100 mm。

(2)附着式振动器的布置距离，应根据结构物形状和振动器的性能通过试验确定。

(3)插入式振动器的移位间距应不超过振动器作用半径的 1.5 倍，与侧模应保持 50~100 mm 的距离，且插入下层混凝土中的深度宜为 50~100 mm。

(4)每一振点的振捣延续时间宜为 20~30 s，以混凝土停止下沉、不出现气泡、表面呈现浮浆为度。

4. 混凝土浇筑的注意事项

混凝土的浇筑宜连续进行。因故中断间歇时，其间歇时间应小于前层混凝土的初凝时间或能重塑的时间。混凝土的运输、浇筑及间歇的全部时间不宜超出表 3-4-4 的规定。

表 3-4-4　混凝土的运输、浇筑及间歇的全部允许时间　　　　　min

混凝土强度等级	气温≤25 ℃	气温>25 ℃
≤C30	210	180
>C30	180	150

施工缝的位置应在混凝土浇筑之前确定，且宜留置在结构受剪力和弯矩较小并便于施工的部位，施工缝宜设置成水平面或垂直面。对施工缝的处理应符合下列规定：

(1)处理层混凝土表面的松弱层予以凿除。对处理层混凝土的强度，当采用水冲洗凿毛时，应达到 0.5 MPa；当采用人工凿毛时，应达到 2.5 MPa；当采用风动机凿毛时，应达到 10 MPa。

(2)经凿毛处理后的混凝土面,应采用洁净水冲洗干净。

(3)重要部位及有抗震要求的混凝土结构或钢筋稀疏的钢筋混凝土结构,宜在施工缝处补插锚固钢筋;有抗渗要求的混凝土,其施工缝宜做成凹形、凸形或设置止水带;施工缝为斜面时,宜浇筑或凿成台阶状。

在环境相对湿度较小、风速较大的条件下浇筑混凝土时,应采取适当措施防止混凝土表面过快失水。混凝土浇筑期间,应随时检查支架、模板、钢筋、预应力管道和预埋件等的稳固情况,并应及时填写混凝土施工记录。新浇筑混凝土的强度达到2.5 MPa之前,不得使其承受行人、运输工具、模板、支架及脚手架等荷载。

六、混凝土养护

对新浇筑混凝土的养护,应满足其对温度、湿度和时间的要求。应根据施工对象、环境条件、水泥品种、外加剂或掺合料及混凝土性能等因素,制订具体的养护方案并严格实施。

混凝土浇筑完成后,应在其收浆后尽快予以覆盖并洒水保湿养护。对于硬性混凝土、高强度和高性能混凝土、炎热天气浇筑的混凝土及桥面等大面积裸露的混凝土,应加强初始保湿养护,具备条件的可在浇筑完成后立即加设棚罩,待收浆后再予以覆盖和洒水养护,覆盖时不得损伤或污染混凝土的表面。混凝土面有模板覆盖时,应在养护期间使模板保持湿润。

混凝土的养护不得采用海水或含有害物质的水。混凝土的洒水保湿养护时间应不少于7 d,对重要工程或有特殊要求的混凝土,应根据环境湿度、温度、水泥品种,以及掺用的外加剂和掺合料等情况,酌情延长养护时间,并应使混凝土表面始终保持湿润状态。当气温低于5 ℃时,应采取保温养护的措施,不得向混凝土表面洒水。当采用喷洒养护剂对混凝土进行养护时,所使用的养护剂应不会对混凝土产生不利影响,且应通过试验验证其养护效果。

新浇筑的混凝土与流动的地表水或地下水接触时,应采取临时防护措施,保证混凝土在7 d以内且强度达到设计强度的50%前,不受水的冲刷侵袭;当环境水具有侵蚀作用时,应保证混凝土在10 d以内且强度达到设计强度的70%前,不受水的侵袭。混凝土处于冻融循环作用的环境时,宜在结冰期到来4周前完成浇筑施工,且在混凝土强度未达到设计强度等级的80%前不得受冻,否则应采取技术措施,防止发生冻害。

大体积混凝土是桥梁施工中常见的,其养护尤为重要。大体积混凝土养护是桥梁施工中的重点及难点。与常规混凝土一样,在混凝土浇筑完成后应立即采取覆盖、保湿措施。大体积混凝土的养护时间一般不得少于21 d,在高温干燥季节的养护时间不宜少于28 d。

不同混凝土潮湿养护的最低期限如表3-4-5所示。

表3-4-5 不同混凝土潮湿养护的最低期限

混凝土类型	水胶比	大气潮湿(50%<RH<75%),无风,无阳光直射		大气干燥(RH<50%),有风或阳光直射	
		日平均气温 T/℃	潮湿养护期限/d	日平均气温 T/℃	潮湿养护期限/d
胶凝材料中掺有矿物掺合料	≥0.45	5≤T<10	21	5≤T<10	28
		10≤T<20	14	10≤T<20	21
		20≤T	10	20≤T	14
	<0.45	5≤T<10	14	5≤T<10	21
		10≤T<20	10	10≤T<20	14
		20≤T	7	20≤T	10

续表

混凝土类型	水胶比	大气潮湿(50%<RH<75%)，无风，无阳光直射		大气干燥(RH<50%)，有风或阳光直射	
		日平均气温 T/℃	潮湿养护期限/d	日平均气温 T/℃	潮湿养护期限/d
胶凝材料中未掺矿物掺合料	≥0.45	5≤T<10	14	5≤T<10	21
		10≤T<20	10	10≤T<20	14
		20≤T	7	20≤T	10
	<0.45	5≤T<10	10	5≤T<10	14
		10≤T<20	7	10≤T<20	10
		20≤T	7	20≤T	7

七、混凝土质量检验

混凝土的质量宜分为施工前、施工过程中和施工后三个阶段进行检验。施工前检验项目应全部合格方可进行施工；施工过程中的检验项目不合格时，应分析原因，采取措施调整，待合格后方可继续施工；施工后的检验应与施工前、施工过程中的检验共同作为混凝土质量评定和验收的依据。

（一）混凝土施工前的检验项目

(1)施工设备和场地。
(2)混凝土的原材料和各种组成材料的质量。
(3)混凝土配合比及其拌合物的工作性能、力学性能及抗裂性能等；对耐久性混凝土，还应包括耐久性的性能。
(4)钢筋、预埋件及支架、模板。
(5)混凝土的运输、浇筑和养护方法及设施、安全设施。

（二）混凝土施工过程中的检验项目

(1)混凝土组成材料的外观及配料、拌制，每工作班检查应不少于2次，必要时应抽样试验。
(2)混凝土的和易性、坍落度及扩展度等工作性能；每工作班检验不少于2次。
(3)砂石材料的含水率，每日开工前应检测1次，天气变化较大时应随时检测。
(4)钢筋、预应力管道、模板、支架等安装位置及稳定性。
(5)混凝土的浇筑质量。
(6)外加剂的使用效果。

（三）检验注意事项

对混凝土应制取试件检验其在标准养护条件下28 d龄期的抗压强度。不同强度等级及不同配合比的混凝土应分别制取试件，试件在浇筑地点从同一盘混凝土或同一车混凝土中随机制取，试件组数应符合《公路桥涵施工技术规范》(JTG/T F50—2011)的要求。

除另有规定外，混凝土应以标准养护条件下28 d龄期试件的抗压强度进行评定，其合格条件应符合《公路桥涵施工技术规范》(JTG/T F50—2011)的规定。

高性能混凝土的质量除常规检验外，还应对其耐久性质量进行检验。耐久性质量应根据不同要求和处于不同环境作用下的工程，对混凝土的拌合物及实体结构分别进行相应的检验。质量检验的结果应符合设计的规定，同时应符合《公路桥涵施工技术规范》(JTG/T F50—2011)的相关规定；当质量检验评定结果不合格时，应委托专门的咨询机构就其耐久性质量进行评价，并应按其评价结论采取措施进行处理。

学习任务

绘制思维导图，以混凝土工程为中心词汇归纳原材料的检验、混凝土配合比、混凝土拌制、混凝土运输、混凝土浇筑、混凝土养护及质量检验。

按要求完成一个 20 m 预应力混凝土 T 形梁的混凝土配合比设计的任务。

收集资料完成以混凝土浇筑与养护主题的小论文。

任务五 预应力工程

※任务描述

在公路尤其是高等级公路建设中，大跨度桥梁得到了广泛的应用。大跨度桥梁因其跨度和载重，梁中部产生很大弯矩，上部受压，下部受拉；而普通钢筋混凝土结构必须通过增加截面高度来增大刚度和抗弯能力。预应力混凝土结构由于采用了预应力，减轻了自重，同时增加其抗弯能力，所以在大中跨径的桥梁当中，应用非常普遍。本任务主要包括预应力结构的认知、预应力混凝土结构的材料、预应力锚具和管道、预应力设备、先张法施工、后张法工艺等内容。通过本任务的学习，学生能完成预应力钢筋进场的质量检查和验收，掌握预应力钢筋张拉的设备的种类和调试，能按照设计图纸计算预应力钢筋的伸长量，能描述先张法和后张法张拉工艺，为后续制订桥梁施工技术方案任务的学习打下基础。

一、预应力结构认知

预应力混凝土结构是事先在混凝土或钢筋混凝土构件上施加预应力，使之形成一种人为的应力状态，该应力效果能抵消使用荷载作用下产生的拉应力，使构件在使用荷载作用下不致开裂，或推迟开裂，或减小裂缝开裂宽度，以改善混凝土的抗拉性能，同时达到充分利用高强度材料的目的。

根据施加预应力方式的不同，可分为先张法构件和后张法构件。

（1）先张法即先张拉预应力钢筋后浇筑梁体混凝土的施工方法，该构件是通过预应力钢筋和混凝土之间的粘结力锚固预应力钢筋并使梁体获得预加压应力，如图 3-5-1 所示。先张法需要有用来张拉和临时固定钢筋的台座，因此初期投资费用较大。但先张法施工工序简单，钢筋靠黏结力自锚，在构件上不需设永久性锚具，临时固定的锚具可以重复使用。因此，在大批量生产时，先张法构件比较经济，质量易保证。为了便于吊装运输，先张法一般宜用于生产中小型构件。

（2）后张法即先浇筑梁体混凝土后张拉预应力钢筋的施工方法，该构件是通过构件端部的锚具锚固预应力钢筋并使构件获得预加压应力，如图 3-5-2 所示。后张法不需要台座，构件可以在工厂预制，也可以在现场施工，但是对构件施加预应力需要逐个进行，操作比较麻烦，且每个构件均需要永久性锚具，用钢量大，因此成本比较高。后张法适用于曲线布筋和运输不方便的大型预应力混凝土构件，应用更为广泛。

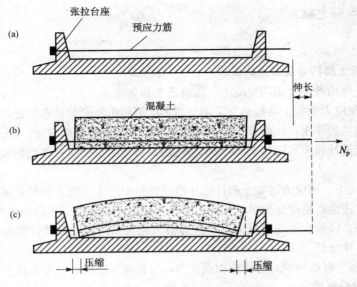

图 3-5-1 先张法工艺流程示意
(a)预应力钢筋就位,准备张拉;(b)张拉并锚固,浇筑构件混凝土;
(c)松锚,预应力钢筋回缩,制成预应力混凝土构件

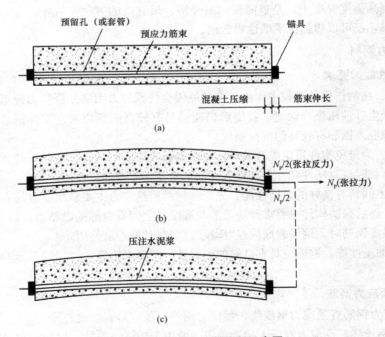

图 3-5-2 后张法工艺流程示意图
(a)浇筑构件混凝土,预留孔道,穿入预应力钢筋;
(b)千斤顶预支于混凝土构件上,张拉预应力钢筋;
(c)用锚具将预应力筋锚固后进行孔道压浆

二、预应力混凝土材料

(一)混凝土

1. 预应力混凝土结构对混凝土的要求

预应力混凝土结构构件所用的混凝土，需满足下列要求：

(1)强度高。预应力混凝土结构必须采用与高强度钢筋相匹配的高强度混凝土，这样才可以充分发挥高强度钢筋的作用，从而有效减小构件截面尺寸，减轻结构自重。《公路钢筋混凝土及预应力混凝土桥涵设计规范》(JTG 3362—2018)规定，预应力混凝土构件的混凝土强度等级不应低于C40。

(2)收缩、徐变小。预应力混凝土构件除在结硬过程中产生收缩变形外，混凝土因承受长期的预压应力作用，还会产生徐变变形。收缩、徐变会使构件缩短，引起钢筋中的张拉应力下降，即产生预应力损失。收缩、徐变值越大，预应力损失越大。因此，在设计和施工中，应尽量减小混凝土的收缩、徐变值。

(3)快硬、早强。可以尽早对构件施加预应力，加快施工进度，提高劳动生产率。

2. 混凝土的配制要求

为了提高混凝土强度，减小其收缩、徐变变形值，除选用高强度等级的水泥、减少水泥用量、选用高品质的集料及加强振捣和养护外，还要尽量降低水胶比，水胶比一般控制在0.25~0.35范围内。为了增加和易性，可掺加适量的高效减水剂。工程实践表明，使用高效减水剂降低水胶比来配制高强度混凝土，是最简便、最经济、最有效的方法。另外，为了减少混凝土的收缩、徐变变形，还可以掺加优质活性掺合剂。

(二)预应力钢材

1. 对钢筋性能的要求

(1)强度高。在制作构件过程中，由于多种原因会使预应力钢筋的张拉力逐渐降低，为了使构件在混凝土产生弹性压缩、徐变、收缩后仍能够具有较高的预应力，需要钢筋具有较高的张拉力，即要求预应力钢筋有较高的抗拉强度。

(2)塑性好。为避免构件发生脆性破坏，要求钢筋被拉断时具有一定的延伸率。当构件处于低温或受冲击荷载时，对塑性和冲击韧性方面的要求是很重要的。

(3)与混凝土间具有良好的黏结性能。先张法构件的预应力主要靠预应力筋和混凝土之间的黏结力来实现；而后张法构件也要求预应力筋与灌浆料之间有良好的黏结力，以保证协同工作。当采用光圆高强度钢筋时，钢筋表面应经"压纹"或"刻痕"处理后使用。

(4)良好的加工性能。钢筋应具有良好的可焊性，并要求钢筋"镦粗"后不影响其原材料的物理力学性能。

2. 常用的预应力钢筋

常用的预应力钢筋有预应力钢绞线、预应力钢丝、预应力螺纹钢筋等。

(1)预应力钢绞线。预应力混凝土用钢绞线一般用于后张法构件，用冷拔钢丝制造而成。在钢绞线机上以一种较粗的直钢丝为中心，其余钢丝围绕其进行螺旋状绞合，再经低温回火处理而成。中心钢丝的直径加大范围不小于2.5%。钢绞线的规格有2、3、7或19根股等。钢丝的捻距在12~16倍的钢绞线公称直径之间，捻向一般为左捻。

钢绞线的优点是截面集中，直径较大，比较柔软，运输和施工方便，便于操作，与混凝土或灌浆材料咬合均匀而充分，具有良好的锚固延性，因而被越来越广泛地应用。先张法预应力混凝土中最常用的是 7 股钢绞线、1×2 钢绞线和 1×3 钢绞线。经绞制的钢绞线呈螺旋形，钢绞线截面如图 3-5-3 所示，故其弹性模量较单根钢丝略低。

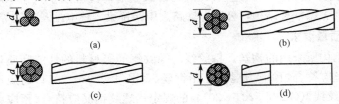

图 3-5-3　几种常见的预应力钢绞线
(a)三股钢绞线；(b)七股钢绞线；(c)七股拔模钢绞线；(d)无黏结钢绞线

(2)预应力钢丝。预应力钢丝一般用于先张法构件，要求强度高、易于制备、便于运输、应用灵活，可以根据需要组成不同钢丝根数的预应力束，柔性好，便于成型或穿束。

预应力混凝土结构常用的高强度钢丝，按交货状态可分为冷拉及矫直回火两种。冷拉钢丝是用经过处理使之适用于冷拔的热轧盘圆拔制的盘圆成品，其表面光滑，并可能有润滑剂的残渣。随后可用机械方式对钢丝进行压痕而成为刻痕钢丝；对钢丝进行矫直回火处理后就成为矫正回火钢丝。预应力钢丝经过矫直回火后，可消除钢丝冷拔中产生的残余应力，提高钢丝的比例极限、屈服强度和弹性模量，并改善塑性；同时也可解决钢丝的伸直性，方便施工。

预应力混凝土结构高强度钢丝，按外形可分为光圆钢丝、螺旋肋钢丝、刻痕钢丝等，如图 3-5-4 所示。

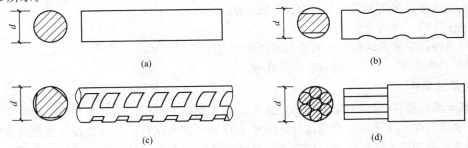

图 3-5-4　几种常见的预应力高强度钢丝
(a)光圆钢丝；(b)两面刻痕钢丝；(c)三面刻痕钢丝；(d)无黏结钢丝束

(3)预应力螺纹钢筋。预应力螺纹钢筋一般用于竖向预应力筋和临时锚固钢筋。该类钢筋在任意截面处都拧上带有内螺纹的连接器进行连接或拧上带螺纹的螺母进行锚固。预应力螺纹钢筋如图 3-5-5 所示。

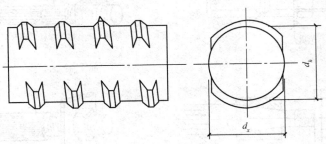

图 3-5-5　预应力螺纹钢筋

预应力螺纹钢筋具有连接、锚固简便，黏着力强，张拉锚固安全可靠，施工方便等优点，而且节约钢筋，减小了构件面积和质量。预应力螺纹钢筋广泛应用于大型水利工程、工业和民用建筑中的连续梁和大型框架结构，公路、铁路大中跨桥梁，核电站及地锚等工程。

3. 预应力钢筋质量要求

预应力混凝土结构所采用的钢丝、钢绞线、螺纹钢筋等材料的性能和质量，应符合现行国家标准的规定。钢丝应符合《预应力混凝土用钢丝》(GB/T 5223—2014)的规定；钢绞线应符合《预应力混凝土用钢绞线》(GB/T 5224—2014)的规定；螺纹钢筋应符合《预应力混凝土用螺纹钢筋》(GB/T 20065—2016)的规定。

预应力筋进场时应分批验收，验收时，除应按合同要求对其质量证明书、包装、标志和规格等进行检查外，还应按《公路桥涵施工技术规范》(JTG/T F50—2011)的规定进行检验。

三、预应力锚具与管道

(一)锚具

锚具是锚固钢筋时所用的工具，是保证预应力混凝土结构安全可靠的关键部位之一。

通常在构件制作完毕后，能够取下重复使用的称为夹具；锚固在构件端部，与构件连成一体共同受力，不能取下重复使用的永久性锚固装置称为锚具。

锚具的制作和选用应满足下列要求：

(1)锚具零部件选用的钢材性能要满足规定指标，加工精度高，受力安全可靠，预应力损失小。

(2)构造简单，加工方便，节约钢材，成本低。

(3)施工简便，使用安全。

(4)锚具性能应满足结构要求的静载和动载锚固性能。

锚具的种类很多，常用的锚具有以下几种。

1. 支承式锚具

(1)螺丝端杆锚具。如图 3-5-6 所示，这种锚具主要用于预应力钢筋张拉端。预应力钢筋与螺栓端杆直接对焊连接或通过套筒连接，螺栓端杆另一端与张拉千斤顶相连。张拉终止时，通过螺母和垫板将预应力钢筋锚固在构件上。这种锚具的优点是比较简单、滑移小和便于再次张拉；缺点是对预应力钢筋长度的精度要求高，不能太长或太短，否则螺纹长度不够用。需要特别注意焊接接头的质量，以防发生脆断。

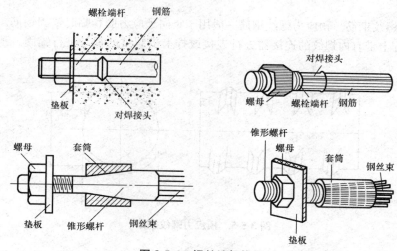

图 3-5-6 螺丝端杆锚具

(2)镦头锚具。如图3-5-7所示,这种锚具用于锚固钢筋束。张拉端采用锚杯,固定端采用锚板。先将钢丝端头镦粗成球形,穿入锚环孔内,边张拉边拧紧锚环的螺母。每个锚具可同时锚固几根到一百多根5~7 mm的高强度钢丝,也可用于单根粗钢筋。这种锚具的锚固性能可靠,锚固力大,张拉操作方便,但要求钢筋(丝)的长度有较高的精确度,否则会造成钢筋(丝)受力不均。

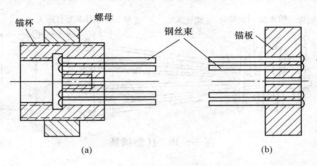

图 3-5-7　墩头锚具

(a)张拉端镦头锚；(b)固定端镦头锚

2. 锥形锚具

如图3-5-8所示,这种锚具用于锚固多根直径为5 mm、7 mm、8 mm、12 mm的平行钢丝束,或者锚固多根直径为12.7 mm、15.2 mm的平行钢绞线束。锚具由锚环和锚塞两部分组成。锚环在构件混凝土浇筑前埋置在构件端部；锚塞中间有小孔作锚固后灌浆用。由双作用千斤顶张拉钢丝后又将锚塞顶压入锚圈内,利用钢丝在锚塞与锚圈之间的摩擦力锚固钢丝。

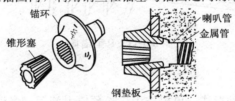

图 3-5-8　锥形锚具

3. 夹片式锚具

目前,公路桥梁预应力张拉端最常用的锚具是夹片式锚具,每套锚具由一个锚环和若干个夹片组成,钢绞线在每个孔道内通过有牙齿的钢夹片夹住。可以根据需要,每套锚具锚固数根直径为15.2 mm或12.7 mm的钢绞线。预应力钢绞线夹片式锚具有OVM、QM、XM等。根据锚环的形状,又可分为单孔锚具、圆锚锚具、扁锚锚具等。图3-5-9所示为OVM圆锚锚具。

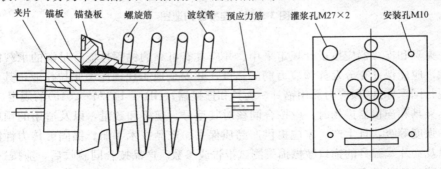

图 3-5-9　OVM 圆锚锚具

4. 固定端锚具

采用一端张拉时，其固定端锚具，除可采用张拉端锚具外，还可采用 H 型锚具和 P 型锚具。

(1) H 型锚具，又称压花锚具。利用钢绞线梨形（通过压花设备成型）自锚头与混凝土的黏结进行锚固。其适用于 55 根以下钢绞线束的锚固，如图 3-5-10 所示。

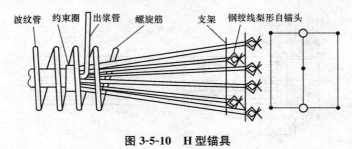

图 3-5-10　H 型锚具

(2) P 型锚具，又称挤压锚具。其由挤压筒和锚板组成，利用挤压筒对钢绞线的挤压握裹力进行锚固。其适用于锚固 19 根以下的钢绞线束，如图 3-5-11 所示。

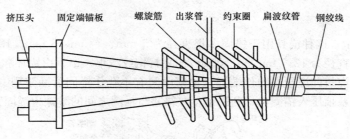

图 3-5-11　P 型锚具

5. 连接器

连接器有单根和多根两种形式。单根作为接长预应力筋用；多根作为接长预应力束常用于连续梁中。连接器的结构如图 3-5-12 所示。

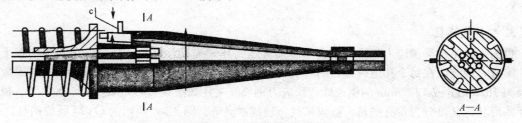

图 3-5-12　连接器构造图

锚具、夹具和连接器应按设计规定采用，并应具有可靠的锚固性能、足够的承载能力和良好的适用性，应能保证充分发挥预应力筋的强度，并安全地实现预应力张拉作业，其性能和质量应符合现行国家标准《预应力筋用锚具、夹具和连接器》(GB/T 14370—2015)的规定。

锚具、夹具和连接器进场时，应按合同核对其型号、规格和数量，以及适用的预应力筋品种、规格和强度等级，且生产厂家应提供产品质保书、产品技术手册、锚固区传力性能型式检验报告，以及夹片式锚具的锚口摩擦损失测试报告或参数。产品按合同验收后，应按《公路桥涵施工技术规范》(JTG/T F50—2011)的规定进行检验。

(二)管道

后张有黏结预应力钢筋的孔道成型方法,可分为抽拔型和预埋型两类。

(1)抽拔型是在浇筑混凝土前预埋钢管或充水(充压)的橡胶管,在浇筑混凝土后并达到一定强度时拔抽出预埋管,便形成了预留在混凝土中的孔道。其适用于直线形孔道。

(2)预埋型是在浇筑混凝土前预埋金属波纹管(或塑料波纹管),在浇筑混凝土后不再拔出而永久留在混凝土中,便形成了预留孔道。其适用于各种线形孔道。设置于混凝土中的刚性或半刚性管道不应有漏浆现象,且应具有足够的强度和刚度,应能在浇筑混凝土重力的作用下保持原有的形状,并能按要求传递黏结应力。

金属波纹管的性能和质量应符合《预应力混凝土用金属波纹管》(JG 225—2007)的规定;塑料波纹管的制作材料、性能和质量应符合《预应力混凝土桥梁用塑料波纹管》(JT/T 529—2016)的规定。

管道应按批进行检验。金属波纹管每批应由同一钢带生产厂生产的同一批钢带所制造的产品组成,累计半年或 50 000 m 生产量为一批,不足半年产量或 50 000 m 也作为一批的,则取产量最多的规格;塑料波纹管每批应由同一配方、同一生产工艺、同设备稳定连续生产的产品组成,每批数量应不超过 10 000 m。

检验时应先进行外观质量的检验,合格后再进行其他指标的检验。当其他指标中有不合格项时,应取双倍数量的试件对该不合格项进行复验;复验仍不合格的,则该批产品为不合格。

波纹管在搬运时应采用非金属绳捆扎,或采用专用框架装载,不得抛摔或在地面上拖拉。波纹管在存放时应远离热源及可能遭受各种腐蚀性气体、介质影响的地方,存放时间不宜超过 6 个月,在室外存放时不得直接堆在地面上,应支垫并遮盖。

四、预应力设备

(一)预应力张拉设备

预应力张拉设备由高压油泵、千斤顶、油压表和油管组成。由电动高压油泵提供动力,推动千斤顶完成对预应力筋的张拉、锚固作业。

1. 千斤顶

预应力筋的张拉宜采用穿心式双作用千斤顶。张拉千斤顶的额定张拉力宜为所需张拉力的 1.5 倍,且不得小于 1.2 倍。张拉千斤顶应与锚具产品配套使用。各种锚具与适用的张拉千斤顶,需要时可查各生产厂家的产品目录。

图 3-5-13 所示为是常用的 YCQ 型千斤顶。其特点是不顶锚,用限位板代替顶压器。限位板的作用是在钢绞线束张拉过程中限制工作锚夹片的外伸长度,以保证在锚固时夹片有均匀一致和所期望的内缩值。YCQ 型千斤顶的构造简单、造价低、操作方便,但要求锚具的自锚性能可靠。在每次张拉到控制油压值或需要将钢绞线锚住时,只要打开截止阀,钢绞线即随之被锚固。

图 3-5-14 所示为是前置内卡式千斤顶,它是将工具锚安装在千斤顶前部的一种穿心式千斤顶,这种千斤顶的优点

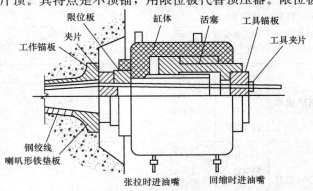

图 3-5-13　YCQ 型千斤顶

是节约预应力钢材，使用方便、效率高。前置内卡式千斤顶广泛应用于张拉单根钢绞线或7ϕ5钢丝束。

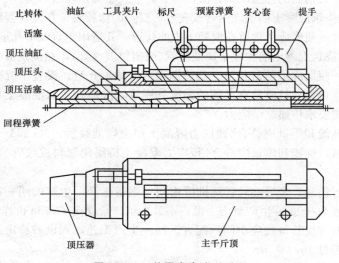

图 3-5-14 前置内卡式千斤顶

各种锚具必须配置相应的张拉设备，同时有各自适用的张拉千斤顶。目前国内常用的千斤顶设备如表 3-5-1 所示。

表 3-5-1 国产常用锚具配套千斤顶设备

锚具型号	千斤顶型号	主要技术参数与结构特点				
		张拉力/kN	张拉行程/mm	穿心孔径/mm	外形尺寸/mm	特点
LM 锚具（螺纹锚）	YC60 YC60 A	600	150 2 200	55	ϕ195×765	适宜于配有专门锚具的钢丝束与钢绞线束
GZM 锚具（锥形锚）	YZ85 (YC60 A)	850	250~600		ϕ326×(840~1 190)	适用于 ϕ5、ϕ7 钢丝束
DM 锚具（镦头锚）	YC60 A YC100 YC200	1 000 2 000	200 400	65 104	ϕ243×830 ϕ320×1 520	
BM 锚具（扁锚）	QYC230 YCQ25 YC200 D YCL22	238 250 255 220	150~200 150~200 200 100	18 18 31 25	ϕ160×565 ϕ110×400 ϕ116×387 ϕ100×500	属前卡式，将工具锚移至前端靠近工作锚
XM 锚具	YCD1200 YCD2000 (YCT、YCW 等)	1 450 2 200	180 180	128 160	ϕ315×489 ϕ398×489	前端设顶压器，夹片属顶压锚固
QM 锚具	YCQ100 YCD200 (YCL、YCW 等)	1 000 2 000	150 150	90 130	ϕ258×440 ϕ340×458	前端设限位板，夹片属无顶压锚固

续表

锚具型号	千斤顶型号	主要技术参数与结构特点				
		张拉力/kN	张拉行程/mm	穿心孔径/mm	外形尺寸/mm	特点
QVM锚具	YCW100 YCW150 YCW250 (YCL、 YCW等)	1 000 1 500 2 500	150 150 150	90 130 140	$\phi250\times480$ $\phi310\times510$ $\phi380\times491$	前端设限位板， 夹片属无顶压锚固

2. 高压油泵

预应力高压油泵是预应力液压机具的动力源。油泵的额定油压和流量，必须满足配套机具的要求。大部分预应力液压千斤顶等液压机具，都要求油压在 50 MPa 以上，流量较小，能够连续供高压油，供油稳定，操作方便。

图 3-5-15 所示为 ZB4-500 型电动油泵。其由泵体、控制阀、油箱小车和电气设备等组成。ZB4-500 型电动油泵是目前通用的预应力油泵，主要与额定压力不大于 50 N/mm 的中等吨位的预应力千斤顶配套使用，也可供对流量无特殊要求的大吨位千斤顶和对油泵自重无特殊要求的小吨位千斤顶使用，还可供液压镦头用。

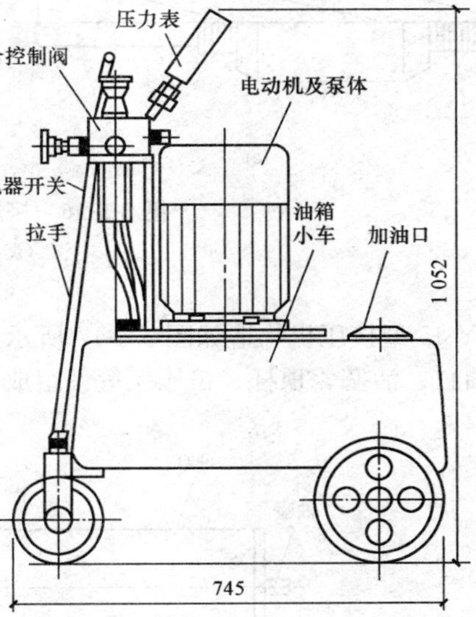

图 3-5-15　ZB4-500 型电动油泵(尺寸单位：mm)

3. 张拉设备校验

由于每台千斤顶液压配合面实际尺寸和表面粗糙度不同，所以密封圈和防尘圈松紧程度不同，造成千斤顶内摩擦阻力不同，而且摩阻力随油压高低、使用时间的变化而改变。所以，千斤顶要和工程中使用的油压表、油管等一起进行配套标定。标定应在经国家授权的法定计量技术机构定期进行，标定时千斤顶活塞的运行方向应与实际张拉工作状态一致。校验用的标准仪器可选用材料试验机或压力(拉力)传感器。该标准仪器的精度不得低于 1%，压力表的精度不宜低于 15 级，最大量程不宜小于设备额定张拉力的 1.3 倍。当处于下列情况之一时，应该进行标定：

(1)新千斤顶初次使用前。
(2)使用时间超过 6 个月。
(3)张拉次数超过 300 次。
(4)使用过程中千斤顶或油压表出现异常情况。
(5)千斤顶、油压表和油管进行过更换或维修。

(二)固定端锚具制作设备

预应力筋固定端，即不需在此端进行预应力张拉，所以设计者将此端埋入混凝土中，也可以称为埋入端；也有的固定端放在构件外部，最后再进行防护处理，进行二次浇筑。放在构件外的固定端形式，也可以选用张拉端锚具作固定端，如钢绞线或钢丝束用的夹片式锚具。固定端锚具制作设备主要有挤压机、压花机和镦头器等。

1. 挤压机

挤压式固定端的锚具，是将套在预应力筋上的异形钢丝衬套和挤压元件，按图 3-5-16(a)所示顺序安装，向油缸供高压油后，顶杆将挤压元件、钢绞线一起推入挤压模锥孔中，由于模孔小端直径小于挤压元件外径尺寸，使挤压元件牢牢地压缩在预应力筋上的异形钢丝衬套内，内侧锋利刃卡住预应力筋，外侧刃嵌入挤压元件，制成锚固性能非常可靠的挤压式锚具，如图 3-5-16(b)所示。此挤压形式也用于预应力筋连接器中锚固头的制作。

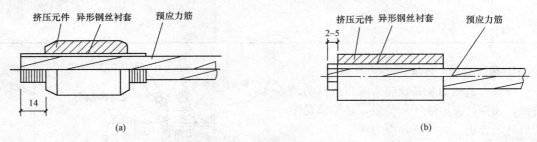

图 3-5-16 挤压锚构造图(尺寸单位：mm)
(a)挤压前；(b)挤压后

JY-45 型挤压机构造如图 3-5-17 所示。其适用于制作预应力钢绞线和钢丝束的挤压锚，主要由油缸、活塞、顶杆、挤压模等件组成。

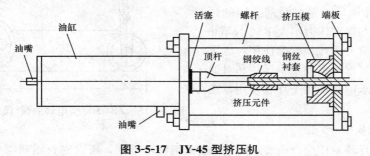

图 3-5-17 JY-45 型挤压机

2. 压花机

压花锚具是将预应力筋采用压花机压成梨花状后埋入混凝土中，构成固定端，如图 3-5-18 所示。

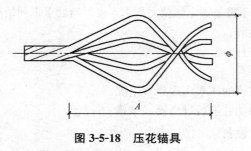

图 3-5-18 压花锚具

压花机的构造如图 3-5-19 所示。将要压花的钢绞线插入活塞杆端部孔内，操作夹紧把手将钢绞线夹紧后，向油缸中供压力油使活塞杆伸出，当压力足够大时，将钢绞线压成梨状。

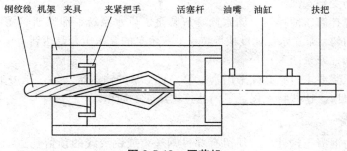

图 3-5-19 压花机

3. 镦头器

镦头器是锚固高强度钢丝束的锚具形式之一。其固定端锚具如图 3-5-20 所示，在每根钢丝端部，用液压镦头器将其镦粗成大半圆形，钢丝的拉力由承压板承担，这样形成的钢丝束为预应力筋的镦头锚固定端。

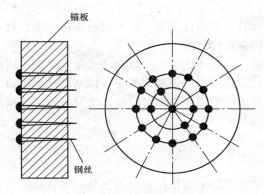

图 3-5-20 固定端墩头锚

高强度钢丝镦头器根据工作状态可分为液压式镦头器和机械式镦头器。液压式镦头器体积小、质量轻、操作方便、镦头质量稳定。图 3-5-21 所示为 LD300 型钢丝液压镦头器。

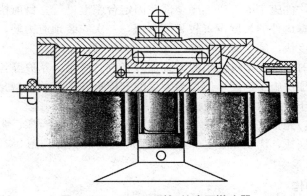

图 3-5-21 LD300 型钢丝液压墩头器

(三)压浆设备

构件经过张拉施加预应力后，立即灌压水泥浆，以使钢筋束（钢绞线）在孔道中与混凝土结为一体，防止钢筋受到气蚀。

压浆设备由搅拌筒、搅拌器、储浆筒、灰浆泵、供水系统、泄浆机构等组成，具有水胶比级配准确、拌和均匀、泵送水泥速度快等特点。灰浆泵的泵送压力要达到 0.6～6 MPa，常用的压浆设备有螺杆泵和柱塞泵两种。

有真空辅助压浆要求时，必须采用真空泵。真空泵的输送量均匀，压力平稳，无空气渗入，且停止输送后可保压。这些特点保证了匀速连续压浆的质量。

(四)制孔设备

后张法预应力混凝土构件，必须留有穿过钢丝束或钢绞线的预留孔道，一般采用接缝质量好、耐压、抗渗、生产效率高的壁厚在 0.25～0.5 mm 范围内的波纹管。金属波纹管可以在施工现场采用专门的卷管机来卷制。

金属波纹管是用薄钢带经卷管机压波后卷成，其质量轻，纵向弯曲性能好，径向刚度较大，连接方便，与混凝土黏结良好，与预应力钢筋的摩阻系数也小，是后张法预应力混凝土构件一种较理想的制孔器。

(五)穿索机

在桥梁悬臂施工和尺寸较大的构件中，一般采用后穿法穿束。对于长束预应力钢筋，采用人工穿束十分吃力，故采用穿索(束)机。

穿索(束)机有两种类型：一是液压式，二是电动式。桥梁中多用前者。它一般采用单根钢绞线穿入，穿束时应在钢绞线前端套一子弹形帽子，以减小穿束阻力。穿索机由电动机带动链板，钢绞线置于链板上，并用四个与托轮相对应的压紧轮压紧，则钢绞线就可借链板的转动向前穿入构件的预留孔中。

五、先张法施工

先张法的制梁工艺是浇筑混凝土前张拉预应力钢筋，将其临时锚固在张拉台座上，然后立模浇筑梁体混凝土，待梁体混凝土达到规定的强度(不低于设计强度的 90%)时，逐渐将预应力筋放松，这样就因预应力筋的弹性回缩使其与混凝土之间的建立黏结力，使混凝土获得预加压应力。

先张法构件的预制可采用台座法和流水机组法两种。

采用台座法时，构件施工的各道工序全部在固定台座上进行。目前桥梁施工中普遍采用台座长线预制法，即根据构件的长度设置较长的台座，一次安装预应力筋，同时完成多片构件的制作。该方法施工速度快，施工安全可靠。

采用流水机组法时，钢模架按流水的方式通过张拉、浇筑、养护等各个固定机组完成每道工序。流水机组法可加快施工速度，但需要大量的钢模板和较高的机械化施工程度，且需要配合蒸汽养护，因此用于工厂内预制定型构件。

当采用台座法时，先张法施工的主要工作过程包括建造张拉台座、张拉预应力筋、绑扎钢筋骨架、假设混凝土模板、浇筑混凝土、养护、预应力筋放张等。图 3-5-22 所示为先张法预应力施工工艺流程。

(一)张拉台座制作

台座是先张法施工中主要的设备之一，其承受较大的张拉力的作用，要求具有足够的强度、刚度和稳定性，防止在张拉过程中产生倾覆、滑移和破裂。

台座按构造类型的不同，可分为墩式台座、槽式台座、构架式台座等类型。其中墩式台座和槽式台座较为常用。对构件台面要求高的还应设计滑动台面。

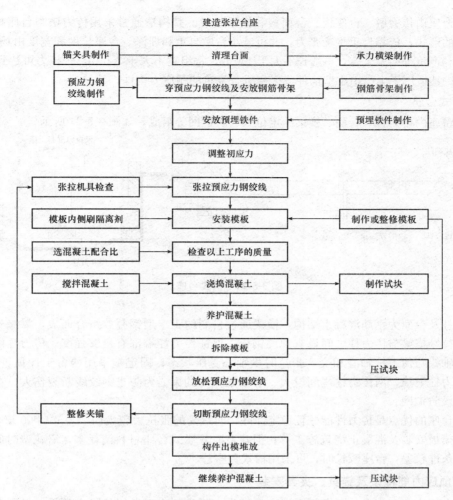

图 3-5-22 先张法预应力施工工艺流程

1. 墩式台座

墩式台座是依靠自重和土压力来平衡张拉力所产生的倾覆力矩，并依靠土壤的反力和摩擦力抵抗水平位移。在地质条件良好、台座张拉线较长的情况下，采用墩式台座（如图 3-5-23 所示）可节约大量混凝土。

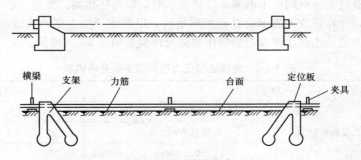

图 3-5-23 墩式台座

墩式台座由传力墩、台座板、台面板和横梁组成。其构造通常采用传力墩与台座板、台面共同受力的形式，依靠自重平衡张力，并可减小台墩自重和埋深。台座长度和宽度由场地大小、构件类型和产量等因素确定，一般长不大于150 m，每组宽不大于2.0 m，张拉力可达到1 000～2 000 kN。其适用于生产中小型构件或多层重叠浇筑的预应力构件。

2. 槽式台座

槽式台座由传力柱、台面、横梁、定位板、防护网等组成，如图3-5-24所示。

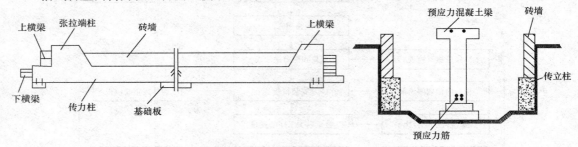

图3-5-24　槽式台座

传力柱及台面为钢筋混凝土结构，横梁通过自制的工字型钢叠放组合而成，翼缘外设定位钢板；张拉端横梁与传力柱之间设有预埋钢板，保证传力柱端部有足够强度；传力柱端部横梁上定位孔轴线与传力柱轴心相交，张拉时呈轴心受压状态；固定端采用两台千斤顶进行放张。为避免传力柱失稳，两传力柱之间设大、小系梁作为约束。为防止钢绞线断裂伤人，在张拉及锚固端均设防护网。

槽式台座的优点是传力性能好且稳定性好，能承受的张拉力较大(1 000～4 000 kN)，其形式有利于模板安装及混凝土浇筑施工等；但建造时较墩式台座材料消耗多，需花费时间长。当现场地质条件较差，台座较长时，可采用槽式台座。

(二)预应力筋铺设及锚具、夹具安装

预应力筋应在台面上的隔离剂干燥之后铺设，隔离剂应有良好的隔离效果，又不会损害混凝土与钢筋的黏结力。如果预应力筋遭受污染，应使用适当的溶剂加以清刷干净。隔离剂若被雨水冲掉，应进行补涂。

下料前，应计算好钢绞线的长度，即张拉后的长度应满足锚具的安全剩余长度。下料结束后，需穿放保护钢绞线预应力的PVC管，PVC管的长度和位置应符合设计要求，不得更改。钢绞线与精轧螺纹钢筋的连接锚固必须安全可靠，钢绞线间距应符合设计要求，如因精轧螺纹钢与钢绞线的连接器过大导致间距不能满足设计要求时，应将连接器位置错开。

长线生产时，应在预应力筋下放置保护层垫块，以防止预应力筋垂直挠度过大，影响保护层的厚度和预应力值。先张法预应力筋制作安装允许偏差如表3-5-2所示。

表3-5-2　先张法预应力筋制作安装允许偏差　　　　　　　　mm

项目		允许偏差
墩头钢丝同束长度相对差	束长>20 m	L/5 000及5
	束长6～20 m	L/3 000
	束长<6 m	2
冷拉钢筋接头在同一平面的轴线偏位		2及1/10
力筋张拉后的位置与设计位置之间的偏位		4‰构件最短边长及5

(三)预应力筋张拉

预应力筋的张拉工作是预应力施工中的关键工序,为确保施工质量,预应力筋的张拉应严格按设计要求进行。预应力筋张拉时,应采取安全措施,以防止钢丝拉断或滑脱时伤人。

1. 张拉控制应力

预应力筋张拉控制应力的大小直接影响预应力效果,以及构件的抗裂度和刚度,因而控制应力不能过低。当然,控制应力也不能过高,否则会使构件出现裂缝的荷载与破坏荷载很接近。在破坏前没有明显的预兆,这是很危险的;同样,超张拉过大,使钢筋的应力值超过屈服点从而产生塑性变形,这将影响预应力值的准确性和张拉工艺的安全性;另外,控制应力较大造成构件反拱过大或预拉区出现裂缝也是不利的。对于预应力钢丝、钢绞线或螺纹钢筋最大控制应力一般不得超过 $0.75f_{ptk}$。

当符合下列情况之一时,张拉控制应力上限值可提高 $0.05f_{ptk}$:
(1)要求提高构件在施工阶段的抗裂性能而在使用阶段受压区内设置的预应力钢筋。
(2)要求部分抵消由于应力松弛、摩擦、钢筋分批张拉以及预应力钢筋与张拉台座之间的温差等因素产生的预应力损失。

2. 张拉程序

张拉前应检查千斤顶与底板中心是否对齐,如未对齐,必须进行调整。初拉时,可采用前卡式千斤顶左右对称逐根张拉,将钢绞线张拉到张拉应力的 10%,使每根钢绞线张拉力相同,然后再进行群拉。如需要超张拉的,张拉力与伸长量满足设计要求后,上紧螺母,再进行超张拉,超张拉时必须将张拉力控制在 105%,持荷 5 min,再用千斤顶回复。

预应力筋可根据台座采用单根张拉和多根整批张拉。先张法预应力筋张拉程序如表 3-5-3 所示。

表 3-5-3 先张法预应力筋张拉程序

预应力筋种类		张拉程序
钢筋		0→初应力→$1.05\sigma_{con}$(持荷 2 min)→$0.9\sigma_{con}$→σ_{con}(锚固)
钢丝、钢绞线	夹片式等具有自锚性能的锚具	普通松弛力筋:0→初应力→$1.03\sigma_{con}$(锚固)
		低松弛力筋:0→初应力→σ_{con}(持荷 2 min 锚固)
	其他锚具	0→初应力→$1.05\sigma_{con}$(持荷 2 min)→0→σ_{con}(锚固)

注:1. 表中 σ_{con} 为张拉时的控制应力值,包括预应力损失。
2. 超张拉值不应超过前述最大张拉应力限值的规定。
3. 张拉螺纹钢筋时,应在超张拉并持荷 5 min 后放张至 $0.9\sigma_{con}$ 时,再安装模板、普通钢筋及预埋件等。

3. 预应力值的校核

张拉时对应力进行"双控",即张拉力控制和伸长值控制。预应力钢筋的张拉力,一般用伸长值校核。实测伸长值与理论伸长值的差值与理论伸长值相比在±6%之间(考虑钢筋弹性模量变化所允许的范围)时,表明张拉后建立的预应力值满足设计要求,超过这个范围应检查原因重新张拉。也可以采用钢丝内力测定仪直接检测预应力筋的预应力值来对张拉结果进行校核。

先张法的实际伸长值的测量,宜在初应力约为 10%时开始,在横梁板、承力架、锚固板处的预应力筋上记上标志,或度量穿心式千斤顶的张拉缸行程。张拉距离再加上初应力前的推算伸长值,便是实际伸长值;对后张法,还应扣除混凝土在张拉过程中的弹性压缩值。

4. 张拉操作要点

先张法预应力筋张拉的操作要点如表 3-5-4 所示。

表 3-5-4　先张法预应力筋张拉的操作要点

项目	操作要点
气温	在气温低于 5 ℃的环境下，不宜制作预应力混凝土构件
模板	(1)要求模板不变形、不漏浆、拆装方便； (2)作为支承张拉力的模外张拉的侧板或底板，应有足够的刚度； (3)用地坪台面作底板时，安装模板应避开伸缩缝，如必须跨压伸缩缝时，宜用薄钢板垫铺，以备放张时滑动； (4)槽形板胎模的圆角要光滑，端部横肋斜度应大于 1：1.5
预应力筋	(1)预应力筋上的油污，应用棉纱头或抹布抹除； (2)在张拉至 95% σ_{con} 时，可进行预埋件、箍筋等的校正工作； (3)长线生产时，应在预应力筋下放置保护层垫块
设备及仪表	(1)应由专人使用，定期维护和校验； (2)用于长线生产的张拉机，其测力误差不得大于 3%，每 3 个月校验一次； (3)用于短线生产的油泵、压力表、千斤顶等，每半年校验一次； (4)已磨蚀较大的锚夹具，应立即更换，不宜勉强使用； (5)张拉前应进行一次检查，保证钢丝绳无破损，千斤顶无泄漏，滑轮组润滑良好； (6)用横梁成组张拉时，注意力点应均匀对称；注意横梁、千斤顶、拉力架等应稳定
张拉	(1)应将张拉参数(张拉力、油压表值、伸长值等)写在牌上，供操作人员掌握； (2)冷拔钢丝及冷轧钢丝(筋)采用一次张拉，施工张拉值可适当提高，但不宜超过 0.05σ_{con}； (3)多根钢筋成组张拉时，先将各根钢筋调整至松紧程度相同，并在张拉至 5%～10%时检查，保证初应力一致；在钢筋或张拉杆上记上标志，作为伸长值的起点，以供检查； (4)分批张拉时，先张拉靠近台座截面重心部位的筋，避免台座重心受力过大； (5)如对冷拔低碳钢丝作折线张拉时，应在两端张拉，并在钢丝弯折处装设定位滚筒，减少摩擦损失； (6)预应力筋如有拉断或滑脱，应予更换
锚固	(1)张拉完成后，持荷 2～3 min，待预应力值稳定后，方可锚固； (2)锚固时，顶塞圆锥形锚塞、齿板、夹片时，不宜突然用力，以免用力过猛发生撞击；拧螺母时，注意使压力表维持在控制张拉力的读数上； (3)长线生产中，冷轧钢丝(筋)在锚固后仍有滑移，滑移值超过 5 mm 时，应重新进行张拉； (4)预应力值应满足规范要求； (5)对于张拉工艺的各项数值，应按规定填写记录

张拉时，预应力筋的断丝数量不得超过表 3-5-5 的规定。

表 3-5-5　先张法预应力筋断丝限制

预应力筋种类	检查项目	控制数
钢丝、钢绞线	同一构件内断丝数不得超过钢丝总数的百分比	1%
螺纹钢筋	断筋	不容许

预应力筋张拉完毕后,其位置与设计位置的偏差应不大于 5 mm,同时不应大于构件最短边长的 4%,且宜在 4 h 内浇筑混凝土。

(四)混凝土浇筑

预应力筋张拉结束后,为了防止出现滑丝现象造成伤人事故,一般在 8 h 后方可进行构造钢筋绑扎、安装预埋件。经验收合格后,可进行混凝土浇筑。浇筑时应注意以下内容:

(1)按照混凝土施工操作要点进行操作。

(2)如用人工操作,必须反铲下料;如用翻斗车、吊斗下料,应注意铺料均匀;如构件上面有构造网片的,不宜用翻斗车、吊斗直接下料,避免压弯网片。

(3)根据构件种类,采用适当的振捣设备,梁、柱宜用插入式振动器;肋梁宜用附着式振动器;小梁、板肋宜用剑式振动器;板类宜用平板式振动器;短线模外张拉的构件,宜用振动台。

(4)振捣工作要求边角密实饱满,特别是两端必须密实饱满。

(5)振捣时,振动棒严禁触动预应力筋。

(6)每一条长线台座的构件,宜在一个台班内全部完成。

(7)长线生产应连续进行至整条生产线完成。如必须间歇,间歇后生产的这个构件必须在前一个构件初凝前将浇筑、抹面等工作全部做完。否则应间隔 24 h 以上方可继续。如气温低于 20 ℃,则更应多延长时间间隔。

(8)预制构件表面应原浆抹平或拉纹,不得洒水或撒干水泥粉。

(五)预应力筋放张

预应力筋放张时构件混凝土的强度和弹性模量(或龄期)应符合设计规定。当设计未规定时,混凝土的强度应不低于设计强度等级值的 80%,弹性模量应不低于混凝土 28 d 弹性模量的 80%。

预应力筋的放张顺序应符合设计要求。当设计未规定时,应分阶段、对称、相互交错地放张,防止构件突然受到较大预加力造成梁端的开裂。在力筋放张之前,应将限制位移的侧模、翼缘模板或内模板拆除,以免限制构件的弹性滑移。

常用的放张方法有螺杆放张法、千斤顶放张法、砂箱放张法、楔形垫放张法、预热放张法。

1. 螺杆放张法

螺杆放张装置由螺杆、钢横梁、承力架等组成,如图 3-5-25 所示。承力架通过螺杆固定在台座的横梁上,预应力钢丝用夹具锚固在承力架上。混凝土强度等级达到要求时,由两人用大扳手将两个螺母同时缓慢拧松,然后剪断钢丝。螺杆放张方法可用于小构件。

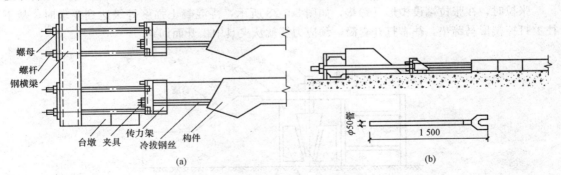

图 3-5-25 螺杆放张示意(尺寸单位:mm)

(a)螺杆放松装置;(b)放松扳手

2. 千斤顶放张法

凡采用千斤顶成批张拉的预应力筋,仍然可采用千斤顶整批放张,如图 3-5-26 所示,该法是目前最常用的放张方式。与张拉时的布置一样,将预应力筋张拉到接近控制应力时拧松工具丝杠上的螺母,并留出放张后回缩的距离,然后徐徐回油,预应力筋徐徐回缩。放张的关键是"慢",否则构件跨中上部易出现竖向裂缝。

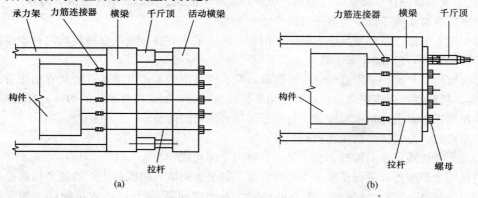

图 3-5-26 千斤顶放张示意
(a)千斤顶整根张拉放张示意;(b)千斤顶单根张拉放张示意

3. 砂箱放张法

砂箱放张预应力钢丝的装置由砂箱、螺杆、横梁、承力架四部分组成,如图 3-5-27 所示。砂箱内预先装入干燥而洁净的砂,装砂量约为砂箱容积的 2/3。钢丝张拉完毕后,由于预应力作用,将砂压紧。混凝土强度等级达到要求时,打开砂箱出砂口,砂子在压力作用下缓慢往外流出,砂箱中的活塞逐渐套入套筒内,钢丝就得到放张。这种方法比较安全、可靠,设备构造简单,操作方便。劳动强度较轻。但砂箱放张时,放张速度应注意尽量一致,以免构件受扭损伤。

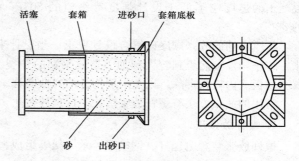

图 3-5-27 砂箱放张示意

4. 楔形垫放张法

张拉时,在张拉端设楔形马蹄垫,如图 3-5-28 所示,待混凝土强度等级达到要求时,从下往上打掉楔形马蹄垫,往右打开套筒,预应力筋就从夹具中松开而回缩。

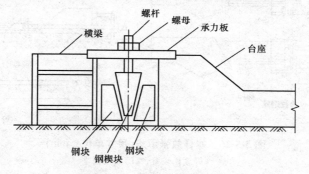

图 3-5-28 楔形垫块放张示意

5. 预热放张法

可采用氧乙炔焰轮流烘烤，随着温度的不断升高，强度逐渐降低，烘烤部位产生局部伸长，然后熔割切断。此法可用于其他方法无法放张的特殊情况。

放张完毕后，需要进行断筋操作，断筋时的注意事项如下：

(1)钢丝及小钢筋，可用断线钳剪断，不得用反复弯曲的方法扭断。

(2)钢筋可在放张后再用乙炔割断。

(3)对于任何钢筋、钢丝，均不得用电弧烧断。

(4)钢丝剪断后的外露长度应符合设计规定，设计无规定时，不得大于100 mm。

(六)先张法预应力混凝土质量检验及验收要点

1. 预应力筋

主要检验预应力筋的等级、抗拉强度与伸长率，以及预应力筋的数量、位置和张拉控制应力。

预应力筋进场时，应按现行国家标准《预应力混凝土用钢绞线》(GB/T 5224—2014)等的规定抽取试件做力学性能检验，其质量必须符合有关标准的规定。

使用预应力筋前，应进行外观检查，其质量应符合下列要求：有黏结预应力筋展开后应平顺，不得有弯折，表面不应有裂纹、小刺、机械损伤、氧化薄钢板和油污等。

在张拉过程中应避免预应力筋断裂或滑脱。对先张法预应力构件，在浇筑混凝土前发生断裂或滑脱的预应力筋必须予以更换。

预应力筋的张拉力、张拉或放张顺序及张拉工艺应符合设计与施工技术方案的要求，并应符合下列规定：

(1)当施工需要超张拉时，最大张拉应力不应大于现行国家标准《混凝土结构设计规范(2015年版)》(GB 50010—2010)的规定。

(2)张拉工艺应能保证同一束中各根预应力筋的应力均匀一致。

(3)先张法预应力筋放张时，宜缓慢放松锚固装置，使各根预应力筋同时缓慢放张。

(4)当采用应力控制方法张拉时，应校核预应力筋的伸长值。实际伸长值与设计计算理论伸长值的相对允许偏差为±6%。

(5)预应力筋张拉锚固后实际建立的预应力值与工程设计规定检验值的相对允许偏差为±5%。

2. 混凝土

检验内容包括混凝土标准养护28 d的强度，放张时及构件出厂(场)时的强度。

预应力筋张拉或放张时，混凝土强度应符合设计要求；当设计无具体要求时，不应低于设计混凝土立方体抗压强度标准值的75%。

3. 外观检查

检查构件表面的露筋、裂缝、蜂窝及麻面等缺陷的情况；放张预应力筋时钢筋(丝)的内缩量；构件各部分的尺寸偏差。

预应力筋张拉后与设计位置的偏差不得大于5 mm，且不得大于构件截面短边边长的4%。

4. 构件结构性能

检验构件的强度、刚度、抗裂度或裂缝宽度和反拱度。构件的结构性能检验采用短期静力加载的方法。

构件在生产过程中进行检验的项目，如对预应力筋张拉机具设备及仪表，应定期维护和校验。水泥、砂、石材及外加剂的质量检验，混凝土配合比设计，混凝土坍落度的测定值等都应详细记录，整理存档备查。模板的偏差必须符合设计及规范规定的要求。预应力筋用锚具、夹具和连接器的质量检验应满足要求。

六、后张法施工

后张法制梁的步骤是先制作留有预应力孔道的梁体，待其混凝土强度达到规定的强度等级后，在孔道内穿入预应力筋进行张拉锚固，最后进行孔道压浆并浇筑梁端封锚混凝土。

后张法施工工艺较先张法施工工艺复杂，包括预留孔道、穿筋、孔道压浆等工序；且构件上耗用的锚具和预埋件等增加了构件的用钢量和制作成本。但后张法构件不需要强大的张拉台座，便于现场预制，且适于根据构件的内力变化布置曲线形预应力筋，因此得到广泛的应用。图 3-5-29 所示为后张法预应力施工工艺流程。

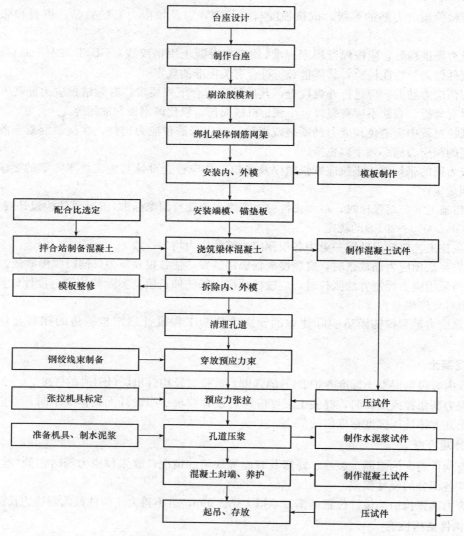

图 3-5-29 后张法预应力施工工艺流程

（一）预应力孔道的安装

预应力筋管道的尺寸与位置应正确，定位后的管道应平顺且与锚垫板垂直，锚垫板应垂直于孔道中心线。管道和接头应有足够的密封性,以确保浇筑时不渗漏和抽真空时不漏气。

管道应采用定位钢筋固定安装,使其能牢固地置于模板内的设计位置,并在混凝土浇筑期间不产生位移。固定各种成孔管道用的定位钢筋的间距:钢管管道不宜大于 1 m,波纹管管道不宜大于 0.8 m,胶管管道不宜大于 0.5 m,曲线管道和扁平波纹管管道应适当加密。

金属管道接头处的连接管宜采用大一个直径级别的同类管道,其长度宜为被连接管道内径的 5~7 倍。连接时应不使接头处产生角度变化及在混凝土浇筑期间发生管道的转动或移位,并应缠裹紧密防止水泥浆的渗入。塑料波纹管应采用专用焊接机进行焊接或采用具有密封性能的塑料连接器连接。

所有管道均应设压浆孔,还应在最高点设排气孔及需要时在最低点设排水孔。压浆管、排气管和排水管应是最小内径为 20 mm 的标准管或适宜的塑性管,与管道之间的连接应采用金属或塑料结构扣件,长度应足以从管道引出结构物以外。

管道在模板内安装完毕后,应采取可靠措施,防止水或其他杂物进入管道。

后张法预应力管道安装允许偏差如表 3-5-6 所示。

表 3-5-6 后张法预应力管道安装允许偏差

项目		允许偏差/mm
管道坐标	梁长方向	30
	梁高方向	10
管道间距	同排	10
	上下层	10

(二)穿预应力束

当梁体混凝土达到设计张拉强度等级(不小于 90% 的设计强度等级)时,方可穿束张拉。穿束前用空压机等吹风方法清理孔道内的污物和积水,以确保孔道畅通。穿束可采用人工穿束或用穿束机进行。

后张法预应力混凝土构件的预应力筋可在浇筑混凝土之前或之后穿入管道,但采用蒸汽养护时,在养护完成之前不应安装力筋。穿束前,应检查锚垫板和孔道,锚垫板应位置准确,孔道内应畅通、无水和其他杂物。钢绞线应编束后整体装入管道中。

预应力筋可在浇筑混凝土之前或之后穿入管道,穿束前应检查锚垫板和孔道,锚垫板应位置准确,孔道内应畅通,无水和其他杂物。

预应力筋安装后的保护:对在混凝土浇筑及养护之前安装在管道中但在表 3-5-7 的规定时限内没有压浆的预应力筋,应采取防止锈蚀或其他防腐蚀的措施。

表 3-5-7 未采取防腐蚀措施的力筋在安装后至压浆时的容许间隔时间

曝露条件	安装后至压浆时的容许间隔时间
空气湿度大于 70% 或盐分过大时	7 d
空气湿度为 40%~70% 时	15 d
空气湿度小于 40% 时	20 d

在预应力筋安装在管道中后,管道端部开口应密封以防止湿气进入。当采用蒸汽养护时,在养护完成之前不应安装预应力筋。

在任何情况下,当在安装有预应力筋的构件附近进行电焊时,均应对全部预应力筋、管道和附属构件进行保护，防止溅上焊渣或造成其他损坏。

对在混凝土浇筑之前穿束的管道，预应力筋安装完成后，应进行全面检查，以检查出可能被损坏的管道。在混凝土浇筑之前，必须将管道上一切非有意留的孔、开口或损坏之处修复，并在浇筑混凝土前后，应检查预应力筋能否在管道内自由滑动。

(三)预应力筋张拉

1. 张拉程序

预应力筋张拉程序主要根据构件类型、张锚体系、松弛损失取值等因素确定，如表 3-5-8 所示。

表 3-5-8 后张法预应力筋张拉程序

预应力筋		张拉程序
钢筋、钢筋束		0→初应力→1.05σ_{con}(持荷 2 min)→σ_{con}(锚固)
钢绞线束	对于夹片式等具有自锚性能的锚具	普通松弛力筋 0→初应力→1.03σ_{con}(锚固) 低松弛力筋 0→初应力→σ_{con}(持荷 2 min 锚固)
	其他锚具	0→初应力→1.05σ_{con}(持荷 2 min)→σ_{con}(锚固)
钢丝束	对于夹片式等具有自锚性能的锚具	普通松弛力筋 0→初应力→1.03σ_{con}(锚固) 低松弛力筋 0→初应力→σ_{con}(持荷 2 min 锚固)
	其他锚具	0→初应力→1.05σ_{con}(持荷 2 min)→σ_{con}(锚固)
精压螺纹钢筋	直线配筋时	0→初应力→1.03σ_{con}(持荷 2 min 锚固)
	曲线配筋时	0→σ_{con}(持荷 2 min)→0(上述程序可反复几次)→初应力→σ_{con}(持荷 2 min 锚固)

注：1. 表中 σ_{con} 为张拉控制应力值，包括预应力损失。
2. 两端同时张拉时，两端千斤顶工作步骤应一致。
3. 梁的竖向预应力筋可一次张拉至控制应力，持荷 5 min 后测伸长值和锚固。
4. 超张拉应力不应超过规定的应力限值。

2. 张拉方式

预应力筋的张拉顺序，应使结构及构件受力均匀、同步，不产生扭转、侧弯，不应使混凝土产生超应力，不应使其他构件产生过大的附加内力及变形等。因此，无论对结构整体，还是对单个构件，都应遵循同步、对称张拉的原则。另外，安排张拉顺序还应考虑到尽量减少张拉设备的移动次数。张拉顺序应根据设计计算书与设计图确定。

施加预应力的方式很多，除常用的一端张拉、两端张拉、对称张拉、超张拉等外，还有分批张拉、分段张拉、分阶段张拉、补偿张拉等。这些张拉方式的采用，事先都应有明确的计划、准备，以便逐步实施。

(1)一端张拉工艺。一端张拉工艺就是将张拉设备放置在预应力筋一端的张拉形式，主要用于埋入式固定端、分段施工采用固定式连接器连接的预应力筋和其他可以满足一端张拉要求的预应力筋。该工艺适用于长度≤30 m 的直线预应力筋与锚固损失影响长度 $L_f ≥ L/2$(L 为预应力筋长度)的曲线相应力筋。

为了克服孔道摩擦力的影响，使预应力筋的应力得以均匀传递，采用反复张拉 2~3 次的方法，可达到较好的效果。一端张拉工艺过程可以是分级张拉一次锚固，也可以是分级张拉分级锚固。

(2)两端张拉工艺。两端张拉工艺是将张拉设备同时布置在预应力筋两端同时同步张拉的施工工艺。其适用于较长的预应力筋束。原则上讲，两端张拉应同时同步进行，但当张拉设备数量不足或由于张拉顺序安排关系，也可以先在一端张拉完成后，再移至另一端补足张拉力后锚固。该工艺适用于长度大于 30 m 的直线预应力筋与锚固损失影响长度 $L_f<L/2$ 的曲线预应力筋。对一端张拉完成后,另一端损失值不大,再补张另一端时,出现张拉力达到要求而伸长值没有增加的情况时,应考虑采用两端同步张拉工艺。出现这种情况是因为夹片式锚具锚固揳紧后,若要重新打开夹片,必须同时克服夹片与锚环锥孔的揳紧摩擦力和预应力筋中的锚固力,方能重新打开夹片,此时预应力筋中张拉力才与油表显示值一致。

(3)分级张拉一次锚固。油泵供油给千斤顶张拉油缸,按五级加载过程依次上升油压,分级方式为 20%、40%、60%、80%、100%,每级加载均应量测伸长值,并随时检查伸长值与理论值的偏差。

张拉到规定油压后,持荷复检伸长值,合格后,实施锚固。对钢丝束锥形锚具,持荷后实施顶压锚固工艺,然后卸载锚固;对钢丝束镦头锚具,通过专用工具拧紧螺母后,千斤顶卸载锚固;对钢绞线束夹片式群锚体系(如 QM 体系),千斤顶卸载即可锚固,也可顶压后卸载锚固(如 XM 体系)。

(4)分级张拉分级锚固。预应力筋张拉用液压千斤顶的张拉行程一般为 150~200 mm,对较长的预应力筋束(一般当预应力筋长度大于 25 m 时),其张拉伸长值会超过千斤顶的一次全行程,必须分级张拉分级锚固。对超长预应力筋束(如大跨径桥梁、电视塔等结构),其张拉伸长值甚至可达到千斤顶行程的数倍,必须经过多次张拉多次锚固,才能达到最终张拉力和伸长值。

分级张拉分级锚固应根据计算伸长值,将张拉过程分成若干次,每次均实施一轮张拉锚固工艺,每一轮的初始油压即上一轮的最终油压,每一轮的拉力差值应取相同值,以便控制,一直到最终油压值锚固。

3. 张拉设备的选用和校验

根据构件特点、所有预应力筋及锚夹具的类型、张拉力大小等,选择合适的张拉设备,主要是选择张拉设备的吨位、行程、压力表的规格等。预应力筋的张拉力一般为设备额定张拉力的 50%~80%,预应力筋的一次张拉伸长值不应超过设备的最大张拉行程。当一次张拉不足时,可采用分级重复张拉的方法,但所用的锚具与夹具应适应重复张拉的要求。

将选用的张拉设备包括油压千斤顶、高压油泵和油压表,编号配套进行校验。在校验时,最好将与控制张拉力和超张拉力相应的油压表读数校验出来,以便张拉时直接掌握。

对所用的油压千斤顶、高压油泵和油压表、连接管路等要试车进行检查,如发现有漏油和不正常的情况,要查明原因,及时排除。当使用紫铜管连接千斤顶与油泵时,要注意检查在弯曲处有无裂纹,喇叭口是否完整无损,如发现问题,应修理完好后才能使用。

4. 构件检查

施加预应力前,应对混凝土构件进行检验,外观和尺寸应符合质量标准要求;张拉时,构件混凝土的强度、弹性模量(或龄期)应符合设计规定;当设计未规定时,混凝土强度应不低于设计值强度等级值的 80%,弹性模量不低于混凝土 28 d 弹性模量的 80%。

预应力筋穿入孔道前,应检查其品种、规格、长度和有关的对焊、冷拉记录及机械性能试验报告。

所用锚夹具应按其质量标准要求进行检验(或核对有关的检验记录),并进行外观检查,是否有裂缝、变形或损伤等情况,检查合格后,要用煤油或汽油擦净油污和脏物,与预应力筋配套堆放,不能混杂。

5. 张拉应力控制

(1)预应力筋的张拉控制应力应符合设计要求。当施工中预应力筋需要超张拉或计入锚圈口预应力损失时,可比设计要求提高 5%,但在任何情况下不得超过设计规定的最大张拉控制应力。

(2)应采用双控的方式。预应力筋采用应力控制方法张拉时,应以伸长值进行校核,实际伸长值与理论伸长值的差值应符合设计要求。当设计无规定时,实际伸长值与理论伸长值的差值应控制在6%以内,否则应暂停张拉,待查明原因并采取措施予以调整后,方可继续张拉。

(3)预应力筋的理论伸长值 $\Delta L_{理}$ 可按下式计算:

$$\Delta L_{理} = \frac{P_P L}{A_P E_P} \quad (3-5-1)$$

式中 P_P——预应力筋的平均张拉力(N),直线筋取张拉端的拉力,两端张拉的曲线筋计算方法见《公路桥涵施工技术规范》(JTG/T F50—2011)附录C1;

L——预应力筋的长度(mm);

A_P——预应力筋的截面面积(mm^2);

E_P——预应力筋的弹性模量(N/mm^2)。

(4)预应力筋张拉时,应先调整到初应力。该初应力宜为张拉控制应力 σ_{con} 的10%~15%,伸长值应从初应力时开始量测。预应力筋的实际伸长值除量测的伸长值外,必须加上初应力以下的推算伸长值。对后张法构件,在张拉过程中产生的弹性压缩值一般可省略。

预应力筋张拉的实际伸长值 ΔL 可按下式计算:

$$\Delta L = \Delta L_1 + \Delta L_2 \quad (3-5-2)$$

式中 ΔL_1——从初应力至最大张拉应力间的实测伸长值(mm);

ΔL_2——初应力以下的推算伸长值(mm),可采用相邻级的伸长值。

(四)预应力筋锚固

1. 锚固要求

预应力筋要求张拉控制应力达到稳定后方可锚固,对夹片式锚具,锚固后夹片顶面应平齐,其相互之间的错位不宜大于2 mm,且露出锚具外的高度不应大于4 mm。锚固完毕并经检验确认合格后,方可切割端头多余的预应力筋,切割时应采用砂轮锯,严禁采用电弧切割,同时不得损伤锚具。

切割后预应力筋的外露长度不应小于30 mm,且不应小于1.5倍钢筋直径。锚具应采用混凝土保护,并应采取防止锈蚀的措施。

2. 内缩值

锚固阶段张拉端预应力筋的内缩量,应不大于设计规定或不大于表3-5-9所列的容许值。

表3-5-9 锚具变形、预应力筋回缩和接缝压缩容许值　　　　mm

锚具、接缝类型		变形形式	容许值 ΔL
钢制锥形锚具		预应力筋回缩、锚具变形	6
夹片式锚具	有预压时	预应力筋回缩、锚具变形	4
	无预压时		6
粗钢筋锚具(用于螺纹钢筋)		预应力筋回缩、锚具变形	1
每块后加垫板的缝隙		缝隙压密	1
水泥砂浆接缝		缝隙压密	1
缝隙压密		缝隙压密	1

3. 断丝与滑丝

断丝与滑丝是预应力筋张拉时常见的问题,一般发生在顶锚以后。后张预应力筋断丝及滑丝不超过表3-5-10的控制数。

表 3-5-10 后张预应力筋断丝、滑丝限制

类别	检查项目	控制数
钢丝束和钢绞线束	每束钢丝断丝或滑丝	1 根
	每束钢绞线断丝或滑丝	1 丝
	每个断面断丝之和不超过该断面钢丝总数的	1%
螺纹钢筋	断筋或滑移	不允许

注：1. 钢绞线断丝是指单根钢绞线内钢丝的断丝。
  2. 超过表列控制数时，原则上应更换，当不能更换时，在许可的条件下，可采取补救措施，如提高其他束预应力值，但须满足设计上各阶段极限状态的要求。

(五)孔道压浆

在后张法预应力混凝土结构中，为了防止预应力钢筋锈蚀，使预应力钢筋与梁体混凝土结合为一个整体，减轻锚具的负担，在张拉预应力筋后，应在 48 h 内向预应力筋孔道中压注水泥浆，否则应采取避免预应力筋锈蚀的措施。

1. 水泥浆性能指标

后张法预应力孔道宜采用专用压浆料或专用压浆剂配制的浆液进行压浆。所用原材料如水泥、外加剂、矿粉和膨胀剂等应符合《公路桥涵施工技术规范》(JTG/T F50—2011)和相关国家规范的规定。采用压浆材料配制的浆液，其性能应符合表 3-5-11 的规定。

表 3-5-11 后张法预应力孔道压浆浆液性能指标

项目		性能指标	检验试验方法标准
水胶比/%		0.26~0.28	《水泥标准稠度用水量、凝结时间、安定性检验方法》(GB/T 1346—2011)
凝结时间/h	初凝	≥5	
	终凝	≤24	
流动度(25 ℃)/s	初始流动度	10~17	《公路桥涵施工技术规范》(JTG/T F50—2011)
	30 min 流动度	10~20	
	60 min 流动度	10~25	
泌水率/%	24 h 自由泌水度	0	《公路桥涵施工技术规范》(JTG/T F50—2011)附录 C5
	3 h 钢丝间泌水率	0	
压力泌水率/%	0.22 MPa (孔道垂直高度≤1.8 m 时)	≤2.0	《公路桥涵施工技术规范》(JTG/T F50—2011)附录 C6
	0.36 MPa (孔道垂直高度>1.8 m 时)	0~2	
自由膨胀率/%	3 h	0~2	《公路桥涵施工技术规范》(JTG/T F50—2011)附录 C4
	24 h	0~3	
充盈度		合格	《公路桥涵施工技术规范》(JTG/T F50—2011)附录 C7

2. 孔道压浆工艺

压浆方法可分为普通压浆和真空辅助压浆两种方法。普通压浆是采用灰浆泵将拌制好的水

泥浆以 0.5～0.8 MPa 的压力直接压入孔道中；真空辅助压浆是先采用真空泵抽吸预应力孔道中的空气，使孔道达到负压 0.1 MPa 左右的真空度，然后在孔道的另一端用压浆机以大于或等于 0.7 MPa 的正压力压入预应力孔道。

普通压浆一般适用于较短的管道；真空辅助压浆一般适用于超长管道，以及压浆难度较大的 50 m 以上的曲线管道或 80 m 以上的直线管道。

3. 压浆质量控制

预应力孔道灌浆前的质量控制主要包括以下几个方面：

(1)制订孔道灌浆分项的施工方案并报批，批准后的施工方案作为施工人员在操作时遵照执行和监理质量监控的依据。施工方案应包括工程概况、灌浆料的配合比及灌浆材料、灌浆设备、灌浆工艺、质量控制、安全措施等。

(2)灌浆材料的选用。可采用 JM－HF 预应力孔道专用灌浆剂。灌浆用的水采用较清洁的水，不得含有对水泥或预应力钢材有害的物质，首选自来水；如无条件使用自来水时，也可使用河水、地下水、湖塘水等，但须保证清洁，不含氯离子成分。

(3)控制材料的总用量，保证质量。宜计算整个工程的水泥砂浆用量及各组成材料的用量，作为备料的依据和用料的控制，各组成材料的用量取决于水泥砂浆用量，故只需计算水泥砂浆用量。水泥的净用量＝(预留孔道截面面积－预应力钢材的截面面积)×孔道长度。

(4)对灌浆施工人员宜进行岗前培训，使他们掌握技术要点和操作规程，并应能熟练操作。

灌浆施工中的质量控制是主动控制，对灌浆质量控制起关键性作用。施工中的质量控制主要包括以下几个方面：

①现场灌浆试验。根据具体环境，应确定最合适的水胶比，同时要复核水泥砂浆的主要性能指标。

②经过岗前培训合格的熟练工应严格按灌浆方案和施工规范施工。施工中遇到异常情况时应及时处理，并做好记录。

③在曲线预应力孔道的最低处宜留设灌浆口，最高处孔道末端应留设排气(浆)口，水泥砂浆由最低处灌浆口灌入孔道，按照水泥浆的行程顺序封堵排气口，注意排气口全部封堵后的持压时间和持压压力必须满足规定要求。

④控制水泥浆的制浆时间及由制浆到灌浆结束的整个时间。灌注前，必须对水泥浆不停地搅拌。

⑤如遇孔道堵塞时，适当增大保压压力、延长保压时间后，更换灌浆口，按灌浆要求继续灌浆。

⑥在灌浆过程中，不允许出现中断的情况，必须一次性不间断地灌完一根孔道，若遇特殊情况不得已停断，必须对储浆罐中的浆液不停地搅动(人工或机械搅动)。

⑦断电时，用手动压浆泵完成机械压浆未完成的工作，如手动泵压力不够或现场无手动压力泵，则应用清水冲洗掉已灌进孔道中的水泥浆。

⑧断水时储浆罐中仍有多余的水泥砂浆时，可采用水泥砂浆自身循环法防止水泥砂浆的流动度损失，否则废弃不再使用。

(六)后张法预应力混凝土质量检验及验收要点

1. 材料、设备及制作

(1)预应力筋、锚具、波纹管、水泥、外加剂等主要材料的分批出厂合格证，进场检测报告，预应力筋、锚具的见证取样检测报告等。

(2)张拉设备、固定端制作设备等主要设备的进场验收、标定。

(3)预应力筋制作交底文件及制作记录文件。

2. 预应力筋及孔道布置

(1)孔道定位点高程是否符合设计要求。
(2)孔道是否顺直、过渡平滑,连接部位是否封闭,能否防止漏浆。
(3)孔道是否有破损、是否封闭。
(4)孔道固定是否牢固,连接配件是否到位。
(5)张拉端、锚固端安装是否正确、固定可靠。
(6)自检、隐检记录是否完整。

3. 混凝土浇筑

(1)是否派专人监督混凝土浇筑过程。
(2)张拉端、固定端处的混凝土是否够密实。
(3)是否能保证管道线形不变,保证管道不被损伤。
(4)混凝土浇筑完成后是否派专人用清孔器检查孔道或抽动孔道内的预应力筋。

4. 预应力筋张拉

(1)张拉设备是否完好。
(2)张拉力值是否准确。
(3)伸长值是否在规定范围内。
(4)张拉记录是否完整、清楚。

5. 孔道灌浆

(1)设备是否正常运转。
(2)水泥浆配合比是否准确,计量是否精确。
(3)记录是否完整。
(4)试块是否按班组制作。

学习任务

绘制思维导图,以预应力工程为中心词汇归纳预应力结构认知、材料、锚具、设备、预应力施加方式。

绘制思维导图,以先张法施工为中心词汇归纳施工流程及各步骤的要点。

绘制思维导图,以后张法施工为中心词汇归纳施工流程及各步骤的要点。

支架的种类与构造

模板的种类与构造

碗扣式支架施工

箱梁模板施工

钢筋的连接

钢筋下料长度的计算

混凝土施工要点

预应力混凝土概述

先张法预应力施工

后张法预应力施工

预应力锚固体系

项目四 钢筋混凝土简支板梁桥施工

📖 项目描述

整体式钢筋混凝土板桥多采用固定支架整体现浇施工,其施工工艺简单,不需要大型起吊运输设备,这种施工方法多见于低等级公路野外旱地施工。本项目以钢筋混凝土简支板梁桥上部构造施工为重点内容,旨在让学生在领会钢筋混凝土简支板梁桥上部结构设计意图、明确工程内容、掌握工程特点的基础上,通过编制施工技术方案正确选择合适的方法,按照《公路桥涵施工技术规范》(JTG/T F50—2011)和《公路工程质量检验评定标准 第一册 土建工程》(JTG F80/1—2017)的相关规定进行钢筋混凝土简支板梁桥上部结构施工,培养学生桥梁施工的职业能力。

📖 项目任务

本项目包括复核支架上现浇实心板施工设计图、制订支架上现浇实心板施工技术方案、支架上现浇实心板施工、现浇板工程质量检验评定4个任务。

📖 项目目标

通过对本项目的学习,能根据施工图纸和设计要求,正确组织开展钢筋混凝土板的整体现浇施工并进行质量控制及质量验收。

任务一 复核支架上现浇实心板施工设计图

※任务描述

复核施工设计图纸是进行施工的首要工作,只有明白设计意图、设计要求,才能正确地开展施工。通过本任务的学习,学生能复核现浇实心板施工设计图、工程量,能准确理解设计意图与要求,参加工地设计技术交底会议。

一、工程介绍

姜家庄桥全长为42.88 m,桥梁上部结构为3孔10 m现浇钢筋混凝土简支实心板,斜交角度为0°。采用桥面连续,全桥三孔一联,共一联,桥面设3‰纵坡,横向坡度行车道为2.0%,双向横坡由墩台帽顶设置横坡调整,两边设防撞护栏。下部结构为重力式墩台身,浅基础,设计荷载为公路—Ⅱ级,桥梁宽度为净7.5 m+2×0.5 m。

二、施工设计图

所附图纸依次为姜家庄桥桥型整体布置图、实心板钢筋构造图和一般构造图,如图4-1-1至图4-1-3所示。

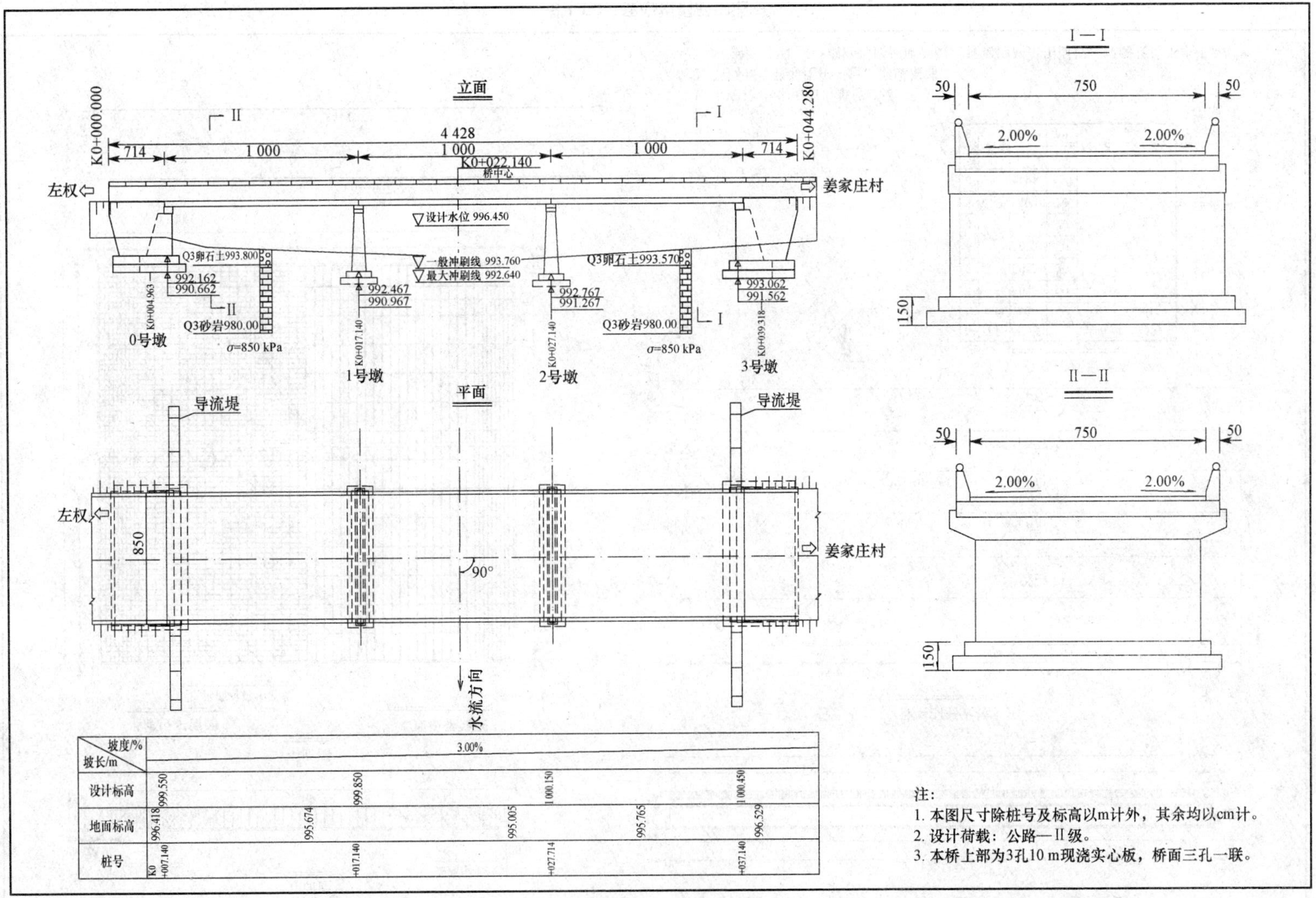

注：

1. 本图尺寸除桩号及标高以m计外，其余均以cm计。
2. 设计荷载：公路—II级。
3. 本桥上部为3孔10 m现浇实心板，桥面三孔一联。

图 4-1-1　桥型整体布置图

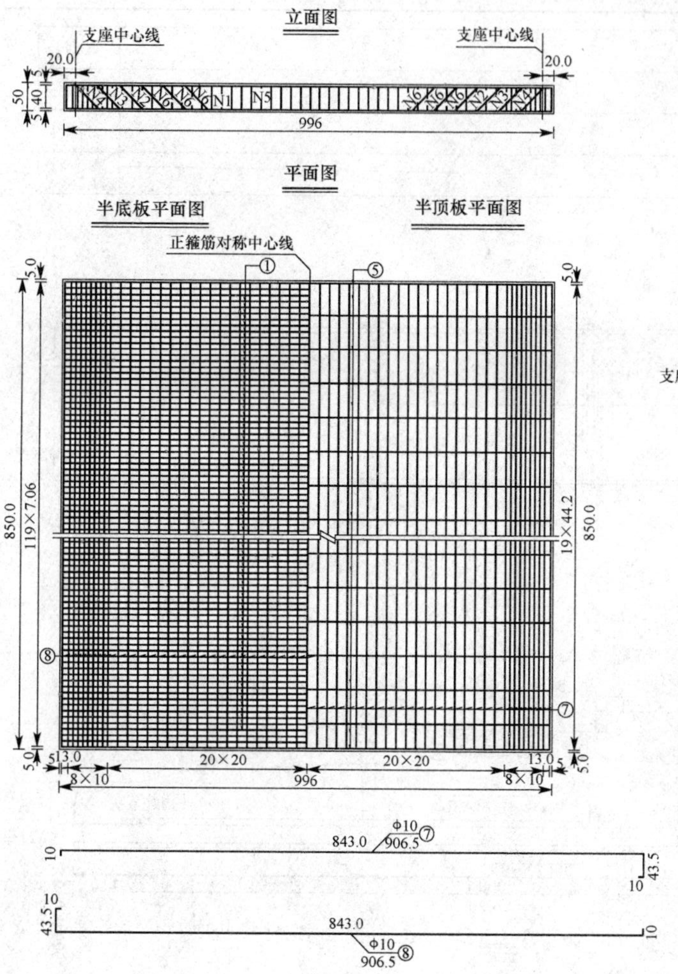

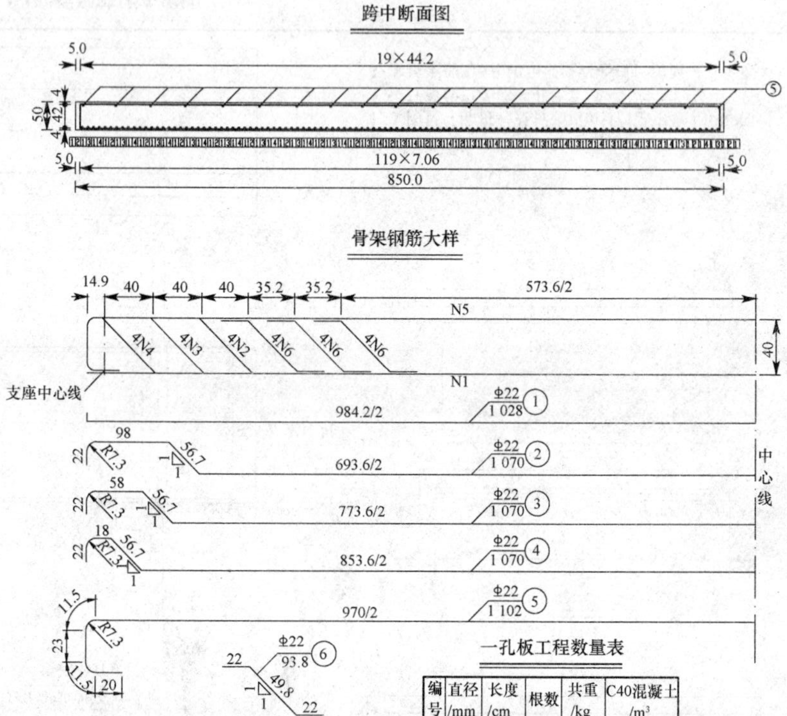

一孔板工程数量表

编号	直径/mm	长度/cm	根数	共重/kg	C40混凝土/m³
1	Φ22	1 028.0	60	4 743.4	42.3
2		1 070.0	20		
3		1 070.0	20		
4		1 070.0	20		
5		1 102.0	20		
6		93.8	120		
7	Φ10	906.5	59	660.0	
8		906.5	59		

注：
1. 本图尺寸均以cm为单位。
2. 7号和8号筋绑扎在一起，形成箍筋。
3. N6钢筋与N1、N5钢筋焊接形成骨架，骨架钢筋采用面焊，焊缝长度不小于5d。

图 4-1-2　实心板钢筋构造图

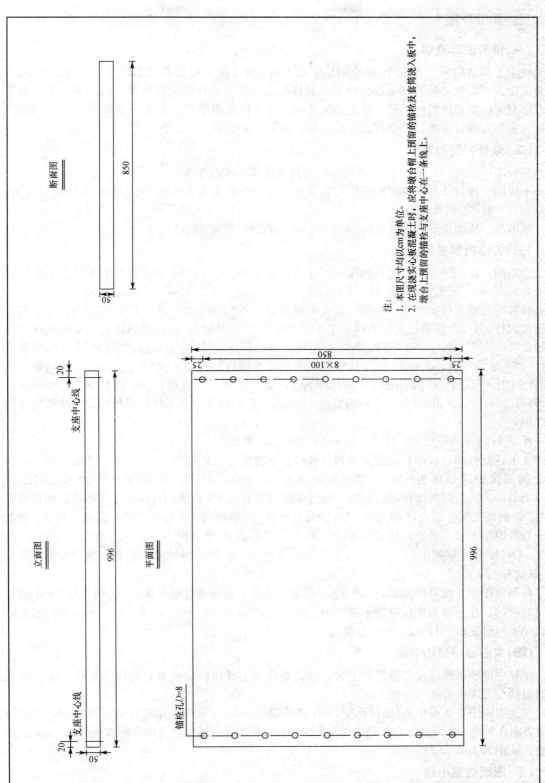

图 4-1-3　一般构造图

三、图纸复核

(一)查看设计说明

桥梁上部结构为 3 孔 10 m 现浇钢筋混凝土简支实心板,桥梁总宽为净 7.5 m+2×0.5 m,斜交角度为 0°,实心板两端头部分设置抗震锚栓,浇筑实心板时应注意预埋防撞墙钢筋,浇筑墩台帽时要注意预埋锚栓钢筋,位置必须准确。排水横坡由墩(台)帽上设置横坡形成,现浇实心板时应先安放好支座,严格控制支座高程,避免支座脱空。

(二)查看桥型布置图

立面图:三跨,10 m 一跨,桥跨结构为简支体系,桥面连续。

平面图:桥轴线与水流方向正交,斜交角为 0°。桥面宽为 8.5 m,左右桥台两侧设导流堤。从左到右,有 3% 的纵坡。

侧面图:桥面净宽为净 7.5 m+2×0.5 m,有双向 2% 的横坡。

(三)实心板钢筋构造图

立面图:在一跨上,现浇板的现浇尺寸为:长 9.96 m,高 0.5 m。其中上下混凝土保护层厚度为 0.05 m,支座中心距梁端 0.2 m。

看骨架钢筋大样图中第一个图,板底主筋有 N1、N2、N3、N4 筋。其中 N2、N3、N4 筋为主筋弯起抗剪;N1 筋通过支点截面。比照跨中断面图可以得到,它们之间位置关系为从板边缘开始是"N1、N2、N1、N3、N1、N4"的循环布置,间距为 7.06 cm,一个这样的循环布置有 5 个 7.06 cm 的间距,正好有 20 个这样的循环,20 个循环之间又形成 19 个 7.06 cm 的间距,共 119 个间距。所以,N1 筋有 20×3=60(根);N2 筋有 20×1=20(根);N3 筋有 20×1=20(根);N4 筋有 20×1=20(根),共 120 根钢筋(N1~N4),它们的直径、下料长度及加工形状和尺寸见大样图。

此处 119×7.06+5×2=850.14(cm)≠850 cm,但合理,需予以说明。

在上述复核图过程中,我们还得到:板的上下边保护层厚度为 4 cm,与立面图中"5"不符;两个侧面保护层厚度为 5 cm;现浇板跨度为 850 cm;板顶设 N5 钢筋,有 20 根,间距为 44.2 cm;N6 筋为焊接增设的斜钢筋,此处不能直接看出 N6 钢筋的具体位置,即是焊在哪根钢筋与 N5 钢筋之间?结合注释说明,N6 钢筋是焊在 N1 钢筋与 N5 钢筋之间,但是一根 N1 筋上左、右各焊接三根 N6 筋,还是一根 N1 筋上左、右各焊接一根 N6 筋不能确定。另外 4N2、4N3、4N4 和 4N6 钢筋中"4"是什么含义?如果是一根 N1 筋上焊接左、右各一根 N6 筋,那么 N6 筋就有 120 根。

在平面图中,注释中给出 N7 和 N8 号钢筋绑扎在一起形成箍筋,那么 N7 钢筋与 N8 钢筋是一一对应的。在一半的底板钢筋平面图中,N8 筋间距信息为:1×13+8×10+20×20,那么应该有 (2+9-1+21-1)×2-1=59(根)。

(四)实心板一般构造图

注释中说明,现浇实心板混凝土时,应将墩台帽上预留的锚栓及套筒浇入板中。墩台上预留的锚栓与支座中心在一条线上。

在立面图中,支座中心(锚栓孔中心)距离梁端 20 cm。平面图中锚栓孔直径为 8 cm,沿板的宽度方向在板端 20 cm 处左右各设一排 9 个锚栓孔,板侧最外端锚栓孔中心距离板侧 25 cm,9 个锚栓孔间距为 100 cm。

(五)图纸信息小结

通过查阅桥型布置、钢筋构造图和一般构造图,得到了该现浇实心板桥的施工设计信息,板中共有 8 种钢筋构造信息,对应的我们将要加工出 8 种半成品钢筋构件来施工板的钢筋骨架,其中 N6 钢筋信息不全;骨架的混凝土保护层信息没有给出板端部信息,上下保护层信息有出入;针对图纸信息不全不准的情况,以项目部为单位提交设计代表,为开工前的技术交底做准备。

 学习任务

给学生一套实心板施工图纸,学生能自主完成图纸复核。

任务二 制订支架上现浇实心板施工技术方案

※任务描述

施工技术方案是项目工程部向监理方申请分项分部工程开工的核心资料,同时也是指导施工员进行施工的重要资料。通过本任务的学习,学生能掌握现浇实心板施工技术方案内容、要求与编制方法;掌握现浇实心板施工场地布置、施工机械机具、材料检验、配合比等准备工作内容。能按照要求编制现浇实心板施工技术方案;能进行施工场地布置、施工机械机具、材料试验、配合比等准备工作。

一、编制依据

(1)现浇实心板相关施工图设计文件。
(2)施工单位对施工图审查复核及现场核对报审资料,施工现场踏勘调查资料;施工单位现有技术力量及历年积累的成熟施工技术、科技成果、施工和方法。
(3)项目部制定的总体施工组织设计。
(4)现浇实心板工程所在合同段的招标投标文件、施工合同文件和有关补充协议书等技术文件资料。
(5)《公路桥涵施工技术规范》(JTG/T F50—2011)、《公路工程质量检验评定标准 第一册 土建工程》(JTG F80/1—2017)。

二、编制原则

(1)严格遵守合同条款或上级下达的施工期限,保质、保量、保安全、按期完成施工任务。
(2)科学合理地安排施工程序,在保证质量的基础上,尽可能缩短工期,加快施工进度。
(3)统筹全局,保证重点,合理安排计划,组织平行作业和立体交叉作业。
(4)采用先进的施工方法和技术,不断提高施工机械化,预制装配化,减轻劳动强度,提高劳动生产率。
(5)做好人力、物力的综合平衡。
(6)精打细算,因地制宜,充分利用已有设施,尽量减少临时工程,节约用地,降低工程成本,提高经济效益。
(7)合理安排施工现场,确保施工安全,实现文明施工。

三、编制内容

(一)工程概况

××桥需要进行现浇梁板的施工。交角为50°,其上部结构采用钢筋混凝土整体现浇实心板,满堂支架施工。桥梁宽度,全幅××m宽度。

(二)施工准备

1. 支架的设计与验算

该桥跨河槽,直观办法是在河槽内设围堰或者是筑岛,然后再考虑搭支架。这样不仅不经济,还耗费工期。如果我们结合当地实际情况,经过水文调查,合理安排工期,将支架现浇施工选择在枯水季节,就可能在河槽少水或没水的季节进行支架施工。

现浇实心板施工的支架多选用梁式支架,实际中多以钢管和工字钢作为支撑体系。它们的型号尺寸要根据施工临时总荷载来定,施工临时荷载常以模板、钢筋骨架、浇筑混凝土总重的1.2倍,按照规范要求进行强度、刚度和稳定性验算。

2. 场地处理

场地处理主要包括要搭设支架地面的平整、硬化,当遇到软基或者是地基的承载力不足时还要进行地基加固。另外,还要考虑有供混凝土罐车、汽车式起重机等通行的施工便道,且施工便道要保持畅通。

3. 人员机械准备

施工中涉及管理人员、质检人员、试验人员、测量人员、施工技术员、领工员,以及支架工、模板工、钢筋工、电焊工、混凝土浇筑振捣工等。其中,支架工、模板工、钢筋工、混凝土浇筑振捣工具体班组数,要与施工进度计划相结合,具体可以参看施工组织设计,如果进度要快些,一般考虑两个施工班组交替作业。

施工机械设备主要有发电机、汽车式起重机、钢筋切断机、调直机、除锈剂、电焊机、混凝土罐车、插入式振捣器、胶合板、钢管、工字钢、方木等。

4. 材料准备

施工前要做好钢筋、水泥、砂、碎石等原材料的抽检、存放及混凝土的配合比设计工作。

5. 施工测量

开工前的施工测量工作内容如下:

(1)建立高程控制网和平面位置控制网。

(2)对交工的台帽、墩帽、支座垫石顶面高程和预留锚栓位置等进行复核,同时找出实心板的位置中线。

(3)以墩台位置轴线放出要浇筑实心板的中线和边线位置,并在地面撒石灰线标记,注意轴线位置偏差要满足规范要求。

(4)以实心板的位置线为参考,根据支架验算设计图放出钢管支柱的位置中心,打桩标记。

6. 开工申请

将签有相关负责人名字的原材料抽检试验结果、混凝土配合比设计书、施工控制网及原始位置测量放样结果等材料和施工技术方案附在一起递交监理工程师即可申请开工。

(三)施工方法和施工要点

1. 施工工艺流程

现浇梁板施工的主要工序为:梁板模板支架地基的场地压实和平整→搭设模板支架→安装

梁板底模和外侧模→绑扎梁板底板钢筋→绑扎梁板顶板钢筋→模板形位质量检查、定位、加固→灌注梁板混凝土并进行养护→拆除模板、整理、保养。

2. 支架拼装

本桥拟采用碗扣式支架，支架的搭设顺序是：在压实平整后的地基上面设垫木→设置立杆底座→装配立杆→对接上层立杆→继续安设纵横水平杆→安装上托座→设置底模纵横檩→调整标高铺设模板。搭设时应注意：支架下的垫木必须与地面接触充分、平稳；立杆可调底座（下托座），通过螺杆上的调节螺母使底座板全部顶垫木顶面，并确保碗扣标高一致，使横杆之间的水平偏差小于 $L/400$。各立杆顶端可调托撑（上托座）必须全部顶紧底模纵檩，并避免立杆接头处于同一水平面上；各立杆要垂直，其垂直偏差应小于 $h/500$。

3. 预压处理

对预压压重应认真称量、计算，对砂的含水量的变化、称量应对天气情况进行记录，由专人负责。如雨水多，砂的含水量变化在 0%～6%。为了保证预压吨位的准确性和加载不发生突变，预压时准备防雨材料布等以避免进行中雨水过大荷载过多。

压重所有材料应提前准备至方便起吊运输的地方。

在加载过程中，要严格按加载程序，要详细记录加载时间、吨位、位置，测量要全过程跟踪观测。未经观测不能加载下一级荷载。每完成一级加载应暂停一段时间，进行测量，并对整个模板、支架进行检查，发现异常情况停止加载，及时分析，采取相应措施。

观测过程要贯穿于支架预压全过程，在此过程要统一组织，统一指挥。

4. 安装模板

梁板模板具有足够的刚度，模板平面与梁板设计曲率一致。钢模板每次使用时将与混凝土接触面上的锈迹清除干净。不得采用有腐蚀作用的机油、肥皂水、洗衣粉等材料代替脱模剂，严格控制断面尺寸。

模板安装采用起重机起吊就位，先安装底模，调整标高，绑扎钢筋的同时安装侧模和端模。模板的标高调整和卸落采用支架的活动顶托。模板的支撑应该牢固，对拉螺杆宜采用塑料套管，以便取出拉杆，不得用气割将拉杆割断。

5. 绑扎制作实心板钢筋骨架

钢筋的力学性能应符合《钢筋混凝土用钢　第 2 部分：热轧带肋钢筋》(GB/T 1499.2—2018)和《钢筋混凝土用钢　第 1 部分：热轧光圆钢筋》(GB/T 1499.1—2017)的规定。对运到工地的钢筋须按规定进行检查，合格后方可使用。

施工中必须按照设计图纸尺寸进行钢筋的下料、弯制，弯制好的钢筋应分类、编号、整齐有序地按规定堆放。

对绑扎或焊接的钢筋接头，与钢筋弯曲处相距不应小于 10 倍主筋直径，也不宜位于最大弯矩处。入模的钢筋，经检查满足设计要求，并由监理工程师确认后方可进行下一步工作。

6. 混凝土拌制、运输及浇筑

混凝土拌制前须对各种衡器进行认真检查，使其在工作中保持灵敏、准确的良好状态。混凝土的级配通过配合比必须经技术员负责人签发，任何人不得随意变更。所有材料须分别堆放，并按级配要求分级称重，其质量误差不小于±2%。混凝土拌和均匀，严格控制拌和程序和时间，对掺有外加剂或外掺剂的混凝土搅拌时间适当延长 1～2 min。

混凝土采用混凝土搅拌输送车运输。工作中须注意：搅拌车在装第一车混凝土前应向滚筒内加水滚动，再将水倾出，以使滚筒、叶片湿润，以免吸浆。搅拌车在运输过程中，滚筒应以 2～4 r/min 慢速滚动，出料前要快速转动 1 min，以确保证混凝土的和易性。

灌注混凝土前应对支架、模板、钢筋、预埋件等进行认真检查，凿除施工缝处前层混凝土表层水泥浆的松弱层，并清除模板内的积水和杂物，对可能有吸水的部位，须预先进行喷水湿润；同时还要预先检查输送管道、弯管配备数量，管道支撑要牢固。

7. 混凝土振捣和养护

入模后的混凝土须及时振捣，本桥采用插入式振捣为主、平板式振捣为辅的方式。插入的振捣棒应垂直或略有倾斜，振捣时间要适当，一般控制在 30 s 左右为宜。插入振捣的间距一般不超过其作用半径的 1.5 倍，振捣棒不得碰撞模板和钢筋，灌注顶板混凝土时，对平板振动器的移动间距，应与已振部分重叠 10 cm 左右为宜。

8. 拆模、拆支架

模板、支架的拆除必须待钢筋混凝土梁板达到设计强度 90% 后方可拆架，拆除前须报请监理工程师批准。为保证本桥钢筋混凝土梁板安全地卸落支架，卸落的程序是纵向从跨中向支点方向逐步进行，横向同时依次均衡、缓慢卸落。

卸落模板、支架时，须有专人观察检查，发现异常情况应立即停止工作，待查明原因，作出应急措施后，方可继续卸落。在卸落模板支架时，卸落量要小，循环分层进行，禁止猛敲强扭。自上而下，按模板、支架结构的组合，依次拆除。拆卸的模板、配件不得随意抛落，必须抬、吊缓放，以确保安全。

拆卸后的模板、支架，必须及时清除灰浆、污垢，维修整理，分类存放，妥善保管，防止变形。修补过的板面要平整、牢固、缝隙紧密、螺杆的丝牙光洁、顺畅，并按要求涂刷保护漆、脱模剂或润滑剂等。

（四）质量及安全保证措施和保证体系

结合行业生产要求，对施工中容易出现质量、安全问题的环节进行控制的方法、组织机构设置等进行说明阐述，此处可以套用其他具体工程案例模板。

（五）环保措施

结合行业生产要求，对施工中容易出现环境污染破坏、不文明问题的环节进行控制的方法、组织机构设置等进行说明阐述，此处也可以套用其他具体工程案例模板。

1. 施工准备阶段

（1）施工临时用地规划、布置应充分考虑环境保护的要求，全面规划、合理布局、统筹安排建设用地，堆料场远离饮用水源地、水井、河、渠、池塘等地表水体。混凝土拌合场、预制场、机械加工点尽量远离居民集中点，并采取适当的防范和隔离措施。

（2）加强施工管理，尽最大可能保护红线外施工沿线的地表植被、土地和沿线生态环境。

（3）为避免机械设备碾压农田、破坏林地和地表植被，应对机械、车辆行驶车道及范围做标识和划定，禁止车辆随意在划定范围外有地上覆盖物的地面穿行。对已经被车辆碾压破坏的地表应及时植草覆盖，确保场地内无裸露表土。

（4）做好施工便道和施工场地的防护工作，保护自然景观，减少水土流失。新修便道尽量少占耕地、少砍伐树木、少破坏植被，最大限度地减轻对自然景观的破坏。

（5）在工地及周边设立爱护野生动物和自然植被的宣传牌，施工人员进场后，立即进行生态保护教育，明确保护责任。严禁施工人员乱砍滥伐，偷伐盗猎，肆意捕食鱼类、鸟类及其他野生动物。

2. 施工阶段

（1）规范施工操作，减少对河道、河岸、水体的影响。修筑完毕后及时清除临时工程的堆积物，并将施工中产生的废浆、弃土和废弃物及时运到弃渣场，恢复河道河岸。生活垃圾、施工废料应分类回收，集中堆放和处理。

(2)旱桥施工中只允许砍伐墩、台永久施工部分的植被，桥跨范围的植被不得砍伐、清除，高大乔木(若高于梁底)应迁植或修剪高出部分的枝干。尽可能保留桥跨部分的原生植被，减少桥梁墩、台施工对地表原生植被的破坏。

(3)桥梁附近的施工营地或施工现场应尽量远离水体。若必须布设在水体附近，产生的污水、粪便严禁排入水体，生活污水、粪便必须经化粪池处理。

(4)施工机械需严格检查，防止漏油。禁止将污水、垃圾直接抛入水体，应收集后与大桥工地上的污染物一并处理。

(5)施工时注意保护桥跨下的自然植被，施工后清理废弃物，在附近补种一定数量的本地乔木，减少人为活动的痕迹，尽早恢复自然景观。

(6)保证动物通行，原有野生动物通道不得阻隔和破坏，不得在动物通道附近设置噪声大、光照强的施工场地。

3. 临建设施及其他方面

(1)保护土地资源，工程完工后采取措施恢复临时用地和施工便道。

(2)施工结束后，沿线施工营地、施工便道、拌合站、预制场等临时占地，以及弃渣场应复垦或恢复林、草植被。

(3)施工过程中产生的废水和生活污水不得直接排入饮用水源、养殖水体、农田灌溉水体。粪便、污水必须经化粪池收集处理，清液还田，底泥定期抽运。食堂污水应先经过隔油池隔油除渣，然后排入化粪池处理。清洗器具的含油废水应通过沉淀池回收处理。

(4)合理规划施工场地内各种机械设备，尽量采用低噪声设备。加强对机械设备的日常维修和保养，每日检查，每周保养。确保良好的运行状态，维持最低噪声的运行状态。

(5)按照"安全、环保、文明、适用"的原则进行施工营地和场地建设，随时保持施工营地和场地整洁、卫生、有序。

(6)妥善处理各种固体废弃物，防止污染。废弃的零碎料件、边角料尽量充分利用，水泥袋、包装箱等纸制品全部回收。

(六)文明施工

(1)安全生产是保证正常生产秩序的必要条件，是技术质量工作的重要前提。因此，应充分注意做好安全标志和安全管理，在生产过程中必须认真贯彻执行公路工程施工安全技术规程和监理部门的有关安全的要求、规定。

(2)工地必须设置安全警戒和安全条幅标语，各种机械、电力设备必须由专人操作、维修，并保证机械、电力设备的完好率。

(3)加强宣传活动，统一思想，加强文明施工和加强现场管理的自觉性。

(4)结合本工程实际情况，在经理部及各负责人中明确分工，落实文明施工现场责任区，制定相应规章制度，确保文明施工现场管理有章可循。

(5)合理布置场地，各项临时设施必须符合规定标准，做到场地整洁、道路平顺、排水畅通、标志醒目、生产环境达到标准作业要求。

(6)现场工程概况牌、施工组织网络牌、安全纪律牌、安全宣传牌、防火须知牌、事故记录牌和施工总平面图要设置齐全，规格统一，内容完整，位置醒目。

 学习任务

学生能自主完成施工技术方案制订，并能组织模拟会议评审方案。

任务三 支架上现浇实心板施工

※任务描述

支架上现浇实心板施工涉及支架、模板、钢筋骨架制作与安装、混凝土浇筑施工等几个主要工序,每一步施工质量是否满足要求都将影响后续工序的正常进行。通过本任务的学习,学生能掌握现浇实心板支架与模板的特点、要求、检验、质量标准的内容;掌握现浇实心板钢筋骨架制作与安装的特点、要求、检验、质量标准的内容;掌握现浇实心板混凝土拌制、运输、浇筑、养护的特点、要求、检验、质量标准的内容;能开出模板与支架安装的工作任务单并进行成果检验;能开出钢筋骨架制作与安装的工作任务单并进行成果检验;能开出混凝土拌制、运输、浇筑、养护的工作任务单并进行成果检验。

一、现浇实心板支架施工

(一)现浇实心板支架的特点

梁式桥的现浇可使用满布支架或梁式支架。满布支架宜采用碗扣式、轮扣式、门式或扣件式等钢管材料,梁式支架宜采用型钢、钢管和贝雷桁片等材料。现浇实心板支架多采用工字钢、钢管、贝雷桁片及六四军用梁的材料和构件拼装而成。

(二)支架的安装

根据现浇实心板支架的设计图,利用施工平面定位控制网将支架立柱位置中心进行放线,然后检查验收支架各组拼构件的尺寸等是否满足设计要求,最后进行支架的安装施工。

(三)支架施工预拱度设置

支架应预留施工拱度,在确定施工拱度值时,应考虑下列因素:

(1)卸架后上部构造本身及活载一半所产生的竖向挠度 δ_1。
(2)支架在荷载作用下的弹性压缩 δ_2。
(3)支架在荷载作用下的非弹性变形 δ_3。
(4)支架基底在荷载作用下的非弹性沉陷 δ_4。
(5)由混凝土收缩及温度变化而引起的挠度 δ_5。

支架应在跨中位置设置最大反拱度 $\delta_1+\delta_2+\delta_3+\delta_4+\delta_5$;其他位置设置 $\delta_2+\delta_3+\delta_4+\delta_5$ 的反拱度值。同时,在施工时应对支架的变形、位移、节点和卸架设备的压缩及支架基础的沉降等进行观测,如发现超过允许值的变形、变位,应及时采取措施予以调整。

(四)支架施工质量控制标准

支架的制作和安装质量要求如表 4-3-1 所示。

表 4-3-1 支架的制作和安装质量要求

项 目		允许偏差/mm
支架	支架制作尺寸	±5
	纵轴的平面位置	跨度的 1/1 000 或 30
	曲线形的标高(包括建筑拱度在内)	+20,-10

二、现浇实心板模板施工

1. 现浇实心板模板特点

现浇实心板多采用木模板,这样不仅能减小施工临时荷载中模板自重所占的比例,同时由于现浇施工所占用模板周期较长,采用木模能相对降低模板成本。现浇实心板的木模一般在施工现场加工制作,其转角处应加嵌条或做成斜角。木模板制作时的允许偏差如表 4-3-2 所示。

表 4-3-2 木模制作允许偏差

项 目		允许偏差/mm
木模板制作	模板的长度和宽度	±5
	不刨光模板相邻两板表面高低差	3
	刨光模板相邻两板表面高低差	1
	平板模板表面最大的局部不平 刨光模板	3
	平板模板表面最大的局部不平 不刨光模板	5
	拼合板中木板间的缝隙宽度	2
	榫槽嵌接紧密度	2

2. 模板安装

现浇实心板模板的安装一般是在现场进行加工制作并安装的。安装顺序一般是先底模后侧端模,同时,还要与钢筋骨架的制作安装工作配合进行。安装模板前要对模板的加工尺寸进行检验复核,满足要求后才可以进行安装施工。

底模板安装中需要考虑预留的锚栓孔位置、直径是否满足要求,对应支座处预埋件的位置线是否满足要求等。底模板安装好后要检查其平整度,其方法是采用水准仪结合施工控制网进行抄平检验并调整,直至满足设计和规范要求。底模板安装完成后,再利用施工控制网放出将要施工的现浇实心板的中边线位置,并弹线标记,要求放样精度满足规范要求,在此基础上分别安装侧模和端模。

安装侧端模时要保证侧端模板的垂直度、高程差等满足施工要求,然后根据施工图在侧端模内表面放出实心板顶面混凝土浇筑线并弹线标记。一定要注意检查底模板与侧端模板、侧模与端模板之间的接缝是否满足不漏浆要求,如果接缝太大可以在接缝中填塞海绵胶带。最后检查整个模板系统的牢固性是否满足施工中不跑模要求,模板安装施工中常通过设支撑杆、对拉杆及对称拉索锚固等方法来保证模板的牢固性。模板安装的允许偏差如表 4-3-3 所示。

表 4-3-3 模板安装的允许偏差

项 目		允许偏差/mm
模板标高	基础	±15
	柱、墙和梁	±10
	墩台	±10
模板内部尺寸	上部构造的所有构件	+5,0
	基础	±30
	墩台	±20
轴线偏位	基础	15
	柱	8
	梁	10
	墩台	10

续表

项 目	允许偏差/mm
装配式构件支承面的标高	+2，-5
模板相邻两板表面高低差	2
模板表面平整	5
预埋件中心线位置	3
预留孔洞中心线位置	10
预留孔洞截面内部尺寸	+10，0

模板安装完成后，施工技术员要及时进行自检，自检合格后报监理工程师抽检。

三、现浇实心板钢筋骨架制作与安装

现浇施工中的构件钢筋骨架由于尺寸大，所需的钢筋较多，多采用在底模上现场绑扎制作，也有采用将构件的部分钢筋骨架在地面做好然后吊装就位后，再进行绑扎制作其余部分。现浇实心板施工中多以前者为主，即整个骨架的制作在底模上完成。

为了能保证钢筋骨架的制作质量，首先应在底模实心板边线范围内标记出板的纵向受力筋和横向受力筋的位置线，注意一定要保证它们的间距，位置和条数与施工图一致。然后注意通过垫砂浆块的方法预留出底部的混凝土保护层厚度，接着对应各横、纵受力筋的位置进行钢筋的焊接，为了优化施工，一定要科学安排各种编号钢筋的布置固定的先后顺序。

钢筋骨架制作中对于需要焊接的部位要遵循"优先选择双面焊，当条件不具备时才选择单面焊"。施焊顺序先中间后两边、先下边后上边、分区对称"跳焊"的原则；对于不同方向的钢筋有接触点时均需要绑扎，即通常所说的"满绑"。各钢筋位置的允许偏差如表3-3-8所示。

四、现浇实心板混凝土施工

现浇施工要求混凝土的生产拌制与运输和浇筑进度相匹配，进而才能达到混凝土浇筑施工连续进行。

混凝土应在搅拌站集中拌制，拌制前要检验混凝土组成材料的外观及配料、拌制，每一工作班至少两次，必要时随时抽样试验。混凝土的和易性（坍落度等）每工作班至少检验两次。砂石材料的含水率，每日开工前要检验1次，气候有较大变化时随时检测，并应及时调整施工配合比。

拌制混凝土配料时，宜采用自动计量装置，各种衡器精度符合要求，计量应准确。计量器具应定期检定，经大修、中修或迁移至新的地点后，也应进行检定。对于在预制场或搅拌站集中拌制的混凝土，其配料数量的允许偏差（以质量计）如表4-3-4所示。

表4-3-4 配料数量的允许偏差

材料类别	允许偏差/%
水泥、掺合料	±1
粗、细集料	±2
水、外加剂	±1

注：1. 集料的含水率应经常进行检测，雨天施工应增加测定次数。
2. 每一工作班正式称量前，应对计量设备进行重点校核。

混凝土搅拌完毕后，应在搅拌地点和浇筑地点分别取样检测，每一工作班或每一单元结构物不应少于两次。评定时应以浇筑地点的测值为准。如混凝土拌合物从搅拌机出料起至浇筑入模的时间不超过 15 min 时，其坍落度可仅在搅拌地点取样检测。在检测坍落度时，还应观察、检查混凝土拌合物的均匀性、黏聚性和保水性。

混凝土的运输尽可能采用混凝土罐车运输，混凝土运输允许延续时间不宜超过表 4-3-5 的规定。

表 4-3-5　混凝土运输允许延续时间

气　温/℃	有搅拌设施运输/min
20～30	60
10～19	75
5～9	90

注：1. 本表适用于初凝时间大于上述表列运输时间加浇筑时间的普通混凝土。
　　2. 掺用外加剂或采用快硬水泥拌制混凝土时，应通过试验查明所配制混凝土的凝结时间后，确定运输时间限制。
　　3. 表列时间是指从加水搅拌至入模时间。

浇筑混凝土前除应对混凝土组成材料质量及数量、混凝土配合比（包括外加剂）及混凝土的性能（如凝结时间、坍落度等）进行检验外，还要检验支架、模板、钢筋骨架的稳定性和安装位置。检验合格后方可进行浇筑施工。混凝土的浇筑可采用起重机或摇臂式汽车泵分层进行浇筑，每层厚度不大于 30 cm。混凝土应分层对称浇筑。混凝土在浇筑过程中应采用插入式振捣器振捣，近侧端模处辅以铁扁铲人工插捣，确保混凝土振捣密实，板顶混凝土辅以平板振捣器振捣。

当混凝土由汽车泵泵送从低端向高端连续浇筑时，为保证施工质量，要求混凝土缓凝时间不少于 4 h，坍落度为 100～140 mm。

混凝土的拌和、运输、浇筑及间歇的全部时间不得超过表 4-3-6 的规定。当超过允许时间时，应按浇筑中断处理，同时预留施工缝，并做好记录。

表 4-3-6　混凝土拌和、运输、浇筑及间歇的全部时间　　　　　　　　　　　　　　　　min

混凝土强度等级	t	t
	气温不高于 25 ℃	气温高于 25 ℃
≤C30	210	180
>C30	180	150

混凝土浇筑完毕后，应立即按位置进行检查，发现问题及时采取措施，不可延误。混凝土凝固后派专人负责洒水、覆盖养护，养护时间不少于 7 d，养护期间应始终保持混凝土表面湿润。板的端模一般在浇筑 24 h 后即可拆除，以方便表面凿毛，侧模要待混凝土强度达到 2.5 MPa 后方可拆除。底模必须待实体强度达到设计强度后方可脱模。

学习任务

学生能完成现浇实心板模板与支架的安装、钢筋骨架的制作安装及混凝土浇筑施工的质量评定。

任务四 现浇板工程质量检验评定

※任务描述

现浇板工程检验评定环节是中间交工的重要内容,它不仅关系到现浇板施工整个环节能否正常计量,更关系到后续作业能否如期正常开展。通过本任务的学习,学生能掌握现浇实心板工程质量评定、检验、验收标准的内容,能进行现浇实心板成品质量评定与验收。

当现浇实心板浇筑施工完成后,施工技术员及项目工程部质检人员要及时进行质量自检,也即完成工程施工质量的检验评定工作,当检验评定合格后即可报监理工程师进行质量抽检,为后续工程的开工争取时间和资金。

一、现浇板工程质量检验评定一般规定

公路工程质量检验评定应按分项工程、分部工程、单位工程逐级进行。分部工程、单位工程完工后,应汇总评定所属分项工程、分部工程质量资料,检查外观质量,对工程质量进行评定。

分项工程应按基本要求、实测项目、外观质量和质量保证资料等检验项目分别检查。

分项工程质量应在所使用的原材料、半成品、成品及施工控制要点等符合基本要求的规定,无外观质量限制缺陷且质量保证资料真实齐全时,方可进行检验评定。

基本要求检查应符合下列规定:
(1)分项工程应对所列基本要求逐项检查,经检查不符合规定时,不得进行工程质量的检验评定。
(2)分项工程所用的各种原材料的品种、规格、质量及混合料配合比和半成品、成品应符合有关技术标准规定并满足设计要求。

实测项目检验应符合下列规定:
(1)对检查项目按规定的检查方法和频率进行随机抽样检验并计算合格率。
(2)检查项目合格率(%)=(合格的点数/该检查项目的全部点数)×100

检查项目合格判定应符合下列规定:
(1)关键项目的合格率不得低于95%,否则该检查项目不合格。
(2)一般项目的合格率不得低于80%,否则该检查项目不合格。
(3)有规定极值的检查项目,任一单个检测值不应突破规定极值,否则该检查项目不合格。

外观质量应进行全面检查,并应满足规定要求,否则该检验项目为不合格。

工程应有真实、准确、齐全、完整的施工原始记录、试验检测数据、质量检验结果等质量保证资料。质量保证资料应包括下列内容:
(1)所用原材料、半成品和成品质量检验结果。
(2)材料配合比、拌和加工控制检验和试验数据。
(3)地基处理、隐蔽工程施工记录和桥梁、隧道施工监控资料。
(4)质量控制指标的试验记录和质量检验汇总图表。
(5)施工过程中遇到的非正常情况记录及其对工程质量影响分析评价资料。
(6)施工过程中如发生质量事故,经处理补救后达到设计要求的认可证明文件等。

检验项目评为不合格的,应进行整修或返工处理直至合格。

评定为不合格的分项工程、分部工程,经返工、加固、补强或调测,满足设计要求后,可

重新进场检验评定。

所含单位工程合格,该合同段评定为合格;所含合同段合格,该建设项目评定为合格。

二、现浇实心板工程质量检验评定项目

根据《公路工程质量检验评定标准 第一册 土建工程》(JTG F80/1—2017)中对单位、分部及分项工程的划分,现浇实心板工程包含就地浇筑板、钢筋加工及安装两个分项工程。

(一)钢筋加工及安装

(1)钢筋加工及安装应符合下列基本要求:

1)钢筋安装应保证设计要求的钢筋根数。

2)钢筋的连接方式、同一连接区段内的接头面积应满足设计要求;接头位置应设在受力较小处,任何连接区段内同一根钢筋不得有两个接头。

3)钢筋的搭接长度、焊接和机械接头质量应满足施工技术规范的规定。

4)受力钢筋表面不得有裂纹及其他损伤。

5)钢筋的保护层垫块应分布均匀,数量及材料性能应满足设计要求和有关技术规范的规定。

6)钢筋应安装牢固,钢筋网应有足够的钢筋支撑,在混凝土浇筑过程中钢筋不应出现移位。

(2)钢筋加工及安装实测项目应符合表4-4-1和表4-4-2的规定,且任意一点的保护层厚度不得超过表中数值1.5倍的允许偏差,在海水或受侵蚀性物质影响的环境中保护层厚度的偏差不应出现负值。保护层厚度应在模板安装完成后混凝土浇筑前检查。

表 4-4-1 钢筋安装实测项目

项次	检查项目		规定值或允许偏差	检查方法和频率
1△	受力钢筋间距/mm	两排以上排距	±5	尺量:长度≤20 m时,每构件检查2个断面;长度>20 m时,每构件检查3个断面
		同排 梁、板、拱肋及拱上建筑	±10(±5)	
		基础、锚锭、墩台身、墩柱	±20	
2	箍筋、构造钢筋、螺旋筋间距/mm		±10	尺量:每构件测10个间距
3	钢筋骨架尺寸/mm	长	±10	尺量:按骨架总数30%抽测
		宽、高或直径	±5	
4	弯起钢筋位置/mm		±20	尺量:每骨架抽查30%
5△	保护层厚度/mm	梁、板、拱肋及拱上建筑	±5	尺量:每构件各立模板每3 m²检查1处,且每侧面不少于5处
		基础、锚锭、墩台身、墩柱	±10	

注:1. 小型构件的钢筋安装按总数抽查30%。
2. 表中基础不包括混凝土桩基及地下连续墙。
3. 项次1括号中的数字适用于钢混组合梁桥面板的预制。
4. 表中以"△"标识的是指涉及结构安全和使用功能的重要实测项目即关键项目。

表 4-4-2 钢筋网实测项目

项次	检查项目		规定值或允许偏差	检查方法和频率
1	网的长、宽/mm		±5	尺量:逐边测
2	网眼尺寸/mm		±10	尺量:测5个网眼
3	网眼对角线差/mm		±5	尺量:测5个网眼
4	网的安装位置/mm	平面内	±5	尺量:测每网片边线中点
		平面外	±5	

(3)钢筋加工及安装外观质量应符合下列规定:
1)钢筋表面应无裂皮、油污、颗粒状或片状锈蚀及焊渣、烧伤,绑扎或焊接的钢筋网和钢筋骨架不得松脱和开焊。
2)焊接接头、连接套筒不得出现裂纹。

(二)就地浇筑梁、板

(1)就地浇筑梁、板应符合下列基本要求:
①支架和模板的强度、刚度、稳定性应满足施工技术规范的要求。
②预计的支架变形及地基的下沉量应满足施工后梁体设计标高的要求,需要消除支承不均匀沉降、非弹性变形的支架应进行预压。
③预埋件的设置和固定应满足设计和施工技术规范的规定。
(2)就地浇筑梁、板实测项目应符合表4-4-3的规定。

表4-4-3 现浇板施工质量评定时的实测项目、检查方法及频率要求

项次	检查项目		规定值或允许偏差	检查方法和频率
1△	混凝土强度/MPa		在合格标准内	按《公路工程质量检验评定标准 第一册 土建工程》(JTG F80/1—2017)附录D检查
2	轴线偏位/mm		≤10	全站仪:每跨测5处
3	梁(板)顶面高程/mm		±10	水准仪:每跨测5处,跨中、桥墩(台)处应布置测点
4△	断面尺寸	高度	+5,-10	尺量:每跨测3个断面
		顶宽	±30	
		箱梁底宽	±20	
		顶、底、腹板或梁肋厚	+10,0	
5	长度/mm		+5,-10	尺量:每梁测顶面中线处
6	与相邻梁段间错台		≤5	尺量:测底面、侧面
7	横坡/%		±0.15	水准仪:每跨测3处
8	平整度/mm		≤8	2m直尺:沿梁长方向每侧面每10m梁长测1处×2尺

注:表中以"△"标识的是指涉及结构安全和使用功能的重要实测项目即关键项目。

(3)就地浇筑梁、板外观质量应符合下列规定:
①混凝土表面不应存在《公路工程质量检验评定标准 第一册 土建工程》(JTG F80/1—2017)附录P中所列的限制缺陷。
②应无建筑垃圾、杂物和临时预埋件。

 学习任务

学生能按照《公路工程质量检验评定标准 第一册 土建工程》(JTG F80/1—2017)要求完成现浇板质量评定与验收表格的填写。

简支板梁构造

项目五 预应力混凝土简支肋梁桥施工

 项目描述

预应力混凝土T形梁桥是目前公路建设行业常见的桥梁形式,在公路桥梁施工中应用广泛,尤其是仅承受正弯矩作用的简支梁,既充分利用了扩展的混凝土面板的抗压能力,又充分发挥了集中布置在梁下部的受力筋的抗拉作用,实现结构与受力的理想结合。本项目以装配式预应力混凝土简支T形梁桥上部构造施工为重点学习内容,旨在让学生在领会预应力混凝土T形梁桥上部结构设计意图、明确工程内容、掌握工程特点的基础上,通过编制施工技术方案正确选择合适的方法,按照《公路桥涵施工技术规范》(JTG/T F50—2011)和《公路工程质量检验评定标准 第一册 土建工程》(JTG F80/1—2017)的相关规定进行预应力混凝土T形梁桥上部结构施工,培养学生桥梁施工的职业能力。

本项目施工设计图如图5-1-1至图5-1-8所示。

 项目任务

本项目包括复核装配式T形梁施工设计图、制订装配式T形梁施工技术方案、装配式T形梁预制施工、装配式T形梁安装施工、装配式T形梁工程质量检验评定5个任务。

 项目目标

通过对本项目的学习,能复核装配式预应力混凝土简支T形梁设计图表,参加设计技术交底;能编制预应力混凝土简支T形梁施工技术方案;能完成简支T形梁预制施工;能按照设计要求完成简支T形梁安装与接缝施工工作;能按照施工工程量完成预应力简支T形梁施工计量工作;能完成预应力简支T形梁质量评定与验收工作。

任务一 复核装配式T形梁施工设计图

※任务描述

施工单位在接到装配式预应力混凝土简支T形梁施工图设计文件后,应组织有关技术人员对施工图设计文件进行复核,充分领会设计意图。通过本任务的学习,学生能具备识读装配式预应力混凝土简支T形梁上部结构施工图的工作能力,能复核装配式预应力混凝土简支T形梁施工设计图表,复核工程量,能参加设计技术交底。

一、装配式预应力混凝土简支T形梁上部施工图组成

装配式预应力混凝土简支T形梁施工前,各施工点技术人员在桥梁施工技术负责人的组织

下，进行图纸复核，将复核结果分单位工程写出书面汇报，交施工技术负责人复核，项目总工程师作最后审核，资料存档备查。

装配式预应力混凝土简支T形梁上部结构设计图主要包括说明、主要材料数量表、上部构造标准横断面图、T形梁一般构造、T形梁预应力钢束布置图、T形梁预应力钢束材料数量及引伸量表、T形梁预应力钢束定位钢筋布置图、T形梁梁肋钢筋布置图、T形梁翼缘板钢筋布置图、T形梁封锚钢筋布置图、端横隔板钢筋布置图、中横隔板钢筋布置图。

二、装配式预应力混凝土简支T形梁上部施工图复核

(一)全面熟悉图纸"说明"

(1)技术标准与设计规范是否应用得当。
(2)从主要技术指标表中获取桥梁的总体设计指标。
(3)主要材料有哪些，参数是否合理。
(4)设计要点中各设计参数是否齐全，如预应力筋的弹性模量、松弛系数。
(5)从施工要点中获取该桥应该特别注意的施工要点。

(二)全面熟悉"T形梁一般构造"

参照项目四，构造图主要复核各结构物的尺寸。

(三)全面熟悉"预制T形梁普通钢筋构造图"

参照项目四，主要按照每种钢筋大样图复核钢筋的单位工程数量，根据钢筋分布图对应每一种钢筋的位置信息，主要核对间距与数量的关系。

(四)全面熟悉"T形梁预应力钢束布置图"

参照项目四，主要复核预应力筋的布置位置，定位坐标及数量。

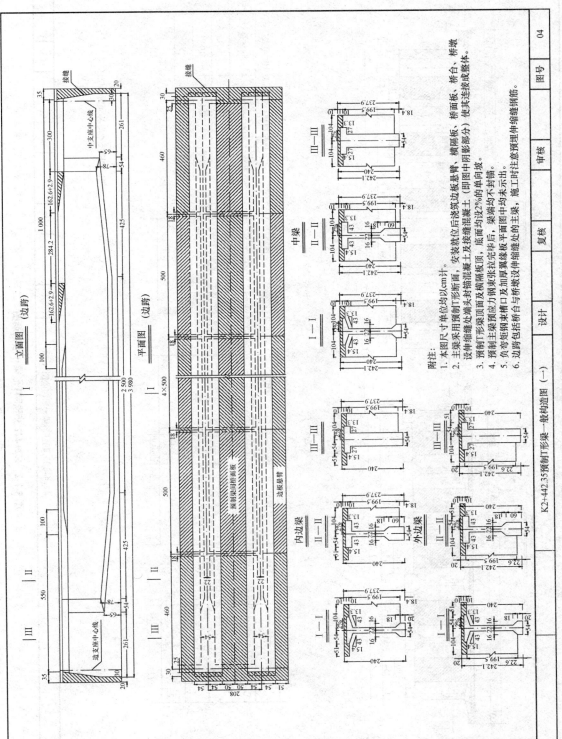

图 5-1-1 K2+442.35预制T形梁一般构造图(一)

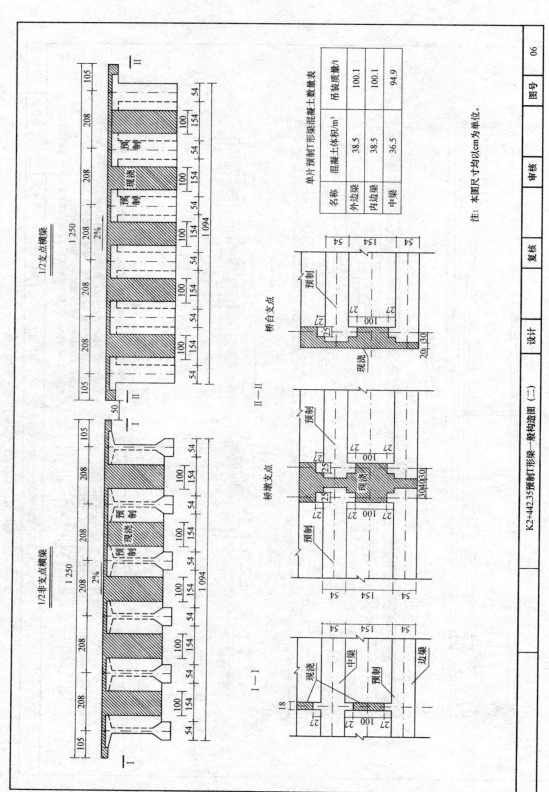

图 5-1-2 K2+442.35预制T形梁一般构造图（二）

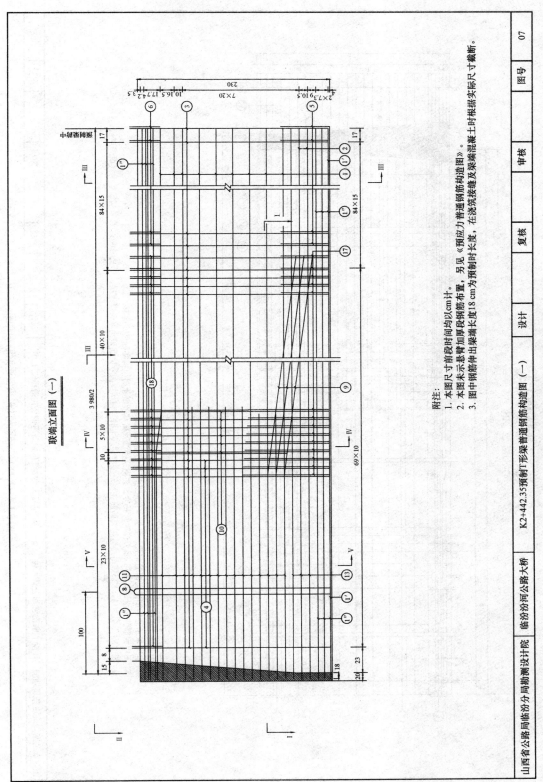

图 5-1-3　K2+442.35预制T形梁普通钢筋构造图（一）

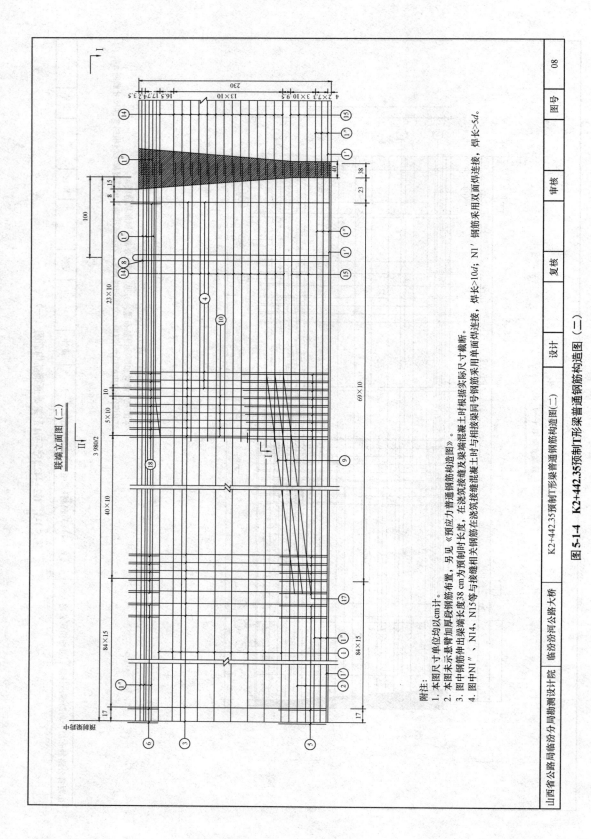

图 5-1-4 K2+442.35预制T形梁普通钢筋构造图（二）

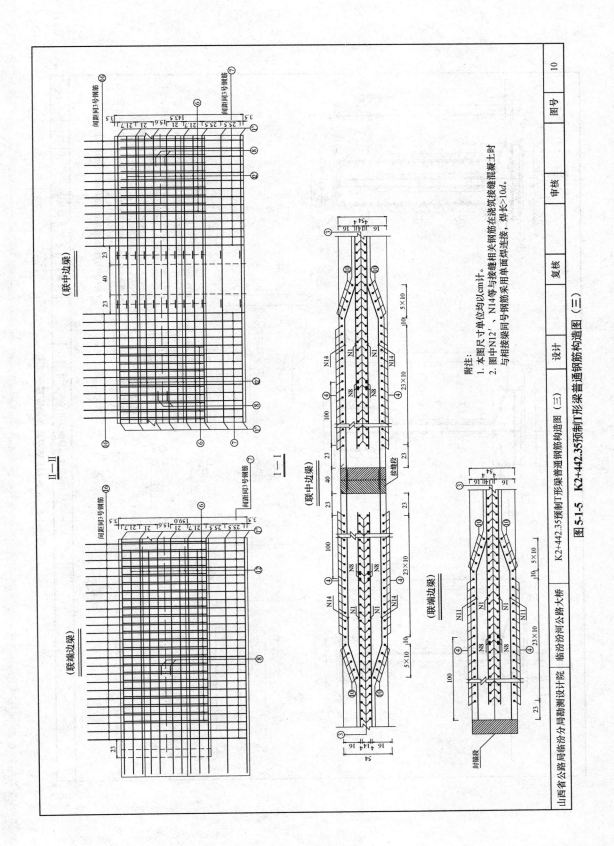

图 5-1-5 K2+442.35预制T形梁普通钢筋构造图（三）

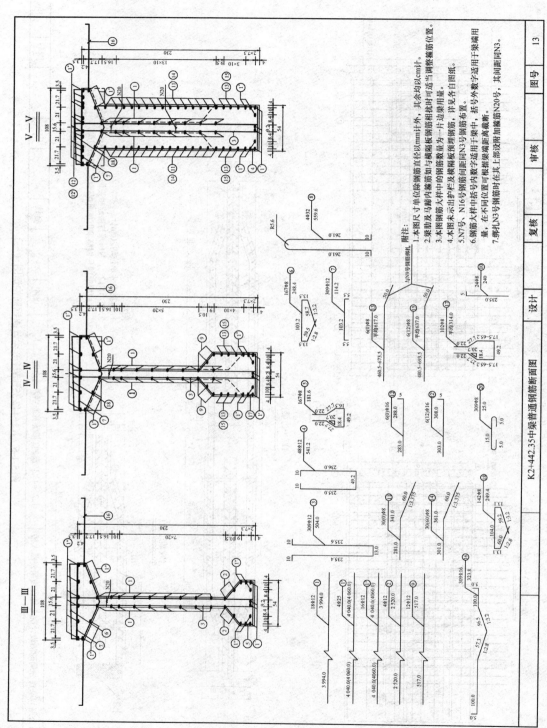

图 5-1-6 K2+442.35中梁普通钢筋断面图

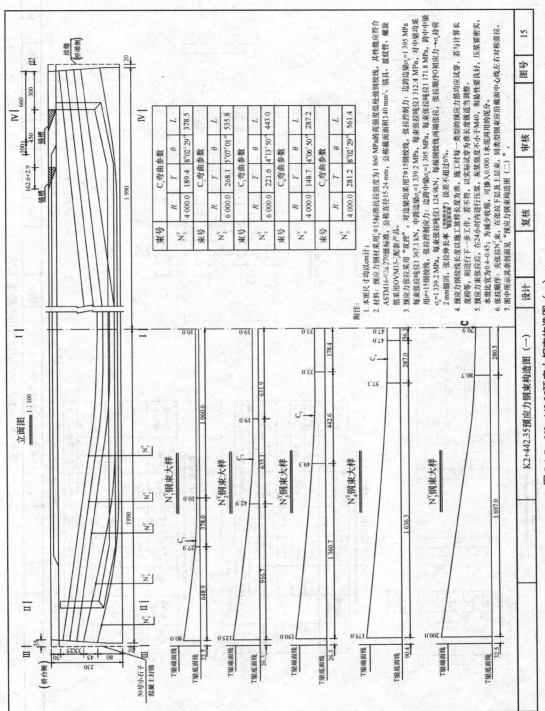

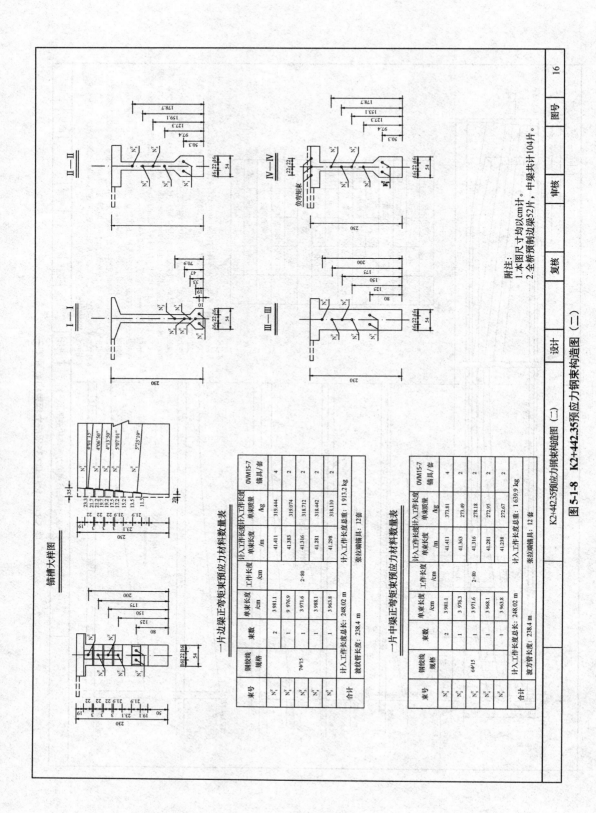

图 5-1-8 K2+442.35预应力钢束构造图（二）

任务二 制订装配式T形梁施工技术方案

※任务描述

施工技术方案是施工的指导性文件，本任务结合任务一中涉及的装配式预应力混凝土简支T形梁图纸，通过编制装配式预应力混凝土简支T形梁施工方案，使学生掌握预应力混凝土简支T形梁施工技术方案内容、要求与编制方法，掌握预应力混凝土简支T形梁施工场地布置、施工机械机具、材料检验、配合比、底模制作等准备工作内容，能按照要求编制预应力混凝土简支T形梁施工技术方案，能进行施工场地布置、施工机械机具、张拉机具标定、材料试验、配合比、底模制作等准备工作。通过查阅有关资料，提高学生独立分析和解决本专业复杂问题的能力，为今后参加工作打下坚实的基础。

一、编制依据

(1)装配式预应力混凝土简支T形梁相关施工图设计文件。
(2)施工单位对施工图审查复核及现场核对报审资料，施工现场踏勘调查资料。
(3)施工单位现有技术力量及历年积累的成熟施工技术、科技成果、施工及方法。
(4)项目部制定的总体施工组织设计。
(5)装配式预应力混凝土简支T形梁工程所在合同段的招标投标文件、施工合同文件和有关补充协议书等技术文件资料。
(6)《公路桥涵施工技术规范》(JTG/T F50—2011)、《公路工程质量检验评定标准 第一册 土建工程》(JTG F80/1—2017)。

二、编制原则

见项目四任务二中相关规定。

三、编制内容

(一)工程概况

××公路桥采用装配式预应力混凝土简支T形梁桥形式，共有40 m T形梁××片，共计C××混凝土数量××m^3(其中预制部分×× m^3，现浇部分××m^3)。

(二)施工准备

1. 预制场地准备

根据工程需要，梁预制场地设于××位置，长度约为××m，宽度约为××m，面积约为××m^2。

预制场地设施布置制梁区和存梁区，钢筋存放区和加工点，设××个40 m预制梁台座，备40 m T形梁××套钢模(其中侧模××套，端模××套)。

预制场地的混凝土由××拌合站供应，拌合站位于××位置。绘制预制场地总体布置图。

2. 技术准备

开工前项目部对参加T形梁预制的所有现场管理人员和施工人员进行详细的技术交底，对设计图纸各结构尺寸及要求进行详细的说明，使全体施工人员熟悉设计图纸，掌握施工程序和质量控制要点。预制 T 形梁混凝土强度等级为 C××混凝土，项目部试验室进行 C××混凝土配合比标准试验并将结果上报驻地办，经驻地办试验室验证，确定预制 T 形梁 C××混凝土配合比。

3. 机具准备

龙门式起重机××台，1 000 型拌合站××套，8 m^3 混凝土搅拌车××辆，120 kW 发电机××台，钢筋切断机××台，钢筋弯曲机××台，200 t 张拉千斤顶××台，按照××频率进行标定，JW180 灰浆搅拌机××台，真空压浆机××台，插入式振捣棒××个，平板式振动器××个。

4. 材料准备

混凝土拌合站准备足量的碎石、砂、水泥，以确保预制 T 形梁所需混凝土的供应，钢筋、钢绞线按施工需要陆续进购，每批材料进场后项目部试验室进行检验，各种材料符合《公路桥涵施工技术规范》(JTG/T F50—2011)、《钢筋混凝土用钢 第 1 部分：热轧光圆钢筋》(GB/T 1499.1—2017)和《钢筋混凝土用钢筋 第 2 部分：热轧带肋钢筋》(GB/T 1499.2—2018)的要求，自检合格后报请试验监理工程师进行检查验收。

5. 人员配置

为确保预制过程中形成流水作业，预应力混凝土 T 形梁预制施工需配备人员××人，其中现场管理人员××人、混凝土施工班××人、钢筋加工班××人、模板安装班××人、张拉压浆班××人、杂工××人，并划分各班组的作业任务。

6. 底座准备

场地进行了平整和压实，测量地基承载力并全面进行硬化处理，在场区周围修筑排水沟，预制梁混凝土台座采用 C××混凝土底座组成，施工时对台座两端基础进行加宽、加深处理，由于梁预应力张拉后，梁体质量全部由底模两端承担，两端基础加宽、加大，预留孔间距为×× mm，距离顶面为×× mm。底模上留出吊梁槽，底模顶面要求水平且压光，并在底模上铺设×× mm 厚钢板作为隔离层，以利于 T 形梁吊装脱模及梁体温度和干缩变形。台座侧面设硬橡胶圈，确保侧模与台座之间不漏浆。考虑预制梁自重、施加应力、二期恒载、混凝土徐变、收缩及活载作用，预制梁体设置向下预拱度值，向两端按二次抛物线变化为零，根据设计图纸完成 40 m 预制各 T 形梁预拱度表格的填写。

(三)施工工艺流程

装配式预应力混凝土 T 形梁预制施工工艺流程图如图 5-2-1 所示。

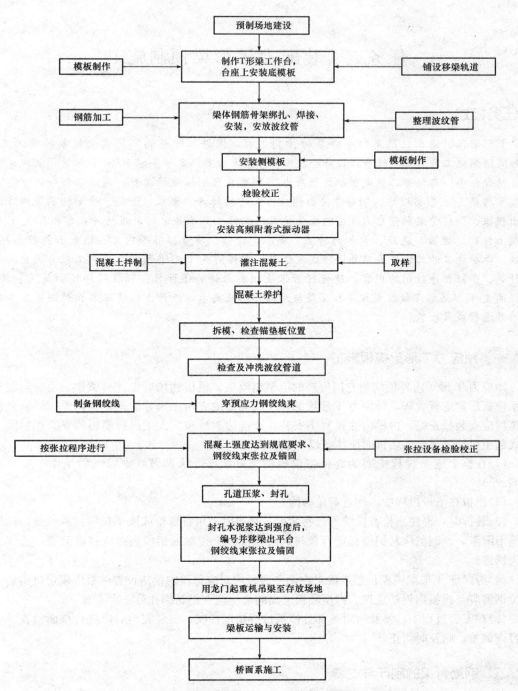

图 5-2-1　装配式预应力混凝土 T 形梁预制施工工艺流程图

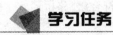 学习任务

在教师的指导下完成技术方案，并按程序进行设计交底活动。

任务三　装配式 T 形梁预制施工

※任务描述

T 形梁预制施工往往是整个桥梁的控制工程，根据工程量的不同需要较长的施工工期，T 形梁预制施工虽然工序较多，但每阶段各工序技术成熟。本任务以 40 m T 形梁预制施工为重点，结合任务一与任务二完成装配式预应力 T 形梁在预制场地的工作。通过本任务的学习，学生能掌握简支 T 形梁模板、钢筋骨架和预应力孔道的特点、要求、检验、质量标准等内容；能开出模板、钢筋骨架和预应力孔道的安装施工的工作任务单并进行成果检验；掌握简支 T 形梁混凝土拌制、运输、浇筑、养护的特点、要求、检验、质量标准等内容；能开出混凝土拌制、浇筑、养护施工的工作任务单并进行成果检验；掌握简支 T 形梁预应力筋施工应力损失、伸长值计算、张拉程序控制的内容，能进行后张法预应力伸长值计算、张拉程序控制及质量评定；掌握简支 T 形梁水泥浆配置方法和压浆与封锚作用及要求，能开出孔道压浆和封锚施工工作任务单并进行成果检验。

一、预应力 T 形梁模板施工

预应力 T 形梁内外模均为专门生产的定型钢模板，模板到场后先进行试拼，发现问题及时联系模板厂家进行处理。预应力 T 形梁的长度及局部地方用小尺寸的调整板调整。浇筑之前内外模均应安装校正好，内模的底模暂不安装，边浇边封底模。人工进行模板的安装和拆除，龙门式起重机辅助吊装，装拆时应注意以下事项：

(1)在整个施工过程中要始终保持模板的完好状态，认真做好维修保养工作，及时刷脱模剂。

(2)模板在吊运过程中，注意避免碰撞。

(3)装拆时，要注意检查接缝的严密情况，必要时采用石膏粉或原子灰等材料填缝，以保证接缝不漏浆。预制前应对钢模板进行预拼，对与混凝土接触的钢模表面应打磨除锈，达到视觉上无锈迹。

(4)为保证 T 形梁内模位置准确，在两侧腹板内对应每段内模应设置两根内模定位钢筋，该定位钢筋应与腹板内钢筋点焊。内模底板上面的垫块应在钢筋绑扎后一次布置。

(5)在安装过程中，要及时对各部分模板进行精度控制，安装完毕后应进行全面检查，若超出容许偏差，则及时纠正。

二、钢筋骨架的制作与安装

钢筋骨架的制作在加工厂进行，钢筋下料尺寸严格按照设计图纸进行，由于两侧钢筋直径较细，注意保持钢筋的平直度，底板主筋采用焊接头，并保证规范规定的焊缝长度，在同一搭接长度段内的接头数量不得超过钢筋总截面面积的 50%，其加工安装必须符合《公路桥涵施工技术规范》(JTG/T F50—2011)的规定。

当钢筋和预应力管道在空间发生干扰时，移动钢筋以保证钢束管道位置准确。

钢筋绑扎好后，校正内外模，在监理工程师检查合格后进行混凝土浇筑。负责预制 T 形梁的技术干部和钢筋班组、模板施工班组必须固定，不准随意调换主要技术人员，以保证钢筋、模板施工有条不紊地进行,增进熟练程度,加快速度,节约时间。

当在安装有预应力筋的构造附近进行电焊时,对全部预应力筋和金属件均进行保护,防止溅上焊渣或造成其他损坏。

三、波纹管及锚具预埋

预留孔道的制作为预埋波纹管。预留孔道的位置应准确,注意管道轴线在垫板处必须与锚垫板垂直,管道与管道间、管道与喇叭管的连接要密封,每块管道沿长度方向每隔一米设井字形定位钢筋并焊在主筋上,管道位置的容许偏差纵向不得大于 10 mm,横向不得大于 5 mm。

混凝土浇筑前,按施工需要设置压浆孔、排气孔、检查孔,其中排气孔应设在孔道最高位置,孔径为 8~10 mm,灌浆孔宜设在下方,孔径为 25 mm。

四、预应力钢绞线的下料

钢绞线运到现场后,下料长度由孔道长度和工作长度决定。钢绞线的下料长度按下式计算:

$$L=L_1+2L_2$$

式中 L_1——构件混凝土孔道长度;

L_2——张拉端所需要的钢绞线工作长度,视具体所采用的锚具和张拉千斤顶类型确定。

五、穿钢绞线

穿钢绞线前,可用空压机吹风等方法清理孔道内的污水和积水,以确保孔道畅通。穿线工作一般采用人工直接穿束,或借助一根 φ5 的长钢丝作为引线,用卷扬机牵引较长的束筋进行穿束。

六、混凝土浇筑

预应力 T 形梁混凝土的浇筑整体施工顺序为:底板→腹板→顶板。为确保 T 形梁混凝土浇筑质量,现场浇筑预应力 T 形梁时分两次进行浇筑,即第一次进行底板、腹板浇筑,第二次进行顶板混凝土浇筑施工。

顶板混凝土必须在腹板混凝土初凝前完成,为此混凝土应具备足够的初凝时间。底板混凝土振捣只能使用振捣棒在底板上顺板跨方向顺拖。为避免振捣棒碰坏波纹管,必要时可先用钢丝标线,规定振捣范围。

为使桥面铺装与 T 形梁紧密地结合为整体,预制梁板时先清除顶板浮浆,在顶面混凝土初凝前对板顶横桥方向拉毛。

钢筋、模板和预埋件安装完毕,经监理工程师检查验收,并签认后方可进行混凝土的浇筑施工。梁体混凝土一般应水平分段、分层,一次整体浇筑成型。

混凝土在拌合站集中拌制,水平运输采用混凝土运输车,门机配吊罐直接入模。

浇筑混凝土时,侧模采用附着式振动器联合振动为主,以插入式振捣器振捣为辅,振捣器布置时按照间距为 2 m 呈梅花形布置,具体布置参数根据实际情况进行调整。预应力 T 形梁腹板、预应力钢材锚固端及其他钢筋密集部位宜特别注意振捣,应避免碰撞预埋管道及预埋件等,以保证其位置及尺寸符合要求。

每片板除留足标准养护试件外,还应制作随梁同条件养护的试件三组,作为拆模、张拉等工序强度控制依据。

根据施工工期及进度安排,T 形梁的预制需要在冬季进行,T 形梁除覆盖草席洒水养护外,必要时采用蒸汽养护。

七、后张法预应力筋张拉施工

1. 预应力锚具及锚垫板

桥梁设计的预应力锚具型号为 BM15-4 扁锚和 BM15-5 扁锚。浇筑混凝土前按照设计图纸要求布置锚垫板，浇筑混凝土时必须对锚板后的部分进行充分捣固，以免发生蜂窝。

2. 张拉工艺

梁、板混凝土强度达到设计强度等级的 90% 以上（龄期 7 d 以后），方可进行张拉，采用两端张拉。施加预应力采用张拉力与引伸量双控，单根钢绞线控制张拉力为 195.3 kN，伸长量误差为 ±6% 以内，每束钢绞线断丝和滑丝不应超过 1 丝，每断面断丝之和不超过该断面钢绞线总数的 1%。每次张拉应有完整的原始张拉记录，且应在监理在场的情况下进行。

张拉前，应就实测的弹性模量和截面面积对计算引伸量作修正，还应做好千斤顶和压力表的校验，与张拉吨位相应的油压表读数和钢绞线伸长量的计算、张拉顺序的确定和清孔、穿束等工作。对千斤顶和油泵进行标定，以保证各部分不漏油并能正常工作。画出油压表读数和实际拉力的标定曲线，确定预应力钢绞线中应力值和油压读数之间的直接关系。

预应力张拉顺序：0→初应力→σ_{con}（持荷 2 锚固）。初应力宜为张拉控制应力 σ_{con} 的 10%～15%。引伸量的量测应测定钢绞线的直接伸长值，不宜测千斤顶油缸变位。若伸长量误差超过 ±6%，应查明原因并采取措施解决后，方可继续张拉。

各钢绞线的张拉顺序，对称于构件截面的竖直轴线，同时考虑不使构件的上下缘混凝土应力超过允许值。

钢绞线运抵工地后放置在室内并防止锈蚀。钢绞线切割不准采用电焊或气焊切割，使用砂轮锯切割，严禁钢绞线作电焊机导线用，且钢铰线的放置应远离电焊地区。

千斤顶和油泵必须配套标定后配套使用，且采用后卡式千斤顶，不允许使用前卡式千斤顶；张拉前应检查千斤顶内摩阻是否符合有关规定要求，否则停止使用。张拉施工过程中要注意梁、板的变化，若发现梁、板开裂立即停止张拉施工，查明原因后再进行处理。

八、孔道压浆和封锚施工

压浆的目的是防护构件内的预应力钢绞线免于锈蚀，并使它们与构件相黏结而形成整体。预应力钢束张拉完毕压浆封锚应在 24 h 内完成。

压浆是用压浆机将水泥浆压入孔道，务使孔道从一端到另一端充满水泥浆，并且不使水泥浆在凝结前漏掉。为此需在两端锚头上或锚头附近的构件上设置连接带阀压浆嘴的接口和排气孔。

水泥浆配合比需做试验确定最优配合比，水胶比不大于 0.4，不得掺入各种氯盐。根据试验结果掺入一定量的铝粉或膨胀剂，能使水泥浆凝固时的膨胀稍大于体积收缩，因而使孔道能充分填满。水泥浆强度等级不得低于结构自身的混凝土强度等级。

压浆前先压水冲洗孔道，然后从压浆嘴慢慢压入水泥浆，这时另一端的排气孔有空气排出，直至有水泥浆流出为止。流出浓浆后，关闭压浆和出浆口的阀门，静置一段时间后（在水泥浆初凝前）补压一次。

压浆前需将预应力钢绞线露于锚头外的部分（张拉时的工作长度）截除。压浆后将所有锚头用混凝土封闭，最后完成梁的预制工作。

孔道压浆后立即将梁端水泥浆冲洗干净，同时清除支承垫板、锚具及端面混凝土的污垢，并将端面混凝土凿毛，以备浇筑封端混凝土，封端混凝土程序为：设置端部→固定→检查验收→浇筑混凝土→养护。

九、预应力 T 形梁存放

采用捆绑吊装,将 T 形梁吊至堆放场地集中堆放,梁、板堆放均采用四点支承堆放,支承中心顺桥向距离梁端 28 cm 左右,横桥向距离腹板外缘 15 cm,支承垫板宽平面尺寸为 20 cm×20 cm。当受场地限制需采用多层堆放时,最多可叠放三层,各层之间用垫木(在吊点处)隔开,且板与板之间的支撑垫块高度宜为 30 cm。

十、预制注意事项

(1)严禁采用肥皂水、废机油等对混凝土有腐蚀、污染性的材料代替脱模剂。
(2)为防止混凝土开裂和边棱破损,混凝土强度达到 20 MPa 时方可拆模。
(3)拆模后及时将绞缝混凝土表面凿毛。
(4)为保证新旧混凝土良好接触,对先浇混凝土表面凿毛并冲洗干净。
(5)混凝土强度到达设计强度的 90% 以上(龄期 7 d 以上)后才允许张拉预应力钢绞线。
(6)预应力的张拉班组必须固定,且在有经验的预应力张拉工长的指导下进行,不允许临时工承担此项工作。
(7)施加预应力时对称张拉,两端张拉时保持同步。每次张拉有完整的原始张拉记录,且在监理在场的情况下进行。
(8)预应力采用引伸量与张拉力双控,单根钢绞线张拉力为 195.3 kN,引伸量误差应为 6%。
(9)在引伸量达不到设计要求时,停止张拉,仔细分析原因和检查预应力筋和曲线筋的坐标。
(10)根据每批钢铰线的实际直径随时调整千斤顶限位板限位尺寸,最标准的限位板尺寸应使钢铰线只有夹片的牙痕而无刮伤,如钢铰线出现严重刮伤则限位尺寸过小,如出现滑丝或无明显夹片牙痕则有可能是限位板限位尺寸偏大。
(11)梁的移运必须在预应力钢绞线张拉完成、压浆强度达 30 MPa 后才能进行。
(12)预留的波纹管道在混凝土浇筑前要仔细检查有无破损,管道接头不应布置在角度产生变化处,并缠裹紧密防止水泥浆渗入,并记录管道接头及破损处理过的部位。

学习任务

编制模板、钢筋骨架、预应力筋安装施工技术交底文件,编制预应力筋张拉与压浆施工技术交底文件,编制 40 m 预应力 T 形梁施工自检资料。

任务四 装配式 T 形梁安装施工

※任务描述

预应力混凝土 T 形梁预制施工结束且桥梁下部结构施工达到架设梁、板的要求后,桥梁施工进入装配式 T 形梁安装施工阶段,T 形梁安装是后续桥面铺装施工的前提。本任务以装配式简支 T 形梁安装为重点,通过学习梁的架设方法及架设要点,完成装配式 T 形梁安装施工工作。通过本任务的学习,学生能掌握简支 T 形梁移运、存放、安装的特点、要求、接缝施工质量标准的内容,能开出简支 T 形梁运输安装与接缝施工的工作任务单并进行成果检验。

一、预制梁的出坑

为了将预制构件从预制场(厂)运至存梁场或桥位处安装,首先将构件从预制底座上移出来,即所谓"出坑"。钢筋混凝土构件在混凝土强度达到设计强度的75%、预应力混凝土构件在进行预应力筋张拉后,即可进行该项工作。

构件出坑时,常采用龙门起重机起吊出坑、三角扒杆偏吊出坑和横向滚移出坑。构件吊运时的吊点位置应按设计规定。如无设计规定时,梁、板构件的吊点应根据计算确定。构件的吊钩应顺直,吊绳与起吊构件的交角小于60°时,应设置吊架或扁担,尽量使吊环垂直受力。

二、预制梁的运输和存放

预制梁从预制厂至桥位处的运输称为场外运输。其常用大型平板车、驳船或火车进行运输。

梁、板构件移运和堆放的支承位置应与吊点位置一致,并应支承牢固,避免构件损伤。预制梁、板在施工预制厂存放及在运输过程中,应采取必要的防护措施,避免构件(如T形梁、I形梁等)发生倾覆造成构件的破坏。小构件宜顺宽度方向侧立放置,并注意防止倾倒,如平放,两端吊点处必须设置支承方木。

构件堆放的场地应平整夯实,构件应按吊运及安装顺序堆放,宜尽量缩短预应力混凝土梁或板的堆放时间,防止产生过大的反拱度。水平分层堆放构件时,其堆垛高度应按构件强度、地面支承力、垫木强度及堆垛的稳定性而定。承重大构件一般以2层为宜,不应超过3层;小型构件一般不宜多于6~10层,层与层之间以垫木隔开,各层垫木的位置应在吊点处,上下垫木必须在一条竖直线上。雨季和春季融冻期间,必须注意防止因地面软化而造成构件断裂及损坏。

三、预制梁的安装

预制梁的安装是预制装配式混凝土梁桥施工中的关键性工序,应结合施工现场条件、工程规模、桥梁跨径、工期条件、架设安装的机械设备条件等具体情况,以安全可靠、经济简单和加快施工速度等为原则,合理选择架梁的方法。

对于简支梁(板)的安装设计,一般包括起吊、纵移、横移、落梁(板)就位等工序,从架设的工艺来分,有陆地架梁、浮吊架梁和利用安装导梁、塔架、缆索的高空架梁法等方法。

预制梁(板)的安装既是高空作业,又需用复杂的机具设备,施工中必须确保施工人员的安全,杜绝工程事故。因此,无论采用何种施工方法,施工前均应详细、具体地研究安装方案,对各承力部分的设备和杆件进行受力分析和计算,采取周密的安全措施,严格执行操作规程,加强施工管理和安全教育,确保安全、迅速地进行架梁工作。同时,安装前应将支座安装就位。

(一)陆地架梁法

1. 移动式支架架梁法

移动式支架架梁法是在架设孔的地面上,顺桥轴线方向铺设轨道,其上设置可移动支架,预制梁的前端搭在支架上,通过移动支架将梁移送到要求的位置后,再用龙门架或人字扒杆吊装;或者在桥墩上设枕木垛,用千斤顶卸下,再将梁横移就位,如图5-4-1所示。

利用移动支架架设,设备较简单,但可安装重型的预制梁;无动力设备时,可使用手摇卷扬机或绞磨移动支架进行架设。但不宜在桥孔下有水及地基过于松软的情况下使用,一般也不适宜桥墩过高的场合,因为这时为保证架设安全,支架必须高大,因而此种架设方法不够经济。

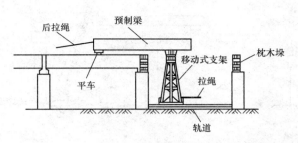 

图 5-4-1 移动式支架架设法

2. 摆动式支架架梁法

摆动式支架架梁法是将预制梁(板)沿路基牵引到桥台上并稍悬出一段,悬出距离根据梁的截面尺寸和配筋确定。从桥孔中心河床上悬出的梁(板)端底下设置人字扒杆或木支架,如图 5-4-2 所示。前方用牵引绞车牵引梁(板)端,此时支架随之摆动而到对岸。为防止摆动过快,应在梁(板)的后端用制动绞车牵引制动。

摆动式支架架梁法较适宜于桥梁高跨比稍大的场合。当河中有水时,也可用此法架梁,但需在水中设一个简单小墩,以供立置木支架用。

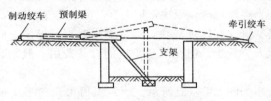

图 5-4-2 摆动式支架架设法

3. 自行式吊机架梁法

由于大型的自行式起重机的逐渐普及,且自行式起重机本身有动力、架设迅速、可缩短工期,不需要架设桥梁用的临时动力设备,不必进行任何架设设备的准备工作和不需要如其他方法架梁时所具备的技术工种,因此,一般中小跨径的预制梁(板)的架设安装越来越多地采用自行式起重机。

自行式起重机架梁法可以采用一台吊机架设[如图 5-4-3(a)所示]、两台起重机架设、起重机和绞车配合架设等方法。

当预制梁重力不大,而起重机又有相当的起重能力,河床坚实无水或少水,允许起重机行驶、停搁时,可用一台起重机架设安装。这时应注意钢丝绳与梁面的夹角不能太小,一般以 45°~60°为宜,否则应使用起重梁(扁担梁)。

对跨径不大的预制梁,起重机起重臂跨径 10 m 以上且起重能力超过梁重的 1.5 倍时,起重机可搁放在桥梁后路基上架设安装,或先搁放在一孔已安装好的桥面上,架设安装次一孔的梁(板)。

用两台起重机架梁法是用两台自行式起重机各吊住梁(板)的一端,将梁(板)吊起并架设安装。此法应注意两起重机的互相配合。

起重机和绞车配合架梁如图 5-4-3(b)所示。将梁一端用拖履滚筒支垫,另一端用起重机吊起。前方用绞车或绞磨牵引预制梁前进。梁前进时,起重机起重臂随之转动。梁前端就位后,起重机行驶到后端,提起梁后端取出拖履滚筒,再将梁放下就位。

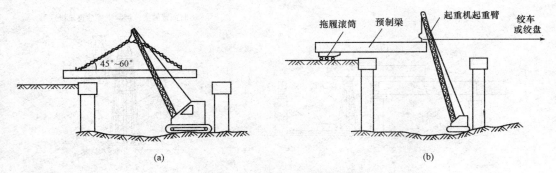

图 5-4-3　自行式起重机架梁法
(a)一台自行式起重机架设法；(b)起重机和绞车配合架设法

4. 跨墩式墩侧龙门架架梁法

跨墩式墩侧龙门架架梁法是以胶轮平板拖车、轨道平车或跨墩龙门架将预制梁运送到桥孔，然后用跨墩龙门架或墩侧高低脚龙门架将梁吊起，再横移到梁设计位置，然后落梁，如此就位完成架梁工作。

搁置龙门架脚的轨道基础要按承受最大反力时能保持安全的原则进行加固处理。河滩上如有浅水，可以在水中填筑临时路堤，水稍深时，可考虑修建临时便桥，在便桥上铺设轨道，并应与其他架设方法进行技术经济比较，以决定取舍。

用本法架梁的优点是架设安装速度较快，河滩无水时也较经济，而且架设时不需要特别复杂的技术工艺，所需作业人员较少。但龙门起重机的设备费用一般较高，尤其是在高桥墩的情况下。

跨墩龙门架的架梁程序如图 5-4-4(a)所示。预制梁可由轨道平车运送至桥孔，如两台龙门架起重机自行且能达到同步运行时，也可利用跨墩龙门架将梁吊着运送到桥孔，再吊起横移落梁就位。

墩侧高低脚龙门架如图 5-4-4(b)所示。其架设程序与跨墩龙门架基本相同。但预制梁必须用轨道平车或胶轮平车拖板运送至桥孔。一孔各片梁安装完毕后，将 1 号墩的龙门架拆除运送到 3 号墩安装使用，以后如此循环使用。为了加快预制梁吊起横移就位速度，可准备三台高低脚龙门架，设置在 1、2、3 号墩侧。待第一跨各梁安装完毕，即可安装第二跨，与此同时，将 1 号墩龙门架运送到 4 号墩安装。这种高低脚龙门架较跨墩龙门架可减少一条轨道，一条腿的高度也可降低，但增加了运、拆装龙门架的工作量，并需要多准备一台龙门架。

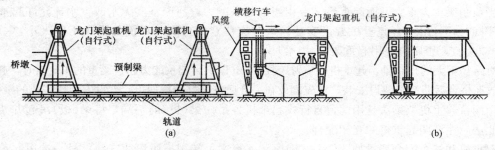

图 5-4-4　龙门架架梁法
(a)跨墩龙门架架设；(b)墩侧高低脚龙门架架设

(二)浮运架梁法

浮运架梁法是将预制梁用各种方法移装到浮船上,并浮运到架设孔以后就位安装。采用浮运架梁法时,河流须有适当的水深,水深需根据梁重而定,一般宜大于 2 m;水位应平稳或涨落有规律,如潮汐河流;流速及风力不大;河岸能修建适宜的预制梁装卸码头;具有坚固适用的船只。浮运架梁法的优点是桥跨中不需设临时支架,可以用一套浮运设备架设安装多跨等跨径的预制梁,较为经济,且架梁时浮运设备停留在桥孔的时间很少,不影响河流通航。

1. 预制梁装船浮运架梁法

预制梁装船浮运架梁法装梁上船一般采用引道栈桥码头,用龙门架吊着预制梁上船,如图 5-4-5 所示。

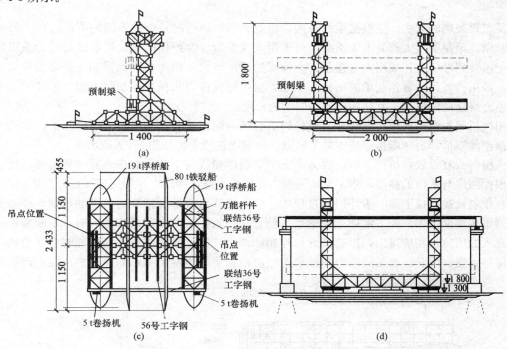

图 5-4-5 预制梁装船浮运架梁法(尺寸单位:cm)
(a)侧面图;(b)正面图;(c)平面图;(d)墩位安装

若装载预制梁的船本身无起吊设施,则可用另外的浮吊吊装就位,或用装设在墩顶的起吊设施吊装就位。

将预制梁装载在一艘或两艘浮船中的支架枕木垛上,使梁底高度高于墩台支座顶面 0.2~0.3 m,然后将浮船拖运至架设孔,充水入浮船,使浮船吃水加深,降低梁底高度,使预制梁安装就位。在有潮汐的河流或港湾上建桥时,可利用潮汐水位的涨落来调整梁底高程以安装就位。若潮汐的水位高差不够,可在浮船中配合排水、充水解决。因此,浮船应配备足够的水泵,以保证及时有效地排水和充水。在装梁时,应进行水泵的性能试验。

预制梁较短、质量较小时,可装载在一艘浮船上。如预制梁较长且又重时,可装载在两艘浮船上或以多艘浮船连成两组使用。无论浮船多少,预制梁的支承处不宜多于两处,并由荷载分布确定。预制梁支承处两端伸出长度应考虑浮船进入架设孔便利,同时,应考虑因两端伸出在支承外产生的负弯矩,在浇筑梁体时适当加固,防止由负弯矩而产生的裂纹、损坏发生。

2. 浮船支架拖拉架梁法

浮船支架拖拉架梁法是将预制梁的一端纵向拖拉滚移到岸边的浮船支架上，再用如移动式支架架梁法相同的方法沿桥轴线拖拉浮船至对岸，相应地将预制梁也拖拉至对岸，当梁前端抵达安装位置后用龙门架或人字扒杆安装就位，如图 5-4-6 所示。

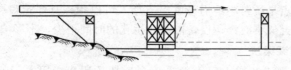

图 5-4-6 浮船支架拖拉架梁法

预制梁装船的方法，应根据梁的长度、质量、河岸的情况，选用不同的方法。对于河边有垂直驳岸、预制梁不太长又不太重时，可采用大起重量、大伸幅的轮胎式或履带式起重机将梁从岸上吊装到浮船上，或用大起重量、大伸幅的浮吊将梁从岸上吊装到浮船上。必须建栈桥码头时，可用栈桥码头将预制梁纵向拖拉上船，也可用栈桥码头横移预制梁上船，但此时必须与河岸垂直修建两座栈桥，其间距等于预制梁的长度。

用栈桥码头纵向拖拉将梁装船，栈桥码头必须与河岸垂直，在栈桥上铺设轨道，轨道一端接梁预制场轨道，另一端接浮船支架上轨道。预制梁拖拉上船如图 5-4-7 所示。

栈桥码头宜设置在桥位下游，因为向上游牵引浮船较向下游要稳当一些。栈桥的高度、长度应根据河岸与水位的高差，水下河床深度、浮船最大吃水深度、浮船支架高度等因素确定。

在预制梁被拖拉上第一艘浮船的过程中，随着梁移出栈桥端排架的长度的增加，浮船所支承的梁重也逐渐增加。为了维持梁处于水平位置，必须在与梁向前拖拉的同时，不断地将浮船中先充入的压舱水相应排出，以逐渐增加浮船的浮力，使浮船在载重逐渐增加时，浮船的吃水深度保持不变。因此，水泵的能力和排水速度应根据梁的质量和拖移的速度来决定。浮船可用缆索和绞车拉动或用拖船牵引至架设孔。

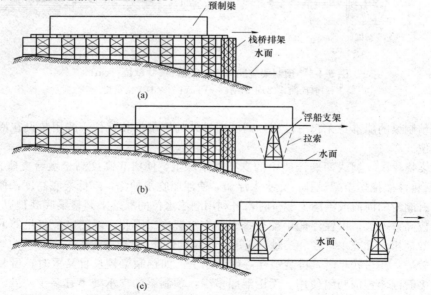

图 5-4-7 利用栈桥码头将预制梁纵向拖拉上船
(a)预制梁已拖拉至栈桥上；(b)预制梁已拖拉至第一艘浮船支架上；
(c)预制梁已拖拉至第一、二艘浮船支架上用栈桥码头横移预制梁上船如图 5-4-8 所示。预制梁经过栈桥横向移运到两个提升塔(或龙门起重机下)之间后，就可用卷扬机将梁提升起来，然后将双艘浮船联系的浮船支架拖入，再将梁落放在浮船支架上。浮船中线宜与预制梁中线相垂直。

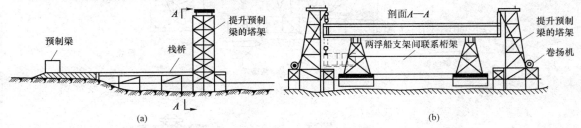

图 5-4-8 用栈桥码头横移预制梁上船
(a)侧面图；(b)剖面图

当栈桥排架较高，浮船支架高度稍低于栈桥上梁底高度时，可不必用卷扬机或龙门架提升预制梁，而采用先将浮船充水，使它吃水深一些，待浮船拖到梁下的预定位置后，再用水泵将浮船中压舱水排出，使浮船升高，将梁托起在支架上。但完全靠充水、排水来升降浮船支架高度比较费时，可与千斤顶联合使用。但在浮船支架拖运途中，必须撤除千斤顶，以免梁发生翻倒现象。

(三)高空架梁法

1. 联合架桥机架梁法(蝴蝶架架梁法)

联合架桥机架梁法适用于架设安装 30 m 以下的多孔桥梁。其优点是完全不设桥下支架，不受水深流急影响，在架设过程中不影响桥下通航、通车。预制梁的纵移、起吊、横移、就位都较方便；缺点是架设设备用钢量较多，但可周转使用。

联合架桥机由两套门式起重机、一个托架(即蝴蝶架)、一根两跨长的钢导梁三部分组成，如图 5-4-9 所示。钢导梁由贝雷装配，梁顶面铺设运梁平车和托架行走的轨道，门式起重机和工字梁组成，并在上、下翼缘处及接头的地方，用钢板加固。门式吊机顶横梁上设有吊梁用的行走小车。为了不影响架梁的净空位置，其立柱做成拐脚式(俗称拐脚龙门架)。门式吊机的横梁高程，由两根预制梁叠起的高度加平车及起吊设备高度确定。蝴蝶架是专门用来托运门式吊机转移的，它由角钢组成，如图 5-4-9 所示，整个蝴蝶架放在平车上，可沿导梁顶面轨道行走。联合架桥机架梁顺序如下：

(1)在桥头拼装钢导梁，在梁顶铺设钢轨，并用绞车纵向拖拉导梁就位。

(2)拼装蝴蝶架和门式吊机，用蝴蝶架将两个门式吊机移运至架梁孔的桥墩(台)上。

(3)由平车轨道运送预制梁至架梁孔位，将导梁两侧可以安装的预制梁用两个门式起重机吊起，横移并落梁就位，如图 5-4-9 所示的 1、2、3、4 号梁。

(4)将导梁所占位置的预制梁临时安放在已架设好的梁上，如图 5-4-9 所示的 5、6 号梁。

(5)用绞车纵向拖拉导梁至下一孔后，将临时安放的梁由门式起重机架设就位，完成一孔梁的架设工作，并用电焊将各梁连接起来。

(6)在已架设的梁上铺接钢轨，再用蝴蝶架顺序将两个门式起重机托起并运至前一孔的桥墩上。如此反复，直至将各孔梁全部架设好为止。

2. 双导梁穿行式架梁法

双导梁穿行式架梁法是在架设孔之间设置两组导梁，一种是导梁上配有悬吊预制梁设备的轨道平车和起重行车或移动式龙门起重机，将预制梁在双导梁内吊着运到规定位置后，再落梁、横移就位，横移时，可将两组导梁吊着预制梁整体横移；另一种是导梁设置在桥面宽度以外，

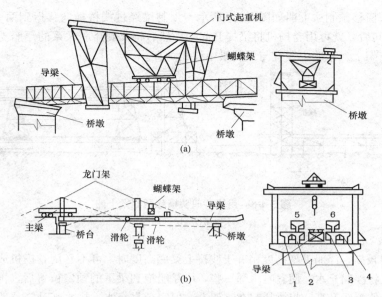

图 5-4-9 联合架桥机架梁法
(a)主梁纵移图;(b)主梁横移安装图

预制梁在龙门起重机上横移,导梁不横移,这比第一种横移方法安全。

双导梁穿行式架梁法的优点与联合架桥机法相同,适用于墩高、水深的情况下架设多孔中、小跨径的装配式梁桥,但不需蝴蝶架,而配备双组导梁,故架设跨径可较大,吊装的预制梁可较重。我国用这类型的起重机架设了梁长为 51 m、重为 1 310 kN 的预应力混凝土 T 形梁桥。

两组分离布置的导梁可用公路装配式钢桥桁节、万能杆件设备或其他特制的钢桁节拼装而成。两组导梁内侧净距应大于待安装的预制梁宽度。导梁顶面铺设轨道,供起重行车吊梁行走。导梁设置三个支点,前端可伸缩的支承设置在架桥孔前方墩桥上,如图 5-4-10 所示。

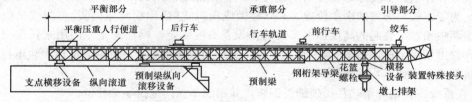

图 5-4-10 双导梁穿行式架梁法

两根型钢组成的起重横梁支承在能沿导梁顶面轨道行走的平车上,横梁上设有带复式滑车的起重行车。行车上的挂链滑车供吊装预制梁用。其架设顺序如下:

(1)在桥头路堤上拼装导梁和行车,并将拼装好的导梁用绞车纵向拖拉就位,使两伸缩支承脚在架梁孔的前墩上。

(2)先用纵向滚移法将预制梁运到两导梁之间,当梁前端进入前行车的吊点下面时,将预制梁前端稍稍吊起,并将前方起重横梁吊起,继续运梁前进至安装位置后,固定起承横梁。

(3)用横梁上的起重行车将梁落在横向滚移设备上,并用斜撑撑住,以防止倾倒,然后在墩顶横移落梁就位。

(4)用以上步骤并直接用起重行车架设中梁。如用龙门起重机吊着预制梁横移,其方法同联合架桥机架梁。此法预制梁的安装顺序是先安装两个边梁,再安装中间各梁。全孔各梁安装完毕并符合要求后，将各梁横向焊接联系，然后在梁顶铺设移运导梁的轨道，将导梁推向前进，安装下一孔。

重复上述工序，直至全桥架梁完毕。

3. 自行式起重机桥上架梁法

在预制梁跨径不大、质量较轻且梁能运抵桥头引道上时，可直接用自行式伸臂起重（汽车式起重机或履带式起重机）来架梁。但是，对于架桥孔上的主梁，当横向尚未连成整体时，必须核算起重机通行和架梁工作时的承载能力。此种架梁方法简单方便，几乎不需要任何辅助设备，如图 5-4-11 所示。

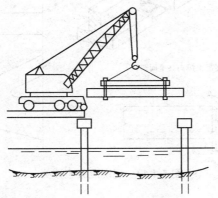

图 5-4-11 自行式起重机桥上架梁法

4. 扒杆纵向"钓鱼"架梁法

扒杆纵向"钓鱼"架梁法是用立在安装孔墩台上的两副人字扒杆，配合运梁设备，以绞车互相牵吊，在梁下无支架、导梁支托的情况下，将梁悬空吊过桥孔，再横移落梁、就位安装的架梁法。其架梁示意如图 5-4-12 所示。

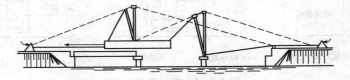

图 5-4-12 扒杆纵向"钓鱼"架梁法

用此法架梁时，必须以预制梁的质量和墩台之间跨径为基础，在竖立扒杆、放倒扒杆、转移扒杆或架梁或吊着梁进行横移等各个工作阶段，对扒杆、牵引绳、控制绳、卷扬机、锚碇和其他附属零件进行受力分析和应力计算，以确保设备的安全。另外，还须对各阶段的操作安全性进行检查。

本法不受架设孔墩台高度和桥孔下地基、河流水文等条件影响；不需要导梁、龙门式起重机等重型吊装设备，而可架设 30～40 m 以下跨径的桥梁；扒杆的安装移动简单，梁在吊着状态时横移容易，且比较安全，故总的架设速度快。但本法需要技术熟练的起重工，且不宜用于不能设置缆索锚碇和梁上方有障碍物处。

四、构件的接头方式

预制构件的接头有湿接头、干接头及干湿混合接头三种方式。湿接头就是现浇混凝土接头，必须在有支架情况下实施;干接头采用钢板焊接接头、螺栓接头、环氧树脂胶涂缝的预应力接头等;干湿混合接头先由干接头受力,待现浇接头混凝土获得强度后共同受力。

(1)现浇混凝土接头(干接头)如图 5-4-13 所示。杆件的端头需有主筋伸出,相互焊接,并布置箍筋后浇筑混凝土。接头长度一般为 0.2～0.5 m,接头混凝土强度等级一般采用比构件的混凝土强度等级高一级,或采用超强度混凝土,以达到尽快拆除支架的目的。

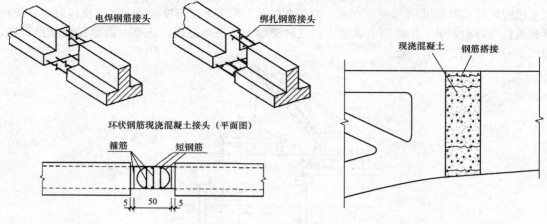

图 5-4-13　现浇混凝土接头

(2)钢板电焊接头如图 5-4-14 所示。在构件接头端部预埋钢板,在构件就位后将钢板焊接在一起。接头形式采取三种方式:第一种采用在端面预埋钢板,接头时在钢板四周焊接;第二种采用在构件侧面预埋钢板与搭接钢板焊接;第三种采用在构件端部与侧面均预埋钢板,先焊接端部钢板,再加搭接钢板与侧面预埋钢板焊接。所有预埋钢板均要与锚固钢筋或主筋焊接。

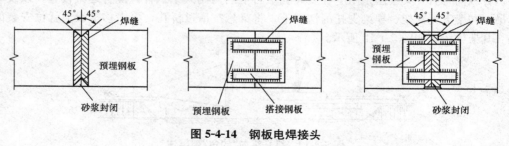

图 5-4-14　钢板电焊接头

(3)法兰螺栓接头如图 5-4-15 所示。在构件接头端预埋法兰盘,在构件就位后用螺栓将法兰连接起来。

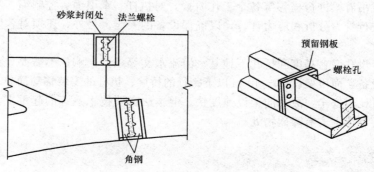

图 5-4-15　法兰螺栓接头

(4)干湿混合接头如图 5-4-16 所示。在同一接头处既用现浇连接又用焊接接头或螺栓接头。

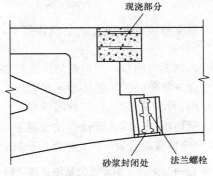

图 5-4-16 干湿混合接头

任务五 装配式 T 形梁工程质量检验评定

 学习任务

依据任务中涉及的梁、板安装方法及安装要点,分析任务一中涉及的桥梁形式,模拟实际情况,编制 40 m 装配式简支预应力 T 形梁安装施工技术交底文件。

※任务描述

桥梁交工或中间交工验收需要进行桥梁工程检验评定工作。评定是依据检验结果对工程质量进行评分并确定其等级的活动。本任务以装配式预应力 T 形梁工程检验评定为重点,通过工程检验评定规定的学习及前续任务中涉及的装配式预应力 T 形梁工程实际检验评定,完成实际桥梁工程检验评定工作。通过本任务的学习,学生能够掌握预应力简支 T 形梁工程质量评定、检验、验收标准的内容,能进行预应力简支 T 形梁施工成品质量评定与验收。

一、装配式 T 形梁工程质量检验评定一般规定

本部分内容和项目四任务四中的一般规定一致。

二、装配式 T 形梁工程质量检验评定项目

根据《公路工程质量检验评定标准 第一册 土建工程》(JTG F80/1—2017)中对单位、分部及分项工程的划分,装配式 T 形梁工程包含钢筋加工及安装、预应力筋加工和张拉、预应力管道压浆及封锚、预制安装梁四个分项工程。其中钢筋加工及安装与项目四任务四中的一致。

(一)预应力筋加工和张拉

(1)预应力筋加工和张拉应符合下列基本要求:
①预应力束中的钢丝、钢绞线应顺直,不得有缠绞、扭结现象,表面不得有损伤。
②单根钢绞线不得断丝,单根钢筋不得断筋或滑移。

③同一截面预应力筋接头面积应不超过预应力筋总面积的25%，接头质量应符合施工技术规范的规定。

④预应力筋张拉或放张时混凝土强度和龄期应满足设计要求，应按设计要求的张拉顺序进行操作。

⑤预应力钢丝采用墩头锚时，墩头应圆整，不得有斜歪或破裂现象。

⑥管道应安装牢固，接头密合，弯曲圆顺，锚垫板平面应与孔道轴线垂直。

⑦张拉设备应配套标定和使用，并不得超过标定期限使用。

⑧锚固后预应力筋应采用机械切割，外露长度符合设计要求。

(2)预应力筋加工和张拉实测项目应符合表5-5-1和表5-5-2的规定。

表 5-5-1　钢丝、钢绞线先张法实测项目

项次	检查项目		规定值或允许偏差	检查方法和频率
1	墩头钢丝同束长度相对差/mm	$L>20$ m	$\leq L/5\,000$ 及 5	尺量：每加工批测2束
		6 m$\leq L \leq$20 m	$\leq L/3\,000$ 及 5	
		$L<6$ m	≤ 2	
2△	张拉应力值		满足设计要求	查油压表读数：每根(束)检查
3△	张拉伸长率		满足设计要求，设计未满足要求时±6%	尺量：每根(束)检查
4	同一构件内断丝根数不超过钢丝总数的百分数		$\leq 1\%$	目测：每根(束)检查
5	预应力筋张拉后在横断面上的坐标/mm		±5	尺量：测2个断面
6	无黏结段长度/mm		±10	尺量：每根(束)检查

注：1. L 为钢束长度，计算无规定值或允许偏差时以 mm 计。
2. 表中以"△"标识的是指涉及结构安全和使用功能的重要实测项目即关键项目。

表 5-5-2　后张法实测项目

项次	检查项目		规定值或允许偏差	检查方法和频率
1	管道坐标/mm	梁长方向	±30	尺量：每构件检查30%的管道，每个曲线段测3点，直线段每10 m测1点，锚固点及连接点全部测
		梁宽方向	±10	
		梁高方向	±10	
2	管道间距/mm	同排	±10	尺量：每构件抽查30%的管道，测2个断面
		上下层	±10	
3△	张拉应力值		满足设计要求	查油压表读数：每根(束)检查
4△	张拉伸长率		满足设计要求，设计未达标时±6%	尺量：每根(束)检查
5	断丝滑丝数		每束1根，且每断面总数不超过钢丝总数1%	目测：每根(束)检查

(3)预应力筋加工和张拉外观质量应符合下列规定：

①预应力筋应无油污、超过20%表面积的锈迹，锚具、连接器表面应无裂纹、油污、锈迹，外套管应无裂纹、机械损伤。

②预应力筋及管道线形不得出现弯折。

③预应力管道应无破损、连接松脱。

(二)预应力管道压浆及封锚

(1)预应力管道压浆及封锚应符合下列基本要求:

①浆体的各项技术性能应符合施工技术规范规定并满足设计要求。

②预应力管道在压浆前应清除内部的杂物及积水。采用真空辅助压浆时,其气密性应达到技术规范的规定。

③管道最高位置应设置排气孔,排气、排水孔应在原浆溢出后方可封闭。

④应在设计要求的时间内进行压浆,同一管道压浆应连续一次完成,不得有漏压浆的管道。

⑤在压浆过程中及压浆完成后48 h内,环境温度低于5 ℃时应采取防冻或保温措施。

⑥应按设计要求浇筑封锚混凝土。

(2)预应力管道压浆及封锚实测项目应符合表5-5-3的规定。

表5-5-3 预应力管道压浆及封锚实测项目

项次	检查项目	规定值或允许偏差	检查方法和频率
1△	浆体强度/MPa	在合格标准内	按照《公路工程质量检验评定标准 第一册 土建工程》(JTG F80/1—2017)附录M检查
2△	压浆压力值/MPa	满足施工技术规范规定	查油压表读数;每管道检查
3	稳压时间/s	满足施工技术规范规定	计时器:每管道检查

(3)预应力管道压浆及封锚外观质量应符合下列规定:

①封锚混凝土与相连混凝土应无大于5 mm的施工接缝错台。

②封锚混凝土不应存在《公路工程质量检验评定标准 第一册 土建工程》(JTG F80/1—2017)的附录P所列的限制缺陷。

(三)预制安装梁

(1)预制安装梁、板应符合下列基本要求:

①拼接粗糙面的质量和键槽的数量、质量应满足设计要求。

②在吊移出预制底座时,混凝土的强度不得低于设计所要求的吊装强度,预制件不得受到损伤;在安装时,支承结构(墩台、盖梁、垫石)的强度应满足设计要求。

③安装前,梁、板应检验合格,墩、台支座垫板应稳固;就位后,梁、板两端支座应对位,梁底与支座及支座底与垫石顶应密贴,临时支撑应稳固。

④梁段之间接缝填充材料的种类、规格和性能应满足设计要求,接缝填充密实。

(2)预制安装梁、板实测项目应符合表5-5-4至表5-5-6的规定。

表5-5-4 梁、板或梁段预制实测项目

项次	检查项目		规定值或允许偏差	检查方法和频率
1△	混凝土强度/MPa		在合格标准内	按《公路工程质量检验评定标准 第一册 土建工程》(JTG F80/1—2017)附录D检查
2	梁长度/mm	总长度	+5,−10	尺量:每梁顶面中线、底面两侧
		梁段长度	0,−2	

续表

项次	检查项目			规定值或允许偏差	检查方法和频率
3△	断面尺寸/mm	宽度	箱梁 顶宽	±20(±5)	尺量：每梁测3个断面，板和梁段测2个断面
			箱梁 底宽	±10(+5, 0)	
			其他梁、板 干接缝（梁翼缘、板）	±10(±3)	
			其他梁、板 湿接缝（梁翼缘、板）	±20	
		高度	箱梁	0，−5	
			其他梁、板	±5	
		顶板、底板、腹板或梁肋厚		+5，0	
4	平整度/mm			≤5	2 m直尺：沿梁长方向每侧面每10 m梁长测1处×2尺
5	横系梁及预埋件位置/mm			≤5	尺量：每件
6	横坡/%			±0.15	水准仪：每梁测3个断面，板和梁段测2个断面
7	斜拉索锚面	锚点坐标/mm		±5	全站仪、钢尺：检查每锚垫板，测水平及相互垂直的锚孔中心线与锚垫板边线交点坐标推算
		锚面角度/°		0.5	角度仪：检查每锚垫板与水平面、立面的夹角，各测3处

表 5-5-5　梁、板安装实测项目

项次	检查项目		规定值或允许偏差	检查方法和频率
1	支承中心偏位/mm	梁	≤5	尺量：每跨测6个支承处，不足6个时全测
		板	≤10	
2	梁、板顶面高程/mm		±10	水准仪：每跨测5处，跨中、桥墩（台）处应布置测点
3	相邻梁、板顶面高差/mm	L≤40 m	≤10	尺量：测每相邻梁、板高差最大处
		L>40 m	≤15	

表 5-5-6　逐跨拼装梁安装实测项目

项次	检查项目		规定值或允许偏差	检查方法和频率
1	轴线偏位/mm		≤5	全站仪：每跨测3处
2	相邻节段间接缝错台/mm	顶面	≤5	尺量：每条接缝测顶底面和每侧面错台最大处
		底面、侧面	≤3	
3	节段拼装立缝宽度/mm		≤3	尺量：每条接缝测3处
4	梁长/mm		+20，−40	尺量：每跨测顶面两侧边线和中线处
5	支承中心偏位/mm		≤5	尺量：每支承中心

(3)预制安装梁、板外观质量应符合下列规定:

①混凝土表面不应存在《公路工程质量检验评定标准 第一册 土建工程》(JTG F80/1—2017)附录P所列的限制缺陷。

②应无建筑垃圾、杂物和临时预埋件。

③梁段接缝胶结材料不得存在脱落和开裂。

学习任务

依据本项目任务一的设计图纸,进行装配式预应力简支T形梁桥工程划分,制订质量检验评定方案。

简支T梁构造(一)

简支T梁构造(二)

简支梁预制施工

项目六　预应力混凝土连续箱梁桥施工

📖 项目描述

预应力混凝土箱梁桥不仅有梁肋和上部翼缘板，在底部还有扩展的底板，它具有承受正、负弯矩足够的混凝土受压区。随着交通量的快速增长，车速提高，人们出行希望有快速、舒适的交通条件，预应力混凝土连续箱梁能适应这一要求。本项目以预应力混凝土连续箱梁桥上部构造施工为重点学习内容，旨在让学生在领会预应力混凝土连续箱梁桥上部结构设计意图、明确工程内容、掌握工程特点的基础上，通过编制施工技术方案正确选择合适的方法，按照《公路桥涵施工技术规范》(JTG/T F50—2011)和《公路工程质量检验评定标准　第一册　土建工程》(JTG F80/1—2017)的相关规定进行预应力混凝土连续箱梁桥上部结构逐孔施工，培养学生桥梁施工的职业能力。

本项目施工设计图如图 6-2-1 至图 6-2-11 所示。

📖 项目任务

本项目包括连续梁构造认知、复核预应力混凝土连续箱梁施工设计图、制订预应力混凝土连续箱梁施工技术方案、箱梁简支转连续施工、预应力混凝土连续箱梁工程质量检验评定 5 个任务。

📖 项目目标

通过对本项目的学习，能复核预应力混凝土连续箱梁施工设计图、工程量；能参加设计技术交底；能按照要求编制预应力混凝土连续箱梁逐孔施工技术方案；能完成箱梁预制施工；能进行箱梁的架设，并完成简支转连续的体系转换；能进行现浇连续箱梁工程质量检验评定的工作。

任务一　连续梁构造认知

※任务描述

连续梁构造认知是进行预应力混凝土连续箱梁桥施工的基础，了解连续梁构造的相关知识有助于识读设计图、拟定施工方案、科学合理地组织施工等工作的开展。本任务主要包括钢筋混凝土悬臂和连续体系梁桥的构造、预应力混凝土连续梁桥构造、整体式预应力混凝土箱梁构造等内容。通过本任务的学习，学生能掌握整体式与装配式预应力混凝土箱梁构造、配筋的内容和特点，为后续预应力混凝土箱梁桥施工任务的学习打下基础。

一、立面布置

混凝土连续梁按不同的立面布置与构造形式，有多种不同的分类。

(1) 按照桥梁跨径的相互关系，可分为等跨连续梁和不等跨连续梁。
(2) 按照桥梁的梁高，可分为等高度连续梁和变高度连续梁。
(3) 按照下部结构的支承形式，可分为普通单式桥墩连续梁[如图 6-1-1(a)所示]、双薄壁柱式桥墩连续梁[如图 6-1-1(b)所示]和 V 形桥墩连续梁[如图 6-1-1(c)所示]。

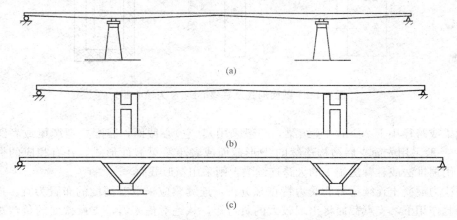

图 6-1-1　混凝土连续梁桥的立面布置
(a)普通单式桥墩连续梁；(b)双薄壁柱式桥墩连续梁；(c)V 形桥墩连续梁

(4) 按照受力钢筋，可分为预应力混凝土连续梁和钢筋混凝土连续梁。

连续梁跨径的布置一般宜采用不等跨的形式。如果采用等跨布置，则边跨内力（包括边支墩处梁截面的负弯矩）将控制全桥设计，这样是不经济的。另外，边跨过长，削弱了边跨的刚度，将增大活载在中跨跨中截面处的弯矩变化幅值，增加预应力束筋数量。故一般边跨长度取中跨的 0.5~0.8 倍（这样可以使中跨跨中弯矩不致产生异号弯矩），对钢筋混凝土连续梁取偏大值，使边跨与中跨控制截面的内力基本相同；对预应力连续梁宜取偏小值，以增加边跨刚度，减小活载弯矩的变化幅度，减小预应力筋的数量，但边跨长度过短，边跨桥台支座将会产生负反力，支座与桥台必须采用相应抗拔措施或边梁压重来解决。另外，边跨跨长与中跨跨长的比值，还与施工方法有着密切的联系。对于采用现场浇筑的桥梁，边跨长度取为中跨长度的 0.8 倍是经济合理的。但是如果用悬臂施工法，考虑到一部分边跨采用悬臂施工外，剩余的边跨部分还须另搭脚手架施工。为了减小脚手架长度及现浇段的长度，则边跨长度取中跨长度的 0.65 倍为宜。

从结构受力性能看，等跨连续梁要比不等跨连续梁差一些。但在某些条件下，例如，当桥梁总长度很大，设计者采用顶推或先简支后连续的施工方法时，则等跨结构受力性能较差所带来的欠缺完全可以从施工经济效益的提高而得到补偿。所以，跨湖泊、海湾的长桥多采用小跨径的等跨连续梁布置。

二、横截面形式

连续梁桥的横截面形式主要根据跨径、桥宽及施工方法来选择，一般采用的横截面形式有实(空)心板、T 形及箱形。同时，在连续梁桥的截面选择中，不仅要考虑弯矩数值上的变化，而且要考虑弯矩符号的变化。在可变弯矩及轴力的作用下，构件截面的应力状态与截面核心距有关，当轴向压力作用在截面核心范围内时，截面边缘不出现拉应力。因此，截面的核心距越大，轴向压力的偏心可以越大，即预应力钢筋合力的力臂越大，预应力的作用便越可以充分地发挥。如图 6-1-2 所示，设截面高度均为 h，对于矩形截面，其核心距约为 $h/3$；具有宽翼缘的

T形截面，核心距约为$0.4h$，箱形截面的核心距随腹板厚度与截面轮廓尺寸的比值而变化，有可能达到$0.5h$。截面核心距的选择，主要取决于恒载与活载的比值。

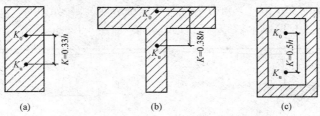

图 6-1-2　截面形式及其核心距（K为核心距）

现浇梁或跨径小于 20 m 的连续梁，一般采用实（空）心截面；装配式连续梁或者跨径大于 20 m 时，一般采用先简支后结构连续的 T 形截面或者小箱梁截面形式，并有相应的标准设计图；对于用顶推法或悬臂法施工的大跨连续梁，则采用箱形截面。

从预应力混凝土连续梁桥的受力特点来分析，连续梁应采取变高度的布置为宜。连续梁在恒载、活载作用下，支点截面将出现较大的负弯矩，从绝对值来看，支点截面的负弯矩往往大于跨中截面的正弯矩，因此，采用变高度梁能较好地符合梁的内力分布规律。同时，采用悬臂法施工的连续梁，变高度梁又与施工的内力状态相吻合。另外，变高度梁使梁体外形和谐，节省材料并增大桥下净空。所以，从已建桥梁统计资料分析，跨径大于 100 m 的预应力混凝土连续梁有 90% 以上是选用变高度梁。

变高度梁的截面变化规律可采用圆弧线、二次抛物线和直线等，通常以二次抛物线为最常用，因为二次抛物线的变化规律与连续梁的弯矩变化规律基本相近。采用直线形截面变化布置可使桥梁的构造简单，施工方便。

在采用顶推法、移动支架法、整孔架设法施工的桥梁，其跨径在 40~60 m 的预应力混凝土连续梁，一般都采用等高度连续梁。等高度连续梁的缺点是梁在支点上不能增加梁高，而只能利用增加预应力束筋用量来抵抗较大的负弯矩，材料用量较费；但是其优点是结构构造简单。

根据已建成桥梁的资料分析，梁高可以参考表 6-1-1 采用。

表 6-1-1　连续梁支点和跨中梁高估算值

桥　型	支点梁高 H/m	跨中梁高 h/m
等高度连续梁	$H=(1/15\sim1/30)l$，常用$(1/18\sim1/20)l$	
变高度（折线形）连续梁	$H=(1/16\sim1/20)l$	$H=(1/22\sim1/28)l$
变高度（曲线形）连续梁	$H=(1/16\sim1/20)l$	$H=(1/30\sim1/50)l$
注：表中 l 为计算跨径。		

以下重点介绍大跨径桥梁中普遍采用的箱梁结构形式。

(一)箱梁截面形式

箱形截面是一种闭口薄壁截面，其抗扭刚度大，并具有较 T 形截面同样高的截面核心距，同时，它的顶板和底板面积均比较大，能有效地承担正负弯矩，并满足配筋的需要。另外，当桥梁承受偏心荷载时，箱形截面的抗扭刚度大，内力分配比较均匀；在桥梁处于悬臂状态时，具有良好的静力和动力稳定性，对悬臂施工的大跨径桥梁尤为有利，因此，在已建成的大跨径预应力混凝土梁桥中，当跨径超过 40 m 后，其截面大多为箱形截面。由于箱梁截面整体性能好，因而在限制车道数通过车辆时，可以超载通行，而装配式桥梁由于整体性能差，超载行驶车辆的能力有限。

一般来说，箱形截面形式主要取决于桥面宽度，另外，与墩台构造形式、施工要求等也有关。常见的箱形截面有单箱单室、单箱多室、多箱单室、多箱多室等，如图 6-1-3 所示。单箱截面[如图 6-1-3(a)所示]整体性好，施工方便，材料用量较经济，当桥面宽度不大时，以采用单箱截面为好。另外，单箱截面抗扭刚度大，对于弯桥和城市高架桥、立交桥采用独柱桥墩时尤为适宜。当桥面较宽时，采用多箱截面[如图 6-1-3(c)、(d)所示]较单箱多室截面[如图 6-1-3(b)所示]要经济，且自重要小一些。当桥面宽度超过 18 m 时，高速岔路桥梁上须设置中央分隔带，此时采用分离式箱形截面[如图 6-1-3(e)、(f)所示]更有利于分期施工，减小了活载偏心，箱的高宽比也不致悬殊过大，使箱的受力更为有利。

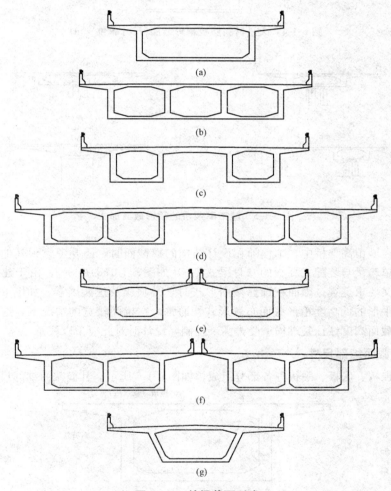

图 6-1-3　箱梁截面形式

箱形截面梁的外形可以是矩形、梯形或曲线形。梯形截面[图 6-1-3(g)]造型美观，且可以减小底板宽度，既减少了梁正弯矩区段混凝土用量，又可以减小墩台尺寸，常用于高墩桥梁。为方便斜腹板中预应力束的布置，除特殊情况外，如图 6-1-4 所示，斜率一般不超过 tan30°，对变截面箱梁斜率控制在 1∶5～1∶4，不至于使支点处底板宽度过于狭窄。梯形截面也有许多不足之处，对变截面箱梁，为保证斜腹板是一个平面，随梁高增大，底板宽度减小，对布置在底板中的预应力束的锚固和弯起较为复杂；支点截面因底板过窄，为满足受压面积的需要而增厚过多。另外，截面形心较矩形截面偏高，减小了顶板预应力筋的力臂，这些情况对承受负弯矩都是不利的。故对承受负弯矩为主的T形刚构桥和连续刚构桥很少采用斜腹板箱形截面。梯形截面箱梁较多用于等高度连续梁桥，曲线形的箱形截面则用于对桥梁外观、桥墩宽度要求较高的城市高架桥上，如图6-1-5所示。

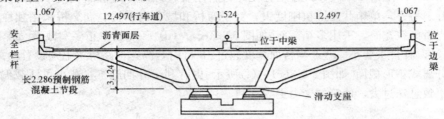

图 6-1-4　大悬臂斜腹板箱形截面(尺寸单位：m)

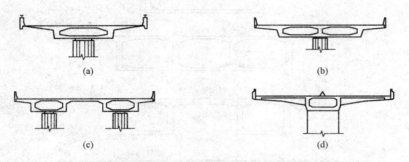

图 6-1-5　城市高架桥的箱形截面形式

实际上，在城市高架桥中，工程师在设计结构的横截面时，还要考虑到其他各种因素。例如，采用现浇单箱梁与装配式翼板的脊骨梁式结构[如图6-1-5(d)所示]；由于建筑高度受到严格限制，外形又要求美观，因而在选择截面形式时，必须顾及这些因素。如图6-1-5(a)所示是常见的一种扁平形的低高度箱形截面布置形式。通常，在桥面较宽的情况下，这种形式的箱形截面连续梁的截面高度往往是端横梁受力需要控制，设计时对此应予以注意。

(二)箱形截面细部尺寸

箱形梁由顶板、底板、腹板等各部分组成，如图6-1-6所示。其横截面细部尺寸拟定如下。

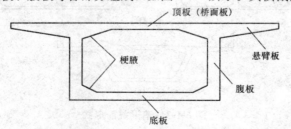

图 6-1-6　箱形梁一般构造形式

1. 顶板、底板

箱形截面的顶板和底板是结构承受正负弯矩的主要工作部位。当采用悬臂施工方法时，梁的下缘特别是靠近桥墩的截面将承受很大的压应力。箱形截面的底板必须提供足够大的承压面积，发挥良好的受力作用。在弯矩发生正负变化的截面中，顶板和底板也都应各自发挥良好的作用。

底板除承受自身荷载外，还承受一定的施工荷载。用悬臂法施工箱梁时，底板还承受挂篮底模梁后吊点的反力，设计时应考虑该力的作用。

(1)箱梁根部底板厚度。在连续梁中，底板厚度随箱梁负弯矩的增大而逐渐加厚直至墩顶，以适应受压要求。底板除须符合运营阶段的受压要求外，在破坏阶段还宜使中性轴保持在底板以内，并有适当的富余。一般为墩顶梁高的 1/10～1/12。

(2)箱梁跨中底板厚度。预应力混凝土连续梁因跨中正弯矩要求，板内需配置一定数量的预应力束筋与普通钢筋，此时底板厚度一般为 200～250 mm，即使是无预应力束筋，底板厚度也不应小于 120 mm。相关专家建议，无梗腋的箱梁下翼缘板厚度如能达到 150 mm 或 $l/30$ 则更好（l 为箱梁内壁净距）。有梗腋的梁也可采用同样的数值。

(3)箱梁顶板厚度。确定箱形截面顶板厚度一般考虑两个因素：一是满足桥面板横向弯矩的要求；二是满足布置纵向预应力钢束的要求。在普通钢筋混凝土桥面板中，顶板厚度与腹板的间距可参考表 6-1-2。

表 6-1-2 腹板和顶板参考尺寸

腹板间距/m	3.50	5.00	7.00
顶板厚度/mm	180	200	280

箱形截面顶板两侧挑出的悬臂板长度也是调节顶板内弯矩的重要因素。在采用横向预应力束筋时，一般应尽量外伸。当悬臂板有加劲肋或加有斜撑时，悬臂板还可伸得更长一些。在确定悬臂板根部的活载弯矩时，当悬臂自由长度增加时，集中活载的荷载纵向分布长度也随之增加，所以对弯矩数值影响不大，这就使选择悬臂长度时具有更大的自由度。但恒载及人群荷载弯矩随悬臂长度几乎呈平方关系增加，故在大悬臂状态时，宜设置横向预应力束以减薄悬臂根部的厚度。悬臂长度一般采用 2～5 m，当长度超过 3 m 后，一般需布置横向预应力束筋。在布筋时可利用桥面板的横向坡度和板截面的变高度，以发挥预应力筋的偏心效应。

2. 箱梁腹板厚度

腹板的作用是承受截面的剪应力和主拉应力。腹板的最小厚度应满足剪切极限强度的要求。对侧腹板要满足弯扭剪切极限强度的要求，一般侧腹板比中腹板厚一些。在预应力箱梁中，弯束提供的预剪力可以抵消一部分弯曲剪切力，剪应力和主拉应力较普通钢筋混凝土梁要小，故同样荷载条件下，如不考虑构造需要，其腹板比普通钢筋混凝土梁更薄一些。腹板最小厚度还应考虑预应力束筋的布置与混凝土浇筑的要求，一般的设计经验如下：

(1)腹板内无预应力束筋管道布置时可采用 200 mm。

(2)腹板内有预应力束筋管道布置时可采用 300 mm。

(3)腹板内有预应力束筋锚固头时则采用 380 mm。

腹板高度大于 2.40 m 时，以上尺寸应予增加，以减小混凝土浇筑的困难。

在大跨径预应力混凝土箱梁中，腹板厚度从跨中逐步向支点加宽，以承受支点处较大的剪力，一般采用 300～600 mm，有达到 1 m 左右的。对变高度梁，跨径小于 70 m 时，腹板厚度基本上不变，但跨径超过 200 m 时，厚度有时要相差 3 倍以上。

近些年来，为了减轻箱梁结构的自重及腹板中的主拉应力，常采用波形钢腹板代替混凝土腹板，其厚度由受力确定。

3. 梗腋

在顶板与腹板接头处设置梗腋很重要。梗腋提高了截面的抗扭刚度和抗弯刚度，减小了扭转剪应力和畸变应力。桥面板支点刚度加大后，可以吸收负弯矩，从而减小了桥面板的跨中正弯矩。另外，梗腋使力线过渡比较平缓，减小了次应力。从构造上考虑，利用梗腋所提供的空间布置纵向预应力束筋和横向预应力束筋，这也为减薄底板和顶板的厚度提供了构造上的保证。加腋可分为竖向加腋和水平加腋两种。在顶板和腹板交接处如设置竖向加腋，则可加大腹板的刚度，对腹板受力有利，使腹板剪应力控制截面下移，错开了横向弯曲应力高峰，减小了主拉应力，并有利于竖弯束的布置。其缺点是使预应力束筋的合力位置降低，对桥面板跨中受力不利。水平加腋增加了桥面顶板与腹板之间的连接宽度，保证箱梁的整体性。一般箱梁上梗腋多采用图 6-1-7(a)所示的形式的竖向高度不小于顶板厚度。当箱梁截面较小时，也采用图 6-1-7(b) 或图 6-1-7(c)所示的形式。图 6-1-7(d)、(e)常用于斜腹板与顶板之间的梗腋。施工时为便于拆除箱梁内模，常采用二次浇筑法，先浇筑底板和腹板，后浇筑顶板。对底板与腹板之间的下梗腋，常采用图 6-1-7(f)、(g)所示的两种形式，便于底板混凝土的浇筑。

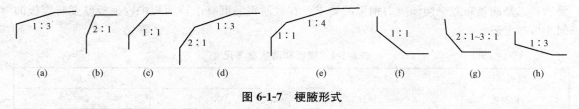

图 6-1-7　梗腋形式

三、预应力筋形式

考虑连续梁的弯矩沿梁长变化的情况，连续梁跨中部分的钢筋要放置在梁的下翼缘内，中间支承附近的钢筋则应布置在梁的上翼缘内。因此，钢筋最好布置成波浪形，如图 6-1-8(a)所示。

为了充分发挥预应力筋的作用，使它具有较大的力偶臂，承受正弯矩的梁段，截面重心应尽可能高一些；承受负弯矩的梁段，截面重心应尽可能低一些。因此，跨径较大的连续梁常设计成高度按曲线形变化的梁，梁的截面重心线也就是曲线形，这样可以使预应力筋的弯曲平缓些，如图 6-1-8(b)所示，有利于张拉工作，减小摩阻损失。

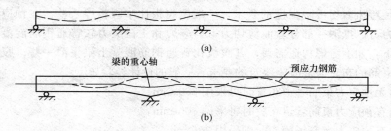

图 6-1-8　现场浇筑连续梁的预应力钢筋布置图

当梁轴线的变化较陡时，为便于张拉，预应力筋可以布置成直线形，如图 6-1-9(a)所示；或者贯通全梁的预应力筋采用直线形，同时在各中间支承处，配置短的帽筋，如图 6-1-9(b)所示，以满足支点负弯矩的需要。这些帽筋锚固在中间支承两边的梁的下缘内。

为了减少摩阻损失，可以缩短张拉钢筋的长度，增加张拉的次数，采用交叉配筋的方式将预应力连接起来，如图 6-1-10 所示。这时，预应力筋都被锚固在梁的顶部，因为在锚固区有局部拉应力作用，常可能导致发生裂缝，此处应注意配置普通钢筋，如图 6-1-11 所示。

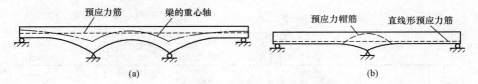

图 6-1-9　连续梁的预应力钢筋布置图

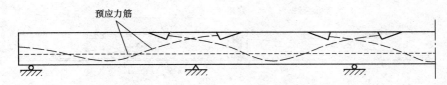

图 6-1-10　在连续梁中间支承处的交叉配筋图

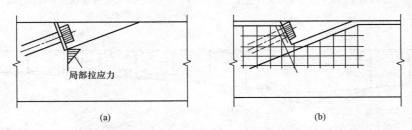

图 6-1-11　梁顶锚固区的局部拉应力及补强钢筋图

图 6-1-12 所示为一种缩短被张拉钢筋的长度以减小摩阻损失的方法。其做法是：从连续梁的一端向另一端逐跨顺序浇筑混凝土、张拉钢筋，在接缝处用钢筋连接器把已张拉的钢筋连接起来。接缝位置最好选择在梁的反弯点处。

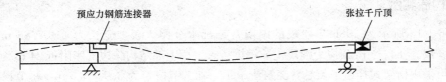

图 6-1-12　逐跨顺序建造预应力混凝土连续梁

对于跨径不大的连续梁，可采用先简支后连续的工艺形成连续梁，如图 6-1-13 所示。图 6-1-13(a)所示为先张法的先简支后连续构造。将用先张法预制的预应力构件架设在墩台上，然后在中间墩上面用后张的预应力钢筋把相邻的预制构件联成连续结构。图 6-1-13(b)所示为常见的后张法先简支后连续构造。

按上述各种方式构成的连续梁，其预制构件，如同简支梁那样承受全部自重（一期恒载）及施工荷载，附加恒载（二期恒载）和活载等则由张拉后钢筋所形成的连续结构承受，故也称为部分连续梁。

对于用顶推法或悬臂法施工的大跨径桥梁，还要考虑施工过程中的荷载常与运营阶段的荷载符号不同，有些预应力钢筋只是在施工的某一阶段需要，而在运营阶段需用的某些预应力钢筋，在施工阶段反而不利，这就使得钢筋的布置更加复杂。图 6-1-14 所示为用悬臂法施工的预应力混凝土连续梁的预应力钢筋布置图。

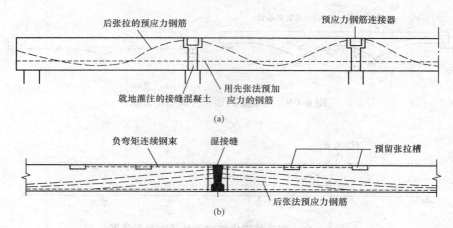

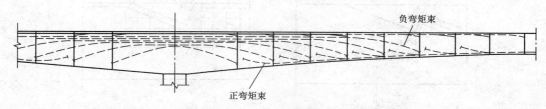

图 6-1-13　先简支后连续的预应力钢筋连接
(a)先张法的先简支后连续预应力钢筋连接；(b)后张法的先简支后连续预应力钢筋连接

图 6-1-14　用悬臂法施工的混凝土连续梁预应力钢筋布置图

总之，设计者可以根据具体情况，采用各式各样的配筋形式来满足施工、运营阶段的受力要求。

四、构造实例

如图 6-1-15 所示为 1986 年建成的湖南常德沅水公路大桥，全长为 1 407.86 m，主桥为 (84.7＋3×120＋84.7)m 预应力混凝土连续梁桥。主桥上部结构除边支座附近 24 m 为支架现浇外，其余均采用桁架式挂篮平衡悬臂浇筑法施工，施工节段长为 3.0～3.5 m，每节段平均施工周期为 15 d，最短为 7 d。

图 6-1-15　常德沅水公路大桥

该桥采用宽翼缘的单箱单室箱形截面,如图 6-1-16 所示,箱梁支点梁高为 6.8 m,跨中梁高为 3.0 m,顶板宽为 17.6 m,底板宽为 9.0 m,翼缘板悬臂长为 4.3 m,计入行道悬挑部分,每边翼缘处悬出 5.25 m,箱梁顶板厚度为 0.3 m,底板和腹板的尺寸按构造要求和受力需要而定,厚度由支点向跨中分段递减,底板厚度从 0.85 m 变化到 0.30 m,腹板厚度从 0.68 m 递减到 0.46 m。

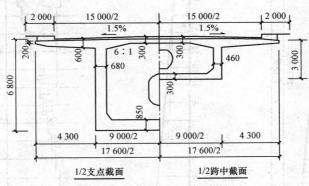

图 6-1-16 常德沅水公路大桥横截面图(尺寸单位:mm)

箱梁混凝土的设计强度为 50 MPa,采用三向预应力,顶板横向按部分预应力设计。图 6-1-17 所示为该桥的纵向预应力束布置图。纵向预应力束由每束 6 根 7Φ⁵5 钢绞线组成,用 XM15-6 型锚具锚固。每束设计张拉力为 882 kN,在中间支点负弯矩区布置 276 束,其中顶板内 194 束,腹板内 82 束。在第 2、3、4 跨跨中截面,下缘布置 100 束,上缘布置 24 束。在边跨下缘布置 101 束,上缘布置 10 束。在箱梁顶板内布置横向预应力钢丝束,每束为 24Φ⁵5 的高强度钢丝,采用钢质锥形锚锚固,间距为 0.50 m。腹板中配置直径 25 mm 的冷拉 RRB400 级粗钢筋作为竖向预应力筋,用轧丝锚锚固。

学习任务

绘制思维导图,核心词汇应该包括连续梁立面布置、横截面形式、预应力筋形式。

按照给定的连续梁图纸,可以判断出其施工方式。

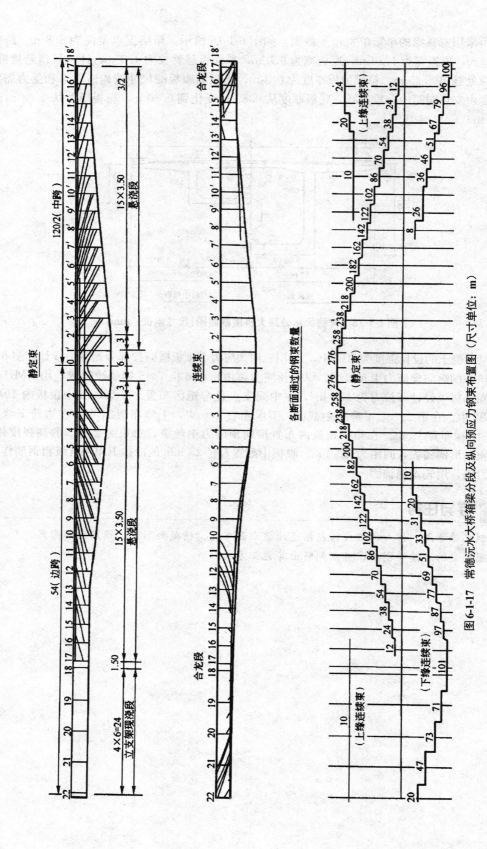

图 6-1-17 常德沅水大桥箱梁分段及纵向预应力钢束布置图（尺寸单位：m）

任务二　复核预应力混凝土连续箱梁施工设计图

※任务描述

施工单位在接到预应力混凝土连续箱梁施工图设计文件后，应组织有关技术人员对施工图设计文件进行复核，充分领会设计意图。通过本任务的学习，学生能具备识读预应力混凝土连续箱梁上部结构施工图的工作能力，能复核预应力混凝土连续箱梁施工设计图，复核工程量，能参加设计技术交底。

一、预应力混凝土连续箱梁上部施工图的组成

装配式预应力混凝土简支 T 形梁施工前，各工点技术人员在桥梁施工技术负责人的组织下，进行图纸复核，将复核结果分单位工程写出书面汇报，交施工技术负责人复核，项目总工程师作最后审核，资料存档备查。

装配式预应力混凝土简支 T 形梁上部结构设计图主要包括说明、各孔连续施工顺序示意、工程材料数量表、典型横断面、箱梁一般构造图、预制箱梁钢束构造图、箱梁顶板负弯矩钢束构造图、箱梁普通钢筋构造图、梁端锚下加强钢筋图、负弯矩区钢束槽口钢筋构造图、梁端封锚钢筋构造图、现浇湿接缝钢筋构造图、端横梁钢筋构造图、现浇中横梁钢筋构造图、跨中横隔板钢筋构造图、预制堵头板钢筋构造图、支座预埋件构造图。

二、预应力混凝土连续箱梁上部施工图的复核

(一)全面熟悉图纸设计说明

(1)技术标准与设计规范是否应用得当。
(2)从主要技术指标表中获取桥梁的总体设计指标。
(3)主要材料有哪些，参数是否合理。
(4)设计要点中各设计参数是否齐全，如预应力筋的弹性模量、松弛系数。
(5)从施工要点中获取该桥应该特别注意的施工要点。

(二)全面熟悉"箱梁一般构造图"

参照项目四，构造图主要复核各结构物的尺寸。

(三)全面熟悉"预制箱梁钢束构造图"

预测箱梁钢束构造如图 6-2-1 至图 6-2-11 所示。

参照项目四，主要按照每种钢筋大样图复核钢筋的单位工程数量，根据钢筋分布图对应每一种钢筋的位置信息，主要核对间距与数量的关系。

(四)全面熟悉"箱梁预应力钢束布置图"

参照项目四，主要复核预应力筋的布置位置、定位坐标及数量。

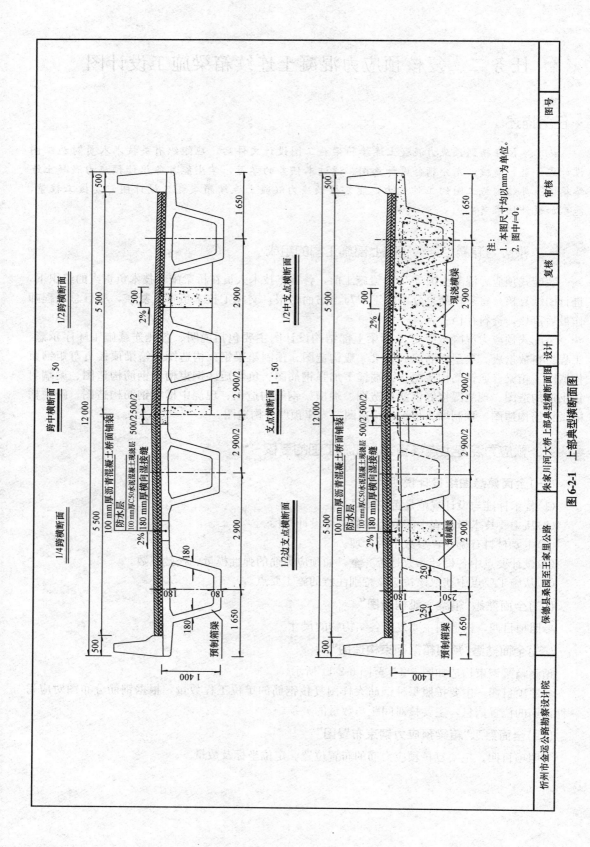

图 6-2-1 上部典型横断面图

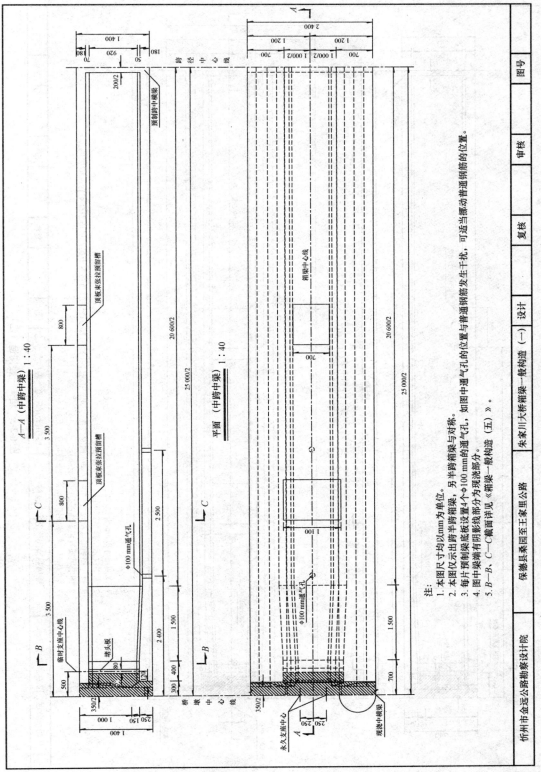

图 6-2-2 箱梁一般构造（一）

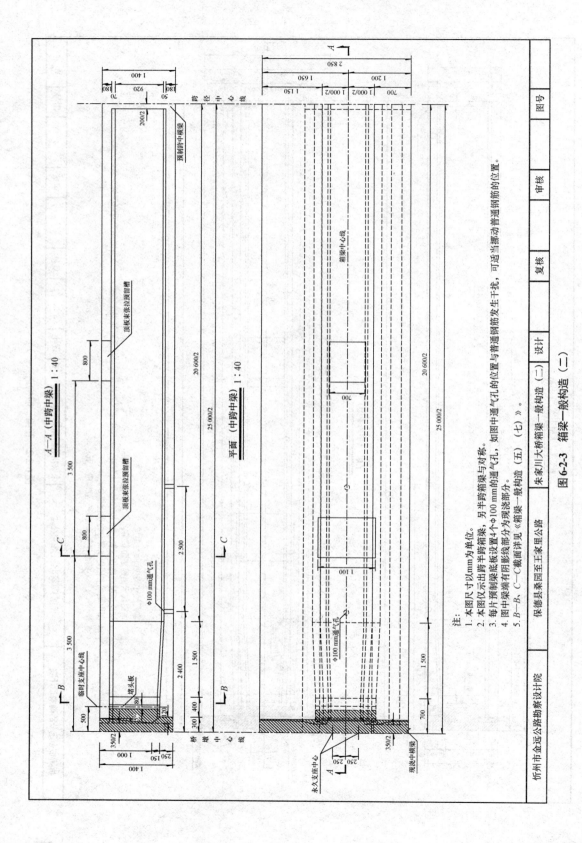

图 6-2-3 箱梁一般构造（二）

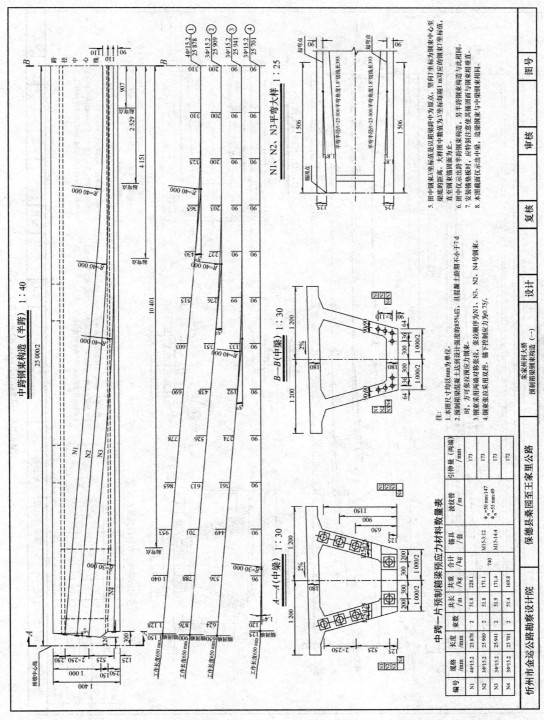

图 6-2-4 预制箱梁钢束构造(一)

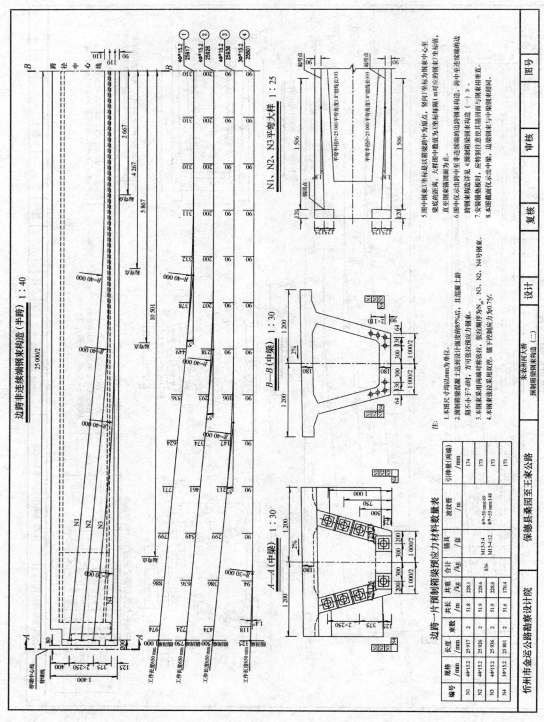

图 6-2-5 预制箱梁钢束构造（二）

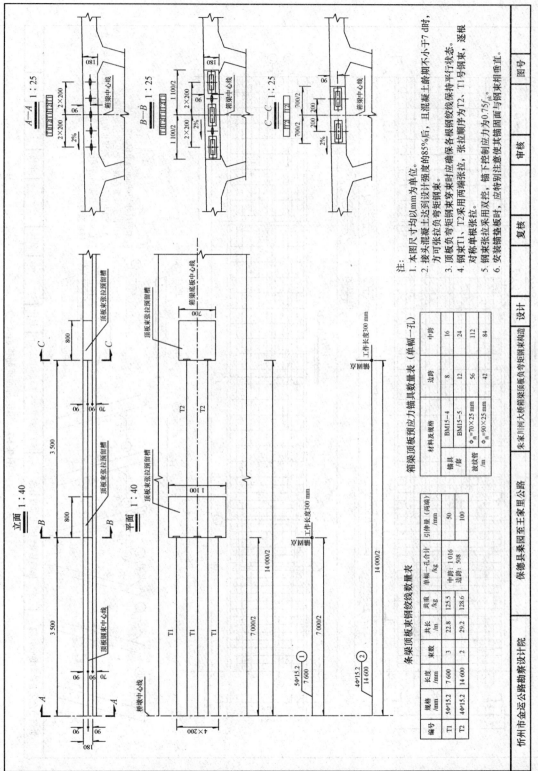

图 6-2-6 箱梁顶板负弯矩钢束构造

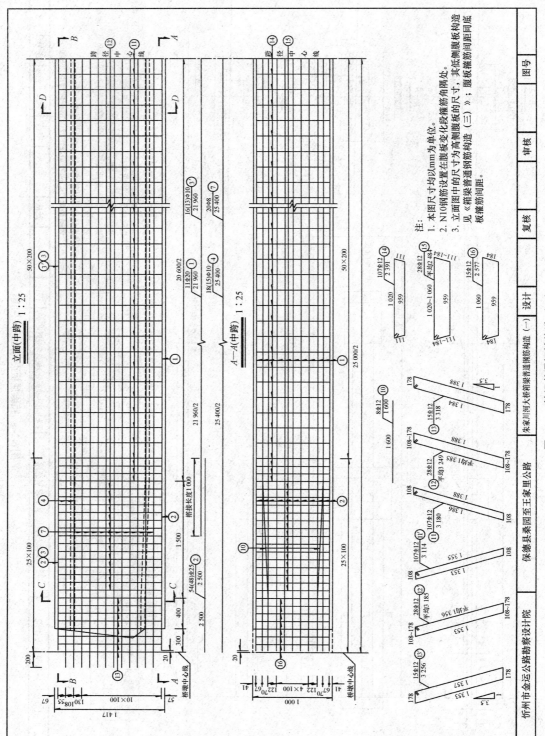

图 6-2-7 箱梁普通钢筋构造（一）

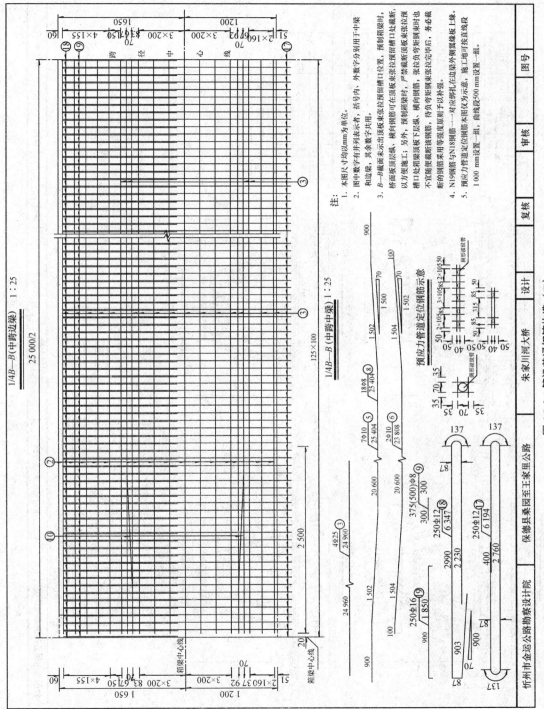

图 6-2-8 箱梁普通钢筋构造(二)

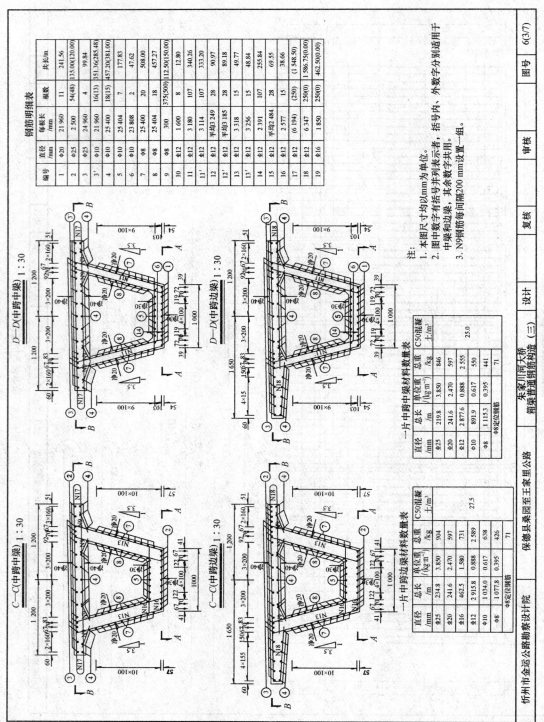

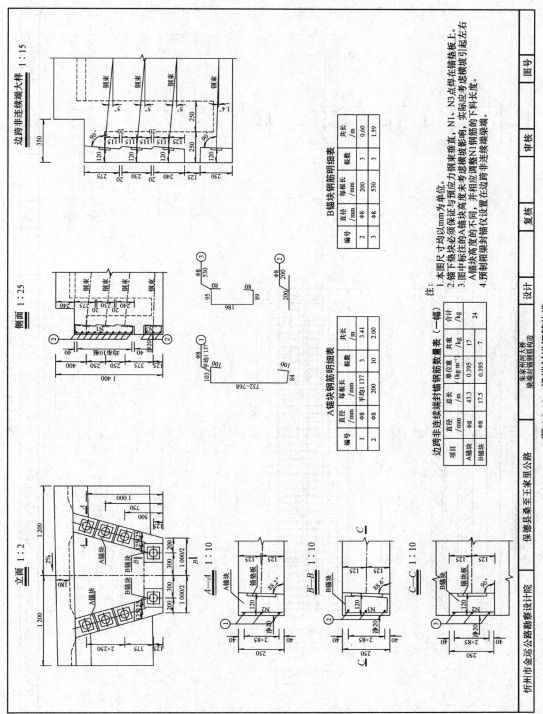

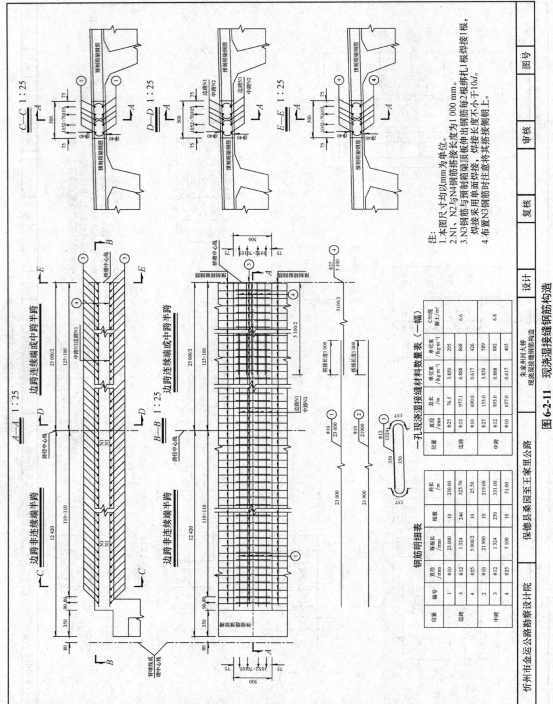

图 6-2-11 现浇湿接缝钢筋构造

任务三　制订预应力混凝土连续箱梁施工技术方案

※任务描述

施工技术方案是施工的指导性文件，本任务结合任务二中涉及的装配式预应力混凝土连续箱梁图纸，通过编制装配式预应力混凝土连续箱梁施工方案，使学生掌握预应力混凝土连续箱梁施工技术方案内容、要求与编制方法；掌握预应力混凝土连续箱梁施工场地布置、施工机械机具、材料检验、配合比、底模制作等准备工作内容；能按照要求编制预应力混凝土连续箱梁施工技术方案；能进行施工场地布置、施工机械机具、张拉机具标定、材料试验、配合比、底模制作等准备工作。通过查阅有关资料，学生能具备独立分析和解决本专业复杂问题的能力，为今后参加工作打下坚实的基础。

一、编制依据

(1)预应力混凝土先简支后连续箱梁相关施工图设计文件。
(2)施工单位对施工图审查复核及现场核对报审资料，施工现场踏勘调查资料。
(3)施工单位现有技术力量及历年积累的成熟施工技术、科技成果、施工及方法。
(4)项目部制定的总体施工组织设计。
(5)装配式预应力混凝土连续箱梁工程所在合同段的招标投标文件、施工合同文件和有关补充协议书等技术文件资料。
(6)《公路桥涵施工技术规范》(JTG/T F50—2011)、《公路工程质量检验评定标准　第一册　土建工程》(JTG F80/1—2017)。

二、编制原则

见项目四任务二中相关规定。

三、编制内容

(一)工程概况

××公路桥采用预应力混凝土先简支后连续箱梁桥形式，共有 25 m 箱梁 ×× 片，共计 C×× 混凝土数量 ×× m^3 (预制部分 ×× m^3，现浇部分 ×× m^3)。

(二)施工准备

1. 预制场地准备

(1)根据工程需要，梁预制场地设于××位置，长度约为×× m，宽度约为×× m，面积约为×× m^2。
(2)预制场地设施布置制梁区和存梁区，钢筋存放区和加工点，设××个 25 m 箱梁预制梁台座，备 25 m 箱梁××套钢模(其外模××套，内模××套，端模××套)。
(3)预制场的混凝土由××拌合站供应，拌合站位于××位置。
绘制预制场总体布置图。

2. 技术准备

(1)施工人员要熟悉施工图纸和施工现场情况。

(2)项目总工程师要向施工技术人员进行书面的一级技术交底和安全交底。

(3)对于箱梁的预制台座和模板要进行专项设计,保证满足强度、刚度和稳定性的要求。预制台座和模板的制作精度要满足《公路桥涵施工技术规范》(JTG/T F50—2011)的要求。

(4)开始施工前对施工人员进行全面的技术、操作、质量、安全二级交底,确保施工过程的工程质量、人身安全。

3. 机具准备

(1)混凝土拌和及运输设备:××型混凝土搅拌站××台,混凝土运输车××辆。

(2)混凝土浇筑及振捣设备:××龙门起重机1台,ϕ50 mm振捣棒××根,ϕ30 mm振捣棒××根,附着式振捣器××。

(3)钢筋加工设备:钢筋调直机××台,钢筋切断机××台,钢筋弯曲机××台,电焊机××台。

(4)钢绞线张拉及压浆设备:××t千斤顶××台,高压油泵××台,水泥搅拌机××台,压浆泵××台。

(5)其他设备:×× m³装载机××台,150 kW发电机××台。

4. 材料准备

混凝土拌合站准备足量的碎石、砂、水泥,以确保预制T形梁所需混凝土的供应,钢筋、钢绞线按施工需要不断进购,每批材料进场后项目部试验室进行检验,自检合格后报请试验监理工程师进行检查验收。

5. 人员配置

为确保预制过程中形成流水作业,预应力混凝土箱梁预制施工需配备人员××人,其中现场管理人员××人、混凝土施工班××人、钢筋加工班××人、模板安装班××人、张拉压浆班××人、杂工××人。划分各班组的作业任务范围。

6. 底座准备

场地进行了平整和压实,测量地基承载力并全面进行硬化处理,在场区周围修筑排水沟,预制梁混凝土台座采用C××混凝土底座组成,施工时对台座两端基础进行加宽、加深处理,由于梁预应力张拉后,梁体质量全部由底模两端承担,两端基础加宽加大,预留孔间距×× mm,距离顶面×× mm。底模上留出吊梁槽,底模顶面要求水平且压光,并在底模上铺设×× mm厚钢板作为隔离层,以利于箱梁吊装脱模及梁体温度和干缩变形。台座侧面设硬橡胶圈,确保侧模与台座之间不漏浆。

(三)施工工艺

预应力混凝土箱梁先简支后连续施工流程图如图6-3-1所示。

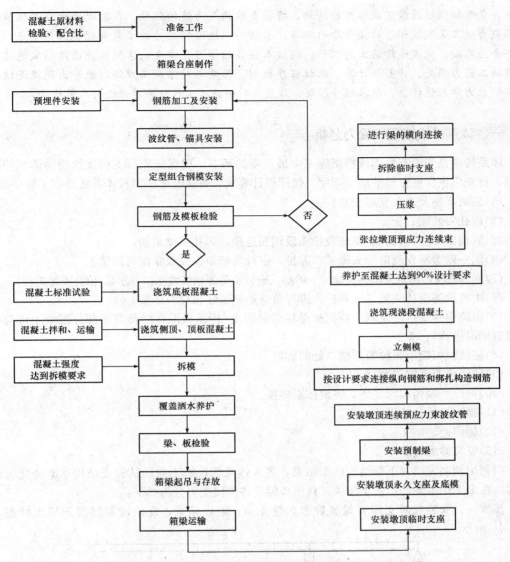

图 6-3-1 预应力混凝土箱梁先简支后连续施工流程图

学习任务

在教师的指导下完成技术方案，并按程序组织模拟会议评审方案。

任务四 箱梁简支转连续施工

※任务描述

由于箱梁预制施工与项目五中的T形梁预制施工基本一致，故该部分不再进行讲解。

箱梁预制施工结束后，进入连续施工阶段，首先架设箱梁实现简支结构，再通过湿接缝的现浇、负弯矩张拉压浆完成体系的转换,将简支结构变为连续结构。在实现连续施工环节中连续预应力施工是实现体系转换重要的环节,本任务以连续预应力施工与封锚施工为重点,以前续任务为基础,完成连续施工的工作。通过本任务的学习,学生能掌握现浇连续箱梁连续预应力筋施工应力损失、伸长值计算、张拉程序控制、压浆与封锚施工方法,能开出现浇连续箱梁连续预应力伸长值计算、张拉程序控制、压浆、封锚施工工作任务单并进行成果检验。

一、体系转换流程及受力分析

体系转换是先简支后连续桥梁施工中最重要的环节。要保证先简支后连续桥梁体系转换的质量,首先应该保证正确的施工顺序。按照设计要求,每联装配式梁板体系转换施工顺序如下:

(1)临时支座及永久支座安放。
(2)逐孔安装梁、板。
(3)翼板湿接缝(桥面板)钢筋及接头段钢筋连接,绑扎横梁钢筋。
(4)同一联边跨现浇湿接头施工、养护,进行负弯矩钢绞线张拉与压浆。
(5)同一联次边跨现浇湿接头施工、养护,进行负弯矩钢绞线张拉与压浆(依此类推进行)。
(6)中跨现浇湿接头施工、养护,进行负弯矩钢绞线张拉与压浆。
(7)由跨中到支点浇筑剩余桥面板湿接缝混凝土(桥面板湿接缝负弯矩部分混凝土可与横向湿接缝同时进行)、养护。
(8)连接顶板钢束张拉预留槽口处的钢筋。
(9)现浇桥面现浇层混凝土。
(10)拆除一联内临时支座,完成体系转换。
(11)施工护栏、喷洒防水层。
(12)桥面铺装施工。
(13)安装伸缩缝。

当箱梁预制完毕,下部结构施工结束,进入体系转换施工阶段从简支结构逐渐变化为连续结构,在施工中主要经历三个步骤,具体步骤及各阶段受力分析如下:

步骤一:安装临时支座并设置好永久性支座,架设箱梁,此阶段箱梁属于简支状态,如图 6-4-1所示。

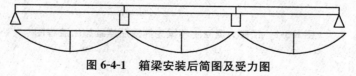

图 6-4-1 箱梁安装后简图及受力图

步骤二:连接两端钢筋,浇筑中横梁混凝土,未拆除临时支座,属于支点不转换连续状态,如图 6-4-2 所示。

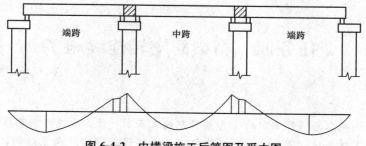

图 6-4-2 中横梁施工后简图及受力图

步骤三：负弯矩区张拉完毕，拆除临时支座，达到连续结构状态，如图 6-4-3 所示。

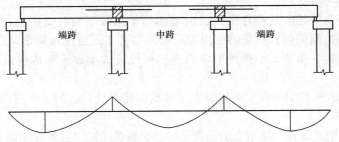

图 6-4-3　湿接缝、负弯矩区施工结束简图及受力图

二、先简支后连续施工要点

先简支后连续箱梁上部结构施工，当箱梁预制工作结束后就进入体系转换施工阶段。体系转换施工首先是安装箱梁从而实现简支结构。箱梁安装包括临时支座施工及箱梁吊装施工。

(一)临时支座施工

在实现简支结构施工中主要的工作是设置临时支座并将箱梁安装在其上。临时支座常采用硫黄砂浆制成，硫黄砂浆内埋入电热丝，采用电热法解除临时支座，由于硫黄在熔化时易造成大气环境、构造物等污染，对施工人员身体健康有极大的伤害，同时，硫黄砂浆的配制、支座成型等施工操作也不易控制。若从绿色、环保、优质、高效出发，可用卸落式钢制漏砂筒替代硫黄砂浆支座。卸落式钢制漏砂筒如图 6-4-4 所示。

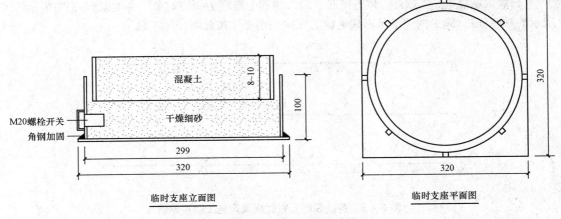

图 6-4-4　卸落式钢制漏砂筒

箱梁安装时，按照放样位置标定临时支座安置范围。临时支座(卸落式钢制漏砂筒)安装要点主要体现在安装位置、标高。以卸落式钢制漏砂筒作为临时支座的施工工序可总结为：预压→加砂→预压→加砂→调平砂面→检查活塞盖顶面标高→箱梁安装就位。

临时支座的拆除是先简支后连续结构体系施工过程中的关键工序之一，临时支座拆除的时间、顺序会影响整个体系转换施工的质量，主要体现在，临时支座拆除的顺序会影响中横梁处的下沉量，有可能对整个桥梁产生附加力作用。目前，拆除临时支座的常见顺序是每联依次拆除、对称拆除及隔端拆除。经过实际的分析施工情况及实际测量发现，相比依次拆除和对称拆除，隔端拆除引起的中横梁沉降量最小，所以，在施工中临时支座的拆除应尽量坚持隔端拆除。

(二)箱梁吊装施工

箱梁安装施工主要任务是将存梁区已成型的箱梁吊装至临时支座处，形成简支结构，此工作需要将存梁场的箱梁用预制场的龙门起重机吊起装车，通过运梁车运送至桥梁施工现场，通常可根据下部结构、箱梁大小选择架桥机或起重机完成架设。架桥机过跨技术可分为以下步骤：

第一步：起吊天车将中支腿及横移方梁吊运到前盖梁处，起吊天车退到架桥机后部，运梁平车和架桥机联结。

第二步：利用中支腿和运梁平车的动力，推动架桥机主梁纵移到导梁前支腿到达前盖梁处。

第三步：支好导梁前支腿，利用前支腿的吊挂装置将前支腿运行到前盖梁处，事先需铺设好横移方梁，支好前支腿。

第四步：利用前、中支腿及运梁平车的动力继续将架桥机主梁走到工作位置，架桥机处于工作状态，如此反复进行架设。

(三)连续体系施工

要实现连续结构需按照以下程序施工：准备工作→绑扎钢筋→连接波纹管并穿钢束→搭设模板→浇筑连续接头、中横梁及其两侧与顶板负弯矩束同长度范围内的湿接缝→养护→张拉负弯距钢束并压浆→浇筑剩余部分湿接缝混凝土→拆除一联内临时支座，完成体系转换。所以，连续体系施工关键是湿接缝施工及负弯区张拉与压浆施工。

1. 后连续湿接缝施工

湿接缝施工包括采用现场绑扎安装和焊接钢筋，浇筑横隔梁湿接缝、梁间横向湿接缝、桥面混凝土。

(1)联内横隔梁施工顺序。以五跨联、六跨联和七跨联为研究对象，各类联跨分别按图 6-4-5 所示的顺序施工（施工的关键是形成连续的张拉工序必须按此顺序施工）。

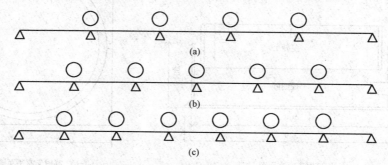

图 6-4-5　各类联跨分布时横隔梁施工顺序示意
(a)五跨联；(b)六跨联；(c)七跨联

(2)横隔梁湿接缝施工。墩顶现浇横隔梁作为装配式连续梁最重要的一道工序，承受着最大负弯矩及最大剪力，为连续梁的危险截面，施工中必须引起足够的重视。严格按照设计和工序要点精心操作，加强检查控制。

第一步：绑扎横隔梁钢筋。先按设计数量摆放横隔梁双肢箍筋，用适当方法临时保证其稳定，然后穿入下层主筋，弯钩向上，用塑料保护层垫块垫在底模上，隔一定距离用钢筋横向点焊固定，将箍筋与底层主筋绑扎，注意箍筋间距准确。接着穿入顶层主筋，同样按间距与箍筋绑扎，最后安装横向水平筋和拉钩筋形成骨架，相邻的钢筋与预制梁伸出纵向筋绑扎，边梁翼缘板位置钢筋按设计与预制部分相同设置。钢筋安装完成后连接负弯矩扁波纹管，按照实际连接长度下料,尤其注意接头位置的包裹和密封,钢绞线采用先穿入,混凝土浇筑后反复抽动防止漏浆粘接。

第二步:绑扎湿接缝钢筋。将环筋设计搭接,搭接不足的全部采用焊接,安装时与预埋环筋单面焊。然后穿纵向钢筋,墩顶位置上层采用纵向筋与钢筋隔根搭接,湿接缝底层纵向采用通长的配置钢筋,与环筋绑扎。

第三步:安装模板。采用钢模板作为侧模,不足时采用现场加工木模,外形尺寸与预制梁外形保持一致,以便密贴。若采用木模板,应采用槽钢横担在桥面顶板上用两排螺杆兜底吊住龙骨,拧紧螺杆保持模板与预制梁翼缘密贴不漏浆。

第四步:桥面钢筋绑扎。梅花形绑扎成网状,并在设计高度与剪力筋绑扎,必要时设置顶撑钢筋保证网片的刚度和保护层位置。钢筋在小齿槽处断开设置接头,接头错开布置,满足搭接长度要求,端部设置挡板,浇筑完成后凿除松散混凝土,上口切割顺直方可浇筑余下桥面。绑扎桥面钢筋时注意预埋护栏和分隔带钢筋。

第五步:浇筑混凝土。横隔梁及桥面一般为 C50 混凝土,采用拌合楼集中拌和,翻斗车或橄榄车运输到桥下,用龙门架提升后水平、纵向运输浇筑,或者直接用汽车泵浇筑。横隔梁分层浇筑,用振动棒振捣,桥面和湿接缝依次顺序推进,先浇横隔梁和湿接缝,再浇桥面板,根据现场条件也可待横隔梁湿接缝混凝土达到一定强度后再绑扎桥面钢筋、浇筑混凝土。浇筑时注意防止漏振过振,要保证层与层之间的联结。同一联内湿接缝浇注温差不大于 10 ℃。

2. 负弯区张拉施工

第一步:准备工作。按所预制梁片的下料单下料、梳顺、编束、编号存放;检查预应力孔道,梁体浇筑完后,先用通孔器进行清孔,再用高压水冲洗孔道,最后用不含油的高压风将孔道中的水吹出,确保孔道畅通;加工简易千斤顶提升支架,使千斤顶在张拉时能准确对位,移动方便;千斤顶、高压油泵和油表配套标定,配套使用。

第二步:穿钢绞线束。采用卷扬机辅助人工穿束,钢绞线束两端露出锚垫板的长度大致相等。

第三步:钢绞线张拉。待预制混凝土的实际强度达到设计标号的 95%,且养生期大于 10 天后方可张拉预应力束。张拉时严格按《公路桥涵施工技术规范》(JTG/T F50—2011)执行,张拉力和钢绞线伸长量双控,以张拉力为主控。张拉过程中根据实际情况采用相应的分级张拉,与人指挥同步进行,张拉时油表读数要准确,认真测量伸长量及钢绞线回缩量,并做好记录。

3. 负弯区压浆施工

压浆主要步骤:清除管道内的水和杂物→关闭其他通风口,开启真空泵抽管内空气,真空度 0.7~0.8 MPa→在负压力下,以 0.4 MPa 低压力将浆体泵入管道→关闭阀门和真空泵→打开排气阀→灌浆泵继续工作,在 0.5~0.7 MPa 下,持压 5 min→关闭灌浆泵及灌浆端阀门完成灌浆。

 学习任务

编制湿接缝施工技术交底文件,编制负弯区预应力筋张拉与压浆施工技术交底文件,负弯区张拉技术交底文件应包括负弯区预应力筋伸长量计算。

任务五 预应力混凝土连续箱梁工程质量检验评定

※任务描述

桥梁交工或中间交工验收需要进行桥梁工程检验评定工作。评定是依据检验结果对工程质量进行评分并确定其等级的活动。本任务以预应力混凝土连续箱梁工程检验评定为重点,通过工程检验评定规定的学习及前续任务中涉及的预应力混凝土连续箱梁实际检验评定,完成实际桥梁工程检验评定工作。通过本任务的学习,学生能够掌握预应力混凝土连续箱梁工程质量评定、检验、验收标准的内容,能进行预应力混凝土连续箱梁施工成品质量评定与验收。

一、预应力混凝土连续箱梁工程质量检验评定一般规定

本部分内容和项目四任务四中的一般规定一致。

二、预应力混凝土连续箱梁工程质量检验评定项目

根据《公路工程质量检验评定标准 第一册 土建工程》(JTG F80/1—2017)中对单位、分部及分项工程的划分,预应力混凝土连续箱梁工程简支转连续施工包含钢筋加工及安装、预应力筋加工和张拉、预应力管道压浆及封锚、预制安装梁、现浇湿接缝五个分项工程。其中,钢筋加工及安装和现浇湿接缝(就地浇筑板)与项目四任务四中的一致,预应力筋加工和张拉、预应力管道压浆及封锚、预制安装梁与项目五任务五中的一致,故不再赘述。

 学习任务

依据任务二的设计图纸,进行预应力混凝土连续箱梁工程划分,制订质量检验评定方案。

连续梁构造

项目七　钢筋混凝土板拱现浇施工

 项目描述

　　板拱是拱桥中常见的形式之一，板拱的施工主要环节是拱圈和拱上建筑的施工。板拱拱圈的施工主要为有支架施工，而拱上建筑的施工多是在拱圈砌筑或浇筑完成后，在拱圈上进行下一步工序。本项目以钢筋混凝土板拱现浇施工作为学习内容，旨在使学生通过学习板拱的施工过程了解到拱桥的施工特点，为以后工作中的拱桥施工打下基础。

　　本项目施工设计图如图 7-3-1 至图 7-3-4 所示。

 项目任务

　　本项目包括拱桥构造认知、拱桥设计要点、复核钢筋混凝土板拱桥施工设计图、制订钢筋混凝土板拱桥施工技术方案、拱架与拱圈模板安装、主拱圈与拱上建筑施工、钢筋混凝土板拱桥工程质量检验评定 7 个任务。

 项目目标

　　通过对本项目的学习，能描述各种常见拱桥的构造；能对拱桥拱轴线的几何性质和上部构造体积进行计算；能复核现浇混凝土板拱设计图表，参加设计技术交底；能编制现浇钢筋混凝土板拱施工技术方案；能完成拱架与拱桥模板的选型及搭设；能完成板拱拱圈和拱上建筑施工；能完成现浇板拱质量评定与验收工作。

任务一　拱桥构造认知

※任务描述

　　拱桥在我国桥梁发展历史上具有重要的意义。其以美观的外形得到了人民群众的喜爱，在很多城市的跨河桥及景观桥都选择拱桥作为基本桥型。本任务主要包括拱桥的特点及适用范围、拱桥组成与分类。通过本任务的学习，学生能够描述拱桥的分类及建筑构造。

一、拱桥的基本特点及适用范围

　　拱桥是我国公路上运用广泛且历史悠久的一种桥梁结构体系，拱桥与梁桥不仅外形不同，而且受力性能有本质的区别。梁式结构在竖向荷载作用下，支承处仅产生竖向反力，拱式结构在竖向荷载作用下，支承处不仅有竖向反力，还有水平推力。由于水平推力的存在，拱的弯矩将比相同跨径的梁的弯矩大为减少，而使整个拱主要承受压力。这样，拱桥不仅可以利用钢、钢筋混凝土等材料来修建，而且能依其受力特点，利用适合承压而抗拉性能较差的圬工材料(石料、混凝土、砖等)来修建。根据理论推算，按现有的材料技术水平，混凝土拱桥的极限跨度可达 500 m，钢拱桥的极限跨度可达 1 200 m。

采用圬工材料修建的拱桥，称为圬工拱桥。这种拱桥具有取材容易、节省钢材与水泥、构造简单、技术容易掌握、承载能力潜力大、耐久性好、养护费用少等优点。目前世界上跨度最大的石拱桥，是我国于 1990 年建成的山西晋城丹河大桥，跨度达到 146 m。

以混凝土和钢筋为主要建筑材料的拱桥，称为钢筋混凝土拱桥。相对于圬工拱桥，钢筋混凝土拱桥质量轻、跨越能力大，充分发挥了材料性能。钢筋混凝土拱桥拱圈截面中产生的拉应力由钢筋承受，这样可以减小上部结构尺寸，从而降低了上部结构对下部结构的作用力，这样，无论从桥跨结构本身，还是桥梁墩台和基础来说工程数量都相应减少，有效地提高了拱桥的经济性能。而且钢筋混凝土拱桥也能通过选择合理的体系，突出结构线条，达到良好的建筑艺术效果。

为了进一步减轻拱的质量、建造跨度更大的拱桥，也可以采用钢材来修建拱桥。钢拱桥是以钢材为主要建筑材料的拱桥。钢材的优良性能，使钢拱桥能够适应更大跨径、更复杂结构体系的要求，2003 年我国建成的跨径达到 550 m 的上海卢浦大桥，成为世界第一跨钢拱桥。

拱桥的主要优点是：跨越能力较大；易就地取材，与钢桥和钢筋混凝土梁式桥相比，可节省大量的钢材和水泥；耐久性好，且养护、维修费用少；外形美观；构造较简单，尤其是圬工拱桥，技术容易被掌握，有利于广泛采用。

拱桥的主要缺点是：质量较重，相应的水平推力也较大，增加了下部结构的工程数量，当采用无铰拱时，对地基的要求较高；对连续多孔拱桥，为防止因某一孔破坏而影响全桥的安全，需要采取较复杂的措施，或设置单向推力墩，增加了造价；上承式拱桥的建筑高度较大，如用于桥市立体交叉及平原区的桥梁，因桥面标高较高，而使两岸接线的工程量增大，或使桥面纵坡增大，使拱桥的使用范围受到限制，此时一般采用下承式或中承式拱桥；圬工拱桥一般都采用在支架上施工的方法，存在工序多、劳力多、施工时间长等不利因素。

拱桥虽然存在这些缺点，但由于它的优点突出，只要在条件许可的情况下，修建拱桥往往仍是经济合理的，因此在我国公路桥梁建设中，拱桥特别是其中的圬工拱桥仍得到了广泛的应用。

二、拱桥的组成和分类

(一)拱桥的主要组成

拱桥与其他桥梁一样，也是由桥跨结构(上部结构)及下部结构两部分组成。图 7-1-1 所示的是拱桥的各主要组成部分及其名称。

拱圈是拱桥的主要承重结构，由于拱圈是曲线形，一般情况下车辆都无法直接在弧面行驶，所以在桥面系与拱圈之间需要有传递压力的构件或填充物，以便车辆能在平顺的桥面上行驶。桥面系和这些传力构件或填充物统称为拱上结构或拱上建筑。桥面系包括行车道、人行道及两侧的栏杆或砌筑在矮墙(又称雉墙)等构造。

拱桥的下部结构由桥墩、桥台及基础等组成，用以支承桥跨结构，将桥跨结构的荷载传至地基，并与两岸路堤相连接。

图 7-1-1 中常用名词解释如下：
(1)主拱圈：支承于墩、台之间，用以承受桥上全部荷载的弧形构件。
(2)拱顶：对称拱的跨中截面，不对称拱的拱圈最高处的截面。
(3)拱脚：拱圈与墩台或其他支承结构连接处的拱圈截面。

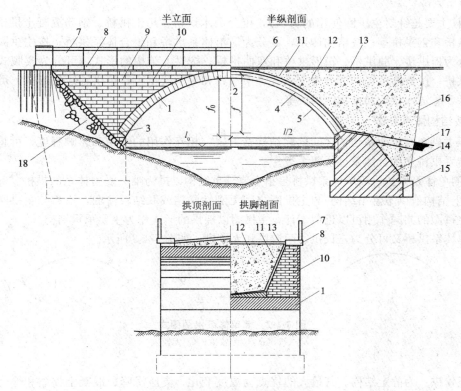

图 7-1-1 拱桥的主要组成部分
1—主拱圈；2—拱顶；3—拱脚；4—拱轴线；5—拱腹；6—拱背；7—栏杆；
8—路缘石；9—变形缝；10—拱上侧墙；11—防水层；12—拱腔（肩）填料；
13—桥面防水层；14—桥台；15—基础；16—桥台侧墙；17—盲沟；18—锥坡

(4) 拱轴线：拱圈各截面重心（或形心）的连线，其线形直接影响拱圈各截面内力的分布，通常要求拱轴线尽量接近恒载压力线。

(5) 拱腹：拱圈的下缘曲面，即拱的向下凹面。在上承式拱桥中，拱腹以下的空间即为桥下净空范围。

(6) 拱背：拱圈的上缘曲面，即拱的向上凸面。对于实腹拱，拱背上支承侧墙和填料；对于空腹拱，拱背上筑有横墙或立柱。

(7) 拱肩：上承式拱桥拱圈的两侧拱背以上、桥面系以下的空间，即拱上建筑的腹部。有填料的为实肩拱（或实腹拱），具有构架体系的为敞肩拱。

(8) 拱上建筑：又称拱上结构。上承式拱桥桥跨结构中主拱圈以上结构的总称。

(9) 拱矢 f：又称拱高或矢高。拱顶至拱脚拱轴线上的垂直距离。

(10) 净拱矢 f_0：拱顶至拱脚在拱腹面上的垂直距离。

(11) 计算跨径 l：两拱脚之间拱轴线上的水平距离。

(12) 净跨径 l_0：两拱脚之间拱腹面上的水平距离（或两拱脚起拱线之间的水平距离）。

(13) 起拱线：拱圈拱脚截面的下缘线。

(14) 腹孔：空腹式拱桥在主拱拱肩上所设的孔。

(15) 腹拱：空腹式拱桥桥面以下、主拱圈以上部分所采用的小拱。

(二) 拱桥的分类

拱桥形式多种多样，造型各异，其构造也各不相同，分类之多是其他桥型不可比拟的。按建桥材料(主要是针对主拱圈使用的材料),可分为木拱桥、圬工拱桥、钢筋混凝土拱桥、钢管混凝土拱桥和钢拱桥等;按结构体系,可分为简单体系拱桥和组合体系拱桥;按主拱圈截面形式,可分为板拱桥、肋拱桥、箱形拱桥和双曲拱桥;按拱上结构的形式,可分为实腹式拱桥和空腹式拱桥;按桥面位置,可分为上承式、中承式和下承式拱桥;按拱轴线的形式,可分为圆弧线拱桥、悬链线拱桥和抛物线拱桥等。

1. 按结构体系分类

按照主拱圈与桥面系结构之间的联结构造方式、相互作用的性质和影响程度,可将拱桥分为简单体系拱桥和组合体系拱桥两大类。

(1)简单体系拱桥。简单体系拱桥是指主要承重结构以拱为唯一受力体系的拱桥。其桥面系结构(拱上结构或拱下悬吊结构)与主拱圈之间无刚性联结或联结较薄弱,不参与主拱圈一起受力或与主拱圈的共同作用可以近似不计,主拱圈以裸拱的形式作为主要承重结构。

简单体系拱桥又可分为三铰拱、两铰拱和无铰拱,如图 7-1-2 所示。

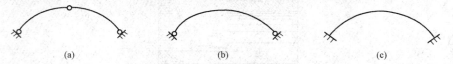

图 7-1-2 简单体系拱圈图式
(a)三铰拱;(b)两铰拱;(c)无铰拱

①三铰拱:为静定结构。其最大的优点为温度变化、支座沉降、混凝土收缩和徐变等因素不会在拱圈内产生附加内力;但其构造复杂,施工难度大,整体性差,抗震能力差,因此,主拱圈一般不采用三铰拱。而三铰拱常用来作为空腹式拱上建筑的腹拱。

②两铰拱:为一次超静定结构。其特点介于三铰拱和无铰拱之间。由于取消中间铰,结构整体性能好;由于拱脚处设铰,在地基条件较差而不宜修建无铰拱时,可考虑采用两铰拱。现在也较少使用。

③无铰拱:为三次超静定结构。其优点、缺点正好与上述三铰拱相反。由于整体性好,即运营性能好,所以钢筋混凝土无铰拱是大跨径桥梁的主要桥型之一。一般都要求拱脚处地基良好,以免地基沉降引起较大的附加内力。

(2)组合体系拱桥。组合体系拱桥是由拱和梁(或系杆)组成主要承重结构的拱桥。其是将桥面系结构与主拱按不同的构造方式构成一个受力整体,以共同承受荷载。根据不同的组合方式和受力特点,组合体系拱桥又可分为无推力和有推力两种。

①无推力组合体系拱桥:在竖向荷载作用下拱脚对墩台无水平推力作用的拱桥。其推力由刚性梁或柔性系杆承受,属内部超静定、外部静定的组合体系拱桥。其适用于地质不良的桥位处,墩台与梁式桥的相似,体积较大。多做成下承式桥,建筑高度很小,桥面高程可设计得很低,降低纵坡,减小引桥(引道)长度。可用钢筋混凝土或钢材建成,由于拱肋高耸于桥面之上,施工较复杂。在无推力体系拱桥中,吊杆细长,仅承受拉力;拱脚处推力由水平梁承受,此梁如果设计得很柔细,抗弯刚度小于拱肋的 1/80,则可假定梁只承受拉力而不承受弯矩(柔性系杆刚性拱),称为系杆拱桥,如图 7-1-3(a)所示;如果梁设计得很粗大,抗弯刚度大于拱肋的 80 倍以上,此时梁既承受控力又承受弯矩,拱可假定只承受轴向压力而不承受弯矩(刚性系杆柔性拱),称为蓝格尔拱桥,如图 7-1-3(b)所示;如果拱与梁的刚度都很大,都可承受弯矩与轴向力者(刚性系杆刚性拱),则称为洛泽拱桥,如图 7-1-3(c)所示。以上三种拱,当用斜吊杆来代替竖直吊杆时,称为尼尔森拱,如图 7-1-3(d)、(e)、(f)所示。无推力组合体系拱桥也可设计成中承

式的或上承式的,这要求有较高的设计与施工水平。

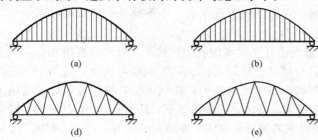
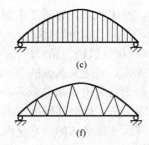

图 7-1-3　无推力组合体系拱桥
(a)系杆拱桥；(b)蓝格尔拱桥；(c)洛泽拱桥；(d)尼尔森系杆拱桥；
(e)尼尔森蓝格尔拱桥；(f)尼尔森洛泽拱桥

②有推力组合体系拱桥：在竖向荷载作用下拱脚对墩台有水平推力作用的拱桥。常用形式有梁拱体系、刚架拱、桁架拱等,如图 7-1-4 所示,也称这些拱为拱片。即桥是由两个或多个整体拱片组成,每一拱片的上面与道路平直,下面是曲线形,上、下两部分用直杆、斜杆或两者兼有的构件连成一个整体拱片。它没有明确的理论拱轴线,有水平推力,仅适用于上承式桥梁。这类拱桥的构造多变,适应性强,在经济上、施工上各有其特点,所以有较广泛的适用空间。

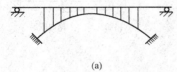
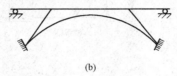
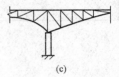

图 7-1-4　整体式拱桥
(a)梁拱体系；(b)刚架拱；(c)桁架拱

组合体系拱桥常用钢筋混凝土或钢材建造,其中系杆拱桥的系杆宜用预应力混凝土,以免开裂。此类拱桥比简单体系拱桥构造复杂,适用于大、中跨度的桥梁。

2. 按主拱圈截面分类

拱桥的主拱圈,沿拱轴线可以做成等截面的,也可以做成变截面的。所谓等截面拱,就是沿桥跨方向主拱圈上垂直于拱轴线的横截面尺寸是相同的；而变截面拱的主拱圈横截面尺寸,从拱顶到拱脚是逐渐变化的。由于等截面拱的构造简单,施工方便,因此它是目前采用最普遍的形式。

主拱圈截面常用的形式有以下几种：

(1)板拱桥。板拱桥是拱圈横截面的宽度大于高度呈矩形板状实体截面的拱桥,其宽度和与之相配的道路宽度大体相当。由于其构造简单,施工方便,使用广泛,是圬工拱桥的基本形式之一。这种板拱的抗弯能力较差,适用于中、小跨径桥梁,如图 7-1-5(a)所示。

(2)肋拱桥。肋拱桥是由两条或两条以上分离式拱肋组成承重结构的拱桥。拱肋之间靠横向联系连接成整体而共同受力。这种桥横截面面积较板拱桥小得多,节省材料,质量轻,跨越能力大,但施工较板拱复杂,适用于中、大跨径桥梁,如图 7-1-5(b)所示。

(3)双曲拱桥。双曲拱桥是主拱圈在纵、横两个方向都呈拱形弯曲的少筋混凝土拱桥。其特点是将结构化整为小,构件轻巧。施工时,先架设预制的拱肋,形成支架后再在拱肋上安装横向小拱(称"拱波"),并在拱波上加筑混凝土(称"拱板"),最后在拱板上修建拱上建筑,如

图 7-1-5(c)所示,因此可以节省支架、模板、钢筋等材料,施工也较简便,但工序多,构件接头多,整体性差,容易产生裂缝。所以,双曲拱桥只宜在中、小跨径桥梁中采用,而由于其易开裂,目前已较少修建。

(4)箱形拱桥。箱形拱桥是拱圈横截面由几个箱室组成的拱桥。其外形与板拱相似,截面挖空率较大,可达全截面的 50%～70%,较实体板拱桥可减少圬工用料与质量,适用于大跨度拱桥。由于它是闭合箱形截面,截面抗弯和抗扭刚度均较大,裸拱施工时稳定性较好,适用于无支架施工法。但制作精度要求高,施工安装设备多,一般情况下,跨径在 50 m 以上的拱桥采用箱形截面才是合适的。它是国内外大跨径钢筋混凝土拱桥主拱圈截面的基本形式,如图 7-1-5(d)所示。

(5)钢管混凝土拱桥。钢管混凝土拱桥是用一根、一束或多个大直径钢管内注(或外包)混凝土组成,如图 7-1-5(e)、(f)所示。建造时,将在工地制备的钢管(束)段用缆索吊吊装就位并临时固接于缆索吊的塔架,将就位的钢管段连接(或栓接或焊接)起来形成一个钢管拱,之后给钢管内泵送混凝土或(和)外包混凝土形成拱肋。其最大的优点是不用支架就能完成大跨拱桥的建造;缺点是钢管段焊接连接质量的控制和钢管内灌注混凝土的密实度的质量控制要求很高,控制不好易造成施工质量隐患。

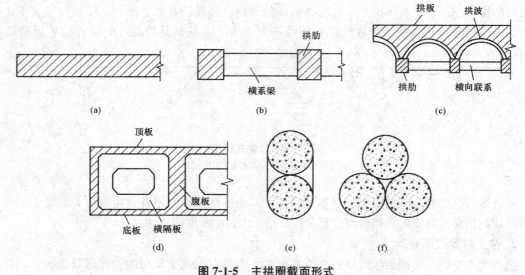

图 7-1-5　主拱圈截面形式
(a)板拱；(b)肋拱；(c)双曲拱；(d)箱形拱；(e)、(f)钢管混凝土拱

3. 按拱上结构的形式分类

按拱上结构的形式可分为空腹式拱桥和实腹式拱桥。

(1)空腹式拱桥。空腹式拱桥是拱上建筑由几个腹孔构成的拱桥。腹孔为桥面以下、主拱拱肩上所设的孔。空腹式拱桥较实腹式拱桥轻巧,节省材料,外形美观,并且有助于泄洪,适用于大跨度桥梁,但施工麻烦,如图 7-1-6(a)所示。

(2)实腹式拱桥。实腹式拱桥是拱上建筑做成实体结构的拱桥。通常,在拱圈上的两侧设拱上挡土墙(侧墙),中填土(石),再于其上建造桥面。这种桥构造简单,施工方便,但质量重,多用于 20～30 m 的小跨度拱桥,如图 7-1-6(b)所示。

4. 按主拱圈与桥面系的关系分类

拱桥的主要受力构件是拱圈,因此,在设计时可根据地质情况、环境及桥两侧接线的相对

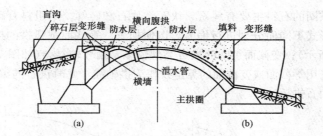

图 7-1-6　拱上结构形式
(a)空腹式构造；(b)实腹式构造

位置，将桥面系置于拱背之上(上承式)或吊于拱肋之下(下承式)，中承式拱桥则是将一部分桥面系吊于拱肋之下，一部分支撑于拱背之上。上承式、下承式和中承式拱桥的选择主要取决于拱圈或拱肋建筑高度和两侧道路接线的相对位置。

(1)上承式拱桥：桥面系设置在拱圈(肋)之上的拱桥，如图 7-1-7(a)所示。可设计成实腹式或空腹式。其优点是桥面系构造简单，拱圈与墩台的宽度较小，桥上视野开阔，施工较下承式拱桥方便；但缺点是桥梁建筑高度大，纵坡大和引道(桥)长。

(2)下承式拱桥：桥面系设置在拱肋之下的拱桥，如图 7-1-7(b)所示。由于可做成外部静定结构(见无推力组合体系拱桥)，适用于地基差的桥位处。其优点是桥梁建筑高度很小，纵坡小，可节省引道(桥)长度；缺点是构造复杂，拱肋施工较麻烦，须注意裸拱施工时的稳定性。

(3)中承式拱桥：桥面系设置在近拱肋中部的拱桥，如图 7-1-7(c)所示。较上承式拱桥的建筑高度小，纵坡小，引道(桥)短；但桥梁宽度大，构造较复杂，施工也较麻烦。

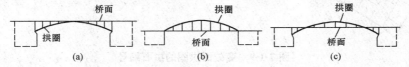

图 7-1-7　拱圈与桥面系关系示意图
(a)上承式拱桥；(b)下承式拱桥；(c)中承式拱桥

三、主拱圈构造

(一)板拱

主拱圈采用矩形板状截面的拱称为板拱。拱圈宽度和桥宽大体相当，截面高度由受力计算确定，通常要比其宽度小很多，中、小跨径板拱通常为实心截面。根据拱轴线形，板拱可以是等截面圆弧拱、等截面或变截面悬链线拱及其他拱轴形式；按照静力图式，也可分为无铰拱、双铰拱、三铰拱及平铰拱；按照主拱所用的建筑材料划分，板拱又可分为石板拱、混凝土板拱和钢筋混凝土板拱等。板拱构造简单、施工方便。但由于在相同的条件下，实体矩形截面比其他形式的截面抵抗矩小，在有弯矩作用时，材料的强度不能得到充分发挥，因此，主要用于中、小跨径拱桥。

1. 石板拱

由于石拱桥构造简单，施工方便，造价低，因此它是盛产石料地区中、小型桥梁的主要桥型。用于拱圈砌筑的石料应石质均匀，不易风化，无裂纹。石料强度等级不得低于 MU50，拱石形状根据桥跨大小和当地石料供应情况分别采用。

砌筑石板拱主拱圈的石料主要有料石、块石、片石和砖等。用粗料石砌筑拱圈时，拱石需要随拱轴线和截面形式不同而分别进行编号，以便加工。等截面圆弧拱的拱石规格少，编号比较简单（如图 7-1-8 所示）；变截面拱圈的拱石类型较多，编号较复杂（如图 7-1-9 所示），施工不便。有的石拱桥也采用等截面或变截面的悬链线作为拱轴线，此时拱石的编号更为复杂，因此，目前大多采用等截面石拱桥。

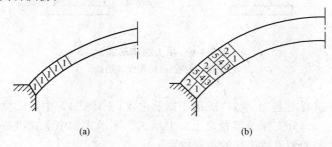

图 7-1-8　等截面圆弧拱的拱石编号

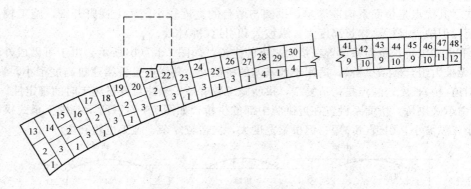

图 7-1-9　变截面拱圈的拱石编号

在砌筑料石拱圈时，根据受力的需要，构造上应满足以下几点要求：

(1)拱石受压面的砌缝应是辐射方向，即与拱轴线相垂直。这种辐向砌缝一般可做成通缝，不必错缝。

(2)当拱圈厚度不大时，可采用单层拱石砌筑，如图 7-1-8(a)所示；当拱厚较大时，可采用多层拱石砌筑，如图 7-1-8(b)及图 7-1-9 所示，对此要求垂直于受压面的纵桥向砌缝错开，其错缝间距不小于 100 mm，如图 7-1-10 所示。

(3)在拱圈的横截面内，拱石的竖向砌缝应当错开，其错开宽度至少 100 mm，如图 7-1-10 所示的 I—I 截面及 II—II 截面。这样，在纵向或横向剪力作用下，可以避免剪力单纯由砌缝内的砂浆承担，从而可以增大砌体的抗剪强度和整体性。

(4)缝宽不应大于 20 mm。

(5)拱圈与墩台、空腹式拱上建筑的腹孔墩与拱圈相连接处，应采用特制的五角石，如图 7-1-11(a)所示，以改善连接处的受力状况。五角石不得带有锐角，以免施工时破坏和被压碎。为了简化施工，也常采用现浇混凝土拱座及腹孔墩底梁来

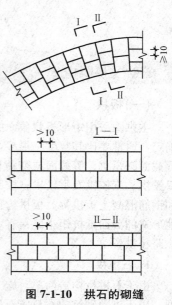

图 7-1-10　拱石的砌缝
（尺寸单位：cm）

代替制作复杂的五角石,如图 7-1-11(b)所示。

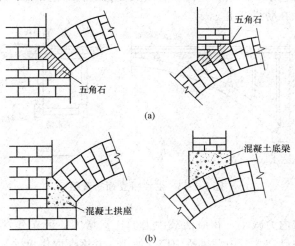

图 7-1-11 五角石及混凝土拱座、底梁
(a)五角石;(b)混凝土拱座、底梁

2. 混凝土板拱

(1)素混凝土板拱。素混凝土板拱主要用于缺乏合格天然石料的地区,可以采用整体现浇,也可以预制砌筑。整体现浇混凝土拱圈,拱内收缩应力大,受力不利;同时,拱架、模板木材用量大,工期长,质量不易控制,故较少采用。预制砌筑就是将混凝土板拱圈划分成若干块件,然后预制混凝土块件,最后将预制块件砌筑成拱。预制砌块在砌筑前应有足够的养护期,以消除或减少混凝土的收缩。

(2)钢筋混凝土板拱。钢筋混凝土板拱根据桥宽需要可做成单条整体拱圈或多条平行板(肋)拱圈(拱圈之间可不设横向联系),可反复利用一套较窄的拱架与模板完成施工,可节省材料,如图 7-1-12 所示。

钢筋混凝土板拱的配筋按计算需要与构造要求进行。拱圈纵向配置拱形的受力钢筋(主筋),最小配筋率为 0.5%,且上、下缘对称通长布置,以适应沿拱圈各截面弯矩的变化;拱圈横向配置与受力钢筋相垂直的分布钢筋及箍筋,分布钢筋设在纵向主筋的内侧,箍筋应将上、下缘主筋联系起来,以防止主筋在受压时发生屈曲和在拱腹受拉时发生外崩。无铰拱的纵向主筋应锚固在墩台帽中,其锚入深度不应小于拱脚截面高度的 1.5 倍。

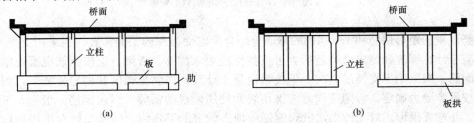

图 7-1-12 钢筋混凝土板拱的横截面
(a)肋形板拱;(b)分离式板拱

(二)肋拱

拱圈由两条或多条分离的拱肋组成的拱桥称为肋拱桥。其每条拱肋相对来说窄而高,抗弯

惯矩大。上承式肋拱桥包括横隔梁、立柱和有横梁支撑的行车道部分，如图 7-1-13 所示，下承式肋拱桥则将吊杆锚固在肋拱背上。

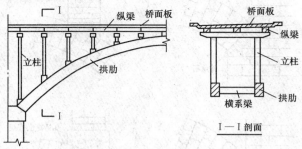

图 7-1-13　肋拱桥立面布置图

肋拱质量轻，恒载内力减小，相应活载内力的比重增大，可充分发挥钢筋等材料的性能，具有较好的经济性，现已在大、中型拱桥中广泛使用，并逐渐取代板拱。

拱肋是肋拱桥的主要承重结构，可由混凝土、钢筋混凝土、钢管混凝土、劲性骨架混凝土组成。拱肋的肋数与间距及截面形式主要根据桥面宽度、主拱制作材料、施工方法和经济性等方面综合考虑确定。一般在满足横向稳定要求的情况下，宜采用少肋形式，以简化构造，同时，在外观上给人以清晰的感觉。通常，桥宽在 20 m 以内时可采用双肋式，桥宽超过 20 m 时，可采用分离的双幅双肋拱，以免由于肋中距增大而使肋间横梁、拱上结构横向跨径和尺寸增大过多。上、下游拱肋最外缘的间距一般不宜小于跨径的 1/20，以保证拱肋的横向整体稳定性。

拱肋的截面形式，根据跨径的大小和载重的等级，可以选用矩形、I 形、箱形、管形和劲性骨架混凝土箱形等，如图 7-1-14 所示。矩形截面构造简单、施工方便，但经济性差，一般仅用于中、小跨径的肋拱。当肋拱桥的跨径大、桥面宽时，拱肋还可采用箱形截面，这样可减少更多的圬工体积。

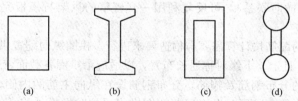

图 7-1-14　肋拱拱肋截面形式
(a)矩形；(b)I 形；(c)箱形；(d)管形

钢筋混凝土矩形拱肋和 I 形肋拱的配筋应综合考虑受力和施工的需要。当采用支架现浇时，按素混凝土计算强度和稳定性通过后，可仅按构造要求配筋。否则，应按钢筋混凝土结构进行计算和配筋。当采用无支架吊装时，仍按素混凝土计算，如满足强度和稳定性要求，则纵向受力钢筋按吊装受力确定，否则应同时考虑吊装和使用阶段的需要。纵向钢筋一般上、下对称通长布置，并弯成拱形。对无铰拱，纵向钢筋应埋入墩台的拱座内，使其与墩台牢固地固接。埋入深度应满足：矩形肋不小于拱脚截面高度的 1.5 倍，I 形肋不小于拱脚截面高度的一半。其余钢筋按构造要求设置，同时，拱肋纵向箍筋间距不得大于纵向主筋直径的 15 倍。

分离式的拱肋需设置横系梁，以增强肋拱横向整体稳定性，同时，还可以起到横向分布荷载的作用，因此，要求横系梁应具有足够的强度和刚度，并与拱肋牢固联结。横系梁一般可采用矩形、I 形、桁片式梁或箱形。

(三)双曲拱

双曲拱桥主拱圈通常由拱肋、拱波、拱板和横向联系等部分组成,如图 7-1-15 所示。由于拱圈在纵、横向均呈曲线形而得名。这种拱桥结构充分利用了预制装配的优点,可以不要拱架,节省木材,加快施工进度,所耗费的钢材也不多,主拱圈的特点是先化整为零,再集零为整,以适应无支架施工但又无大型起吊设备时的情况。施工时,先将拱圈划分成拱肋、拱波、拱板及横向联系四个部分,并预制拱肋、拱波和横向联系(梁板),即化整为零;然后吊装钢筋混凝土拱肋,并与横向联系构件组成拱形框架,在拱肋间安装拱波,随后浇筑拱板混凝土,形成主拱圈,即集零为整。

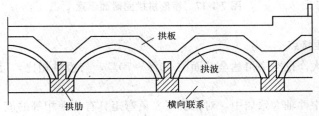

图 7-1-15 双曲拱横截面

拱肋断面可分为倒 T 形、L 形、I 形、槽形及开口箱等,如图 7-1-16 所示。拱波一般为预制圆弧板,厚度为 60~80 mm,跨径由拱肋间距而定。横向联系有系梁式和横隔板式两种。拱板采用混凝土现浇,使拱肋、拱波结合成整体。拱板有填平式和波形两种。由于肋拱是由几个部分按一定顺序组合而成,其截面受力复杂,整体性差。经过 30 多年的使用证明,这种桥型存在一些问题,不少双曲拱都出现了较为严重的开裂,使其承载能力受到影响,存在安全隐患,目前已很少采用。

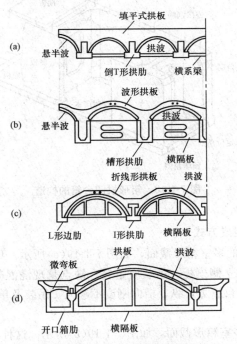

图 7-1-16 双曲拱主拱圈的截面形式

(四)箱形拱

主拱圈截面由单室箱或多室箱构成的拱称为箱形拱,如图 7-1-17 所示,又由于箱形拱主拱截面外观如同板拱,所以也称箱板拱。

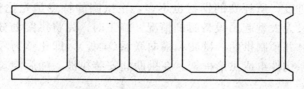

图 7-1-17 箱形拱拱圈截面示意

1. 箱形拱的主要特点

(1)截面挖空率大。挖空率可达全截面的 50%～70%,与板拱相比,可大量节省圬工体积,减小质量。

(2)箱形截面的中性轴大致居中,对抵抗正、负弯矩具有几乎相等的能力,能较好地适应各截面正、负弯矩变化的情况。

(3)由于是闭合空心截面,抗弯、抗扭刚度大,拱圈的整体性好,应力分布比较均匀。

(4)单根箱肋的刚度较大,稳定性较好,能单片成拱,便于无支架吊装。

(5)预制拱箱的宽度较大,施工操作安全,易保证施工质量。

(6)制作要求较高,起吊设备较多,主要用于大跨径拱桥。

箱形拱的拱圈,可以由一个闭合箱(单室箱)或几个闭合箱(多室箱)组成,每一个闭合箱又由顶板(盖板)、底板、侧板(箱壁)及横隔板组成,如图 7-1-18 所示。

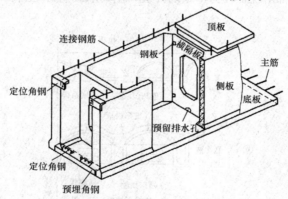

图 7-1-18 箱形拱闭合箱的构造

2. 主拱圈箱形截面的组成方式

(1)由多条 U 形肋组成的多室箱形截面,如图 7-1-19(a)所示。U 形肋的优点是预制时不需要顶板模板,只需在拱胎上立侧模板,吊装质量轻;缺点是现浇混凝土工作量大,盖板参与拱圈受力作用不大,反而增加自重力,纵、横向刚度不够大,吊装及单肋合龙的稳定性不易满足,目前已较少采用。

(2)多条 I 形肋组成的多室箱形截面,如图 7-1-19(b)所示。这种截面的优点是省去了现浇混凝土部分,减少了施工工序;缺点是横向刚度小,吊装与单肋合龙的稳定性较差,焊接下翼缘和横隔板的连接钢板时,其工作条件差,质量难以保证,一般较少采用。

(3)由多条闭合箱肋组成的多室箱形截面,如图 7-1-19(c)所示。闭合箱的优点是箱壁和横隔板预制时,可采用卧式浇筑,也可采用干硬性混凝土,并在振动台上进行施工,可省大量模板,提高工效,即使构件厚度只有 50～60 mm,仍能保证质量。同时,闭合箱的抗弯、抗扭刚度大,吊装过程中的稳定性容易得到保证。

(4)单箱多室截面,如图 7-1-19(d)所示。这种截面形式主要用于(特)大跨径混凝土拱桥中。单箱多室截面的形成与施工方法有关。

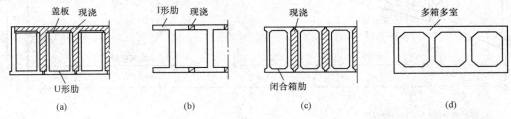

图 7-1-19　箱形截面的组合方式

箱形拱的构造与施工方法有密切的联系。修建箱形拱时,可以采用预制拱箱无支架吊装或有支架现场浇筑等施工方法。采用无支架施工时,拱箱可分段预制,当吊装能力很大时,可以采用封闭式拱箱,以增加拱箱在施工过程中的整体稳定性,减少施工步骤。其具体过程为:在横向将拱截面划分为多条箱形肋,在纵向将箱形肋分段,先预制各箱肋段,然后安装各箱肋段成拱,最后现浇各箱肋间的填缝混凝土形成箱形拱。

当拱桥跨径 L 超过 40 m 时,宜采用分离式的拱肋来代替拱圈。根据跨径的大小,综合考虑施工和截面的受力特点等因素,拱肋的截面可采用矩形($L \leqslant 40$ m)、I 形($40 \text{ m} < L \leqslant 90 \text{ m}$)和箱形($L > 100$ m)。

(五)桁架拱

桁架拱桥又称拱形桁架桥,是一种有水平推力的桁架结构,其上部结构由桁架拱片、横向联结系和桥面组成。桁架拱片是主要的承重结构,是由上下弦杆、腹杆以及跨中由上下弦杆靠近而形成的实腹段所组成的桁架拱片。其立面布置如图 7-1-20 所示。

桁架拱的拱上结构与拱肋融为一体共同受力,整体性好。桁架部分各杆件主要承受轴向力,具有普通桁架的受力特点。实腹段具有拱的受力特点:拱的水平推力减少了跨中弯矩,使跨中实腹段在恒载作用下,主要承受轴向压力;在活载作用下将承受弯矩,成为偏心受压构件。桁架拱综合了桁架和拱的有利因素,以承受轴向力为主,可采用圬工材料修建,并能充分发挥圬工材料的特性。同时,拱上结构与拱肋已形成桁架,能充分发挥全截面材料的作用,与同跨梁桥相比,节省钢材较多,圬工用量与梁桥接近,但比同跨拱桥要少。另外,由于桁架拱外部通常采用两铰结构,因而地基位移、温度变化等产生的附加内力较小。综合上述分析,桁架拱受力是合理的,质量轻,用料少,适合在软土地基上采用。

桁架拱的拱上结构在施工中由于其具有整体的钢筋骨架,故可整体预制安装和采用分段预制、吊装就位后用接头联成整体。桁架拱预制构件规格少、施工工序少,因此工期短。

桁架拱各节点均为刚性连接,由于节点的次应力容易导致杆件两端开裂,影响桁架拱的耐久性;桁架拱是推力结构,支点反力大,对地基有一定的要求;桁架拱一般采用预制安装,由此安装的块件较大,运输和安装过程中需要具有 100 kN 以上的起重设备;预制和安装中对施工工艺要求较高等。因此,桁架拱桥的应用范围以 20～50 m 的中等跨径为宜。但是,如果采用预应力桁架拱,可克服受拉杆件开裂的问题,并可使跨径增大。

根据构造不同,桁架拱可分为斜(腹)杆式、竖(腹)杆式、桁肋式和组合式四种。

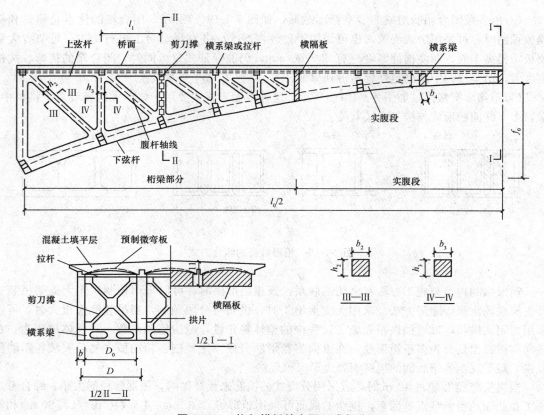

图 7-1-20　桁架拱桥的主要组成部分

(1)斜(腹)杆式。三角形腹杆的桁架拱片腹杆根数少,杆件的总长度也最短,因此腹杆用料省,整体刚度较大,如图 7-1-21(a)所示。但是当拱跨较大、矢高较高时,三角形体系的节间就过大,为了承受桥面荷载,就要增加桥面构件钢筋用量。因此,宜增设竖杆来减小节间长度,成为带竖杆的三角形桁架拱,如图 7-1-21(b)所示。根据斜杆倾斜方向不同,又有斜压杆和斜拉杆两种,如图 7-1-21(c)、(d)所示。前者斜杆受压,竖杆受拉,且斜杆的长度随矢高和节间长度的增大而显著增大,尤其是第一个节间内的斜杆长度更大。为了防止斜杆失稳而需增大截面尺寸,可采用不同截面尺寸的斜杆以节省材料,但施工麻烦。同时,这种斜压杆式的桁架拱外形不太美观,故目前较少采用。后者则相反,斜杆受拉而竖杆受压。为避免拉杆及节点开裂,并减小截面尺寸,节省材料,可采用预应力混凝土斜拉杆,其外形也较美观,是常用的一种形式。

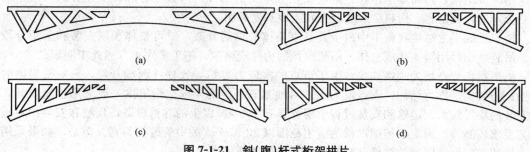

图 7-1-21　斜(腹)杆式桁架拱片

(2)竖(腹)杆式(如图 7-1-22 所示)。竖杆式桁架拱片外形较整齐美观,节点构造简单,施工方便,但整体刚度小,竖杆与上、下弦联结点易开裂,适用于荷载小、跨径较小的桥梁。

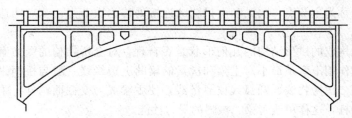

图 7-1-22　竖(腹)杆式桁架拱片

(3)桁肋式(如图 7-1-23 所示)。桁肋式实质上为普通型上承式拱,仅是将主拱圈改为桁架结构。桁肋高度小,吊装方便,适于无支架施工。但由于桁架在拱脚处固接,基础变位、温度变化和混凝土徐变引起的附加内力较大,拱脚上弦杆易开裂。

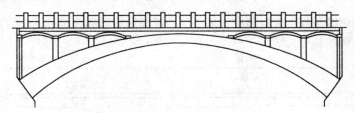

图 7-1-23　桁肋式桁架拱片

(4)组合式(如图 7-1-24 所示)。桁式组合拱与普通桁架拱的主要区别在于上弦杆断点位置不同。普通桁架拱的上弦杆简支于墩(台)上,上弦杆与墩(台)之间没有断缝(即断点),而桁式组合拱上弦杆却是在墩(台)顶部至拱顶之间适当位置断开,形成一条断缝(即断点),从断点至墩(台)顶部形成一个悬臂桁架,并与墩(台)固接,跨间两断点之间为一普通桁架拱,全桥下弦杆保持连续。

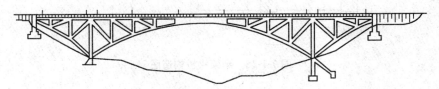

图 7-1-24　组合式桁架拱片

(六)刚架拱

刚架拱桥是在桁架拱桥、斜腿刚架桥等基础上发展起来的另一种新桥型,属于有推力的高次超静定结构。由于它具有构件少、质量轻、整体性好、刚度大、施工简便、造价低、造型美观等优点,被广泛用于跨径为 25～70 m 的桥梁。

刚架拱桥的上部结构由刚架拱片、横向联结系和桥面等部分组成,如图 7-1-25 所示。其特点是在顺桥方向,将常规的主拱圈与拱上建筑部分组成为整体受力的结构,拱上建筑不是单纯的传递荷载,而是参与承受荷载;在横桥向,通过加腋板或微弯板将拱肋与现浇桥面组成整体的受力结构。虽为拱式体系,但恒载推力较常规拱桥要小。为控制桥梁建筑高度,可将矢跨比选择得小一些,一般在 1/10～1/7 取值。

刚架拱片是刚架拱桥的主要承重结构，一般由跨中实腹段的主梁、空腹段的次梁、主拱腿（主斜撑）、次拱腿（斜撑）等构成，如图 7-1-25 所示，与桥面板一起形成刚架拱的主拱片。主梁和主拱腿的连接处称为主节点；次梁和次拱腿的连接处称为次节点。节点构造一般均按固接设计，并配置钢筋。

主梁和主拱腿构成的拱形结构的几何形状是否合理，对全桥结构的受力有显著的影响。其设计原则是在恒载作用下弯矩最小。主梁和次梁的梁肋上边缘线一般与桥面纵向平行，主梁下边缘线一般可采用二次抛物线、圆弧线或悬链线，使主梁成为变截面构件。主拱腿可根据跨主梁同一曲线的弧形杆，这样可改善梁、拱腿的受力性能。

横向联系的作用是将刚架拱片联成整体共同受力，并保证其横向稳定。为了简化构造，横向联系可采用预制装配式的横系梁或横隔板形式，其间距视跨径大小酌情布置。一般在刚架拱片的跨中、主次梁端部等处设置横系梁。当跨径较大或者跨径小但桥面很宽时，为了加强跨中实腹段刚架拱片间的横向整体性，有利于荷载的横向分布，可增设直抵桥面板的横隔板。

桥面板可由预制微弯板、现浇混凝土填平层、桥面铺装等部分组成，也可采用预制空心板、现浇混凝土层及桥面铺装等构成。

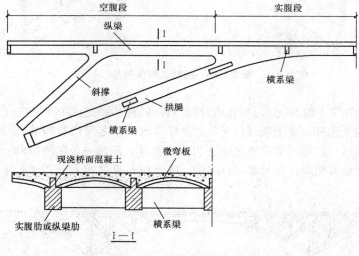

图 7-1-25　刚架拱桥构造图

（七）钢管混凝土拱

1. 结构特点

钢管混凝土是在薄壁圆形钢管内填充混凝土而形成的一种复合材料，它借助内填混凝土增强钢管壁的稳定性，同时，又利用钢管对核心混凝土的套箍作用，使核心混凝土处于三向受压状态，从而使其具有更高的抗压强度和抗变形能力。

2. 基本组成

钢管混凝土拱桥由钢管混凝土拱肋、立柱或吊杆、横撑、行车道系、下部构造等组成。钢管混凝土拱肋是主要的承重结构。其承受桥上的全部荷载，并将荷载传递给墩台和基础。

根据行车道的位置，钢管混凝土拱桥可以做成上承式、中承式和下承式三种类型。无论是哪一种类型，都做成肋拱形式。

钢管混凝土拱桥结构轻盈，恒载集度比较均衡，因此拱轴系数比较小，一般为 1.167～

2.240，跨径小者取较大值，跨径大者取小值。矢跨比在 1/8～1/4 之间比较合理。拱轴线常采用悬链线或二次抛物线。

3. 拱肋横截面形式

钢管混凝土拱拱肋横截面形式，按钢管的根数及布置方式，通常可分为单肢型、双肢哑铃型、四肢格构型、三角形格构型和集束型，如图 7-1-26 所示。

(1)单肢型断面构造简单，受力明确，但跨径过大，相应地要求增大钢管直径和壁厚，对钢管制作和混凝土浇筑不太方便，适用于跨径 80 m 以内的小跨径拱桥，如图 7-1-26(a)所示。

(2)双肢哑铃型断面，由上下两个钢管通过缀板连接而成，缀板内混凝土可根据计算确定，既可以填充，也可以不填充，一般应予填充，以增大承压面积。双肢哑铃型断面抗压刚度大，由于承压面距中心轴较远，因此纵向抗弯刚度大，占用桥面空间少，是一种理想的断面形式，缺点是侧向刚度相对较小，因此桥面以上必须设置风撑，以确保横向稳定，适用于跨径为 80～120 m 的拱桥，如图 7-1-26(b)所示。

(3)四肢格构型断面根据钢管的布置方式，又可分为四肢矩形格构型和四肢梯形格构型，由钢管(又称弦杆)、腹杆(多为空钢管)和横联组成，是大跨径钢管拱桥常用的一种形式，如图 7-1-26(c)、(d)所示。

(4)三角形格构型断面纵向刚度大，横向刚度也大，适用于无风撑钢管混凝土拱桥，如图 7-1-26(e)所示。

(5)集束型是将钢管桁架改成集束钢管，钢管之间采用螺栓、电焊及钢板箍(间距为 2～3 m)连成整体形成拱肋，与钢管桁架相比可节省腹杆，但纵向刚度减弱，如图 7-1-26(f)所示。

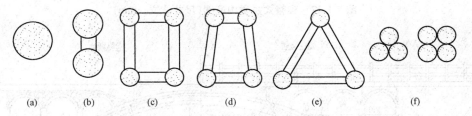

图 7-1-26　钢管混凝土拱拱肋横截面形式
(a)单肢型；(b)双肢哑铃型；(c)、(d)四肢格构型；(e)三角形格构型；(f)集束型

四、拱上建筑构造

上承式拱桥的主要承重结构主拱圈是曲线形，车辆无法直接在弧面上行驶，需要在桥面系和主拱圈之间设置传递荷载的构件或填充物，以使车辆能平顺地在桥面上行驶。桥面系与这些传力构件或填充物统称为拱上建筑。

按照拱上建筑采用的不同构造方式，可将拱桥分为实腹式拱桥(如图 7-1-27 所示)和空腹式拱桥(如图 7-1-28 所示)两种。由于实腹式拱桥拱上建筑的构造简单，施工方便，而填料的数量较多，恒载较大，一般情况下，小跨径拱桥多采用实腹式拱桥；为减小恒载质量，大、中跨径拱桥多采用空腹式拱桥。

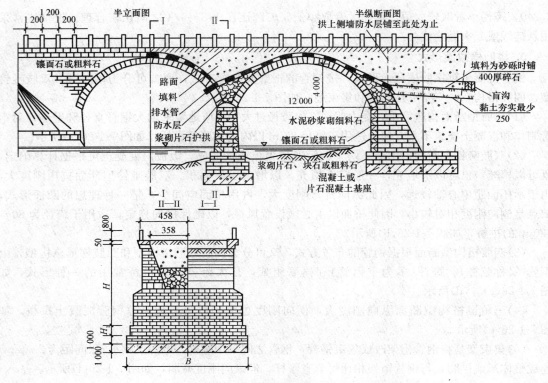

图 7-1-27 实腹式拱桥构造图(尺寸单位：mm)

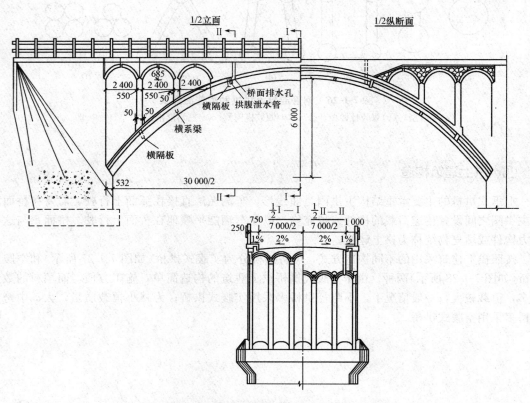

图 7-1-28 空腹式拱桥构造图(尺寸单位：mm)

(一)实腹式拱上建筑

实腹式拱上建筑由拱腹填料、侧墙、护拱、变形缝隙、防水层、泄水管及桥面等部分组成,如图7-1-27所示。拱腹填料的做法有填充式和砌筑式两种。填充式拱上建筑的材料应尽量就地取材,要求透水性好,对侧墙的土压力小。通常,采用砾石、碎石、粗砂或卵石天然土并加以夯实。在地质条件较差的地区,为了减轻拱上建筑的质量,还可采用其他轻质材料(如炉渣、石灰、黏土等混合料)作填料。当上述材料不易取得时,可改用砌筑式,即可用干砌圬工或浇筑素混凝土作为拱腹填料。

为了围护拱腹上的散粒材料,必须在主拱圈的两侧砌筑侧墙,侧墙将受到拱腹填料的水平土压力和桥面上活载产生的侧压力作用,必须按挡土墙验算其截面强度。通常,侧墙顶面厚度取 0.5~0.7 m,向下逐渐增厚,墙脚的厚度可以取为墙高的0.4倍。侧墙一般用块、片石砌筑。为了美观需要,可用粗料石或细料石镶面。对于主拱圈为混凝土或钢筋混凝土的板拱,也可以用钢筋混凝土护壁式侧墙。此种侧墙,可以和主拱圈整体浇筑在一起,侧墙内的竖向受力钢筋按计算配置,并锚伸到拱圈内。当拱腹填料采用砌筑式时,可不设侧墙,而仅将外露表面用砂浆饰面或设置镶面。

实腹式拱桥往往在拱脚段用块、片石砌筑护拱,以加强拱脚段的主拱圈。同时,在多孔拱桥中,设置护拱,还便于设置防水层和泄水管。

(二)空腹式拱上建筑

1. 腹孔

(1)梁式腹孔。采用梁式腹孔的拱上建筑,可以使桥梁造型轻巧、美观,减轻拱上质量和地基的承压力,以便获得更好的经济效果。大跨径的钢筋混凝土拱桥绝大多数采用梁式腹孔。梁式腹孔的桥道梁体系可以做成简支的、连续的、框架式的等形式,如图7-1-29所示。

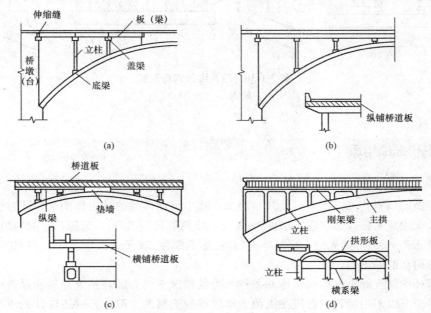

图 7-1-29 梁式腹孔
(a)带实腹段的简支腹孔;(b)全空腹式的简支腹孔;(c)连续腹孔;(d)框架式腹孔

(2)拱式腹孔。拱式腹孔一般多用于圬工拱桥,外观较为笨重。腹拱的跨径一般选用2.5~5.5 m,且不宜大于主拱圈跨径的1/8~1/15,其比值随主拱圈跨径的增大而减小。腹拱的拱轴线多采用圆弧线,拱圈可采用板拱、双曲拱、微弯板和扁壳等形式。板拱的矢跨比一般为1/2～1/6;双曲拱的矢跨比采用1/4～1/8;微弯板的矢跨比用1/10～1/12,当腹拱圈跨径为1～4 m时,石板拱厚度不小于0.3 m,或混凝土板拱厚度不小于0.15 m,微弯板厚度为0.14 m(其中预制厚为0.06 m,现浇0.08 m);当腹拱跨径为4～6 m时,常采用双曲拱,拱圈厚度一般为0.3～0.4 m。采用钢筋混凝土拱时,拱厚还可以减薄。

2. 腹孔墩

腹孔墩可分为横墙式或立柱式两种。

(1)横墙式通常用石料、混凝土预制块砌筑,或用现浇混凝土做成实体墙。为了节省体积,或便于检修人员在拱上建筑内通行,横墙也可在横向挖空,如图7-1-30(a)所示。浆砌片、块石时,横墙的厚度不宜小于60 cm,现浇混凝土时,一般应大于腹拱圈厚度的一倍。横墙施工简便,节省钢材,常采用在基础较好及河流有漂浮物时的情况。

(2)立柱式腹孔墩[如图7-1-30(b)所示]是由立柱、盖梁组成的钢筋混凝土排架结构。立柱由3～5根预制的钢筋混凝土柱组成,常采用矩形截面,立柱沿桥向的厚度,一般采用250～400 mm,横桥向的厚度,一般可用500～900 mm。立柱的上、下间距大于6 m时,在立柱之间应设置横系梁。立柱钢筋向上应伸入盖梁的中部,向下伸入主拱圈(肋)内部,并可靠地锚固。

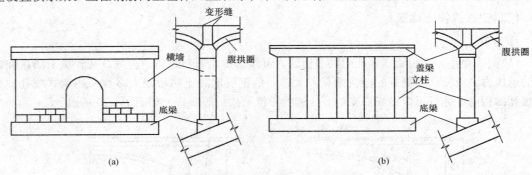

图 7-1-30 腹孔墩的构造形式
(a)横墙式;(b)立柱式

五、拱桥细部构造

(一)拱上填料、桥面及人行道

拱上建筑的填料,可以扩大荷载分布面积,减小车辆荷载的冲击作用,但同时也增加了拱桥的恒载。无论是实腹式与空腹式拱桥(除无拱上填料的轻型拱桥),根据《公路桥涵施工技术规范》(JTG/T F50—2011)的规定,填料厚度(包括路面厚度)等于或大于0.50 m的拱桥,设计时均不计汽车荷载的冲击力。

在大跨径钢筋混凝土拱桥或在地基条件很差的情况下,为减轻拱上建筑质量,可以减薄填料厚度,甚至可以不用填料,直接在拱顶上修建混凝土路面。但计算时还应计入汽车荷载的冲击力,并采取措施保证主拱圈的横向整体性。

拱桥行车道的桥面铺装应根据所在公路等级及使用要求,交通流量大小综合考虑确定;人行道的铺装视具体情况选用。

(二)伸缩缝与变形缝

在可变作用、温度变化、混凝土收缩等因素影响下,主拱圈将产生挠度,拱上建筑也随之变形。这时侧墙或腹拱圈与墩台连接处将产生裂缝。为了防止这种不规则裂缝的出现,须设置伸缩缝和变形缝。通常是在相对变形(位移或转角)较大的位置设置伸缩缝,而在相对变形较小处设置变形缝。

实腹式拱桥伸缩缝通常设置在两拱脚的上方,并需在横桥方向贯通全宽和侧墙的全高及至人行道构造。目前,多将伸缩缝做成直线形,如图 7-1-31 所示,以使构造简单,施工方便。

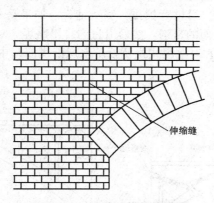

图 7-1-31　实腹式拱桥伸缩缝

拱式拱上结构的空腹式拱桥,一般将紧靠桥墩(台)的第一个腹拱圈做成三铰拱,并在靠墩台的拱铰上方的侧墙上,也相应地设置伸缩缝,在其余两铰上方的侧墙,可设变形缝,如图 7-1-32 所示。

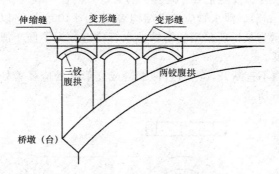

图 7-1-32　空腹式拱桥伸缩缝及变形缝

在大跨径拱桥中,根据温度变化情况和跨径长度,必要时还需将靠近拱顶的腹拱圈或其他腹拱也做成两铰拱或三铰拱。拱铰上面的侧墙也需相应地设置变形缝,以便使拱上建筑更好地适应主拱圈的变形。

对于梁式或板式拱上结构,宜在主拱圈两端的拱脚上设置腹孔墩或采取其他措施与桥墩(台)设缝分开,梁或板与腹孔墩的支承连接宜采用铰接,以适应主拱圈的变形。

伸缩缝的宽度一般为 20～30 mm。通常是在施工时将用锯木屑与沥青按 1∶1 比例配合压制成的预制板嵌入砌体或埋入现浇混凝土中即可,变形缝则不留设缝宽,可用干砌或油毛毡隔开。

人行道、栏杆、缝石和混凝土桥面,在腹拱铰的上方或侧墙有变形缝处,均应设置贯通全桥宽度的伸缩缝或变形缝,以适应主拱圈的变形,其构造形式可参照梁桥选用。

(三)排水及防水层

对于拱桥，不仅要求能够及时排除桥面的雨水、雪水，而且要求将渗透到拱腹内的水及时排除。因为这些渗水如不及时排出，它会增大拱腹填料的含水量，降低承载能力，影响桥面的强度，使桥面更易开裂破坏，冬季容易产生结构的冻胀损坏。

透过桥面铺装渗入拱腹内的雨水，应由防水层汇集于预埋在拱腹内的泄水管排出。

对于实腹式拱桥，防水层应沿拱背护拱、侧墙铺设。如果是单孔，可以不设拱腹泄水管，积水沿防水层流至两个桥台后面的盲沟，然后沿盲沟排出路堤。对多孔拱桥，泄水管可布置在1/4跨径处，如图7-1-33所示；对空腹式拱桥，防水层沿拱圈跨中的拱背和腹拱上方设置，如图7-1-34所示。

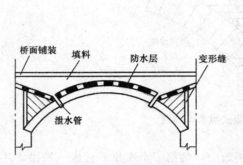

图7-1-33 多孔实腹式拱桥拱背排水　　图7-1-34 空腹式拱桥拱背排水

泄水管可以采用铸铁管、混凝土管、陶瓷(瓦)管等，内径一般为60～100 mm，在严寒地区需适当加大(宜小于150 mm)。泄水管应伸出结构表面50～100 mm，以免雨水顺着结构物的表面流下，如图7-1-35所示为某桥所采用的铸铁泄水管构造。为了便于泄水，泄水管尽可能采用直管，并减小管节的长度。

防水层在全桥范围内不宜断开，当通过伸缩缝或变形缝处应妥善处理，使其既能防水又可以适应变形，如图7-1-36所示。

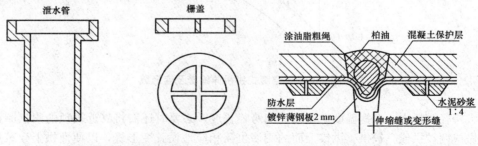

图7-1-35 铸铁泻水管　　图7-1-36 伸缩处的防水层构造

防水层有粘贴式与涂抹式两种。前者是由2～3层油毛毡与沥青腹交替贴铺而成，效果较好，但造价高；后者采用沥青或柏油涂抹于砌体表面，施工简便，造价低廉，但效果较差，适用于雨水较少的地区。当要求较低时，可以就地取材选用，石灰三合土(厚0.15 m，水泥、石灰、砂的配合比为1∶2∶3)、石灰黏土砂浆、黏土胶泥等简易办法代替粘贴式防水层。

(四)拱铰

在拱桥中，需设置永久性或临时性的拱铰。对两铰拱或三铰拱体系，常设置永久性铰；在施工过程中，为消除或减小主拱圈的部分附加内力，以及对主拱圈内力作适当调整时，往往在拱脚或拱顶设置临时铰。

永久性铰要求高、造价高、构造复杂，需满足设计计算的要求，并保证长期的正常使用。临时铰构造较简单，在施工结束时或基础变形趋于稳定时将封固。

拱铰的形式，应根据铰所处的位置、受力大小、使用材料等条件综合考虑选择，目前，常用的形式有弧形铰、平铰或不完全铰。

1. 弧形铰

弧形铰可用石料、混凝土、钢筋混凝土等材料制作。弧形铰由两个半径不同圆弧形表面的块件合成，一个为凹面，半径为 R_1，另一个为凸面，半径为 R_2，R_2/R_1 的比值一般为 1.2～1.5，如图 7-1-37 所示。铰的宽度为拱圈（肋）的宽度，沿轴线方向的长度为拱厚度的 1.15～1.2 倍，拱的接触面应精确加工，以保证紧密结合。

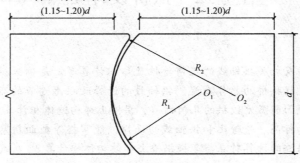

图 7-1-37 弧形铰

石拱桥的拱铰，以往都是用石料加工，但由于石铰较重，运输、安装、就位均很困难，因此目前多采用现浇混凝土铰。当跨径较大、要求承压强度更高时，可采用钢筋混凝土拱铰，其钢筋布置按计算及构造要求确定。

2. 平铰

对于空腹式拱上建筑的腹拱圈，由于跨径较小，可以采用构造简单的平铰，如图 7-1-38 所示。这种铰是平面相连，直接抵承。平铰的接缝可用低强度等级的砂浆砌筑，也可垫衬油毛毡或直接采用干砌接头。

图 7-1-38 平铰图

3. 不完全铰

对于跨度不大的腹拱圈或腹孔墩的上、下端，可采用不完全铰，如图 7-1-39 所示。不完全铰构造简单，拱圈施工时不断开，使用时起到拱铰的作用。

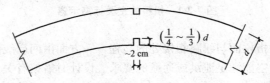

图 7-1-39 不完全铰

在连接处因为截面减小,将产生较大的应力,有时需配置斜钢筋,支承截面应按局部承压进行构造和计算。

学习任务

绘制思维导图,核心词汇应该包括拱桥特点及分类、主拱圈构造、拱上建筑构造、拱桥细部构造等专业术语。

任务二 拱桥设计要点

※任务描述

拱桥的设计要点涉及相关拱轴线的几何特性及体积计算等,是确保拱桥施工交底顺利进行的基础。本任务主要包括拱桥的总体布置、拱轴线的选择及拱上建筑的布置、等截面悬链线无铰拱的几何性质、等截面圆弧无铰拱的几何性质、拱桥上部构造体积计算。通过本任务的学习,学生能了解拱桥的设计标高、矢跨比和拱轴线的选择,能掌握等截面拱悬链线拱轴线的几何特性,能了解其他类型拱桥的计算特点与掌握拱桥上部结构体积计算。

一、拱桥的总体布置

在确定桥位之后,即可根据当地水文、地质等条件,合理地拟定桥梁的总体布置。总体布置包括确定桥梁的长度、跨径、孔数、桥面标高、主拱圈的矢跨比等内容。

(一)设计标高

拱桥的标高包括桥面标高、拱顶底面标高、起拱线标高、基础底面标高等,如图 7-2-1 所示。这几项标高的合理确定对拱桥的设计有直接的影响。

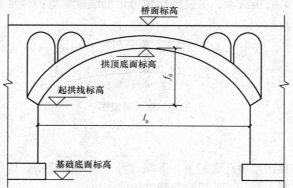

图 7-2-1 拱桥的主要标高示意

拱桥桥面的标高,即指桥面与线路相接处的高程,一方面由两岸线路的纵断面设计来控制;另一方面还要保证桥下净空能满足泄洪或通航的要求。设计时需按有关规定,并与有关部门(如航运、防洪、水利等)商定。

确定桥面标高后,将桥面标高减去拱顶填料厚度(一般包括路面 0.30~0.50 m),就可得到拱顶上缘(拱背)的标高。此后,可根据跨径大小、荷载等级、主材料规格等条件估算出拱圈的厚度,拱背的标高减去拱圈厚度即可得到拱顶底面标高。

拟定起拱线标高时,为了尽量减小桥墩(台)基础底面的弯矩、节省墩台的圬工数量,一般宜选择低拱脚的设计方案。但具体设计时,拱脚位置往往又受到通航净空、排洪、流冰等条件的限制。根据《公路桥涵设计通用规范》(JTG D60—2015)的规定,对于有铰拱桥,拱脚高出设计洪水位以上 $0.25\ m$。对于无铰拱桥,可将拱脚置于设计洪水位以下,但淹没深度一般不超过拱圈高度的 $2/3$,且拱顶底面至计算水位的净高不得小于 $1.0\ m$。无论有铰拱还是无铰拱,拱脚均应高出最高流冰面至少 $0.25\ m$。在不通航和无流筏的水库区域内,无铰拱拱顶底面离开水面的高度不应小于计算浪高的 0.75 倍加上 $0.25\ m$。

基础底面的标高主要根据冲刷深度、地质情况,即地基承载力等因素确定。

(二)矢跨比

当跨径及拱顶、拱脚标高确定后,即可根据分孔时拟定的跨径大小确定主拱圈的矢跨比(f/L)。矢跨比的大小不仅影响拱圈内力的大小,而且影响到拱桥的构造形式和施工方法的选择。计算表明,当矢跨比减小时,拱的推力增大。推力增大,对拱圈自身的受力状况是有利的,但对墩台基础不利。同时,矢跨比越小,由其他因素引起的附加内力就越大。但拱的矢跨比过大时,拱脚区段过陡,给拱圈的砌筑或混凝土浇筑带来困难。另外,拱桥的外形是否美观,与周围景物能否协调等也与矢跨比有很大关系。因此,在设计阶段,矢跨比的大小应经过综合比较后选定。

一般的矢跨比,石、混凝土板拱桥及双曲拱桥为 $1/4\sim1/8$;钢筋混凝土拱桥为 $1/5\sim1/10$;矢跨比大于 $1/5$ 的拱桥为陡拱,小于 $1/5$ 的为坦拱。

(三)不等跨连续拱桥的处理方法

多孔连续拱桥最好选用等跨分孔的方案。但受地形、地质、通航等条件的限制,如引桥很长,考虑与桥面纵坡协调一致时,或对桥梁的美观有特殊要求(如城市或风景区的桥梁)时,可采用不等跨的分孔。

不等跨拱桥,由于相邻孔的恒载推力不相等,使桥墩和基础承受了不平衡推力。在采用刚性桥的多孔连续拱桥中,还需考虑恒载不平衡推力产生的连拱作用,使计算和构造较为复杂。为了减小不平衡推力,改善桥墩、基础的受力状况,可采用以下措施。

1. 用不同的矢跨比

跨径一定时,矢跨比与推力大小成反比。在相邻两孔中,大跨径用较陡的拱,小跨径用较坦的拱,这样使两相邻孔在恒载作用下的不平衡推力尽量减小。

2. 采用不同的拱脚标高

由于采用不同的矢跨比,致使两相邻孔的拱脚标高不在同一水平线上。因大跨径孔的矢跨比大,拱脚降低,减小了拱脚水平推力对基底的力臂,这样可以使大跨与小跨的恒载水平推力对基底所产生的弯矩得到平衡。

3. 调整拱上建筑的恒载质量

在相邻两孔中、大跨径可采用轻质的拱上填料或空腹式拱上建筑,小跨径用重质的拱上填料或实腹式拱上建筑,以调整恒载质量来改变拱桥恒载的水平推力。

在上述三种措施中,从桥梁外观考虑,以第三种为好。在具体设计时,也可以将几种措施同时采用。如果仍不能达到完全平衡恒载推力的目的,则需设计成体型不对称的或加大尺寸的桥墩和基础来解决。

二、拱轴线的选择及拱上建筑的布置

拱轴线的形状直接影响着拱圈的内力分布及大小。选择拱轴线的原则，就是要尽可能降低由于荷载产生的弯矩值。

最理想的拱轴线是与拱上各种荷载作用下的压力线相吻合，使拱圈截面只受轴向压力作用而无弯矩作用，以此充分利用圬工材料的抗压性能；这样的拱轴线称为合理拱轴线。但事实上不可能获得这样的拱轴线，因为除恒载外，拱圈还要受到活载、温度变化和材料收缩等因素的作用。当恒载压力线与拱轴线吻合时，在活载作用下就不再吻合。

一般来说，拱桥设计中选择拱轴线时，应满足四个方面的要求：一是要求尽量减小拱圈截面的弯矩，使主拱圈各主要截面的应力相差不大且最大限度减小截面拉应力，最好是不出现拉应力；二是对于无支架施工的拱桥，应能满足各施工阶段的要求，并尽可能少用或不用临时性施工措施；三是计算方法简便，易为生产人员掌握；四是线型美观，便于施工。

目前，我国拱桥常用的拱轴线形式有以下几种。

1. 圆弧线

圆弧线拱，线形最简单，施工放样方便，易为掌握。但在一般情况下，圆弧形拱轴线与恒载压力线偏离较大，使拱圈各截面受力不够均匀。因此，圆弧线常用于 15~20 m 以下的小跨径拱桥。

对实腹式拱桥，恒载强度（单位长度上的质量）从拱顶向拱脚是均匀增加的。此时，拱圈的压力线是一条悬链线。因此，实腹式拱桥采用悬链线作拱轴线。在恒载作用下，当不计拱圈由恒载弹性压缩产生的影响时，拱圈截面将只承受中心压力而无弯矩。

2. 悬链线

空腹式拱桥的结构重力从拱顶向拱脚是均匀增加的，这种荷载引起的压力线是一条悬链线。因此，空腹式拱桥采用悬链线作拱轴线。

对于空腹式拱桥，由于有立柱传下来的集中荷载，恒载强度从拱顶到拱脚不再是连续分布的，其相应的恒载压力线也不再是悬链线，而是一条在腹孔墩处有转折点的多段曲线，但恒载压力线与拱轴线之间有偏离。理论分析证明，这种偏离对拱圈控制截面的内力是有利的，可以减少弹性压缩产生的弯矩。又因为用悬链线作拱轴线，对各种空腹式的拱上建筑的适应性较强，有现成的、完备的计算图表可供利用。因此，空腹式拱桥也广泛采用悬链线作为拱轴线。目前，悬链线是我国大、中跨径拱桥采用最普遍的拱轴线型。

3. 抛物线

在竖向均布荷载作用下，拱的压力线是二次抛物线。对于恒载分布比较接近均布的拱桥，例如，矢跨比较小的空腹式钢筋混凝土拱桥，钢筋混凝土桁架拱桥和刚架桥等，可以采用二次抛物线作为拱轴线。

由上可见，拱上建筑的形式及其布置，对于合理选择拱轴线型是有密切联系的。一般来说，小跨径拱桥可采用实腹式圆弧拱或实腹式悬链线拱，大、中跨径拱桥可采用空腹式悬链线拱，轻型拱桥或矢跨比较小的大跨径钢筋混凝土拱桥可采用抛物线拱。

三、等截面悬链线无铰拱的几何性质

实腹拱桥的恒载包括桥面、填料和拱圈的质量，从拱顶到拱脚连续分布、逐渐增大。此时，恒载的压力线就是一条悬链线。因为圬工和钢筋混凝土拱桥的恒载远大于活载，一般采用恒载压力线作为拱轴线。因此，实腹拱的合理拱轴线就是悬链线。

(一)拱轴线方程

对于实腹拱,其恒载无论主拱或拱上建筑均为沿跨连续分布,从拱顶向拱脚,恒载强度按线性规律增加。

由图 7-2-2 可知,任意截面的恒载集度为

$$g_x = g_d + \gamma y_1 \tag{7-2-1}$$

式中 g_d——拱顶恒载集度;
γ——拱上材料平均表观密度;
y_1——拱轴任意点 x 的纵坐标。

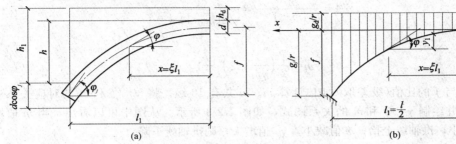

图 7-2-2 悬链线拱轴计算图式

那么,拱脚恒载集度为

$$g_j = g_d + y_f \tag{7-2-2}$$

如果令拱轴系数 $m = g_j/g_d$,则恒载集度变为

$$g_x = g_d \left[1 + (m-1)\frac{y_1}{f}\right] \tag{7-2-3}$$

代入 $\dfrac{d^2 y}{dx^2} = \dfrac{g_x}{H_g}$,并引入参变量:$x = \xi L_1$,则有:

$$\frac{d^2 y}{d\xi^2} = \frac{L_1^2}{H_g} g_d \left[1 + (m-1)\frac{y_1}{f}\right] \tag{7-2-4}$$

如果取用

$$k^2 = \frac{L_1^2 g_d}{H_g f}(m-1) \tag{7-2-5}$$

则有

$$\frac{d^2 y_1}{d\xi^2} - k^2 y_1 = \frac{L_1^2}{H_g} g_d \tag{7-2-6}$$

可见,此方程为二次常系数非齐次线性微分方程,其解为相应齐次微分方程的一般解和特解之和。

解方程,得拱轴线方程为

$$y_1 = \frac{f}{m-1}(\text{ch} k\xi - 1) \tag{7-2-7}$$

可见,实腹拱恒载压力线为悬链线。

下面讨论 m 与 k 的关系

对拱脚:$\xi = 1$,$y_1 = f$,由悬链线方程可得

$$m = \text{ch} k \tag{7-2-8}$$

由式(7-2-8)则有

$$k=\ln(m+\sqrt{m^2-1}) \tag{7-2-9}$$

对拱跨 $l/4$ 点：$\xi=1/2$，则

$$y_{l/4}=\frac{f}{m-1}\left(\operatorname{ch}\frac{k}{2}-1\right) \tag{7-2-10}$$

利用双曲三角函数关系 $\operatorname{ch}\dfrac{K}{2}=\sqrt{\dfrac{1+\operatorname{ch}K}{2}}=\sqrt{\dfrac{1+m}{2}}$

可得

$$\frac{y_{l/4}}{f}=\frac{\sqrt{\dfrac{1+m}{2}}-1}{m-1}=\frac{1}{\sqrt{2(m+1)}+2} \tag{7-2-11}$$

即

$$m=\frac{1}{2}\left(\frac{f}{y_{l/4}}-2\right)^2-1 \tag{7-2-12}$$

根据 $y_{l/4}$ 与 f 的比值（级差取 0.01）计算 m。m 共有 10 级。将 $y_{l/4}/f$ 和 m 的对应关系列于表 7-2-1 中，并绘制 $y_{l/4}/f$ 和 m 的关系图式，如图 7-2-3 所示。从图中可以看出，当 m 值增大时，$y_{l/4}$ 值减小，拱轴线上抬；m 值减小，$y_{l/4}$ 值增大，则拱轴线下降。

表 7-2-1　$y_{l/4}$ 与 m 的对应关系值

$y_{\frac{l}{4}}/f$	0.25	0.24	0.23	0.22	0.21	0.20	0.19	0.18	0.17	0.16
m	1.00	1.347	1.756	2.240	2.814	3.500	4.324	5.321	6.536	8.031

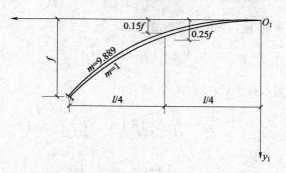

图 7-2-3　$y_{l/4}$ 与 m 的关系

为了计算方便，根据不同的 m 值，计算各点（分半跨拱在水平方向投影为 12 等分，如图 7-2-4 所示）的拱轴线坐标，并编制表 7-2-2，供设计时查用。

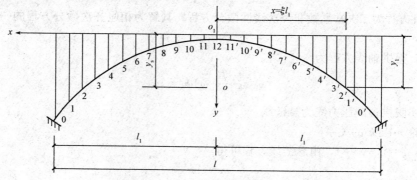

图 7-2-4　分半跨拱在水平方向投影

表 7-2-2　拱轴坐标 y_1/f 值；$y_1 =$ [表值] f

截面号 \ m	1.347	1.543	1.756	1.988	2.240	2.514	2.814	3.142	3.500
0	1.000 00	1.000 00	0.825 58	0.821 78	0.817 93	0.814 02	0.810 05	0.806 02	0.801 92
1	0.833 03	0.829 33	0.825 58	0.821 78	0.817 93	0.814 02	0.810 05	0.806 02	0.801 92
2	0.683 02	0.677 22	0.671 36	0.665 44	0.659 46	0.653 41	0.647 29	0.641 10	0.634 83
3	0.549 29	0.542 61	0.535 89	0.529 11	0.522 28	0.515 41	0.508 47	0.501 48	0.494 43
4	0.431 22	0.424 57	0.417 88	0.411 16	0.404 42	0.397 64	0.390 82	0.383 97	0.377 08
5	0.328 28	0.322 27	0.316 24	0.310 20	0.304 14	0.298 07	0.291 99	0.285 89	0.279 78
6	0.240 00	0.235 00	0.230 00	0.225 00	0.220 00	0.215 00	0.210 00	0.205 00	0.200 00
7	0.165 97	0.162 16	0.158 36	0.154 56	0.150 77	0.146 99	0.143 22	0.139 45	0.135 69
8	0.105 86	0.103 25	0.100 64	0.098 04	0.095 46	0.092 88	0.090 31	0.087 75	0.085 20
9	0.059 39	0.057 84	0.056 30	0.054 77	0.053 24	0.051 72	0.050 21	0.048 71	0.047 21
10	0.026 34	0.025 63	0.024 93	0.024 22	0.023 52	0.022 83	0.022 13	0.021 45	0.020 76
11	0.006 58	0.006 40	0.006 22	0.006 04	0.005 86	0.005 68	0.005 51	0.005 33	0.005 16
12	0	0	0	0	0	0	0	0	0

注：表中 m 值为半级。

(二) 拱轴线水平倾角

将式(7-2-10)对 ξ 取导数得

$$\frac{dy_1}{d\xi} = \frac{fk}{m-1} \text{sh}k\xi \tag{7-2-13}$$

$$\tan\varphi = \frac{dy_1}{dx} = \frac{dy_1}{dx} = \frac{dy_1}{L_1 d\xi} = \frac{a dy_2}{l d\xi} \tag{7-2-14}$$

将式(7-2-13)代入式(7-2-14)得

$$\tan\varphi = \frac{2fk\text{sh}k\xi}{l(m-1)} = \eta\text{sh}k\xi \tag{7-2-15}$$

式中

$$\eta = \frac{2kf}{l(m-1)} \tag{7-2-16}$$

从式(7-2-16)中可以看出，任意一点拱轴线倾角 φ 可根据已知的拱轴系数 m 确定，$\tan\varphi$ 也可从表 7-2-3 中查得。

表 7-2-3　拱轴斜度 $1\,000l\tan\varphi/f$ 值；$\tan\varphi =$ [表值] $f/1\,000l$

截面号 \ m	1.347	1.543	1.756	1.988	2.240	2.514	2.814	3.142	3.500
0	4 216.8	4 328.0	4 441.1	4 556.2	4 673.3	4 792.7	4 914.3	5 038.4	5 164.9
1	3 800.9	3 868.9	3 937.5	4 006.7	4 076.6	4 147.2	4 218.5	4 290.5	4 363.3
2	3 402.3	3 436.7	3 470.9	3 505.1	3 539.2	3 573.1	3 606.9	3 640.6	3 674.2
3	3 019.3	3 028.4	3 037.0	3 045.3	3 053.1	3 060.5	3 067.4	3 073.8	3 079.8
4	2 650.0	2 641.1	2 631.7	2 621.8	2 611.4	2 600.6	2 589.2	2 577.3	2 564.8
5	2 292.9	2 272.2	2 251.0	2 229.5	2 207.7	2 185.4	2 162.7	2 139.5	2 115.9

续表

截面号 \ m	1.347	1.543	1.756	1.988	2.240	2.514	2.814	3.142	3.500
6	1 946.2	1 919.0	1 891.6	1 863.9	1 836.0	1 807.8	1 779.3	1 750.6	1 721.6
7	1 608.5	1 579.2	1 549.9	1 520.5	1 490.9	1 461.3	1 431.5	1 401.7	1 371.4
8	1 278.0	1 250.4	1 222.8	1 195.2	1 167.6	1 140.0	1 112.4	1 084.8	1 057.2
9	953.5	930.3	907.2	884.1	861.1	838.2	815.4	792.6	769.9
10	633.2	616.6	600.1	583.6	567.2	550.9	534.7	518.6	502.5
11	315.9	3 072	298.6	290.1	281.6	273.1	264.7	256.4	248.1
12	0	0	0	0	0	0	0	0	0

四、等截面圆弧无铰拱的几何性质

设 $\overline{AOB}$ 为一圆弧拱轴线，如图 7-2-5 所示，取拱顶 O 为坐标原点，采用图示直角坐标系，则拱轴方程为

$$x^2 + y_1^2 - 2Ry_1 = 0$$
$$x = R\sin\varphi$$
$$y_1 = R(1-\cos\varphi)$$
(7-2-17)

式中　R——圆弧拱半径；

　　　x, y_1——圆弧拱任意点坐标；

　　　φ——圆弧拱任意点至圆心的连线与线的交角。

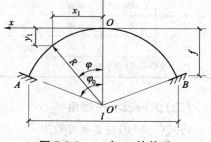

图 7-2-5　$y_{l/4}$ 与 m 的关系

若计算矢高 f 及计算跨径 l 为已知，则

$$R = \frac{1}{2}\left(\frac{1}{4f/l} + f/l\right)$$
(7-2-18)

由图 7-2-5 可知：

$$\sin\varphi_0 = \frac{l}{2R}$$
$$\cos\varphi_0 = 1 - \frac{f}{R}$$
(7-2-19)

半圆心角 $\varphi_0 = \arccos\left(1 - \frac{f}{R}\right)$，若计算半径 R 和半圆心角为已知，则

$$f = R(1-\cos\varphi_0)$$
$$l = 2R\sin\varphi_0$$
(7-2-20)

圆弧拱各几何量的关系如表 7-2-4 所示。

表 7-2-4　圆弧拱各几何量的关系

f/l	s	l	f	R	φ_0	φ_0/rad	$\sin\varphi_0$	$\cos\varphi_0$
1/2	3.141 59	2.000 0	1.000 0	0.500 00	90°	90°00′00″	1.570 80	1.000 00	0
1/3	2.352 02	1.846 16	0.615 38	0.541 67	67°22′50″	67°38′06″	1.176 01	0.923 08	0.384 62
1/4	1.854 61	1.600 00	0.400 00	0.625	53°75′00″	53°13′06″	0.927 30	0.800 00	0.6
1/5	1.522 02	1.379 30	0.275 86	0.725	43°36′08″	43°60′28″	0.761 01	0.689 66	0.724 14
乘数	R	R	R	l	—	—	—	—

五、拱桥上部构造体积计算

拱桥各部分形状比较复杂，体积计算往往不能直接利用简单的几何公式进行，因此，在实际工作中常采用一些近似公式及表格进行计算。

(一)侧墙体积和侧墙勾缝面积计算

1. 弧拱侧墙体积和侧墙勾缝面积计算

(1)侧墙体积(半跨一边的体积)(如图 7-2-6 所示)。

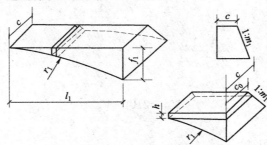

图 7-2-6 侧墙体积和侧墙勾缝面积计算

$$V=V_1+V_2=B_1Cl_1^2+B_2m_1l_1^3+\left(C_0+\frac{m_1h}{2}\right)hl_1 \quad (7\text{-}2\text{-}21)$$

(2)侧墙勾缝面积(半跨一边的面积)(如图 7-2-6 所示)。

$$A=A_1+A_2=B_1l_1^2+hl_1 \quad (7\text{-}2\text{-}22)$$

式中　V_1——曲线部分体积，$V_1=B_1Cl_1^2+B_2m_1l_1^3$；

V_2——直线部分体积，$V_2=\left(C_0+\frac{m_1h}{2}\right)hl_1$；

A_1——曲线部分面积，$A_1=B_1l_1$；

A_2——直线部分面积，$A_2=hl_1$；

B_1、B_2——系数，可查表 7-2-5；

l_1——拱圈外弧半跨长度；

C——拱弧顶处的侧墙宽度；

C_0——侧墙顶宽。

表 7-2-5 B_1、B_2 值

f/l 系数	1/2	1/3	1/4	1/5	1/6	1/7	1/8	1/9	1/10
B_1	0.021 46	0.182 8	0.150 3	0.126 1	0.106 4	0.092 3	0.081 4	0.072 7	0.065 9
B_2	0.047 9	0.031 3	0.021 2	0.016 1	0.010 7	0.007 8	0.006 2	0.005 5	0.004 6

2. 悬链线拱侧墙体积和侧墙勾缝面积

(1)侧墙体积(半跨一边的体积)。

$$V=V_1+V_2=\frac{Cf_1l_1}{k(m-1)}(\text{sh}k-k)+\frac{f_1^2l_1m_1}{2k(m-1)^2}\left(\frac{1}{2}\text{sh}k\times\text{ch}k-2\text{sh}k+\frac{3}{2}k\right)+\left(C_0+\frac{m_1h}{2}\right)hl_1$$

$$(7\text{-}2\text{-}23)$$

式中　$V_1 = \dfrac{Cf_1l_1}{k(m-1)}(\text{sh}k-k) + \dfrac{f_1^2l_1m_1}{2k(m-1)^2} \times \left(\dfrac{1}{2}\text{sh}k \times \text{ch}k - 2\text{sh}k + \dfrac{3}{2}k\right)$；

$V_2 = \left(C_0 + \dfrac{m_1h}{2}\right)hl_1$。

(2) 侧墙勾缝面积（半跨一边的面积）。

$$A = A_1 + A_2 = \dfrac{l_1f_1}{k(m-1)}(\text{sh}k-k) + hl_1 \tag{7-2-24}$$

式中　$A_1 = \dfrac{l_1f_1}{k(m-1)}(\text{sh}k-k)$；

$A_2 = hl_1$；

m——拱轴系数；

k——系数，$k = \ln(m + \sqrt{m^2-1})$。

(二) 拱体填料体积

$$V_{填} = 2BA - V_{侧} \tag{7-2-25}$$

式中　B——拱圈宽度；

A——侧墙勾缝面积；

$V_{侧}$——侧墙面积。

(三) 拱圈体积

1. 圆弧拱

$$V = sBd \tag{7-2-26}$$

式中　s——拱轴线长度。

2. 悬链线拱

$$V = \dfrac{1}{v_1}LBd \tag{7-2-27}$$

式中　$\dfrac{1}{v_1}$——悬链线拱轴长度系数，可查表 7-2-6。

表 7-2-6　$1/V$ 值和 $1/v_1$ 值

系数		1.347	1.543	1.756	1.988	2.240	2.514	2.814	3.142	3.500
$\dfrac{1}{V}$	1/5	0.915 12	0.914 75	0.914 38	0.914 00	0.913 62	0.913 23	0.912 84	0.912 44	0.912 05
	1/6	0.937 00	0.936 63	0.936 25	0.935 86	0.935 46	0.935 06	0.934 65	0.934 23	0.933 81
$\dfrac{1}{v_1}$	1/5	1.099 92	1.100 81	1.101 73	1.102 68	1.103 67	1.104 70	1.105 75	1.106 84	1.107 97
	1/6	1.071 07	1.071 75	1.072 45	1.073 18	1.073 94	1.074 73	1.075 54	1.076 38	1.077 25

 学习任务

绘制思维导图，核心词汇应该包括拱桥总体布置、拱轴线的选择、拱上建筑布置、等截面悬链线和圆弧无铰拱的几何性质、拱桥上部体积计算等专业术语。

完成某圬工实腹式拱桥的上部构造体积计算。

任务三　复核钢筋混凝土板拱桥施工设计图

※任务描述

施工设计图是施工的指导性文件,在施工前,施工单位应对桥梁施工图设计文件,组织有关技术人员对施工图设计文件进行复核,充分领会设计意图,通过发现问题,交流意见,完善设计图的不足或错误之处,为桥梁的安全、顺利施工做好保障。通过本任务的学习,学生能具备识读板拱桥施工图的工作能力,能复核板拱桥施工设计图表,复核工程量,能参加设计技术交底。

一、现浇混凝土板拱桥施工图组成

在板拱桥施工前,技术员在技术负责人组织下,对施工设计图进行复核,并将复核结果形成图纸会审纪要。最后,由施工单位整理、汇总,各与会单位会签,并经各单位盖章,有关单位保存一份。

现浇混凝土板拱桥施工设计图主要包括桥梁平面布置图、基础墩台结构图、桥台锥坡设计图、拱圈纵、平面图、结构配筋图、工程数量表、拱上建筑设计图、拱腹填料、桥面铺装及其他细部构造设计图等内容。

二、现浇混凝土板拱桥施工图复核

(一)全面熟悉图纸设计说明

(1)技术标准与设计规范是否应用得当。
(2)从主要技术指标表中获取桥梁的总体设计指标。
(3)主要材料有哪些,参数是否合理。
(4)设计要点中各设计参数是否齐全,如预应力筋的弹性模量、松弛系数。
(5)从施工要点中获取该桥应该特别注意的施工要点。

(二)全面熟悉"板拱一般构造图"

参照项目四,如图 7-3-1 至图 7-3-3 所示,构造图主要复核各结构物的尺寸。

(三)全面熟悉"板拱钢筋构造图"

参照项目四,如图 7-3-4 所示,主要按照每种钢筋大样图复核钢筋的单位工程数量,根据钢筋分布图对应每一种钢筋的位置信息,主要核对间距与数量的关系。

  学习任务

根据下发的某工程实际设计图文件,学生能够自主完成图纸复核。

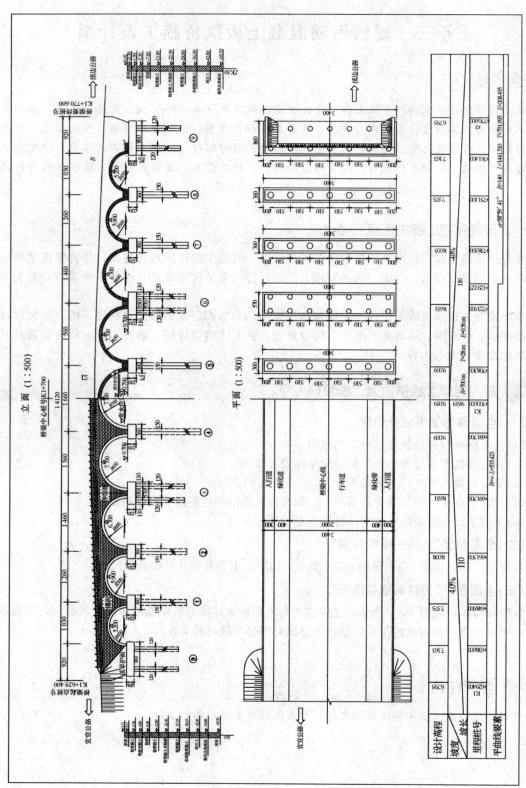

图 7-3-1 桥梁立面图

半圆拱尺寸图 (1:250)

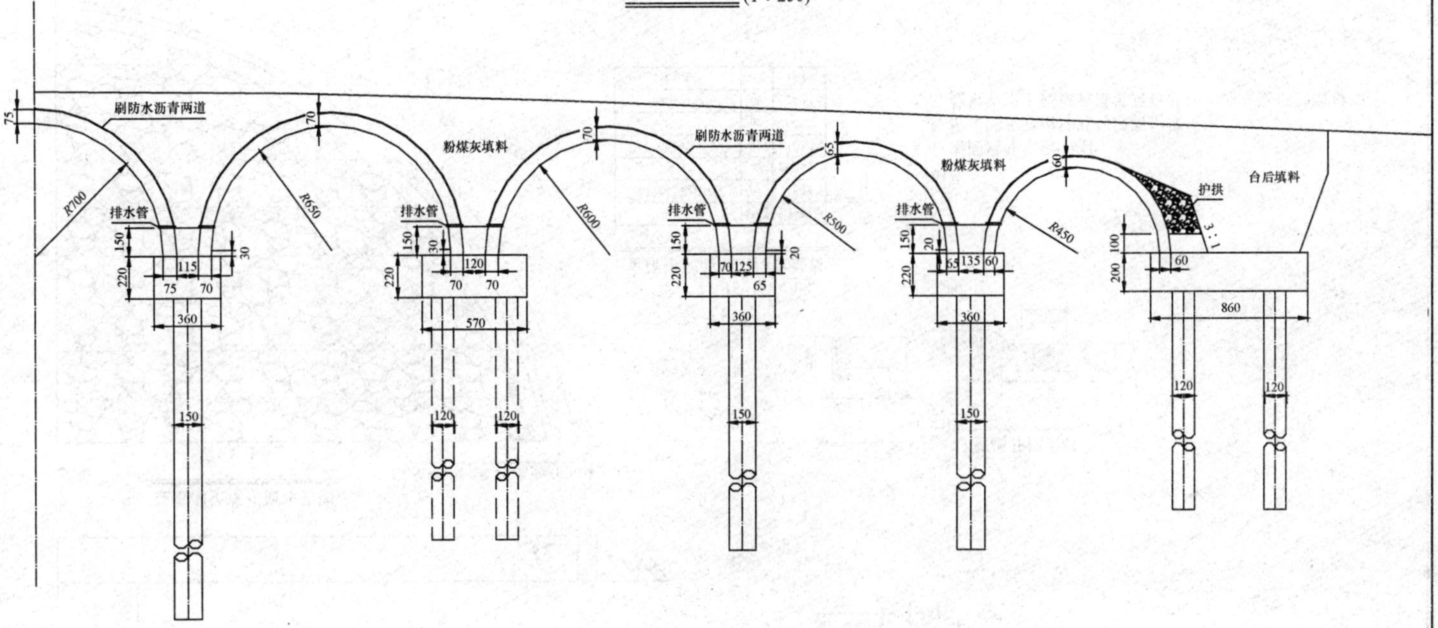

附注：
1. 图中尺寸以cm计。
2. 主拱圈横向宽度33.6 m。
3. 拱圈采用现浇C35混凝土，护拱采用M10砂浆砌30号片石。
4. 排水管采用Φ5 cm PVC管横向布置，间距3 m。

图 7-3-2 半圆拱尺寸图

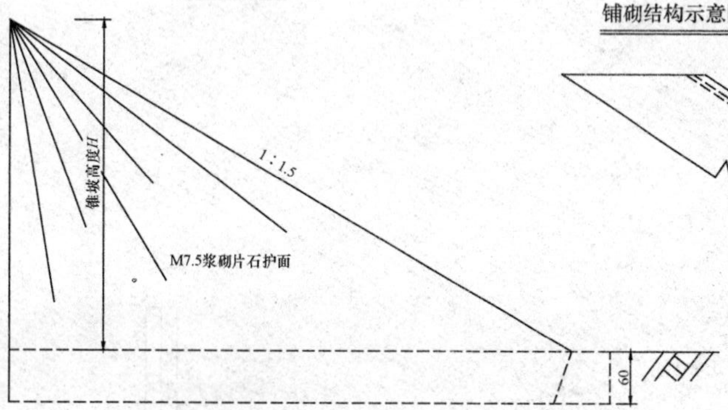

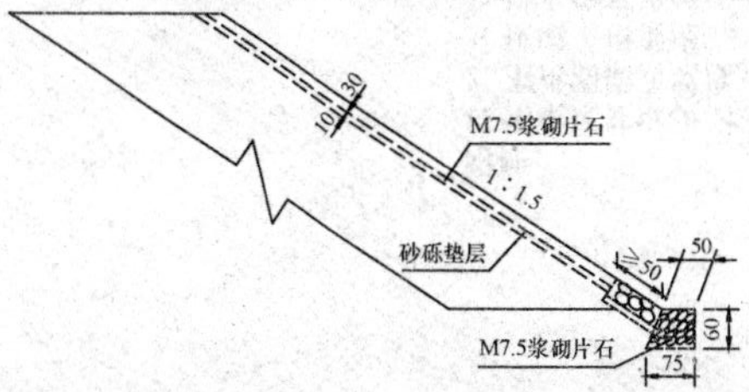

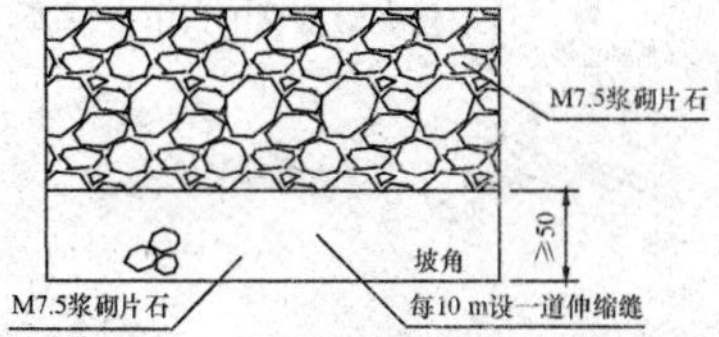

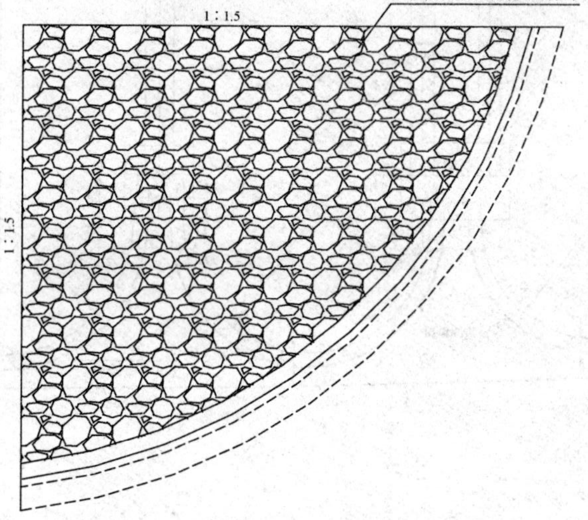

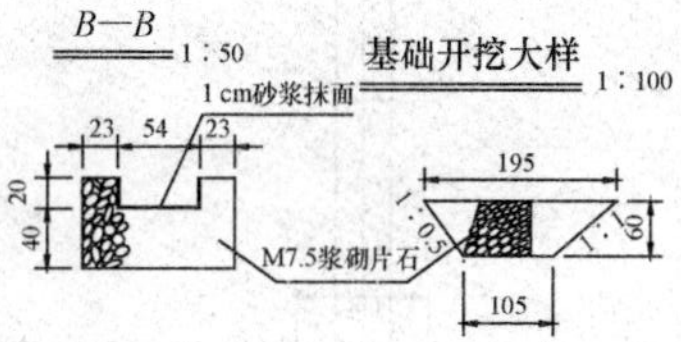

全桥锥坡防护工程数量表

项目	单位	全桥数量
M7.5浆砌片石	m^3	188.6
填土	m^3	693.2
挖土	m^3	162.7
植草	m^2	647.3
砂浆勾缝	m^2	269.1
砂垫层	m^3	126.9

附注：

1. 本图尺寸均以cm计。
2. 桥头铺砌时请注意与道路护坡接顺。
3. 数量表中工程量含锥坡及台后10 m路基防护的数量。

图 7-3-3　桥头铺砌图

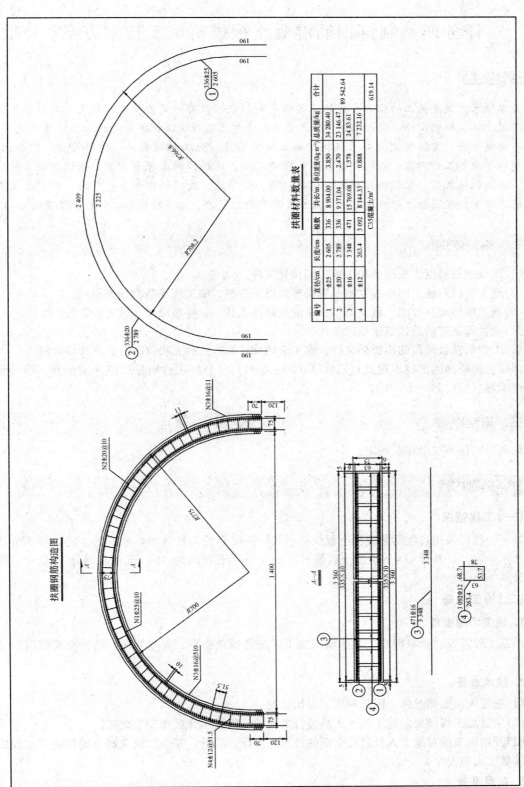

图 7-3-4 拱钢筋构造图

任务四 制订钢筋混凝土板拱桥施工技术方案

※任务描述

施工技术方案是施工的指导性文件,其格式和制定过程有一定的要求和规定。本任务结合现浇混凝土板拱桥的设计,通过编制其施工方案,使学生掌握现浇板拱桥的施工技术方案内容、要求与编制方法;掌握现浇混凝土板拱桥施工场地布置、施工机械机具、材料检验、配合比、底模制作等准备工作内容;能按照要求编制现浇混凝土板拱桥施工技术方案;能进行施工场地布置、施工机械机具、张拉机具标定、材料试验、配合比、底模制作等准备工作。通过查阅有关资料,学生能提高独立分析和解决本专业复杂问题的能力,为今后参加工作打下坚实的基础。

一、编制依据

(1)现浇钢筋混凝土板拱桥相关施工图设计文件。
(2)施工单位对施工图审查复核及现场核对报审资料,施工现场踏勘调查资料。
(3)施工单位现有技术力量及历年积累的成熟施工技术、科技成果、施工及方法。
(4)项目部制定的总体施工组织设计。
(5)工程所在合同段的招投标文件、施工合同文件和有关补充协议书等技术文件资料。
(6)《公路桥涵施工技术规范》(JTG/T F50—2011)、《公路工程质量检验评定标准 第一册 土建工程》(JTG F80/1—2017)。

二、编制原则

见项目四任务二中相关规定。

三、编制内容

(一)工程概况

××公路桥采用现浇钢筋混凝土板拱桥形式,桥梁全长为×× m,共有××跨,各跨分布为××××××,共计C××混凝土数量×× m^3,钢筋长度约为×× m(预制部分×× m^3,现浇部分×× m^3)。

(二)施工准备

1. 施工场地准备

根据工程需要,采取满堂支架法现浇施工。进行场地整平、地基处理,熟悉支架搭设注意事项等。

2. 技术准备

(1)施工人员要熟悉施工图纸和施工现场情况。
(2)项目总工程师要向施工技术人员进行书面的一级技术交底和安全交底。
(3)开始施工前对施工人员进行全面的技术、操作、质量、安全二级交底,确保施工过程的工程质量、人身安全。

3. 机具准备

(1)混凝土拌和和运输设备:××型混凝土搅拌站××台,混凝土运输车××辆。

(2)混凝土浇筑和振捣设备：××龙门起重机一台，φ50 mm振捣棒××根，φ30 mm振捣棒××根，附着式振捣器××。

(3)钢筋加工设备：钢筋调直机××台，钢筋切断机××台，钢筋弯曲机××台，电焊机××台。

(4)其他设备：×× m³装载机××台，150 kW发电机××台。

(三)现浇钢筋混凝土板拱桥施工工艺流程

当拱桥的跨径不是很大、拱圈净高较小或孔数不多时，可以采用就地浇筑方法来进行拱圈施工。石拱桥、混凝土预制块砌筑的拱桥及现浇混凝土拱桥，都采用有支架的施工方法修建。其主要施工工序有材料准备、拱圈放样、拱架制作与安装、拱圈及拱上建筑施工、拱架卸落等。

1. 施工工序

第一阶段：浇筑拱圈(或拱肋)及拱上立柱的底座。

第二阶段：浇筑拱上立柱、连接系及横梁等。

第三阶段：浇筑桥面系。

2. 拱圈或拱肋的浇筑

满堂式拱架浇筑流程：支架设计→基础处理→拼设支架→安装模板→安装钢筋→浇筑混凝土→养护→拆模→拆除支架。

拱式拱桥浇筑流程：钢结构拱架设计→拼设拱架→安装模板→安装钢筋→浇筑混凝土→养护→拆模→拆除支架。

学习任务

在教师的指导下完成技术方案，并按程序进行设计交底活动。

任务五　拱架与拱圈模板安装

※任务描述

板拱桥大多都是在拱架上修建的。拱架用来支撑全部或部分拱圈和拱上建筑的质量，并保证拱圈的形状符合设计要求。本任务主要包括拱架的形式和构造、模板的形式与构造，通过本任务的学习，学生能描述模板、拱架形式和构造。

一、拱架构造

拱架是施工期间用来支承拱圈、保证拱圈符合设计形状的临时构造物。因此，拱架应具有足够的强度、刚度和稳定性，并应符合构造简单，便于制作、拼装、架立和省工省料等要求。

按所用材料可分为木拱架、钢拱架、扣件式钢拱架、斜拉式贝雷平梁支架、竹拱架、竹木混合支架、钢木组合支架和土牛拱胎等。

(一)木拱架

木拱架制作和安装工作比较简单，施工设备少，投资也较省，但木拱架需耗用大量的木材。

1. 满布立柱式拱架

满布立柱式拱架一般采用木材制作，图 7-5-1 所示为满布立柱式拱架的一般构造示意。其上部是由横梁、立柱、斜撑和拉杆组成的拱形桁架；其下部是由立柱和横向联系（斜夹木和水平夹木）组成的支架，上、下部之间放置卸架设备（木楔或砂筒等）。满布立柱式拱架的优点是施工可靠、技术简单、木材和铁件规格要求较低，但这种支架的立柱数量较多，只适用于桥不太高、跨径不大、洪水期漂浮物少且无通航要求的拱桥施工。

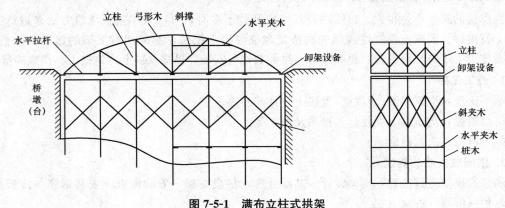

图 7-5-1 满布立柱式拱架

2. 撑架式木拱架

撑架式木拱架的上部与满布立柱式拱架相同，其下部是用少数框架式支架加斜撑来代替众多数目的立柱，因此木材用量相对较少，如图 7-5-2 所示。撑架式木拱架构造上并不复杂，而且能在桥孔下留出适当的空间，减小洪水及漂流物的威胁，可满足一定的通航需求，因此，它是实际中采用较多的一种拱架形式。

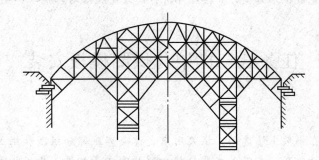

图 7-5-2 撑架式木拱架

3. 三铰桁式木拱架

三铰桁式木拱架是由两片对称弓形桁架在拱顶处拼装而成的，其两端直接支承在墩台所挑出的牛腿上或者紧贴墩台的临时排架上，跨中一般不另设支架，如图 7-5-3 所示。三铰桁式木拱架不受洪水、漂流物的影响，在施工期间能维持通航。其适用于墩高、水深、流急或要求通航的河流。与满布立柱式拱架相比，其木材用量少，可重复使用，损耗率低。但该拱架对木材规格和质量要求较高，同时要求有较高的制作水平和架设能力。由于其在拱铰处结合较弱，所以，除在结构构造上须加强纵横向联系外，还需设置抗风缆索，以加强拱架的整体稳定性。在施工中，应注意对称均匀浇筑混凝土，并加强观测。

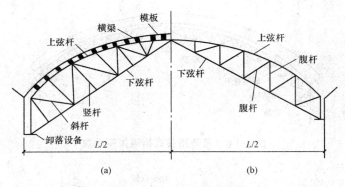

图 7-5-3 三铰桁式木拱架
(a)N式；(b)V式

(二)钢拱架与钢木组合拱架

钢拱架能节省大量木材，而且装拆及运输方便，能重复利用。钢拱架的主要缺点是弹性变形和由温度引起的变形比木拱架大，且钢拱架和拱圈的膨胀系数不相等，如果拱圈分段的空缝位置设置不妥当，当温度变化较大时，容易使拱圈发生开裂。

1. 工字梁钢拱架

工字梁钢拱架可采用两种形式：一种是有中间木支架的钢木组合拱架；另一种是无中间木支架的活用钢拱架。

钢木组合拱架是在木支架上用工字钢梁代替木斜梁，以加大斜梁的跨度，减少支架用量。工字钢梁顶面可用垫木垫成拱模弧形线。钢木组合拱架的支架常采用框架式，如图 7-5-4 所示。

工字梁活用钢拱架，构造简单，拼装方便，且可重复使用。其构造形式如图 7-5-5 所示。其适用于施工期间需保持通航、墩台较高、河水较深或地质条件较差的桥孔。

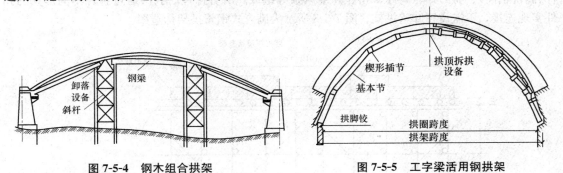

图 7-5-4 钢木组合拱架　　　　图 7-5-5 工字梁活用钢拱架

2. 钢桁架拱架

钢桁架拱架的结构类型通常有常备拼装式桁架形拱架、装配式公路钢桁架节段拼装式拱架、万能杆件拼装式拱架、装配式公路钢桁架和万能杆件桁架与木拱盔组合的钢木组合拱架。图 7-5-6 所示为常备拼装式桁架拱架示意；图 7-5-7 所示为装配式公路钢桁架节段拼装式拱架示意。

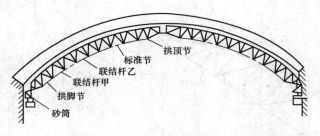

图 7-5-6 常备拼装式桁架拱架示意

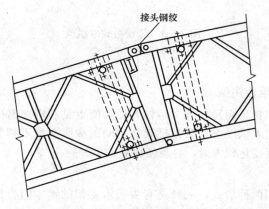

图 7-5-7 装配式公路钢桁架节段拼装式拱架示意

3. 扣件式钢管拱架

扣件式钢管拱架一般有满堂式、预留孔满堂式及立柱式扇形等几种。扣件式钢管拱架一般不分支架和拱盔部分，它是一个空间框架结构，一般由立柱（立杆）、小横杆（顺水流向）、大横杆（涵桥轴向）、剪刀撑、斜撑、扣件和缆风索等组成。所有杆件（钢管）通过各种不同形式的扣件实现连接，不需设置卸落拱架。图 7-5-8 所示为满堂式钢管拱架构造图。

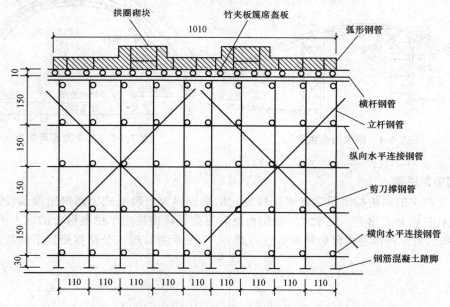

图 7-5-8 满堂式钢管拱架构造图（尺寸单位：cm）

(三)土牛拱胎

土牛拱胎是用土填筑而成,顶面做成与拱圈腹面(拱腹)相适应的曲面,并准确埋入弓形木,使填土顶面与弓形木齐平。在有水的河道中施工时,应在土牛底部设置临时过水涵洞。土牛顶面宽度应较拱圈略宽 0.5~1.0 m,以免边缘松动坍塌。在施工期间可能降雨时,土牛顶面应铺一层油毛毡,边坡用草覆盖,防止雨水冲刷。土牛拱胎的优点是施工简单,可就地取材,节省木材;其缺点是耗费劳动力较多,施工期间影响泄洪。

为了使拱架具有准确的外形和各部尺寸,在制作拱架前,一般要在样台上放出拱大样,拱架大样应计入预拱度。根据大样可制作杆件的样板,并按样板进行杆件加工。

杆件加工完毕,一般需进行试拼。根据试拼情况,在对构件作局部修改后即可在现场安装。

满布式拱架一般采用在桥跨内逐杆进行安装,桁架拱架都采用整片或分段吊装方法安装。安装时应及时测量以保证设计尺寸的准确,同时应注意施工安全。在风力较大时,拱架需设置风缆索,以增强稳定性。

拱架安装后,其轴线和高程等主要技术指标应符合设计要求。拱架上用于拼装或灌注拱圈的垫木或底模的顶面高程误差,不应大于计算跨径的 1/1 000,也不应超过 30 mm,而且要求圆顺。

二、拱圈模板构造

(一)板拱模板

板拱拱圈模板(底模)厚度应根据弧形木或横梁间距的大小来确定。一般有横梁的底模板厚度为 4~5 cm,直接搁在弧形木上时为 6~7 cm。有横梁时为使顺向放置的模板与拱圈内弧形圆顺一致,可预先将木板压弯。压弯的方法是:每 4 块木板一叠,将两端支起,在中间适当加重,使木板弯至符合要求为止,施压需半个月左右的时间。40 m 以上跨径的拱桥模板可不必事先压弯。

石砌板拱拱圈的模板,应在拱顶处预留一定空间,以便于拱架的拆卸。

模板顶面高程误差不应大于计算跨径的 1/1 000,且不应超过 3 cm。

(二)拱肋模板

拱肋模板构造图如图 7-5-9 所示。其底模与混凝土或钢筋混凝土板拱拱圈底模基本相同。拱肋之间及横撑之间的空位也可不铺底模。

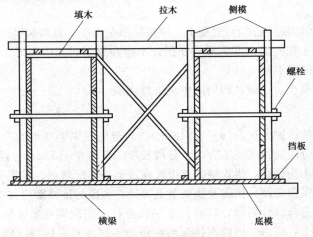

图 7-5-9 拱肋模板构造图

拱肋侧面模板，一般应预先按样板分段制作，然后拼装在底模上，并用拉木、螺栓拉杆及斜撑等固定。安装时，应先安置内侧模板，待钢筋入模后再安置外侧模板。模板宜在适当长度内设置一道变形缝(缝宽约为2 cm)，以免在拱架沉降时模板之间相互顶死。

拱肋之间的横撑模板与上述侧模构造基本相同，处于拱轴线较陡位置时，可用斜撑支撑在底模板上。

 学习任务

查询相关资料，完成拱架、模板安装及拆卸施工方案。

任务六　主拱圈与拱上建筑施工

※任务描述

板拱的主拱圈是拱桥施工的重要环节，其施工主要涉及支架、模板、钢筋骨架制作与安装、混凝土浇筑施工等几个主要工序，每一步施工质量是否满足要求都将影响后续工序的正常进行。拱桥的拱上建筑既可以增加拱桥的美感，对拱上荷载的分布和传递也有很大的帮助。通过本任务的学习，学生能掌握现浇板拱桥的施工程序及施工要点，掌握实腹式拱上建筑侧墙的施工和拱腹填料的施工要点。

一、拱圈或拱肋的浇筑

(一)浇筑流程

满堂式拱架浇筑流程为：支架设计→基础处理→拼设支架→安装模板→安装钢筋→浇筑混凝土→养护→拆模→拆除支架。满堂式拱架宜采用钢管脚手架、万能杆件拼设，模板可以采用组合钢模、木模等。

拱式拱架浇筑流程为：钢结构拱架设计→拼设拱架→安装模板→安装钢筋→浇筑混凝土→养护→拆模→拆除拱架。拱式拱架一般采用六四式军用梁(三脚架)、贝雷架拼设。

(二)连续浇筑

跨径小于16 m的拱圈(或拱肋)混凝土，应按拱圈全宽度，自两端拱脚向拱顶对称地连续浇筑，并在拱脚处混凝土初凝前全部完成。如预计不能在限定时间内完成，则需在拱脚处预留一个隔缝，并最后浇筑隔缝混凝土。

薄壳拱的壳体混凝土，一般从四周向中央进行浇筑。

(三)分段浇筑

对于大跨径拱桥的拱圈或拱肋(跨径≥16 m)，为避免因拱架变形而产生裂缝及减小混凝土的收缩应力，应采用分段浇筑的施工方法。分段长度一般为6~15 m。分段长度应以能使拱架受力对称、均匀和变形小为原则，拱式拱架宜设置在拱架受力反弯点、拱架节点、拱顶及拱脚处，满堂式拱架宜设置在拱顶部位、拱脚及拱架节点等处。各段的接缝面应与拱轴线垂直。

分段浇筑程序应符合设计要求，且对称于拱顶进行，使拱架变形保持对称均匀和尽可能得小。填充间隔缝混凝土，应由两拱脚向拱顶对称进行。拱顶及两拱脚间隔缝应在最后封拱时浇筑，间隔缝与拱段的接触面应事先按施工缝进行处理。间隔缝的位置应避开横撑、隔板、吊杆及刚架节点等处。间隔缝的宽度以便于施工操作和钢筋连接为宜,一般为 50~100 cm。间隔缝混凝土应在拱圈分段混凝土强度达到 75%设计强度后进行;为缩短拱圈合龙和拱架拆除的时间,间隔缝内的混凝土强度可采用比拱圈高一等级的半干硬性混凝土。

封拱合龙温度应符合设计要求,如设计无规定时,一般宜在接近当地的年平均温度或在 5 ℃~15 ℃ 进行。

(四)箱形截面拱圈(或拱肋)的浇筑

大跨径拱桥一般采用箱形截面的拱圈(或拱肋),为减轻拱架负担,一般采取分环、分段的浇筑方法。分段的方法与上述相同。分环的方法一般是分成 2 环或 3 环。分 2 环时,先分段浇筑底板(第 1 环),然后分段浇筑肋墙、隔墙与顶板(第 2 环);分 3 环时,先分段浇筑底板(第 1 环),然后分段浇筑肋墙脚(第 2 环),最后分段浇筑顶板(第 3 环)。

分环分段浇筑时,可采取分环填充间隔缝合龙和全拱完成后最后一次填充间隔缝合龙两种不同的合龙方法。图 7-6-1 所示为箱形截面拱圈采用分环分段浇筑的施工程序。

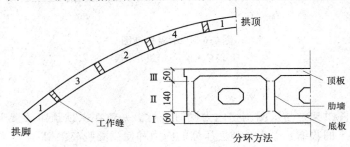

图 7-6-1 箱形截面拱圈分环分段浇筑的施工程序(尺寸单位:cm)

二、卸拱架

采用就地浇筑施工的拱架,卸拱架的工作相当关键。拱架拆除必须在拱圈砌筑完成后 20~30 d 进行,待砂浆砌筑强度达到设计强度的 75%后方可拆除。另外,还必须考虑拱上建筑、拱背填料、连拱等因素对拱圈受力的影响,尽量选择对拱体产生最小应力的时候卸落拱架。为了能使拱架所支承的拱圈重力能逐渐转给拱圈自身来承受,不能突然卸除拱架,而应按一定程序进行。

(一)卸架设备

为保证拱架能按设计要求均匀下落,必须采用专门的卸架设备。常用的卸架设备有砂筒、木模和千斤顶。

1. 砂筒

砂筒一般用钢板制成,筒内装以烘干的砂子,上部插入活塞(木制或混凝土制)。

卸落是靠砂子从筒的下部预留泄砂孔流出,因此要求筒内的砂子干燥、均匀、清洁。砂筒与活塞之间用沥青填塞,以免砂子受潮而不易流出。由砂子泄出量来控制拱架卸落高度,这样就能由泄砂孔的开与关,分数次进行卸架,并能使拱架均匀下降而不受振动,使用效果良好。图 7-6-2 所示为砂筒构造图。

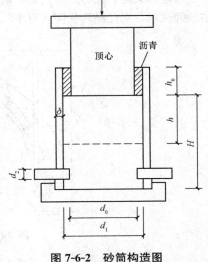

图 7-6-2 砂筒构造图

2. 木模

木模有简单木模和组合木模等不同构造。图 7-6-3 所示为木模构造图。其中，图 7-6-3(a)所示为简单木模，由两块 1∶8 斜面的硬木模组成，落架时，只需轻轻敲击木模小头，将木模取出，拱架即下落；图 7-6-3(b)所示为组合木模，由三块楔形木和一根拉紧螺栓组成，卸架时只需扭松螺栓，木模下降，拱架即降落。

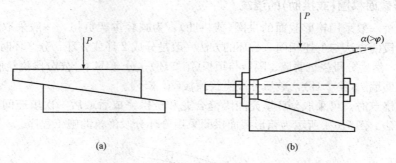

图 7-6-3　木模构造图
(a)简单木模；(b)组合木模

3. 千斤顶

采用千斤顶拆除拱架常与拱圈调整内力同时进行。一般在拱顶预留放置千斤顶的缺口，千斤顶用来消除混凝土的收缩、徐变及弹性压缩的内力和使拱圈脱离拱架。

(二)卸架程序

1. 满布式拱架的卸落

满布式拱架可根据计算和分配的各支点的卸落量，从拱顶开始，逐次同时向拱脚对称地卸落。多孔连续拱桥，拱架的卸落应考虑相邻孔的影响。若桥墩设计为单向推力墩，就可以直接地卸落拱架，否则应多孔同时卸落拱架。

2. 工字梁活用钢拱架的卸落

工字梁活用钢拱架的卸落设备一般放于拱顶，卸落布置如图 7-6-4 所示。

卸落拱架时，先将绞车摇紧，然后将拱顶卸拱设备上的螺栓松两转，即可放松绞车，敲松拱顶卸拱木，如此循环松降，直至降落到设定的卸落量。

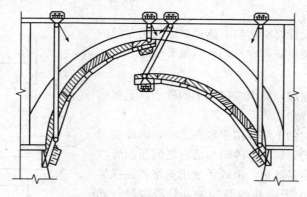

图 7-6-4　工字梁活用钢拱架的卸落

3. 钢桁架拱架的卸落

当钢桁架拱架的卸落设备架设于拱顶时，可在系吊或支撑的情况下，逐次松动卸架设备，逐次卸落拱架，直至拱架脱离拱圈后，才将拱架拆除。当卸架设备架设于拱脚时（一般为砂筒），为防止拱架与墩台顶紧，阻碍拱架下降，应在拱脚三角垫与墩台之间设置木楔，如图 7-6-5 所示。卸落拱架时，先松动木模，再逐次对称地泄砂落架。

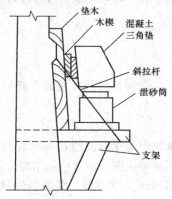

图 7-6-5　钢桁架拱架拱脚处卸落设备

拼装式钢桁架拱架可利用拱圈体进行拱架的分节拆除，拆除后的拱架节段可用缆索吊车吊移，如图 7-6-6 所示。

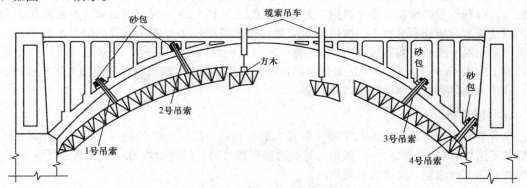

图 7-6-6　拼装式钢桁架的拆除

扣件式钢管拱架没有卸落设备，卸架时只需用扳手拧紧扣件，取走拱架杆件即可。可以由点到面多处操作。

斜拉式贝雷平梁拱架的卸落，应视平梁上拱架的形式而定，一般可采取满布式的卸架程序和方法，同时应考虑相邻孔拱架卸落的影响。

三、拱上建筑浇筑

拱上建筑施工，应对称、均衡地进行。施工中浇筑的程序和混凝土数量应符合设计要求。在拱上建筑施工过程中，应对拱圈的内力、变形及墩台的位移进行观测和控制。

主拱圈拱背以上的结构物称为拱上建筑。其主要有横墙座、横墙、横墙帽或立柱座、立柱、盖梁、腹拱圈或梁（板）、侧墙、拱上结构伸缩缝及变形缝、护拱、拱上防水层、拱腔填料、泄水管、桥面铺装、栏杆系等。

(一)伸缩缝及变形缝的施工

伸缩缝的缝宽为 1.5~2 cm，要求笔直，两侧对应贯通。现浇混凝土侧墙，须预先安设塑料泡沫板，将侧墙与墩台分开，缝内采用锯末沥青，按 1:1(质量比)配合制成填料填塞。变形缝不留设缝宽，设缝处现浇混凝土时用油毛毡隔断，以适应主拱圈变形。当护拱、缘石、人行道、栏杆和混凝土桥面跨越伸缩缝或变形缝时，在相应位置要设置贯通桥面的伸缩缝或变形缝(栏杆扶手一端做成活动的)。

(二)拱上防水设施

1. 拱圈混凝土防水

采用品质优良的粗、细集料和优质粉煤灰或硅灰制作高耐久性的混凝土，同时严格控制施工工艺。

2. 拱背防水层

小跨径拱桥可采用石灰土防水层。对于具有腹拱的拱腔防水可采用砂浆或小石子混凝土防水层。大型拱桥及冰冻地区的砖石拱桥一般设沥青毡防水层，其做法常为三油两毡或二油一毡。

当防水层经过拱上结构物伸缩缝或变形缝时，要做特殊处理。一般，采用"U"形防水土工布过缝或橡胶止水带过缝。泄水管处的防水层，要紧贴泄水管漏斗之下铺设，防止漏水。

在拱腔填料填充前，要在防水层上填筑一层砂性细粒土，以保证防水层完好。

(三)拱圈排水处理

拱桥的台后要设置排水设施，集中于盲沟或暗沟排出路基外。拱桥的桥面纵向、横向均设置坡度，以利于顺畅排水，桥面两侧与护轮带交接处隔 15~20 m 设置泄水管。拱桥除桥面和台后应设置排水设施外，对渗入拱腹内的水应通过防水层汇积于预埋在拱腹内的泄水管排出。泄水管可采用混凝土管、陶管或 PVC 管。泄水管内径一般为 6~10 cm，严寒地区须适当增大内径，但不宜大于 1~5 cm。应尽量避免采用长管和弯管。在泄水管进口处周围防水层应做积水坡度，并用大块碎石做成倒滤层，以防堵塞。

(四)拱背填充

拱背填充应采用透水性强和摩擦系数较大的材料，一般可用天然砂砾、片石、碎石夹砂混合料及矿渣等材料。填充时，应按拱上建筑的顺序和时间，对称而均匀地分层填充并碾压密实，但须防止损坏防水层、排水管和变形缝。

学习任务

学生能编制某现浇钢筋混凝土板拱桥的主拱圈与拱上建筑的施工技术方案。

任务七 钢筋混凝土板拱桥工程质量检验评定

※任务描述

桥梁在施工后，要对其质量评定和验收，通过后才可以交接投入运营使用。桥梁的工程检验评定环节是中间交工的重要内容，它不仅关系到施工的整个环节能否正常计量，更关系到后续作业能否如期正常开展。通过本任务的学习，学生能掌握现浇板拱桥工程质量评定、检验、验收标准的内容；能进行现浇板拱桥成品质量评定与验收。

一、钢筋混凝土板拱桥工程质量检验评定一般规定

本部分内容和项目四任务四中的一般规定一致。

二、钢筋混凝土板拱桥工程质量检验评定项目

根据《公路工程质量检验评定标准 第一册 土建工程》(JTG F80/1—2017)中对单位、分部及分项工程的划分，预应力混凝土连续箱梁工程简支转连续施工包含钢筋加工及安装、就地浇筑拱圈两个分项工程。其中钢筋加工及安装与项目四任务四中的一致。

(一)就地浇筑拱圈应符合的基本要求

(1)支架式拱架应按施工技术规范的规定进行制作，且牢固稳定。
(2)应按设计要求的施工顺序浇筑拱圈混凝土。
(3)拱架的卸落应按设计要求的卸架顺序进行。

(二)就地浇筑拱圈实测项目

就地浇筑拱圈实测项目应符合表7-7-1的规定。拱圈外观质量与项目四任务四中就地浇筑板的相关要求一致，且拱圈线形不得出现异常折变。

表7-7-1 就地浇筑拱圈实测项目

项次	检查项目		规定值或允许偏差	检查方法和频率
1△	混凝土强度/MPa		在合格标准内	按《公路工程质量检验评定标准 第一册 土建工程》(JTG F80/1—2017)附录D检查
2	轴线偏位/mm	板拱	≤10	全站仪：每肋、板拱测5处
		肋拱	≤5	
3△	内弧线偏高设计弧线/mm	$L \leq 30$	±20	水准仪：每肋、板测$L/4$跨、$3L/4$跨、拱顶3处两侧
		$L > 30$ m	$\pm L/1\,500$，且不超过±40	
4△	断面尺寸/mm	高度	±5	尺量：每肋、板拱脚、$L/4$跨、$3L/4$跨、拱顶测5个断面
		顶、底、腹板厚	+10，0	
		宽度 板拱	±20	
		肋拱	±10	

学习任务

学生能按照《公路工程质量检验评定标准 第一册 土建工程》(JTG F80/1—2017)要求完成现浇板拱桥质量评定与验收表格的填写。

拱桥分类与特点

拱桥有支架施工

普通型上承式拱桥主拱圈构造

拱上建筑构造

项目八　桥面系施工

📌 项目描述

通常桥梁桥跨结构主体完成后进行桥面系施工阶段，桥面系施工是桥梁成型的主要标志，也是桥梁施工中重要环节之一，桥面系需要施工项目较多，而且多属外露部位，施工的好坏直接影响桥梁的使用功能和美观。本项目的学习旨在让学生在领会桥面系设计意图、明确工程内容、掌握工程特点的基础上，通过编制各项工程的施工技术方案正确选择合适的施工方法，按照《公路桥涵施工技术规范》(JTG/T F50—2011)和《公路工程质量检验评定标准　第一册　土建工程》(JTG F80/1—2017)的相关规定进行桥面铺装、伸缩装置施工、防撞护栏施工、桥面排水等，培养学生桥梁施工的职业能力。

本项目设计图如图 8-2-1 至图 8-2-5 所示。

📌 项目任务

本项目包括桥面系构造认知、复核桥面系施工设计图、制订桥面系施工技术方案、桥面系主要构件施工工艺、桥面系工程质量检验评定 5 个任务。

📌 项目目标

通过对本项目的学习，能识读桥面铺装、桥面防排水、桥面人行道、桥面橡胶伸缩装置、钢板伸缩装置、TST 伸缩装置、防护设施施工设计图，参加设计技术交底；能掌握桥面铺装、伸缩装置、防排水、人行道、防撞护栏等施工要点；能完成桥面系施工质量评定与验收工作。

任务一　桥面系构造认知

※任务描述

认识桥面铺装、排水和防水系统、人行道(或安全带)、缘石、栏杆、灯柱构造是进行上述工程施工的前提，了解桥面铺装、排水和防水系统、人行道(或安全带)、缘石、栏杆、灯柱结构的相关知识有助于完成识读各构件施工阶段设计图纸工作。本任务主要包括桥面系组成、桥面铺装、桥面防排水、桥面人行道、防护设施等的构造认知。通过本任务的学习，学生能够描述桥面系各构造的组成、分类及特点。

一、桥面系组成

桥面系构造包括桥面铺装、伸缩缝、人行道(或安全带)及缘石、分隔带、栏杆(护栏)、防水和排水设施、灯柱照明设备等，如图 8-1-1 所示。桥面系构造部分虽然不是桥梁的主要承重结构,但它对桥梁的主要承重结构起保护作用,使桥梁能正常使用。桥面系构造多属外露部分,且直接与车辆、行人接触,对车辆和行人的安全及桥梁的美观十分重要。桥面布置应在桥梁的总体设计中考虑,应根据道路等级、桥梁宽度、行车要求等条件确定。

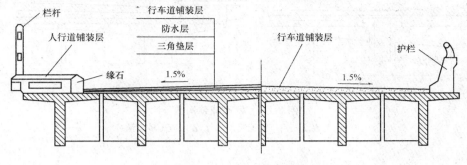

图 8-1-1 桥面构造横截面

二、桥面铺装

(一)桥面铺装的作用

桥面铺装直接承受车辆轮压的作用,其功能是保护行车道板或主要承重结构不直接承受轮载的磨耗及雨、雪的侵蚀,并具有一定的均匀分布车轮集中荷载的作用,因此,其必须具有足够的强度、良好的整体性及抗冲击和耐疲劳特性,同时,还应具有防水性及对温度变化的适应性。

桥面铺装一般不做受力计算,如在施工中能确保铺装层与行车道板紧密结合成整体,则桥面铺装的混凝土(扣除一定厚度的磨耗层)还可以计算在行车道板的厚度内和行车道板共同受力。桥面铺装部分在桥梁恒载中占有相当的比重,特别对于小跨度桥梁尤为显著,故应尽量设法减轻桥面铺装的质量。

(二)桥面铺装的类型

桥面铺装的类型一般根据所采用的材料类型可分为沥青表面处治、沥青混凝土、水泥混凝土等,如图 8-1-2 所示,一般与桥梁所在位置的公路路面的材料类型相协调。沥青表面处治桥面铺装,耐久性差,仅在中级或低级公路桥梁上使用。沥青混凝土和水泥混凝土桥面铺装应用较广,能满足各项要求。水泥混凝土桥面铺装的耐磨性能好,适合重载交通,但其养护期比沥青系的铺装要长,以后修补较麻烦。沥青混凝土维修养护方便,但易老化变形。

沥青表面处置桥面铺装是用沥青和集料按层铺法或拌合法铺筑而成的厚度不超过 30 mm 的沥青面层,供车轮磨耗之用。

沥青混凝土桥面铺装是按级配原理选配原料,加入适量的沥青均匀拌和,并经摊铺与压实而成的桥面铺装。《公路桥涵设计通用规范》(JTG D60—2015)规定,高速公路和一级公路上的特大桥、大桥的桥面铺装宜采用沥青混凝土桥面铺装,在高速公路、一级公路上铺装厚度不宜小于 70 mm,在二级及二级以下公路上铺装厚度不宜小于 50 mm。

水泥混凝土桥面铺装是以水泥和水合成的水泥浆为结合料、碎(砾)石为集料、砂为细集料,经过拌和、摊铺、振捣和养护所修筑的桥面铺装。水泥混凝土桥面铺装直接铺设在防水层或桥面板上,厚度不宜小于 80 mm(不含整平层和垫层),其混凝土强度等级应尽量与桥面板的混凝土强度等级接近且不应低于 C40,铺装时应避免两次成形。水泥混凝土桥面铺装层内应设置直径不小于 8 mm、间距不大于 100 mm 的钢筋网。

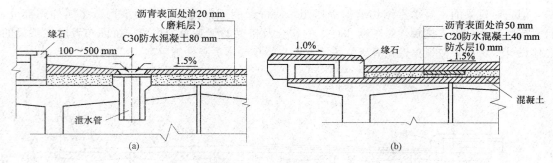

图 8-1-2 桥面铺装构造
(a)沥青表面处治桥面铺装；(b)沥青混凝土桥面铺装

三、桥面防水及排水设施

混凝土结构不宜处在干燥和湿润反复交替的环境中，尤其在严寒的冬季，渗入混凝土细小裂纹中的水分结冰后，会使混凝土产生破坏而缩短使用寿命，另外，水分还会使钢筋锈蚀。因此，为了防止桥面结构受雨水侵蚀，应设置完善的桥面防水和排水设施。

(一)桥面防水层

桥面防水层是防止桥面雨水向主梁渗透的隔水设施，一般设置在桥面铺装层和桥面板之间，将透过铺装层的渗入水隔绝。

钢筋混凝土桥面板与铺装层之间是否要设置防水层，应视当地的气温、雨量、桥梁结构和桥面铺装的形式等具体情况而定。桥面伸缩缝处应连续铺设，不可切断；桥面纵向应铺过桥台背；桥面横向两侧则应伸过缘石底面从人行道与缘石砌缝里向上叠起 100 mm。如无须设置防水层，但考虑桥面铺装长期磨损，如桥面排水不良等，仍可能漏水，故桥面在主梁受负弯矩作用处应设置柔性防水层。

防水层有以下三种类型：

(1)沥青涂胶下封层，即撒布薄层沥青或改性沥青，在其上撒布一层砂，经碾压形成沥青涂胶下封层。

(2)高分子聚合物涂胶，如聚氨酯胶泥、环氧树脂、阳离子乳化沥青、聚丁胶乳等。

(3)铺装沥青或改性沥青防水卷材，以及浸渍沥青的无纺土工布等。

无防水层时，水泥混凝土铺装应采用防水混凝土。对于沥青混凝土则应加强排水和养护。

(二)桥面排水设施

桥面排水设施主要为设置桥面纵坡、横坡(包括超高)排水，并设置一定数量的排水管外泄。通常，当桥面纵坡大于 2% 而桥长小于 50 m 时，一般能保证从桥头引道上排水，桥上就可以不设置泄水管，此时可在引道两侧设置流水槽，以免雨水冲刷引道路基；当桥面纵坡大于 2% 而桥长大于 50 m 时，为防止雨水积滞桥面需设置泄水管，每隔桥长 12～15 m 设置一个；当桥面纵坡小于 2% 时，泄水管需要设置更密一些，一般每隔桥长 6～8 m 设置一个。另外，在桥梁伸缩缝的上游方向应增设泄水管，在凹形竖曲线的最低点及其前后 3～5 m 也应各设置一个泄水管。

通常在每平方米桥面上，应有不少于 200～300 mm^2 的泄水管的过水面积。泄水管的位置在距离路缘石 100～150 mm 处，可沿桥轴线两侧左右对称排列，也可交错排列。为了防止泄水管堵塞，应在进水口处设置格栅盖板，泄水管周围的桥面板应配置补强钢筋网。

1. 桥面纵横坡

桥面设置纵横坡,以利于雨水迅速排除,防止或减少雨水对铺装层的渗透,从而保护桥面板,延长桥梁的使用寿命。

桥面上设置纵坡,首先是有利于排水,同时在平原地区,还可以在满足桥下设计净空要求的前提下,降低墩台高程,减少引桥长度或桥头引道土方量,从而节省工程费用。桥面纵坡的设置应与桥梁两端的道路相协调,《公路桥涵设计通用规范》(JTG D60—2015)规定,桥上纵坡不宜大于4%,桥头引道纵坡不宜大于5%,位于市镇混合交通繁忙处,桥上纵坡和桥头引道纵坡均不得大于3%。

桥面横坡一般采用1.5%~3%,通常有以下三种设置形式:

(1)在装配式肋板梁桥中,为使主梁构造简单、架设与拼装方便,通常横坡直接设置在行车道板上。在行车道板(全跨范围内)与等厚的混凝土桥面铺装层之间铺设一层厚度变化、形成双向倾斜的混凝土三角垫层,如图8-1-3(a)所示。

(2)对于板桥(矩形板或空心板)或就地浇筑的肋板式梁桥,为节省铺装材料并减小恒载重力,可将横坡直接设在墩台顶部,如图8-1-3(b)所示,或墩台顶部为水平采用变高的支承垫石而使桥梁上部结构形成双向倾斜,此时,铺装层在整个桥宽上做成等厚的。

(3)在桥宽较大的桥梁(如城市桥梁)中,用三角垫层设置横坡将使混凝土用量和恒载重力增加太多,为此,可将行车道板做成倾斜面而形成横坡,如图8-1-3(c)所示。

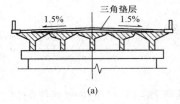 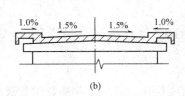 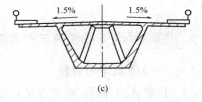

图 8-1-3　桥面横坡的设置

2. 泄水管

桥梁常用的泄水管道有竖向泄水管道、横向泄水管道和封闭式泄水管道等形式。制造泄水管道的材料一般为铸铁、钢、钢筋混凝土和塑料等。由于钢筋混凝土泄水管道制作麻烦,体积大,目前已很少采用。

(1)竖向泄水管道。竖向泄水管道(如图8-1-4所示)常用于肋板式梁桥、箱形梁桥、肋拱桥及刚架拱桥、桁架拱桥等轻型拱桥上。竖向泄水管道通过桥面板上预留的孔洞伸到桥面板下方,桥面积水可以通过竖向泄水管道直接泄到桥下。竖向泄水管道的直径一般为100 mm。安装泄水管时应将其下端伸出桥面板底面以下150~200 mm,以防雨水浸润桥面板。如果桥面铺装层内设有防水层,则应将管道与防水层紧密结合,以便防水层上所积存的渗水能通过泄水管道排出桥外。

(2)横向泄水管道。横向泄水管道(如图8-1-5所示)常用于板桥或实腹式拱桥。如果在这些桥型结构中设置竖向泄水管道,需要穿过板梁或很厚的拱上结构或填料,使施工复杂,所以通常采用横向泄水管道,将桥面积水从行车道两侧安全带或护栏下方直接排出桥外。这种泄水管道构造简单、安装方便,但坡度较缓容易堵塞。

(3)封闭式泄水管道。对于跨越公路、铁路、通航河流的桥梁以及城市高架桥,由于其下方往往是道路或其他设施,上述将桥面积水直接排向桥下的做法明显是不可取的,这样做既影响桥下交通及行人的安全,也有碍公共卫生。因此,跨越公路、铁路、通航河流的桥梁及城市高架桥,需要设置封闭式的排水系统。将桥面积水通过桥面横坡和纵坡排入纵向泄水管道或排水槽,再通过设置在墩台处的竖向排水管(落水管)将桥面积水引向地面排水设施中。

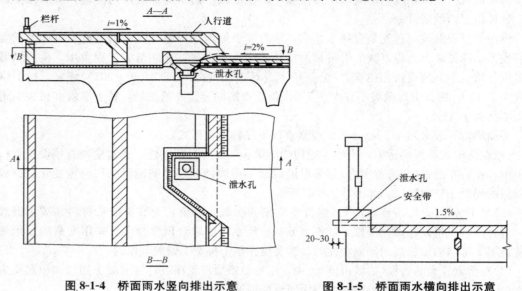

图 8-1-4 桥面雨水竖向排出示意　　图 8-1-5 桥面雨水横向排出示意

四、桥面伸缩装置与桥面连续

(一)桥面伸缩装置

桥梁伸缩装置,是指在桥梁温度变化、混凝土收缩、徐变及荷载作用等产生梁端变位的情况下,为了使车辆能够顺利地在桥面行驶,同时能够满足桥面变形的要求,而在梁端与桥台背墙之间、两相邻梁端之间设置的装置。

1. 桥梁伸缩装置应满足的构造要求

(1)能自由伸缩和转动。

(2)牢固可靠。

(3)车辆行驶时平顺、无突跳和噪声。

(4)能防止雨水渗入和及时排除,并能防止污物侵入和阻塞。

(5)易于安装、检查、养护和清除污物。

2. 伸缩装置的类型

我国公路桥梁和城市桥梁工程上使用的伸缩装置种类很多,可分成五大类,即对接式、钢制支承式、橡胶组合剪切式、模数支承式和无缝式伸缩装置,如表 8-1-1 所示。在此着重介绍伸缩装置的传力方式和构造特点。

(1)对接式伸缩装置。对接式伸缩装置根据其构造形式和受力特点的不同,可分为填塞对接型和嵌固对接型两种。填塞对接型伸缩装置是以沥青、木板、麻絮、橡胶等材料填塞缝隙,伸缩体在任何情况下都处于受压状态。该类伸缩装置一般用于伸缩量在 40 mm 以下的常规桥梁工程上,但目前已不常见了。嵌固对接型伸缩装置利用不同形状的钢构件将不同形状的橡胶条(带)嵌牢固定,并以橡胶条(带)的拉压变形来吸收梁体的变形,其伸缩体可以处于受压状态,也可以处于受拉状态。该类伸缩装置被广泛应用于伸缩量在 80 mm 及其以下的桥梁工程上。图 8-1-6 所示为 W 型伸缩装置横断面图。

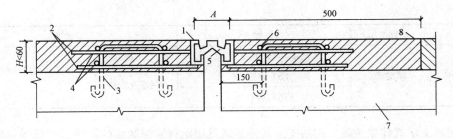

图 8-1-6 W 型伸缩装置横断面图(尺寸单位:mm)

1—用钢板弯制 L 钢;2—锚固钢筋;3—预埋钢筋;4—水平加强钢筋;
5—W 型橡胶条;6—现浇 C30 混凝土;7—行车道上部构件;8—桥面铺装

表 8-1-1 橡胶伸缩装置分类

类别	型式	类型	说明
对接式	填塞对接型	沥青、木板填塞型	以沥青、木板、麻絮、橡胶等材料填塞缝隙的构造(在任何状态下,都处于压缩状态)
		V 型镀锌薄钢板型	
		矩形橡胶条型	
		组合式橡胶条型	
		管形橡胶条型	
	嵌固对接型	W 型	采用不同形状的钢构件将不同形状橡胶条(带)嵌固,以橡胶条(带)的拉压变形吸收梁变位的构造
		SW 型	
		M 型	
		SDⅡ 型	
		PG 型	
		FV 型	
		GNB 型	
		GQF-C 型	
钢制支承式	钢制型	钢梳齿板型	采用面层钢板或梳齿钢板的构造
		钢板叠合型	
橡胶组合剪切式	板式橡胶型	BF、JB、JH、SD、SC、SB、SG、SEG 型	将橡胶材料与钢件组合,以橡胶的剪切变形吸收梁的伸缩变位,桥面板缝隙支承车轮荷载的构造
		SEJ 型	
		UG 型	
		BSL 型	
		CD 型	
模数支承式	模数式	TS 型	采用异形钢材或钢材焊件与橡胶密封带组合的支承式构造
		J-75 型	
		SSF 型	
		SG 型	
		XF 斜向型	
		GQF-MZL 型	

续表

类别	型式	类型	说明
无缝式	暗缝式	GP 型(桥面连续)	路面施工前安装的伸缩构造以路面等变形吸收梁变化的构造
		TST 弹塑体	
		EPBC 弹性体	

(2)钢制支承式伸缩装置。钢制支承式伸缩缝是用钢材装配制成的,能直接承受车轮荷载的一种构造。以前这种伸缩装置多用于钢桥,现也用于混凝土桥梁。钢制支承式伸缩装置的形状、尺寸和种类繁多,其中有面层板呈齿形,从左右伸出桥面板间隙处相互啮合的悬臂式构造,或者面层板成悬架的支承式构造,统称为钢梳形板伸缩装置。国内常见的为梳齿形板型和折板型。面层板成为矩形的叠合悬架式的构造,叫作钢板叠合型伸缩装置,如图 8-1-7 所示。

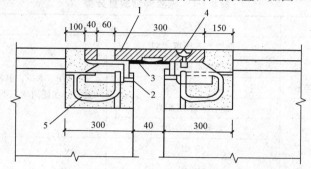

图 8-1-7 钢板叠合式伸缩装置构造示意
1—钢板;2—角钢;3—排水导槽;4—沉头螺钉;5—锚固钢筋

(3)橡胶组合剪切式(板式)伸缩装置。橡胶板式伸缩装置是利用橡胶材料剪切模量低的原理设计制造而成的。剪切型橡胶伸缩体设有上下凹槽,橡胶体内埋设承重钢板和锚固钢板,并设有预留螺栓孔,通过螺栓与梁端连成整体。它是依靠上下凹槽之间的橡胶体剪切变形来满足梁体结构的相对位移;橡胶伸缩体内预埋钢板,跨越梁端间隙,承受车辆荷载;另外,在橡胶伸缩体内两侧预埋两块钢板,通过螺栓与梁端连接的受力原理形成结构构造。一般橡胶板构造如图 8-1-8 所示。

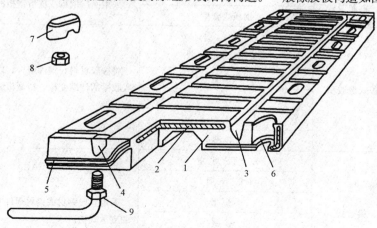

图 8-1-8 橡胶板式伸缩装置一般构造
1—橡胶;2—加强钢板;3—伸缩用槽;4—止水块;5—嵌合部;
6—螺母垫板;7—腰形盖帽;8—螺母;9—螺栓

橡胶板式伸缩装置是一种刚柔结合的装置。它承受荷载之后，有一定的竖向刚度，所以具有跨越间隙能力大(即伸缩量大)、行车平稳的优点。国外产品最大伸缩量已做到330 mm，因此，国内外均广泛采用。但由于其结构特点所致，其一般伸缩摩阻力比较大。国内部分厂家生产的板式橡胶伸缩装置，经产品检验测试，每延米的最大摩阻力高达26 kN/m，故加工和施工安装稍不注意，往往产生早期破坏。鉴于存在这方面的问题，桥梁工程师和生产厂家经过不断研究，给予完善和改进，结合各地情况及不同条件，生产出各种形式的橡胶板式伸缩装置，投放到国内桥梁工程中应用。到目前为止，国内生产具有代表性的产品有 BF 型、SEJ 型、UG 型、BSL 型和 CD 型等。

(4)模数支承式伸缩装置。随着我国高等级公路和城市高架桥建设事业的迅速发展，桥梁的变化得到突破性发展，这就要求有结构合理、大位移量的桥梁伸缩装置来适应这一发展的需要。然而橡胶板式伸缩装置很难满足大位移量的要求；钢制支承式伸缩装置又很难做到密封不透水，而且容易造成对车辆的冲击，影响车辆的行驶性能。因此，出现了利用吸震缓冲性能好又容易做到密封的橡胶材料，与强度高刚性好的异型钢材组合，在大位移量情况下能承受车辆荷载的各种模数支承式(模数式)桥梁伸缩装置系列。这类伸缩装置的构造相同点是均由 V 形截面或其他截面形状的橡胶密封条(带)嵌接于异型边钢梁内组成可伸缩的密封体，异型钢梁直接承受车辆荷载，且可根据要求的伸缩量，随意增加中钢梁和密封橡胶条(带)，加工组装成各种伸缩量的系列产品；其不同点仅在于承重异型钢梁和传递伸缩力的传动机构形式和原理。异型钢有采用钢板或型钢焊接而成，有挤压成形，也有轧钢坯经热轧成形或局部分段(层)轧制焊接成形的。目前已实现了热轧整体成形专用异型钢材的国产化。图 8-1-9 所示为 SG 型(模数式)伸缩装置构造图。其最大位移量可达 640 mm。

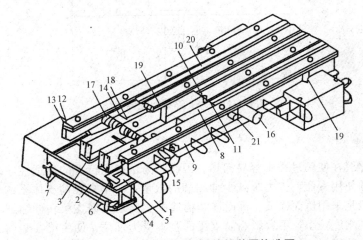

图 8-1-9　SG 型(模数式)伸缩装置构造图
1—横梁支承箱；2—活动横梁；3—滑板；4—四氟板橡胶支承垫；5—橡胶滚轴；
6—滚轴支架；7、18、21—限位栓；8—工字形中间梁；9—工字形边梁；10、14—弹簧；
11—下盖板；12—边上盖板；13—边下盖板；15—钢穿心杆；16—套筒；
17—弹簧插座；19—腹板加劲；20—橡胶伸缩带

(5)无缝式(暗缝型)伸缩装置。无缝式伸缩装置是接缝构造不伸出桥面时，在桥梁端部的伸缩间隙中填入弹性材料并铺上防水材料，然后在桥面铺装层铺筑黏弹性复合材料，使伸缩接缝处的桥面铺装与其他铺装部分形成连续体，以连接缝的沥青混凝土等材料的变形承受伸缩的一种构造，如我国常用的桥面连续(如图 8-1-10 所示)、TST 弹性体(如图 8-1-11 所示)等。

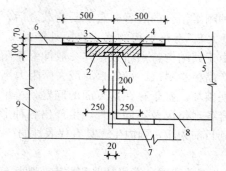

图 8-1-10　GP 型桥面连续构造(尺寸单位：mm)

1—钢板；2—Ⅰ型改性沥青混凝土；3—Ⅱ型改性沥青混凝土；4—编织布；
5—桥面现浇混凝土层；6—沥青混凝土铺装；7—板式橡胶支座；8—预制板；9—背墙

无缝式伸缩装置的主要特点：一是能适应桥梁上部构造的伸缩变形和小量转动变形；二是将使桥面铺装形成连续体，行车时不致产生冲击、振动等，舒适性较好；三是形成多重防水构造，防水性较好；四是在寒冷地区，易于机械化除雪养护，不致破坏接缝；五是施工简单，一般易于维修和更换。鉴于这类形式的构造特点是在路面铺装完成后再用切割器切割路面，并在其槽口内注入嵌缝材料而成的构造，这种接缝仅适用于较小的接缝部位，适用范围有所限制。

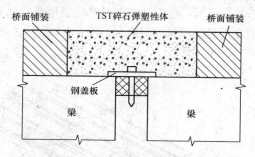

图 8-1-11　TST 碎石弹性伸缩缝

(二)桥面连续

桥面上的伸缩缝在使用过程中容易损坏，因此，为了提高行车的舒适性，减轻桥梁的养护工作和提高桥梁的使用寿命，应力求减少伸缩缝的数量。对于多孔简支体系的桥梁，减少桥梁伸缩缝的做法一般是采用桥面连续。桥面连续构造的实质是将简支梁在伸缩缝处的桥面部分做成连续体，由于其刚度较小，不致影响简支梁的基本受力性质，使主梁在竖向力作用下仍能满足简支体系的受力特征。

桥面连续的基本构造，对于简支板桥而言是在桥面铺装混凝土中设置连接钢筋网，钢筋网跨越相邻板梁两端接缝处，并在接缝处设置假缝和垫铺橡胶片，将混凝土桥面铺装在一定长度范围内与板梁隔开，使梁端之间的变形由这一整段铺装层来分布承担，从而减少混凝土铺装层中的拉应力。对于肋板式简支梁桥，则首先将梁端接头处的桥面板用连接钢筋连接起来，连接钢筋在一定长度范围内用玻璃丝布和聚乙烯胶带包裹，使其与现浇混凝土隔开，梁端之间的变形由这段范围内的分布钢筋承担，另外，在桥面铺装混凝土中设置连续钢筋网，使整个桥面铺装形成连续构造。

桥面连续一般为 3~7 跨一联，通常跨径大时，一联的跨数少，跨径小时一联的跨数多。

五、人行道、栏杆、护栏与灯柱

位于城镇和市郊等人口稠密地区的桥梁均应设置人行道、栏杆及灯柱,在城镇以外行人稀少地区的公路桥梁上,可以不设人行道和灯柱,但必须设置栏杆、安全带或护栏。这些设施虽然并不直接参与桥梁结构的受力,但它们对于行人和车辆的安全,以及桥梁的美观有着重要的作用。城市桥梁的栏杆和灯柱设计应重视其艺术造型,并应简洁明快且与周围的环境和桥梁结构整体相协调,给行人和行驶的车辆提供一个广阔的视野和安全感。

(一)人行道

人行道是位于行车道两侧,专供行人行走的路幅或桥面部分。其宽度等于一条行人带宽度乘以带数,我国每条行人带宽度取用 0.75~1.00 m,其通行能力均为 800~1 000 人/h;带数由人流大小决定。桥梁上人行道宽度宜为 0.75 m 或 1.00 m,大于 1.00 m 时,按 0.50 m 的倍数增加,其高度至少高出行车道 0.20~0.25 m,以确保行人和行车的安全。人行道一般构造图如图 8-1-12 所示。图 8-1-12(a)所示为整体预制的 F 形人行道,它搁置在主梁上,适用于各种净宽的人行道,人行道下可以放置过桥的管线,但是对管线的检修和更换十分困难;图 8-1-12(b)所示为人行道敷设在板上,人行道部分用填料填高,上面敷设 2~3 cm 砂浆面层或沥青砂,人行道内缘设置缘石;图 8-1-12(c)所示为小跨宽桥上将人行道部分墩台加高,在其上搁置独立的人行道板;图 8-1-12(d)所示为就地浇筑式人行道,适用于整体浇筑的钢筋混凝土梁桥,而将人行道设置在挑出的悬臂上,这样可以缩短墩台宽度,但施工不太方便。

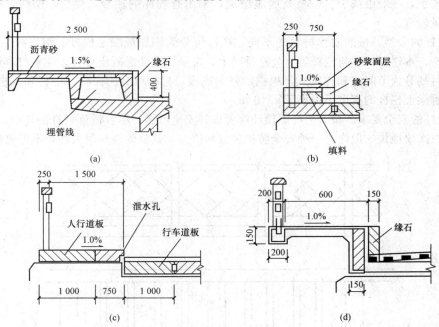

图 8-1-12 人行道一般构造图(尺寸单位:mm)

(二)安全带

安全带是指为保证车辆在桥上靠边行驶时的安全而设置的带状构造物。在不设人行道情况下,必须设置安全带和栏杆。安全带应高出桥面,其尺寸应根据道路等级而定。安全带内边缘至栏杆内边缘之间安全距离一般不小于 250 mm。安全带构造图如图 8-1-13 所示。

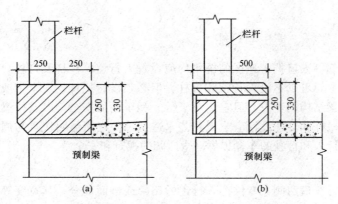

图 8-1-13　安全带构造图(尺寸单位：mm)
(a)矩形安全带；(b)肋板式安全带

(三)栏杆与护栏

1. 栏杆

栏杆是设置在桥面两侧以利于行人安全过桥的防护设施。常用钢筋混凝土、钢、铸铁或圬工材料制作。形式上可分为节间式与连续式，如图 8-1-14 所示。节间式由栏杆柱、扶手及横挡（或栏板）组成，便于预制安装，但对于不等跨分孔的桥梁，在节间划分上感到困难；连续式具有连续的扶手，一般由扶手、栏板及底座组成，采用有规律的栏板，简洁，明快，有节奏感，但一般质量较重。

(1)栏杆的分类。按照制作材料的不同，栏杆可分为钢筋混凝土栏杆、钢栏杆、钢-混凝土混合式栏杆、木栏杆及塑料栏杆等。公路桥梁上，常采用钢筋混凝土栏杆、钢栏杆和砖石栏杆。从形式上可划分为节间式和连续式。根据栏杆的高度，栏杆可分为高栏、中栏和低栏。公路与城市道路桥梁上栏杆的高度不得小于 1.10 m。

(2)栏杆的安全要求。桥梁栏杆的设计应考虑其安全可靠。尽管桥梁栏杆的计算，在桥梁结构计算中占次要地位，但作为一种安全防护装置和措施，其坚固性和耐久性是不可忽视的。

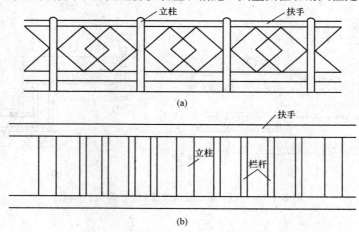

图 8-1-14　栏杆的形式
(a)节间式；(b)连续式

(3)栏杆的美学要求。栏杆是桥梁的表面构造物，栏杆设置在桥面的边缘，对桥梁起着装饰作用。当行人在桥上或车辆驶上桥后,主要看到的就是桥面及其上的栏杆,因此,栏杆设计的重点是栏杆本身的造型及其美学要素,使其适应周围的环境(包括风景及风土人情)及桥梁本身的造型。

栏杆的构造形式应避免与桥梁结构雷同,设计时应将两者结合起来考虑,对于拱式桥,栏杆应尽量采用直线形式,且应多数与水平线垂直;当桥型为斜拉桥时,斜拉索与塔柱形成巨大的伞状,则栏杆以连续式为宜;对于梁板式桥梁,因为构成桥体的主要线条除桥墩外多为水平线,所以栏杆的设计应以垂线为主。

栏杆的装饰和颜色要与大自然的景色相协调,并且要与桥梁的基色相匹配。

2. 护栏

护栏又称护栅,是为使车辆与车辆或车辆与行人分道行驶,以及防止车辆驶离规定行车道位置而设置的安全防护设施。前者称防护栏;后者称防撞护栏。防护栏用混凝土预制或金属材料制作并用钢链或钢管相连。高速公路上的桥梁均需设置防撞护栏,一般用钢筋混凝土预制或现浇,具有一定的抗撞能力,以保证行车安全。

(1)护栏的分类。护栏按设置部位可分为桥侧护栏、桥梁中央分隔带护栏和人行道与车道分界护栏。按构造特征可分为梁柱式护栏[如图 8-1-15(a)所示]、钢筋混凝土墙式护栏[如图 8-1-15(b)所示]和组合式护栏。其埋置方式有立柱直接埋入式、法兰盘连接式和通过传力钢筋将桥梁护栏与桥面板浇筑成一体三种方式。

①钢筋混凝土墙式护栏有 NJ 型和 F 型两种。其中,NJ 型已为世界各国广泛使用,F 型是近年来才使用。当车速较高时,NJ 型和 F 型护栏均有车辆越过现象发生,所以,在设计车速较低的公路上,可使用 NJ 型和 F 型钢筋混凝土墙式护栏。其中,F 型护栏更适用于重要交通的公路使用。

②梁柱式护栏有钢筋混凝土制和金属制两种。钢筋混凝土梁柱式护栏较钢筋混凝土墙式护栏的防撞性能要好,并且具有节省材料、减轻质量和外形纤巧美观的优点,其是高等级公路及其上桥梁所带用的防撞护栏形式之一。

③组合式护栏是钢筋混凝土墙式护栏和金属制梁柱式护栏的一种组合形式,它兼有墙式护栏坚固和梁柱式护栏美观的优点,在一些国家的特大桥和大桥上大多采用,我国汽车专用公路桥梁上的护栏也普遍使用组合式桥梁护栏。

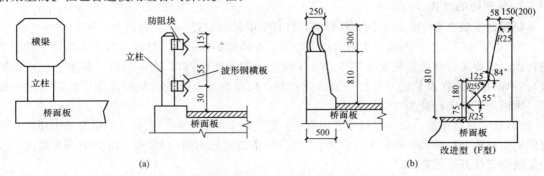

图 8-1-15 护栏构造图(尺寸单位:mm)
(a)钢筋混凝土梁柱式护栏;(b)钢筋混凝土墙式护栏

(2)护栏的防撞等级。护栏的防撞等级表示桥梁护栏阻挡车辆碰撞的能力,它是衡量桥梁护栏防撞性能的重要指标。设置于桥梁上的护栏,按防撞等级划分为 PL_1、PL_2、PL_3 三级,每一防撞等级的桥梁护栏应避免在相应的设计条件下失控车辆越出。防撞等级及其相应的设计条件如表 8-1-2 所示。

表 8-1-2　桥梁护栏防撞等级、适用范围及设计条件

设置地点	防撞等级	适用范围	设计条件				
			车辆碰撞速度 /(km·h^{-1})	车辆的质量 m /t	碰撞角度 θ /(°)	碰撞力/kN	
						$Z=0$	$Z=0.3\sim0.6$ m
路侧、中央分隔带	PL$_1$	一级公路跨越高速公路、一级公路	80	2.0	20	120	85~70
			50	10.0	15		
	PL$_2$	高速公路、一级公路	70	10.0	15	200	160~125
	PL$_3$	桥外特别危险需要重点保护的特大桥	80	14.0	15	360	280~230

注：表中 Z 为桥梁护栏的容许变形量。

(四) 照明灯柱

位于城镇和市郊人口稠密地区的桥梁，应当提供桥上照明设施，因此需要设置照明灯柱。对于行车道和人行道均不宽的桥梁，灯柱可以设置在栏杆上；如果人行道较宽时，可将灯柱设置在靠近路缘石处；当桥面很宽并设有快车道和慢车道时，则可将灯柱设置在快、慢车道之间的分隔带处。具体应设置的位置，可根据桥梁横断面的具体情况来定。对于一些大型桥梁或美观上要求较高的桥梁，灯柱的设计不但要考虑从桥上观赏，而且要符合桥在立面上具有与周围环境统一协调的艺术造型要求，使桥梁为所在地区的夜景增辉添色。

1. 栏杆照明方式

在沿桥梁轴线上，依一定的间距，在人行道两侧栏杆上距离人行道顶面 0.8~1.0 m 高的位置设置特制照明器的方法称为栏杆照明。这种方式适用于比较窄的桥面照明。路幅宽 18 m 以内桥面亮度一般比较容易满足。但要解决眩光和提高桥面亮度均匀度则比较困难。因此，实际上很少采用。

2. 常规照明方式

照明器安装在 8~12 m 高的灯杆顶端，灯杆沿纵桥向布置，主要有以下几种布置方式：

(1) 单侧布置。单侧布置是指所有灯具均布置在桥梁的同一侧。这种布灯方式适用于比较窄的桥面。它要求灯具的安装高度等于或大于桥面的有效宽度(灯具和不设灯一侧缘石的水平距离)。单侧布置的优点是诱导性好，造价比较低；缺点是不设灯的一侧桥面亮度比设灯的一侧低，因而用于单向行驶的立交桥照明。

(2) 双向对称布置。双向对称布置适用于一般公路上的特大桥、大桥、中桥及城市桥梁，此时照明设在桥面行车道外侧的人行道上。根据《城市道路照明指南》要求，灯具的安装高度不应小于路面有效高度的一半。

(3) 中心对称布置。中心对称布置适用于高速公路和一级公路上的桥梁，此时照明设在双幅路基的中央分隔带处。灯具的安装高度应等于或大于单向行车道的路面有效宽度。

(4) 交错布置。将灯具交替排列在桥面两侧，这种布置方式在桥梁上用得较少。

3. 高杆照明方式

在一个比较高的杆子上安装由多个高功率的光源组装而成的照明器，能够进行大面积照明，此种设施称为高杆照明。灯杆的高度为 15~40 m。因其具有亮度均匀、眩光少、美观等优点，故现被广泛使用在立交桥中。但对于跨越江河的长桥，并不太适用。

照明灯具的布置方式有以下三种：

(1)平面对称式。灯具对称地布置在垂直对称面两侧的一个或几个水平面上，主要适用于宽阔桥面的照明。

(2)径向对称式。灯具沿径向对称地布置在一个或几个水平面上，主要适用于大面积广场、环岛和道路布置得比较紧凑的简单立交桥的照明。

(3)非对称式。根据实际需要而设置，并分别瞄准一定的区域，主要适用于大型、多层的复杂立交或道路分布很广、很分散的立交桥照明。

另外，在立交桥下还应设置照明设施，为下穿车辆提供照明。

 学习任务

绘制思维导图，中心为桥面系结构，次一级核心包括桥面系组成、桥面布置、桥面铺装、桥面防排水、桥面人行道、防护设施构造。

任务二　复核桥面系施工设计图

※任务描述

施工单位在接到桥面系施工图设计文件后，应组织有关技术人员对施工图设计文件进行复核，充分领会设计意图。通过本任务的学习，学生能具备识读桥面系施工阶段设计图的工作能力，能复核桥面铺装、伸缩装置、桥面防护设施图，复核工程量，能参加设计技术交底。

一、桥面系施工图组成

桥面系施工前，各工点技术人员在桥梁施工技术负责人的组织下，进行图纸复核，将复核结果分单位工程写出书面汇报，交施工技术负责人复核，项目总工程师作最后审核，资料存档备查。

桥面系施工图主要包括桥面结构层总体图、桥面连接钢筋图、桥面现浇层钢筋图、伸缩缝施工图、人行道施工图等。

二、桥面系施工图复核

(1)全面熟悉图纸设计说明。
①技术标准与设计规范是否应用得当。
②从主要技术指标表中获取桥梁的总体设计指标。
③主要材料有哪些，参数是否合理。
④设计要点中各设计参数是否齐全，如桥面现浇层钢筋的规格、形式。
⑤从施工要点中获取该桥面施工应该特别注意的施工要点。
(2)全面熟悉"栏杆构造图""桥面连接钢筋图""桥面现浇层钢筋构造图""人行道块件构造图"。

参照项目四，如图8-2-1至图8-2-5所示，构造图主要复核各结构物的尺寸。

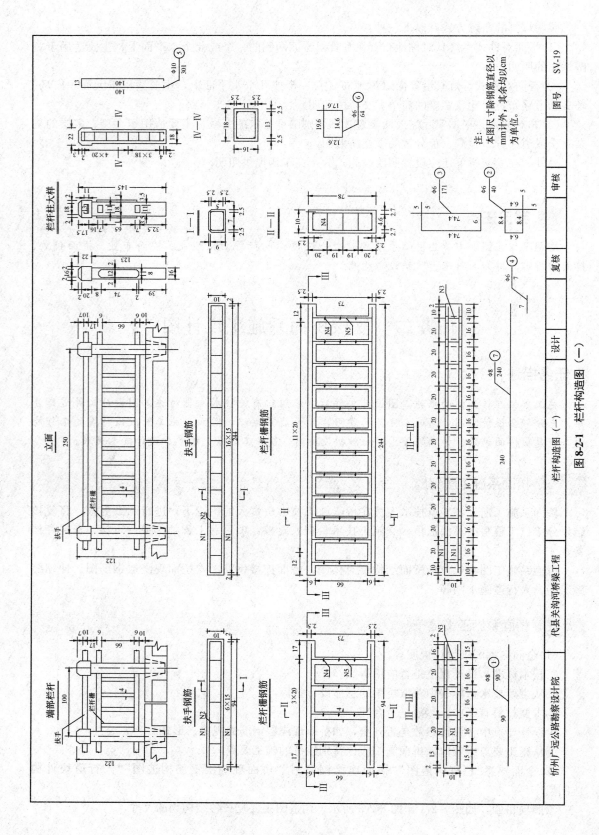

图 8-2-1 栏杆构造图（一）

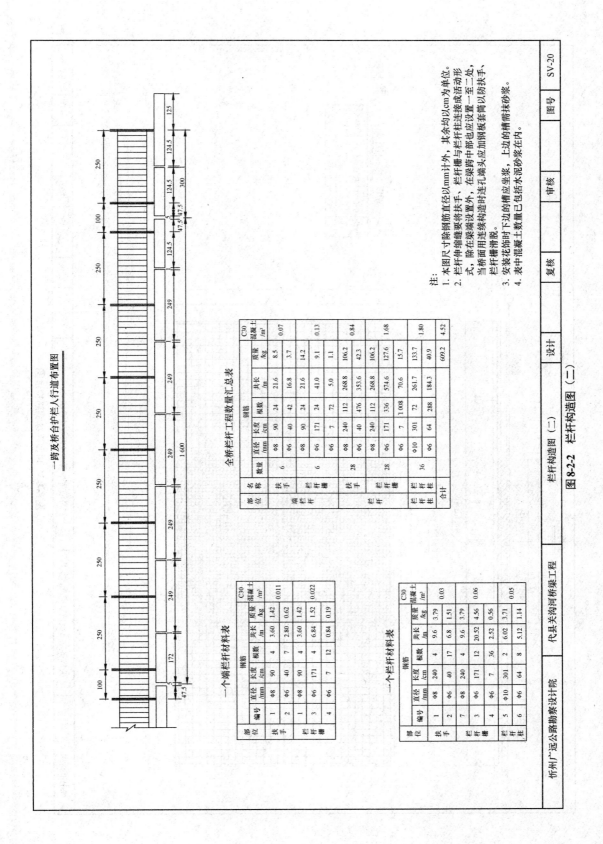

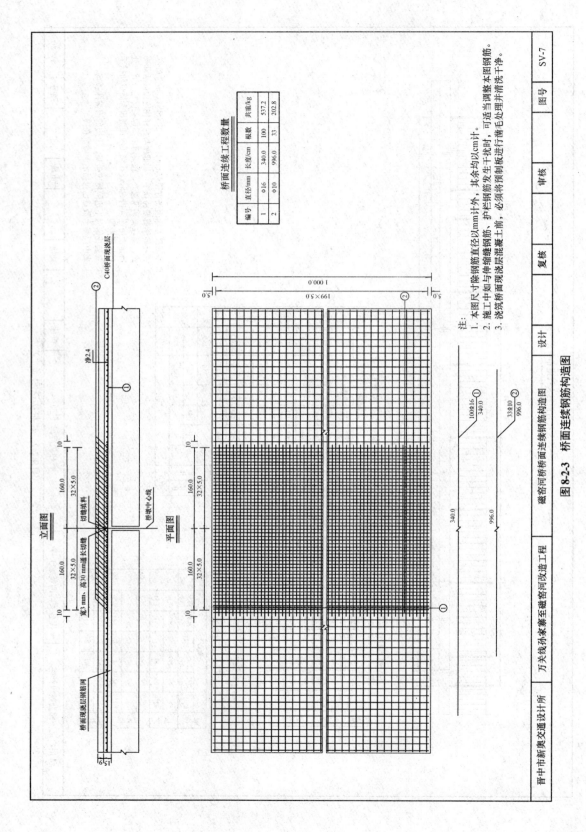

图 8-2-3 桥面连续钢筋构造图

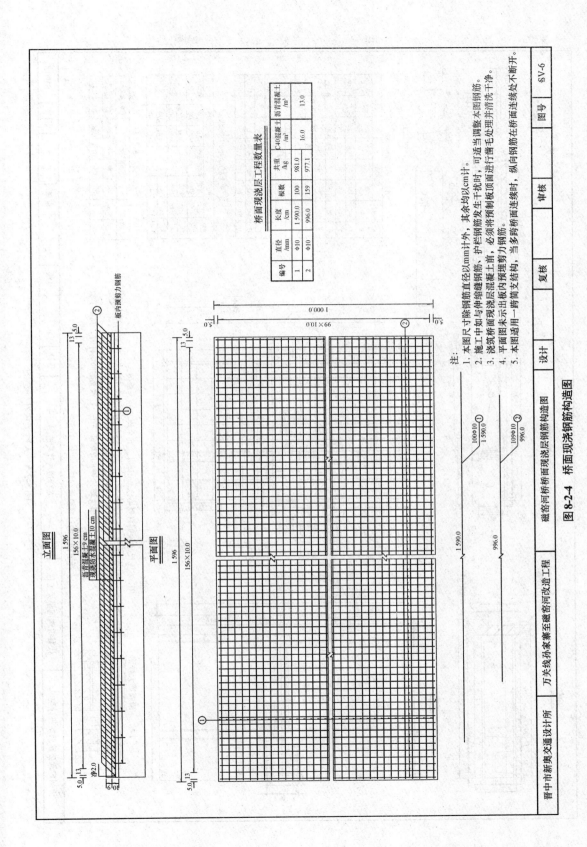

图 8-2-4 桥面现浇钢筋构造图

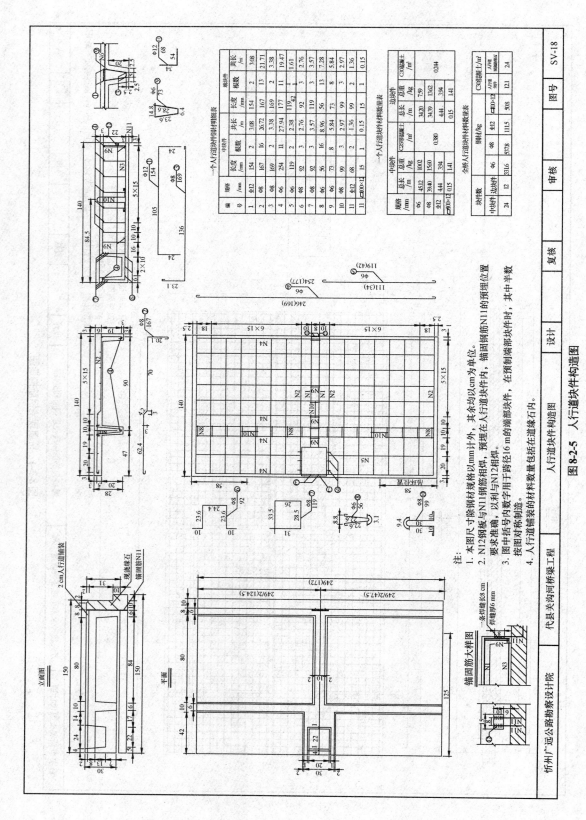

图 8-2-5 人行道块件构造图

任务三　制订桥面系施工技术方案

※任务描述

施工技术方案是施工的指导性文件,其格式和制定过程有一定的要求和规定。本任务结合桥面系构造的设计,通过编制其施工方案,使学生掌握现桥面系的施工技术方案内容、要求与编制方法;掌握桥面系施工场地布置、施工机械机具、材料检验等准备工作内容;能按照要求编制桥面系施工技术方案。通过查阅有关资料,学生能提高独立分析和解决本专业复杂问题的能力,为今后参加工作打下坚实的基础。

一、编制依据

(1)桥面系施工设计图。
(2)施工作业班组、项目部及公司自身拥有的技术力量。
(3)《公路桥涵施工技术规范》(JTG/T F50—2011)。
(4)《施工现场临时用电安全技术规范》(JGJ 46—2005)。
(5)《公路工程质量检验评定标准　第一册　土建工程》(JTG F80/1—2017)。
(6)本合同段《施工组织设计》文件。

二、编制原则

(1)严格遵守施工过程中涉及的相关规范、规程和技术标准。
(2)确保实现业主要求的质量、安全、工期、环境保护、文明施工、工程创优等各方面的目标。
(3)认真、全面理解设计图纸,编制施工方案具有技术先进、方案可靠、经济合理、安全高效的原则。
(4)科学安排施工顺序,合理配置资源的原则。

三、编制内容

(一)工程概况

××项目第9合同段主线桥×座、匝道桥×座。桥梁上部结构为连续箱梁(30 m预制箱梁、40 m预制箱梁),连续刚构;桥梁下部结构为肋板式桥台、双柱式、薄壁墩、空心墩,钻孔灌注桩基础。

桥面系施工主要包括桥面铺装、护栏、安装伸缩缝、防排水、桥头搭板等部分。

(二)施工准备

1. 材料准备

桥面系施工所用的钢筋、水泥、砂石料、张拉所用的锚具、钢绞线、伸缩缝等进场后,试验人员首先按照试验要求及频率对原材料性能进行自检,自检合格后再报试验监理工程师检查。按业主要求桥面系结构所用混凝土配合比必须委托有相应资质的质量检测站进行试配并出具相关试验报告。物资、试验人员共同把好原材料进场关,对于试验不合格材料坚决予以退场。

混凝土采用商品混凝土,混凝土供应商选取有资质的供应单位,混凝土供应商由监理单位、第三方检测单位和施工单位逐级审核通过后确认,其中防撞墙的浇筑需采用清水混凝土。

2. 机具配备

桥面系及附属工程量大,点位分散,全为高空作业,施工工期紧,难度大,为满足施工需要,合理配备足量的机械,另配备相应的专业机械保养、修理、操作人员,确保施工期间各种机械正常使用。

汽车式起重机、张拉设备、钢筋加工设备、混凝土拌合设备、混凝土运输车、混凝土汽车输送泵、发电机等机械设备均已检修调试完毕,并满足桥面系施工需要。

3. 人员配备

项目部将选派组织协调能力强、业务水平高的管理、技术人员负责一线生产。项目部负责生产的副经理主抓现场生产、协调、机械调配工作,项目副总工负责现场施工技术。

选择经验丰富、信誉良好的施工队伍。根据工程量及工序要求,桥面施工安排×个施工班组,每个施工班组施工人员为×名。每个施工班组分成×个班组,其中钢筋组×人,立模浇筑组×人,张拉、压浆组×人,综合组×人(包括汽车式起重机司机、电工、养护人员、杂工)。

4. 测量准备

由于施工测量是一项不允许发生错误的工作,测量工程师除要具有高度的责任心外,更重要的是建立可靠的复核工作机制。桥面测放完成后,做好定位放样记录,并报现场监理工程师审批同意后才可施工。

5. 技术准备

(1)熟悉设计文件,研究施工图纸及现场校对。组织工程技术人员熟悉研究所有技术文件和图纸,全面领会设计意图,检查图纸与其各组成部分之间有无矛盾和错误;在几何尺寸、坐标、高程、说明等方面是否一致,技术要求是否正确;并与现场情况进行核对,同时做好详细记录。

(2)施工前的图纸会审。由业主主持,同设计、监理和施工单位召开图纸会审,请设计单位说明工程的设计依据、意图和功能要求,对工程设计进行设计交底。根据对图纸的研究、理解,提出对设计的疑问、建议或变更,请求设计单位予以答复,最后在统一认识的基础上,形成"设计图纸会审"纪要,由业主正式发文,作为设计文件同时使用的技术文件和指导施工依据。

(3)编制施工方案。在全面熟悉掌握设计文件和设计图纸,正确理解了设计意图和技术要求,以及进行了以施工为目的的各项调查以后,根据进一步掌握的情况和资料,制订出符合桥面及附属工程特点的施工方案。

(三)桥面系施工流程

桥面系施工流程图如图 8-3-1 所示。

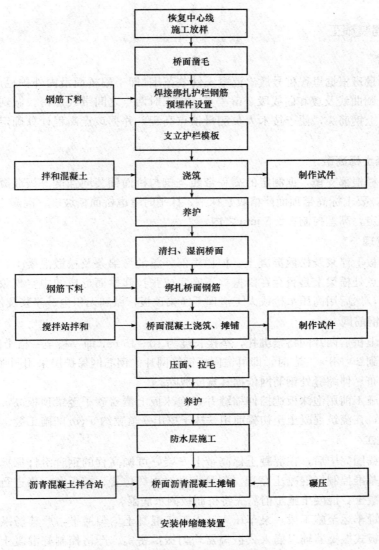

图 8-3-1 桥面系施工流程图

任务四 桥面系主要构件施工工艺

※任务描述

桥面系施工主要包括桥面铺装、护栏、安装伸缩缝、防排水、桥头搭板等部分。本任务主要包括桥面铺装施工、防撞护栏施工、伸缩缝施工、桥头搭板施工、桥面排水施工。通过本任务的学习，学生能掌握桥面系主要构件的施工工艺及要点。

一、桥面铺装施工

1. 施工放样

施工前由测量班根据里程桩号放出混凝土铺装范围(即半幅桥面沿内外护栏内侧放样),直线段 5 m 一点,圆曲线及缓和曲线段 2 m 一点。施工时两点之间带线加密,做到 2 m 一点,并在该点上打孔钉上钢筋头,便于技术人员测量该点高程,并据该点高程计算确定混凝土标高带高度。

2. 制作混凝土标高带

在内外侧护栏根部支模,据测定的高程带线浇筑与桥面铺装同强度等级混凝土,混凝土标高带宽为 15 cm,要求标高带顶面严格收浆抹平,抹平时考虑桥面横坡度。混凝土标高带以桥面铺装设计高程确定,高差控制在±5 mm 之内。

3. 桥面板清理

先凿除桥面板上浮浆及松散混凝土、护栏根部外露的海绵条及松散混凝土,注意梁顶板两端负弯矩区及支点处横梁上是否存在因振捣不密实或张拉起拱而形成的中空现象,如有则必须凿毛至露出钢筋,然后用高压水枪或人工清理干净梁顶板,做到无积尘、浮浆及松散混凝土。

4. D10 焊接钢筋网

钢筋网吊运上桥后两片间搭接绑扎,搭接长度为 10~15 cm(即一格至一格半网眼),待混凝土标高带强度达到 20 MPa 左右时,即可锚固好钢筋网片。钢筋网保护层采用同强度等级水泥砂浆垫块梅花型分布。伸缩缝处钢筋网依据其宽度剪除。

混凝土铺装施工前用泡沫板遮挡伸缩缝并在泡沫板上覆盖砂子至梁顶板高。铺装作业时顺延施工过伸缩缝,在浇筑混凝土至初凝前用铁抹子挖出一道宽约 5 cm 的施工缝。

5. 混凝土施工

钢筋网绑扎锚固完毕后,在混凝土标高带上安装好可调高程的钢管滑杆振捣梁,用铝合金大杠尺以滑杠为基准控制好混凝土高程。测量人员对中线位置、模板及标高进行复核,确认无误后即可浇筑混凝土。混凝土施工前需先将桥面板洒水润湿。

预拌混凝土罐车运至施工段,泵车压入,人工将混凝土均匀摊平,严禁扬锹摊铺。振捣采用振捣梁上的平板式振捣器辅以插入式振捣器均匀振捣密实。严格控制好混凝土的配合比,坍落度控制在 10~12 cm。最后用木抹子 2~3 遍找平,于混凝土初凝前 20 min 左右用铁抹子压实成活,拉毛至规范设计要求深度,喷洒养护剂,覆膜养护。

6. 混凝土养护

塑料膜等保水材料严密覆盖并压紧,防止风裂。每天洒水 2~4 遍,养护 7 d。

7. 成品保护

(1)混凝土浇筑完成后桥梁顶面按控制标高准确抹平,拉毛后迅速覆盖、养护。

(2)当气温低于 5 ℃时,不得再进行桥面铺装工程施工。

(3)混凝土的洒水养护时间为 7 d,每天洒水次数可根据空气的湿度、温度等情况确定,以能保证混凝土表面经常处于湿润状态为度。

二、防撞护栏施工

1. 施工前准备

测量人员首先在桥梁上放出桥梁中心线,依据设计图纸在桥梁两侧放出防撞墙的内边线,然后对桥梁宽度进行复核，经监理工程师确认无误后，方可施工，保证桥面宽度满足设计要求。

2. 钢筋预埋及调整

在箱梁浇筑之前预埋筋已埋置完毕，但在施工过程中，由于各种原因，防撞墙预埋钢筋需要重新调整顺直，锈蚀严重者在施工之前还需要打磨除锈。

3. 绑扎钢筋

严格按照图纸绑扎钢筋，绑扎钢筋要求钢筋顺直，无锈蚀无污垢，在钢筋绑扎完毕后根据图纸要求在防撞墙侧每隔 10 m 断开，缝内填油浸沥青软木条，在施工过程中根据图纸要求适当进行调整。

4. 高程测量

在钢筋绑扎前后需要对桥面及防撞墙的顶面高程进行复核，以确保防撞墙平顺整齐、线形优美，确保外观质量符合设计要求。

5. 支设模板

（1）防撞墙模板。防撞护栏采用钢模板施工。防撞护栏立模须牢固，在伸缩缝处防撞护栏截面断开，缝宽按照设计要求，所有断缝要求平整，边棱角整齐平顺。用于本工程的防撞墙的模板为定型钢模板，分为内模板和外模板，内、外模板之间用拉杆螺栓连接。

（2）防撞墙模板的施工。本工程采用钢筋混凝土防撞护栏，为提高护栏外观质量，护栏内、外侧模板均采用整体定型钢模板。选用 5 mm 厚的冷轧钢板作为面板材料、6 mm 厚的板材作为加强肋，每 2 m 一节，接口采用企口形式。用 20 t 起重机进行吊装支设，模板借助吊架进行固定。

6. 浇筑混凝土

混凝土采用一侧单向浇筑成型工艺进行施工，振捣时应避免漏振及过振现象。

7. 收浆

对防撞墙的顶面要进行三次收浆，每次都用铁抹子抹面，确保表面没有龟裂发生。

8. 拆模

因防撞墙模板为非承重侧模板，一般在混凝土强度达到 2.5 MPa 时即可拆除。拆模时应注意对成品的保护，避免掉边损角的现象发生。

9. 养护

采用土工布覆盖洒水养护，不少于 7 d，养护期间保证土工布始终处于湿润状态。

三、伸缩缝施工

（一）伸缩缝的安装工序

本工程伸缩缝为 D80 和 D160 伸缩缝，均采用反开槽法进行施工。

伸缩缝的安装共包括放线、切割、清槽、伸缩装置稳固焊接、立模、浇筑、养护七项工序。

1. 放线

按标记在沥青面层上准确放出伸缩缝边线。

2. 切割

用切割机按所放边线准确地锯开沥青混凝土，所切割深度为沥青和桥面铺装的实际厚度。

3. 清槽

凿除低强度等级混凝土，确保预留槽内的深度和宽度，并将伸缩范围内的所有沥青混凝土和低强度等级混凝土附浆，砂浆清除干净，并用水清洗，将预留槽内钢筋整形、去锈、调整、清洗，使之平顺。并且在梁端缝隙内塞入泡沫，固定牢固。缝在清槽后，为明确和解决工程中存在的问题，必须通知监理查验，必要时双方拍照或出具书面材料留存凭证。

4. 伸缩装置稳固焊接

伸缩装置就位前，依据当地气温进行计算，确定缝宽尺寸。整体吊装伸缩缝放入预留槽内，以两侧沥青面层的标高为准，控制伸缩缝的标高(低于沥青路面 0~3 mm)，中心线应符合设计要求(伸缩缝定位值的中心线应和预留缝的中心线上下重合，最大偏差不大于10 mm)。伸缩缝准确定位后加以固定，将伸缩缝锚固筋与混凝土梁内预留筋焊接，先焊好伸缩缝的一侧，再焊另一侧，每侧均先焊一半锚固筋，取下伸缩缝夹具，焊接另一半未焊接的锚固筋。就位完成后，通知监理查验缝宽是否与实际气温计算得出数据相符，所有焊接部位、附加钢筋是否正确、符合规定，得到监理认可后才可进行下道工序。

5. 立模

在梁端安装模板，模板接缝必须严密不漏浆，禁止跑模现象。伸缩装置可以用聚乙烯泡沫塑料片材作端模，也可用钢模、木模作端模，用聚乙烯泡沫塑料作端模可以不折模。模板保证混凝土不得进入伸缩缝间隙。

6. 浇筑

本工程采用C50钢纤维混凝土，依据配合比进行配制拌和，在施工中每工作班制作一组(3块)试件，进行标养，供评定。

在浇筑前应用高压水枪冲洗，检查槽内是否已冲洗干净，有无漏浆可能，然后浇筑，用振捣棒充分振捣，及时收浆压面。混凝土铺装应与伸缩缝顶面和沥青混凝土路面找平，收浆后应略低于路面 1~2 mm，为保证平整度，应在混凝土凝固之前，至少用直尺抹平两次。混凝土浇筑必须避开高温时段，最好在下午4点以后。浇筑时通知监理，在监理监督的情况下，进行浇筑、实施养护，管制交通。

7. 养护

收浆压面后及时洒水养护，拦堵车辆通行，采用薄膜保持混凝土湿润，以利于混凝土的水化反应，至少持续14天。在养护过程中，监理可随时检查。

(二)伸缩缝施工注意事项

(1)在完成桥面铺装后，采用反开槽法安装伸缩缝。

(2)切缝机切缝时，尺寸准确，不宜超切，并将缝内杂物清除干净。

(3)毛勒缝与预埋筋焊接要牢固，并用水平尺始终校核伸缩缝的水平状况。之后采用高强度混凝土填缝，填缝后用水平尺进行全缝多点校核，保证水平后用塑料薄膜覆盖养护，并设立标志中断通行加以保护。

四、桥头搭板施工

桥头搭板设计结构形式为：10 cm 沥青混凝土铺装＋35 cm 厚 C30 混凝土搭板，下为 10 cm 厚 C20 混凝土垫层。

(1)底基层上放样。放出搭板分块位置、钢筋位置，并用墨线弹出，以确保模板及钢筋的位置满足设计要求。

(2)立模板。在混凝土垫层上根据墨线位置立模，立模为间隔立模，在模板上根据设计要求设置横向拉杆及搭板尾部过度板拉杆，测量模板顶面高程，使搭板纵坡满足设计要求，同时注意模板支撑牢固。

(3)监理工程师检验。待钢筋定位、模板安装、拉杆钢筋定位完成后,邀请现场监理工程师进行检验,检验的内容包括钢筋安装质量、模板位置及牢固程度、模板顶面高程、拉杆的位置等。

(4)浇筑搭板混凝土。搭板横向布置在桥面净宽内,施工时搭板应分段、分块浇筑,纵缝设置φ20拉杆,间距为50 cm,由低处往高处进行,同时认真仔细振捣,浇筑完成后进行二次抹面收浆。浇筑过程中按规范要求制取混凝土试件。浇筑完成后适时养生,冬季施工还须覆盖土工布等防冻材料。

五、桥面排水施工

通过水准仪检测高程及钢尺检查间距来确保桥面泄水孔的设置符合设计要求,并安装牢固无松动;泄水孔确保排水通畅,管头低于桥面混凝土铺装层;泄水管与混凝土铺装层及防水层之间结合密实,保证无渗漏现象。

学习任务

查询相关资料,完成某座桥的桥面铺装施工、防撞护栏施工、伸缩缝施工、桥头搭板施工、浆砌片石锥坡施工、桥面排水施工施工方案。

任务五 桥面系工程质量检验评定

※任务描述

桥梁在施工后,要对其质量评定和验收,通过后才可以交接投入运营使用。桥梁的工程检验评定环节是中间交工的重要内容,它不仅关系到施工的整个环节能否正常计量,更关系到后续作业能否如期正常开展。通过本任务的学习,学生能掌握现浇板拱桥工程质量评定、检验、验收标准的内容;能进行现浇板拱桥成品质量评定与验收。

一、桥面系工程质量检验评定一般规定

本部分内容和项目四任务四中的一般规定一致。

二、桥面系工程质量检验评定项目

根据《公路工程质量检验评定标准 第一册 土建工程》(JTG F80/1—2017)中对单位、分部及分项工程的划分,桥面系施工包含钢筋加工及安装、混凝土桥面板桥面防水层、混凝土桥面板桥面铺装、伸缩装置安装、人行道铺设、栏杆安装、混凝土护栏、桥头搭板八个分项工程。其中钢筋加工及安装与项目四任务四中的一致。

(一)混凝土桥面板桥面防水层

(1)混凝土桥面板桥面防水层应符合下列基本要求:

①防水层材料之间应具有相容性,并应至少有不低于桥面沥青混凝土铺装层使用年限的寿命,具有适应动荷载及混凝土桥面开裂时不损坏的性能。

②混凝土与防水层的黏结面应坚实、平整、清洁、干燥、无垃圾、尘土、油污与浮浆，表面处理应满足设计要求。

③应按设计要求的工艺施工，施工环境条件应满足防水材料的要求。预计涂料表明在干燥前会下雨，则不应施工。在施工过程中，严禁踩踏未干的防水层。防水层养护结束后、桥面铺装完成前，行驶车辆不得在其上急转弯或紧急制动。

④防水层与泄水孔、护栏、路缘石等衔接处的防水构造应满足设计要求。

⑤卷材、胎体长度及宽度方向的搭接宽度应满足设计要求，不得出现横向通缝。

(2)混凝土桥面板桥面防水层实测项目应符合表8-5-1的规定。

表8-5-1 防水层实测项目

项次	检查项目		规定值或允许偏差	检查方法和频率
1△	防水涂层	厚度/mm	满足设计要求；设计未要求时，平均厚度≥设计厚度，85%检查点的厚度≥设计厚度，最小厚度≥80%设计厚度	测厚仪：每施工段测10处，每处测3点
		用量/(kg·m^{-2})	满足设计要求	按施工段涂敷面积计算
2△	防水层黏结强度/MPa		在合格标准内	按《公路工程质量检验评定标准 第一册 土建工程》(JTG F80/1—2017)附录N检查
3	混凝土黏结面含水率		满足设计要求	含水率测定仪：当施工段不大于1 000 m²时，每施工段测5处，每处测3次，取平均值；超过1 000 m²时，每增加1 000 m²增加1处

注：对防水层厚度、用量，仅需检查其中之一，渗透性防水涂料检查用量，其他涂料在用测厚仪困难时，检查用量。

(3)混凝土桥面板桥面防水层外观质量应符合下列规定：

①涂层防水应无漏涂、气泡、脱皮、胎体外露。

②卷材防水应无空鼓、翘边、褶皱。

③防水层与泄水孔进水口、伸缩装置、护栏、路缘石衔接处应无渗漏。

(二)混凝土桥面板桥面铺装

(1)混凝土桥面板桥面铺装应符合下列基本要求：

①水泥混凝土桥面应符合以下规定：基层质量应符合规范规定并应满足设计要求，表面清洁、无浮土；接缝填缝料应符合规范规定并应满足设计要求；接缝的位置、规格、尺寸及传力杆、拉力杆的设置应满足设计要求；混凝土铺筑后按施工规范要求养护；应对干缩、温缩产生的裂缝进行处理。

②沥青混凝土桥面应符合以下规定：基层质量应符合规范规定并满足设计要求，表面应干燥、清洁、无浮土；应严格控制沥青混合料拌和的加热温度，拌和后的沥青混合料应均匀、无花白、无粗细料分离和结团成块现象；应按规定要求控制碾压工艺，严格控制摊铺和碾压温度。

③桥面泄水孔进水口附近的铺装应有利于桥面积水和渗入水的排除，泄水孔数量不得少于设计要求。

(2)混凝土桥面板桥面铺装实测项目应符合表 8-5-2 和表 8-5-3 的规定。

表 8-5-2 水泥混凝土桥面铺装实测项目

项次	检查项目		规定值或允许偏差		检查方法和频率
			高速公路 一级公路	其他公路	
1△	混凝土强度/MPa		在合格标准内		按《公路工程质量质量检验评定标准 第一册 土建工程》(JTG F80/1—2017)附录 D 检查
2	厚度/mm		+10,-5		水准仪:以同桥面板产生相同挠度变形的点为基准点,测量桥面铺装施工前后相对高差;长度不大于 100 m 每车道测 3 处,每增加 100 m 每车道增加 2 处
3	平整度	σ/mm	≤1.32	≤2.0	平整度仪:全桥每车道连续检测,每 100 m 计算 σ、IRI
		IRI/(m·km^{-1})	≤2.2	≤3.3	
		最大间隙 h/mm	≤3	≤5	3 m 直尺:半幅车道板带每 200 m 测 2 处×5 尺
4	横坡/%		±0.15	±0.25	水准仪:长度不大于 200 m 时测 5 个断面,每增加 100 m 增加 1 个断面
5	抗滑构造深度/mm		0.7~1.1	0.5~0.9	铺砂法:长度不大于 200 m 时测 5 处,每增加 100 m 增加 1 处

注:1. 表中 σ 为平整度仪测定的标准差;IRI 为国际平整度指数;h 为 3 m 直尺与面层的最大间隙。
  2. 小桥(中桥视情况)可并入路面进行检验。

表 8-5-3 沥青混凝土桥面铺装实测项目

项次	检查项目	规定值或允许偏差		检查方法和频率
		高速公路 一级公路	其他公路	
1△	压实度	≥试验室标准密度的 96% (*98%) ≥最大理论密度的 92% (*94%) ≥试验段密度的 98% (*99%)		按《公路工程质量质量检验评定标准 第一册 土建工程》(JTG F80/1—2017)附录 B 检查,长度不大于 200 m 时测 5 点,每增加 100 m 增加 2 点
2	厚度/mm	+10,-5		水准仪:以同桥面板产生相同挠度变形的点为基准点,测量桥面铺装施工前后相对高差;长度不大于 100 m 每车道测 3 处,每增加 100 m 每车道增加 2 处

续表

项次	检查项目		规定值或允许偏差		检查方法和频率
			高速公路 一级公路	其他公路	
3	平整度	σ/mm	≤1.2	≤2.5	平整度仪：全桥每车道连续检测，每100 m 计算σ、IRI
		IRI/(m·km^{-1})	≤2.0	≤4.2	
		最大间隙 h/mm	—	≤5	3 m直尺：半幅车道板带每200 m测2处× 5尺
4	渗水系数/(mL·min^{-1})	SMA	≤80		渗水试验仪：每500 m^{2}测1处
		其他	≤100		
5	横坡/%		±0.3	±0.5	水准仪：长度不大于200 m时测5个断面，每增加100 m增加1个断面
6	抗滑构造深度/mm		满足设计要求	—	铺砂法：长度不大于200 m时测5处，每增加100 m增加1处

注：1. 表中压实度，高速公路、一级公路应选用2个标准评定，以合格率低的作为评定结果；其他等级公路选用1个标准进行评定。带＊号者是指SMA路面。
2. 表中σ为平整度仪测定的标准差；IRI为国际平整度指数；h为3 m直尺与面层的最大间隙。
3. 小桥(中桥视情况)可并入路面进行检验。
4. 当沥青混合料、施工工艺与路面相同时，压实度、渗水系数可并入路面进行检验，压实度可在路面上取芯。

(3)混凝土桥面板桥面铺装外观质量应符合下列规定：
①与路缘石、护栏等结构构件衔接处，水泥混凝土铺装应无宽度超过0.3 mm的裂缝，沥青混凝土铺装应无开裂、松散。
②混凝土面板不应有坑穴、鼓包和掉角，接缝填注不得漏填、松脱，不应污染表面，且应无积水。
③沥青表面裂缝、松散、推挤、碾压轮迹、油丁、泛油、离析的累计长度不得超过50 m，搭接处烫缝应无枯焦，路面应无积水。

(三)伸缩装置安装

(1)伸缩装置安装应符合下列基本要求：
①伸缩装置种类、规格及技术性能应满足设计要求并应符合有关规范的规定，具有产品合格证，并经验收合格后方可安装。
②伸缩装置两侧混凝土的类型和强度应满足设计要求，预埋锚固钢筋定位准确、无缺失。
③伸缩装置处不得积水。
(2)伸缩装置安装实测项目应符合表8-5-4的规定。

表8-5-4 伸缩装置安装实测项目

项次	检查项目	规定值或允许偏差	检查方法和频率
1	长度/mm	满足设计要求	尺量：测每道
2△	缝宽/mm	满足设计要求	尺量：每道每2 m测1处

续表

项次	检查项目		规定值或允许偏差	检查方法和频率
3	与桥面高差/mm		≤2	尺量：伸缩装置两侧各测5处
4	纵坡/%	一般	±0.5	水准仪：每道测5处
		大型	±0.2	
5	横向平整度/mm		≤3	3 m直尺：每道顺长度方向检查伸缩装置及锚固混凝土各2尺
6	焊缝尺寸		满足设计要求；设计未要求时，按焊缝质量二级	量规：检查全部，每条焊缝检查2处
7	焊缝探伤			超声法：检查全部

注：1. 项次2应按安装时气温折算。
　　2. 项次6、7应为工地焊缝。

(3) 伸缩装置安装外观质量应符合下列规定：
① 伸缩装置无渗漏、变形、开裂。
② 伸缩缝及伸缩装置中无阻塞活动的杂物。
③ 焊缝无裂纹、焊瘤、夹渣、未焊透、电弧擦伤。
④ 锚固混凝土表面不应存在《公路工程质量检验评定标准　第一册　土建工程》(JTG F80/1—2017)附录P所列限制缺陷。

(四) 人行道铺设

(1) 人行道铺设应符合下列基本要求：
① 人行道各构件应连接牢固。
② 人行道板应在人行道梁锚固后方可铺设，并应坐浆密实。
③ 地砖应粘贴牢固，无空鼓、裂缝。

(2) 人行道铺设实测项目应符合表8-5-5的规定。

表8-5-5　人行道铺设实测项目

项次	检查项目	规定值或允许偏差	检查方法和频率
1	人行道边缘平面偏位/mm	≤5	全站仪、钢尺：每200 m测5处
2	纵向高程/mm	+10，0	水准仪：每200 m测5处
3	接缝两侧高差/mm	≤2	尺量：抽查10%接缝，测接缝高差最大处
4	横坡/%	±0.3	水准仪：每200 m测5处
5	平整度/mm	≤5	3 m直尺：每200 m测5处

注：桥长不满200 m者，按200 m处理。

(3) 人行道铺设外观质量应符合下列规定：
① 不得出现断裂构件。
② 应无长度超过20 mm或深度超过10 mm的缺棱掉角。
③ 地砖应无开裂，嵌缝无空洞、间断。

(五)栏杆安装

(1)栏杆安装应符合下列基本要求:
①应采用验收合格的栏杆及其他构件。
②栏杆应在人行道板铺完后方可安装。
③栏杆安装应牢固,其杆件连接处的填缝料应饱满平整,强度应满足设计要求。
(2)栏杆安装实测项目应符合表 8-5-6 的规定。

表 8-5-6　栏杆安装实测项目

项次	检查项目	规定值或允许偏差	检查方法和频率
1	栏杆平面偏位/mm	≤4	水准仪、钢尺:每200 m测5处
2	扶手高度/mm	±10	水准仪、尺量:抽查20%
	柱顶高差/mm	≤4	
3	接缝两侧扶手高差/mm	≤3	尺量:抽查20%
4	竖杆或柱纵、横向竖直度/mm	≤4	铅锤法:抽查20%,每处纵横向各测1处

(3)栏杆安装外观质量应符合下列规定:
①杆件接缝处应无开裂。
②栏杆线形应无异常突变。

(六)混凝土护栏

(1)混凝土护栏应符合下列基本要求:
①护栏上的钢构件应焊接牢固,并按照设计要求进行防护。
②护栏的断缝、假缝的设置应满足设计要求。
③应按设计要求的施工阶段安装护栏。
(2)混凝土护栏实测项目应符合表 8-5-7 的规定。

表 8-5-7　混凝土护栏浇筑实测项目

项次	检查项目	规定值或允许偏差	检查方法和频率
1△	混凝土强度/MPa	在合格标准内	按《公路工程质量检验评定标准　第一册　土建工程》(JTG F80/1—2017)附录 D 检查
2	平面偏位/mm	≤4	全站仪、钢尺:每道护栏每200 m测5处
3△	断面尺寸/mm	±5	尺量:每道护栏每200 m测5处
4	竖直度/mm	≤4	铅锤法:每道护栏每200 m测5处
5	预埋件位置/mm	≤5	尺量:测每件

注:护栏长度不满200 m者,按200 m处理。

(3)混凝土护栏外观质量应符合下列规定:
①护栏线形应无异常弯折、突变。
②混凝土不应存在《公路工程质量检验评定标准　第一册　土建工程》(JTG F80/1—2017)附录 P 所列限制缺陷。
③焊缝表面不得有裂纹、焊瘤、夹渣。

(七)桥头搭板

(1)桥头搭板应符合下列基本要求：
①桥头搭板下的地基及垫层或路面基层强度和压实度应满足设计要求。
②桥头搭板与桥台的连接应满足设计要求。
(2)桥头搭板实测项目应符合表 8-5-8 的规定。

表 8-5-8　桥头搭板实测项目

项次	检查项目		规定值或允许偏差	检查方法和频率
1△	混凝土强度/MPa		在合格标准内	按《公路工程质量检验评定标准　第一册　土建工程》(JTG F80/1—2017)附录 D 检查
2	枕梁尺寸/mm	宽、高	±20	尺量：每梁测 2 个断面
		长	±30	尺量：测每梁中心线处
3	板尺寸/mm	长、宽	±30	尺量：各测 2 处
		厚	±10	尺量：测 4 处
4	顶面高程/mm		±5	水准仪：测四角及中心附近 5 处

(3)桥头搭板外观质量应符合下列规定：
①混凝土表面不应存在《公路工程质量检验评定标准　第一册　土建工程》(JTG F80/1—2017)P 所列限制缺陷。
②搭板接缝充填应无空洞、虚填。

学习任务

学生能按照《公路工程质量检验评定标准　第一册　土建工程》(JTG F80/1—2017)要求完成桥面系施工质量评定与验收表格的填写。

桥面系的组成与作用

参 考 文 献

[1] 中华人民共和国交通运输部.JTG/T F50—2011 公路桥涵施工技术规范[S].北京：人民交通出版社，2011.

[2] 中华人民共和国交通运输部.JTG D60—2015 公路桥涵设计通用规范[S].北京：人民交通出版社，2015.

[3] 中华人民共和国交通运输部.JTG C30—2015 公路工程水文勘测设计规范[S].北京：人民交通出版社，2015.

[4] 中华人民共和国交通运输部.JTG F80/1—2017 公路工程质量检验评定标准 第一册 土建工程[S].北京：人民交通出版社，2017.

[5] 中华人民共和国交通运输部.JTG 3362—2018 公路钢筋混凝土及预应力混凝土桥涵设计规范[S].北京：人民交通出版社，2018.